KARL MAY

KLASSISCHE MEISTERWERKE

Diese Sammlung umfaßt alle Bücher, die Karl Mays Weltruhm begründeten: die Reiseerzählungen und die eigens für die Jugend verfaßten Bände.

KARL MAY

VON BAGDAD NACH STAMBUL

REISEERZÄHLUNG

KARL-MAY-VERLAG · BAMBERG
in Zusammenarbeit mit dem
VERLAG CARL UEBERREUTER · WIEN

INHALT

1. An der persischen Grenze 5
2. Allo, der Köhler 23
3. Ein Überfall 42
4. Scheik Gasâl Gaboga 61
5. Im Kampf gefallen 79
6. Ein persischer Flüchtling 97
7. Mirsa Selim 120
8. In Bagdad 134
9. Die Todeskarawane 147
10. In den Krallen der Pest 160
11. In Damaskus 172
12. In den Ruinen von Baalbek 198
13. Bei den Tanzenden Derwischen 224
14. Im dunkelsten Stambul 243
15. Am Turm von Galata 261
16. In Edirne 277

Herausgegeben von Dr. E. A. Schmid

Diese Ausgabe erscheint in enger Zusammenarbeit
mit dem Verlag Carl Ueberreuter, Wien.
Der Inhalt dieses Buches entspricht dem Band 3
der grünen Originalausgabe „Karl Mays Gesammelte Werke".
© 1951 Karl-May-Verlag, Bamberg / Alle Urheber-
und Verlagsrechte vorbehalten.

ISBN 3-7802 0503-3
Gesamtherstellung: Ebner Ulm

1. An der persischen Grenze

Im Süden der großen Syrischen und Mesopotamischen Wüste liegt, vom Roten Meer und vom Persischen Golf umgeben, die Halbinsel Arabien, die ihre äußere Küste weit in das stürmereiche arabisch-indische Meer hinein erstreckt.

An drei Seiten ist dieses Land von einem schmalen, aber fruchtbaren Küstensaum eingefaßt. Er steigt nach innen zu einer weiten, wüsten Hochebene empor, deren trübselige, verworrene Landschaftsbilder besonders im Osten durch hohe, unwegsame Gebirgsstöcke abgeschlossen werden, zu denen hauptsächlich die öden Berge von Schammar zu zählen sind.

Dieses Land wurde im Altertum eingeteilt in Arabia petraea, Arabia deserta und Arabia felix, zu deutsch: in das peträische, wüste und glückliche Arabien. Wenn manche Geographen der Ansicht sind, daß der Ausdruck petraea von dem griechischen Wort, das ‚Stein Fels' bedeutet, abgeleitet wird, und deshalb diesen Teil des Landes das „steinige" Arabien nennen, so beruht das auf einer irrtümlichen Auffassung: dieser Name ist vielmehr auf das alte Petra zurückzuführen, das die Hauptstadt dieser nördlichen Provinz des Landes war. Der Araber nennt seine Heimat Dschesiret el Arab[1], während sie bei den Türken und Persern Arabistan heißt. Die jetzige Einteilung wird verschieden angegeben; die Einwohner, die ein Wanderleben führen, lassen jedoch nur den einzigen Unterschied der Stämme gelten.

Über Arabien wölbt sich ein ewig heiterer Himmel, von dem des Nachts die Sterne klar herniederblicken; durch die Bergschluchten und über die zum Teil noch unerforschten Wüstenebenen schweift der halbwilde Sohn der Steppe auf prächtigem Pferd oder unermüdlichem Kamel. Sein Auge ist überall, denn er lebt mit aller Welt in Streit und Unfrieden, nur mit den Angehörigen seines Stammes nicht. Von einer Grenze bis zur andern zieht bald der sanfte Hauch einer reinen, milden, bald der rauschende Odem einer trüben, wilden Poesie, die den Wanderer überall umweht. So kommt es, daß man bereits vor langen Jahrhunderten eine große Zahl arabischer Dichter und Dichterinnen kannte, deren Lieder im Mund des Volkes lebten. Mit Hilfe des Griffels wurden diese Gesänge für spätere Zeiten festgehalten.

[1] Arabisches Inselland

Als Stammvater der echten Araber oder Joktaniden gilt Joktan, der Sohn Huts, der ein Abkömmling Sems im fünften Glied war, und dessen Nachkommen das glückliche Arabien und die Küste et-Tehama bis hinab zum Persischen Meerbusen bewohnten. Jetzt suchen viele Stämme eine Ehre darin, von Ismaël, dem Sohn Hagars, abzustammen. Dieser Ismaël soll, wie die Sage berichtet, mit seinem Vater Abraham nach Mekka gekommen sein und dort die Kaaba errichtet haben. Das Wahre aber ist, daß die Kaaba vom Stamm der Koreïschiten gestiftet oder wenigstens ausgebaut wurde. Unter den Heiligtümern, die sie besaß, waren der Brunnen Sem Sem und der angeblich vom Himmel gefallene schwarze Stein die berühmtesten. Hierher pilgerten die verschiedenen Stämme der Araber, um da ihre Stamm- oder auch wohl Hausgötter aufzustellen und ihnen ihre Opfer und Gebete darzubringen. Daher war Mekka der Mittelpunkt für die weithin zerstreuten Stämme. Da sich dieser wichtige Ort im Besitz der Koreïschiten befand, wurde dieser Stamm der mächtigste und angesehenste Arabiens und obendrein auch der reichste, weil die von allen Seiten herbeiströmenden Pilger nie ohne Geschenke oder wertvolle Handelsware erschienen.

Ein Angehöriger dieses Stammes, Abd Allah[1], starb im Jahr 570 nach Christus, und einige Monate später gebar seine Witwe Amina einen Knaben, der später Mohammed[2] genannt wurde. Es ist wahrscheinlich, daß der Knabe vorher einen andern Namen getragen hatte und erst dann, als seine prophetische Wirksamkeit ihn zu einem hervorragenden Mann machte, den Ehrennamen Mohammed erhielt. Dieser Name wird auch Muhammed, Mohammad und Muhammad, in der Türkei auch Mehmed gesprochen.

Dem Knaben waren von seinem Vater nur zwei Kamele, fünf Schafe und eine abessinische Sklavin hinterlassen worden, weshalb er sich zunächst auf den Schutz seines Großvaters Abd el Muttalib und nach dessen Tod auf die Unterstützung seines Oheims Abu Talib angewiesen sah. Da dieser aber nicht viel für den Knaben tun konnte, so mußte er sich sein Brot als Schafhirtenjunge verdienen. Später wurde er Kameltreiber und Bogen- und Köcherträger, wobei sich wahrscheinlich sein kriegerischer Sinn entwickelte.

Als Mohammed fünfundzwanzig Jahre zählte, trat er in den Dienst der reichen Kaufmannswitwe Chadidscha, der er mit solcher Treue diente, daß sie ihn lieb gewann und ihn zu ihrem Gemahl machte. Das große Vermögen seiner Frau ging ihm aber später verloren. Er lebte nun bis zu seinem vierzigsten Lebensjahr als Kaufmann. Auf seinen weiten Reisen kam Mohammed mit Juden und Christen, mit Brahmanen und Feueranbetern zusammen und gab sich Mühe, ihre Glaubenswelt kennenzulernen. Er litt an Fallsucht und Krämpfen und infolgedessen an einer Verstimmung der Nervenbahnen, die ihn sehr zu Sinnestäuschungen geneigt machte. Seine religiösen Grübeleien waren der Heilung dieser Krankheit nicht förderlich. Mohammed

---

[1] Diener Gottes   [2] der Vielgepriesene

zog sich schließlich in eine Höhle zurück, die in der Nähe von Mekka auf dem Berg Hara lag. Hier hatte er seine ersten Gesichte.

Der Kreis der Gläubigen, der sich um den Propheten sammelte, bestand zunächst nur aus seiner Frau Chadidscha, aus seinem Sklaven Saïd, aus den beiden Mekkanern Osman und Abu Bekr und aus seinem jungen Vetter Ali, der zu den unglücklichsten Helden des Islams gehört.

Dieser Ali war im Jahr 602 geboren und stand bei Mohammed in solchem Ansehen, daß er dessen Tochter Fatima zur Gemahlin erhielt. Als der Prophet im Kreis seiner Familie zum erstenmal seine neuen Glaubenssatzungen vortrug und dann fragte: „Wer unter euch will mein Anhänger sein?", da schwiegen alle; nur der junge Ali, begeistert von dem soeben gehörten Vortrag, rief entschlossen: „Ich will es sein und nimmer von dir lassen!" Das hat ihm Mohammed niemals vergessen. — Ali war ein tapferer, verwegener Kämpfer und hatte großen Teil an der schnellen Ausbreitung des Islams. Dennoch wurde er, als Mohammed ohne letztwillige Verfügung starb, übergangen und man wählte Abu Bekr, den Schwiegervater des Propheten, zum Kalifen[1]. Ihn ersetzte im Jahre 634 ein zweiter Schwiegervater des Propheten namens Omar, dem wieder Osman, ein Schwiegersohn Mohammeds, folgte. Dieser wurde im Jahre 656 von einem Sohn Abu Bekrs erdolcht. Man beschuldigte Ali der Anstiftung dieses Mordes, und als er von seiner Partei zum Kalifen gewählt wurde, verweigerten ihm viele die Huldigung. Er kämpfte vier Jahre lang um das Kalifat und wurde im Jahr 660 von Abd er Rahman erstochen. Ali liegt in Kufa begraben. — Daher leitet sich die Spaltung ab, die die Mohammedaner in Sunniten und Schiiten teilt. Diese Spaltung bezieht sich weniger auf die islamitischen Grundsätze als vielmehr auf die Nachfolgerschaft im Kalifat. Die Anhänger der Schia behaupten, daß nicht Abu Bekr, Omar und Osman, sondern nur Ali allein das Recht gehabt hätte, der erste Kalif zu sein. Die zwischen den beiden Parteien dann ausgebrochenen Streitigkeiten über die Eigenschaften Gottes, das Kismet, die Ewigkeit des Korans und die einstige Vergeltung sind als weniger wesentlich zu betrachten.

Ali hinterließ zwei Söhne, Hassan und Hussain. Der erste wurde von den Schiiten zum Kalifen gewählt, während die Anhänger der Sunna Muawija I., den Gründer der Omaijadendynastie, erkoren. Muawija verlegte seinen Regierungssitz nach Damaskus, machte das Kalifat erblich und erzwang bereits zu seinen Lebzeiten die Anerkennung seines Sohnes Jesid. Hassan konnte sich gegen Muawija nicht behaupten und starb im Jahre 670 in Medina an Gift. Sein Bruder Hussain widersetzte sich der Anerkennung Jesids. Er ist der Held eines der unglücklichsten Abschnitte aus der Geschichte des Islams. — Die Hand des Kalifen Muawija ruhte schwer auf den Provinzen und seine Statthalter unterstützten ihn dabei nach Kräften. So befahl zum Beispiel Sijâd, der Statthalter zu Basra, daß sich nach

---

[1] Kalif heißt ‚Stellvertreter'

Sonnenuntergang bei Todesstrafe niemand auf der Straße sehen lassen dürfe. Am Abend nach der Bekanntmachung dieses Befehls wurden über zweihundert Personen außerhalb ihrer Wohnungen angetroffen und unverzüglich geköpft; am nächsten Tag war die Ziffer schon weit geringer und am dritten Abend befand sich zur vorgeschriebenen Zeit kein Mensch außerhalb seiner Wohnung. Der grimmigste aller Staatsmänner der Omaijaden war Haddschâdsch, der Statthalter von Kufa, dessen Blutherrschaft 120 000 Menschen das Leben kostete. – Zur Zeit des Kalifen Jesid hielt sich Hussain in Mekka auf, wo er Boten empfing, die ihn aufforderten, nach Kufa zu kommen, da man ihn dort als Kalifen anerkennen wolle. Er folgte dem Ruf – zu seinem Verderben! – Mit kaum hundert Getreuen langte Hussain vor Kufa an, fand aber die Stadt bereits von seinen Feinden besetzt. Er verlegte sich aufs Unterhandeln, doch ohne Erfolg. Die Lebensmittel gingen ihm aus, das Wasser vertrocknete im Sonnenbrand, seine Tiere stürzten, und seinen Begleitern schaute der blasse Tod aus den eingesunkenen, fieberfunkelnden Augen. Hussain rief vergebens Allah und den Propheten um Hilfe und Rettung an: sein Untergang stand ‚im Buch verzeichnet'. Ubaid Allah, ein Heerführer Jesids, drang bei Kerbela auf ihn ein, massakrierte seine Begleitung und ließ auch Hussain umbringen. Die Truppen fanden ihn aus Mangel an Wasser bereits dem Tod nahe, aber man hatte kein Mitleid mit ihm, und er wehrte sich vergebens mit der letzten Kraft seines schwindenden Lebens. – Man schnitt dem Unglücklichen den Kopf ab, der auf eine Lanze gesteckt und im Triumph herumgetragen wurde. – Das geschah am 10. Muharrem, und bis heute ist dieser Tag für die Schiiten ein Tag der Trauer. In Hindostan trägt man ein Bild von Hussains Kopf auf einer Lanze herum, wie es nach seinem Tod geschah, und ahmt mit einem aus edlem Metall gefertigten Hufeisen den Lauf seines Renners nach. Am 10. Muharrem ertönt ein Wehegeschrei von Borneo und Celebes über Indien und Persien bis zum Westen Asiens, wo die Schia nur noch zerstreute Anhänger hat, und dann gibt es in Kerbela eine bewegte Vorstellung, die an Bildern der wildesten Verzweiflung ihresgleichen sucht. Wehe dem Sunniten, wehe dem Giaur, der an diesem Tag sich in Kerbela unter den bis zur Tobsucht aufgeregten Schiiten sehen lassen wollte! Er würde in Stücke zerrissen!

Diese geschichtliche Einleitung mag zum besseren Verständnis des Nachfolgenden dienen.

Wir hatten am Sab den Entschluß gefaßt, den Fluß entlang bis zu den Schirwani- und dann den Sebari-Kurden zu reiten. Bis zu den Sebari hatten wir Empfehlungen vom Bei zu Gumri und vom Melik in Lisan erhalten, und von da aus hofften wir auf weitere Unterstützung. Die Schirwani nahmen uns gastfreundlich auf, von den Sebari aber wurden wir feindselig empfangen, doch gelang es mir später, mich auch ihrer Teilnahme zu versichern. Wir kamen glücklich bis zum Akrafluß, stießen aber hier bei der Bergbevölkerung auf eine so hartnäckige Feindseligkeit, daß wir uns nach verschiedenen schlimmen

Erfahrungen nach Osten wenden mußten. Wir überschritten den Sab nördlich des Gara Surgh, ließen Pir Hasan rechts liegen und sahen uns genötigt, da wir dort den Kurden keineswegs trauen durften, vorläufig noch weiter nach Osten zu halten, dann südwestlich abzubiegen, um irgendwo zwischen dem Dijala und Kleinen Sab den Tigris zu erreichen. Wir hofften, bei den Dscherboa-Arabern gastlich aufgenommen zu werden und sichere Wegweiser zu finden, erfuhren aber zu unserem Leidwesen, daß sie sich mit den Obeïde und Beni Lam verbündet hatten, um alle Stämme zwischen dem Tigris und dem Tharthar die Spitzen ihrer Speere fühlen zu lassen. Nun waren die Schammar zwar mit der einen Firka[1] der Obeïde, deren Scheik Esla el Mahem war, befreundet, aber dieser Mann konnte seine Gesinnung geändert haben, und von den andern Afrak[2] Mohammed Emin, daß sie den Haddedihn feindlich gesinnt seien. Unter diesen Umständen war es am geratensten, zunächst im Gebirge am linken Ufer des Kleinen Sab zu bleiben und uns dann weiter zu entscheiden. Hatten wir Amad el Ghandur befreit und glücklich bis hierher gebracht, so wollten wir nun lieber einen Umweg einschlagen, als uns wieder in neue Gefahren begeben. – So gelangten wir nach längerer Zeit und mancherlei Anstrengungen und Entbehrungen glücklich in das nördliche Zagrosgebirge. – Es war Abend und wir lagerten am Rand eines Tschinarwaldes[3]. Über uns wölbte sich ein Himmel von solcher Reinheit, wie sie nur in diesen Gegenden zu beobachten ist. Wir befanden uns in der Nähe der persischen Grenze, und die Luft Persiens ist wegen ihrer Klarheit berühmt. Das Licht der Sterne war so stark, daß ich, obwohl der Mond nicht am Himmel stand, die Zeiger meiner Taschenuhr deutlich erkennen konnte. Zu lesen hätte ich, selbst bei kleiner Schrift, ganz gut vermocht. Sogar Gestirne, die gewöhnlich nur mit dem Fernrohr wahrgenommen werden können, kamen zum Vorschein. Der siebente Stern des Siebengestirns war ohne bedeutende Anstrengung des Auges zu erkennen. Die Klarheit eines solchen Sternenhimmels macht einen tiefen Eindruck auf das Gemüt, und ich begriff, warum Persien die Heimat der Astrologie ist, dieser unfrei geborenen Mutter der edlen Tochter, die uns mit den leuchtenden Welten vertraut macht.

Unsere Lage ließ es uns vorziehen, im Freien zu übernachten. Wir hatten uns im Lauf des Tages von einem Hirten ein Lamm gekauft und brannten jetzt ein Feuer an, um das Tier gleich in der Haut zu braten, nachdem wir es ausgenommen und mit dem Messer geschoren hatten. – Die Pferde grasten in der Nähe. Sie waren in der letzten Zeit ungewöhnlich angestrengt worden, und es wäre ihnen eine mehrtägige Rast zu gönnen gewesen, was sich aber leider nicht ermöglichen ließ. Wir selbst befanden uns wohl, mit Ausnahme eines einzigen. Das war der Engländer, der unter einem großen Ärger litt.

Lindsay war nämlich vor einigen Tagen von einem Fieber befallen

---

[1] Schar, Abteilung   [2] Mehrzahl von Firka = Abteilung   [3] Tschinar (türkisch) = Platane

worden, das ungefähr vierundzwanzig Stunden anhielt. Dann war es wieder verschwunden, aber nun hatte sich bei ihm jenes schaudervolle Geschenk des Morgenlandes entwickelt, das der Lateiner Febris Aleppensis, der Italiener Mal d'Aleppo, der Franzose Bouton d'Haleb nennt. Diese ‚Aleppobeule', die nicht nur Menschen, sondern auch gewisse Tiere, zum Beispiel Hunde und Katzen, heimsucht, wird stets von einem kurzen Fieber eingeleitet, wonach sich entweder im Gesicht, auf der Brust oder an den Armen und Beinen eine große Beule bildet, die unter Aussickern einer Feuchtigkeit fast ein ganzes Jahr anhält und beim Zurückgehen eine tiefe, nie wieder verschwindende Narbe hinterläßt. Der Name dieser Beule ist übrigens nicht zutreffend, da die Krankheit nicht nur in Aleppo, sondern auch in der Gegend von Antiochia, Mossul, Diarbekr, Bagdad und in einigen Gegenden Persiens auftritt. – Ich hatte diese verunstaltende Beule schon öfters gesehen, noch niemals aber in der ungewöhnlichen Größe wie bei unserem guten Lindsay. Nicht genug, daß bei ihm die Anschwellung im dunkelsten Rot erglänzte, war sie auch so unverschämt gewesen, sich just die Nase zu ihrem Sitz auszuwählen – diese arme Nase, die schon von so ungewöhnlicher Größe war. Unser Englishman trug das Übel nicht etwa mit Ergebenheit, wie es seine Pflicht als Gentleman und Vertreter der very great and excellent nation gewesen wäre, sondern er verriet einen Ärger und eine Ungeduld, deren Ausbrüche oft die versteckte Heiterkeit der Zuhörer erregten.

Auch jetzt saß Lindsay am Feuer und befühlte mit beiden Händen die unverschämte Pustel.

„Sir", sagte er zu mir. „Hersehen!" – „Wohin?" – „Hm! Dumme Frage! Auf mein Gesicht natürlich! Yes! Ist wieder gewachsen!" „Was? Wer?" – „Zounds! Diese Beule hier! Viel gewachsen?"

„Sehr! Sieht schon wie eine Gurke aus." – „The devil! Schauderhaft! Entsetzlich! Yes!" – „Vielleicht wird mit der Zeit ein Fowlingbull daraus, Sir David!" – „Wollt Ihr eine Ohrfeige haben, Sir? Stehe sofort zu Diensten! Wollte, Ihr hättet dieses armselige Swelling[1] auf Eurer Nase!" – „Habt Ihr Schmerzen?" – „Nein." – „So seid froh!"

„Froh? Wie kann ich froh sein, wenn die Leute denken, meine Nase hätte die Snuff-box[2] gleich mit auf die Welt gebracht! Wie lange werde ich dieses Ding haben?" – „Ziemlich ein Jahr, Sir David!"

Lindsay machte Augen, daß ich vor Schreck beinahe zurückgewichen wäre, zumal das Entsetzen ihm den Mund so weit aufriß, daß die Nase mitsamt der Snuff-box geradewegs hätte hineinspazieren können.

„Ein Jahr? Ein ganzes Jahr? Zwölf Monate?" – „So ungefähr."

„Oh! Ah! Horrible! Fürchterlich, entsetzlich! Gibt es kein Mittel? Pflaster? Salbe? Brei auflegen? Wegschneiden?"

„Gar nichts." – „Aber jede Krankheit hat doch ihr Heilmittel!"

„Diese nicht, Sir David! Die Beule ist nicht im mindesten gefährlich, aber wenn man sie ritzt und schneidet, dann kann sie sehr schlimm werden." – „Hm! Was dann, wenn sie fort ist? Sieht man es noch?"

---

[1] Swelling = Geschwulst [2] Schnupftabakdose

„Das ist verschieden. Je größer die Beule, desto größer auch das Loch, das zurückbleibt." – „Lack-a-day – um Himmels willen! Ein Loch?" – „Leider!" – „O weh! Schauderhaftes Land hier! Miserable Gegend! Werde machen, daß ich nach Old England komme! Well!"
„Nehmt Euch Zeit, Sir David!" – „Warum?" – „Was würde man in Altengland dazu sagen, daß Sir David Lindsay seiner Nase solche Unarten erlaubt?" – „Hm! Habt recht, Sir! Die Straßenjungen würden mir nachlaufen. Werde also hierbleiben und mich –"
„Sihdi!" unterbrach ihn Halef. „Schau dich nicht um!"
Ich saß mit dem Rücken gegen den Waldesrand und dachte mir sofort, daß der kleine Hadschi hinter mir etwas Verdächtiges bemerkt haben müsse. – „Was siehst du?" fragte ich ihn leise. – „Ein Paar Augen. Grad hinter dir stehen zwei Tschinarbäume und zwischen ihnen gibt es einen wilden Birnbusch. Dort steckt der Mann, dessen Augen ich erblickt habe."

„Siehst du sie noch?"

„Warte!"

Halef beobachtete unauffällig den Busch, und ich ermahnte unterdessen die anderen, sich so unbefangen wie bisher zu benehmen.

Ich erhob mich und gab mir den Anschein, als wollte ich am Waldrand dürres Holz für das Feuer suchen. Dabei entfernte ich mich ein beträchtliches Stück vom Lager. Dann drang ich in den Waldsaum ein und schlich zwischen den Bäumen wieder zurück. Es waren nicht fünf Minuten vergangen, so befand ich mich hinter den beiden Tschinarbäumen und hatte da Gelegenheit, das scharfe Auge Halefs zu bewundern. Zwischen den Bäumen und hinter dem Busch kauerte eine menschliche Gestalt, die unser Treiben am Lagerfeuer beoachtete. – Weshalb geschah das? Wir befanden uns hier in einer Gegend, wo in meilenweitem Umkreis kein Dorf lag. Allerdings gab es rundum verschiedene kurdische Stämme, die sich untereinander bekämpften, und es mochte wohl auch zuweilen geschehen, daß irgendein persischer Hirtenstamm die Grenze überschritt, um einen Raub auszuführen. Dazu kamen allerlei Umhertreiber, Überreste von vernichteten Stämmen, die Gelegenheit suchten, sich einem anderen Stamm anzuschließen. – Ich durfte nicht trauen; daher schob ich mich leise an den Mann heran und faßte ihn dann rasch bei der Kehle. Er erschrak so sehr, daß er ganz steif wurde und sich nicht wehrte, als ich ihn in die Höhe nahm und ans Feuer trug. Dort legte ich ihn nieder und zog den Dolch. – „Rühre dich nicht, sonst resteche ich dich!" drohte ich. – Es war mir gar nicht so grimmig ums Herz, aber der Fremde nahm meine Drohung ernst und faltete bittend die Hände. – „Herr, Gnade!" – „Das soll auf dich ankommen. Belügst du mich, so bist du verloren. Wer bist du?" – „Ich bin ein Turkmene vom Stamm der Bejat." – Ein Turkmene? Hier? Seiner Kleidung nach konnte er die Wahrheit gesagt haben. Auch wußte ich, daß es früher Turkmenen zwischen dem Tigris und der persischen Grenze gegeben hatte, und es stimmte, daß es der Stamm Bejat gewesen war. Die Lurische Wüste war der Schauplatz ihrer Streifzüge

11

gewesen. Als Nadir-Schah in das Ejâlet[1] Bagdad einfiel, schleppte er die Bejat nach Khorassan. Er nannte diese Provinz wegen ihrer Lage und Beschaffenheit ‚das Schwert Persiens' und bemühte sich, sie mit tapferen, kriegerischen Bewohnern zu bevölkern. – „Ein Bejat?" fragte ich. „Du lügst!" – „Ich sage die Wahrheit, Herr."

„Die Bejat wohnen nicht hier, sondern im fernen Khorassan."

„Du hast recht; aber als sie einst diese Gegend verlassen mußten, blieben doch einige zurück, deren Nachkommen sich so vermehrt haben, daß sie jetzt über tausend Krieger zählen. Wir haben unsere Sommerplätze in der Gegend der Ruinen von Kisil-Kharaba und bei Kuru Tschai."

Es fiel mir ein, davon gehört zu haben.

„Jetzt befindet ihr euch hier in der Nähe?" – „Ja, Herr." – „Wie viele Zelte zählt ihr?" – „Wir haben keine Zelte."

Das mußte mir auffallen. Wenn ein Nomadenstamm sein Lager verläßt, ohne seine Zelte mitzunehmen, so deutet dies gewöhnlich auf einen Raub- oder Kriegszug. Ich fragte weiter:

„Wie viele Männer seid ihr heute?" – „Zweihundert!" – „Und Frauen?" – „Die haben wir nicht bei uns." – „Wo lagert ihr?"

„Nicht weit von hier. Wenn du dort um die Ecke des Waldes gehst, bist du bei uns." – „So habt ihr unser Feuer bemerkt?" – „Wir haben es gesehen, und der Khan schickte mich ab, um zu erfahren, was für Männer sich hier befinden." – „Wohin geht ihr?" – „Wir gehen nach Südost." – „Welcher Ort ist euer Ziel?" – „Die Gegend von Sinna."

„Das ist ja persisch!" – „Ja. Unsere Freunde dort geben ein großes Fest, zu dem wir geladen sind."

Das war merkwürdig. Diese Bejat hatten ihren Wohnsitz bei Kuru Tschai und bei den Ruinen von Kisil-Kharaba, also in der Nähe von Kifri. Diese Stadt aber befand sich weit südwestlich von unserem heutigen Lagerplatz, während Sinna etwas näher im Südosten von uns lag. Warum waren die Bejat nicht geradewegs von Kifri nach Sinna gegangen? Warum hatten sie einen so sinnlosen Umweg gemacht?

„Was tut ihr hier oben?" fragte ich daher. „Warum habt ihr euren Weg um mehr als das Doppelte verlängert?" – „Weil wir durch das Gebiet des Pascha von Suleimanije hätten ziehen müssen, und er ist unser Feind." – „Aber er befindet euch hier ebenso auf seinem Gebiet!" – „Hier oben sucht uns der Pascha nicht. Er weiß, daß wir ausgezogen sind, und glaubt uns im Süden seiner Hauptstadt."

Das klang unwahrscheinlich, und ich hatte noch immer kein rechtes Vertrauen zu dem Mann. Ich sagte mir jedoch, daß die Anwesenheit dieser Bejat uns nur von Vorteil sein könne. Unter ihrem Schutz konnten wir unangefochten bis nach Sinna kommen, und dann war für uns keine Gefahr mehr zu befürchten. Der Turkmene kam meiner darauf bezüglichen Frage entgegen:

„Herr, wirst du mich wieder freilassen? Ich habe euch nichts ge-

---

[1] Provinz

tan!" – „Du hast nur getan, was dir befohlen war, und bist frei."
Er atmete erleichtert auf.

„Ich danke dir, Herr! Wohin sind die Köpfe eurer Pferde gerichtet?"
„Nach Süden." – „Ihr kommt von Mitternacht herunter?"
„Ja. Wir kommen aus dem Land der Berwari und Chaldani."

„So seid ihr mutige und tapfere Männer. Welchem Stamm gehört ihr an?" – „Dieser Mann und ich, wir sind Emire aus Franghistan, und die anderen sind unsere Freunde." – „Aus Franghistan! – Herr, wollt ihr mit uns ziehen?" – „Wird mir dein Khan seine Hand öffnen?"

„Er wird es. Wir wissen, daß die Franken große Krieger sind. Soll ich gehen und ihm von euch berichten?" – „Geh und frage ihn, ob er uns empfangen will!"

Er stand auf und eilte davon. Die anderen zeigten sich mit dem, was ich getan hatte, einverstanden, und besonders Mohammed Emin freute sich über die Begegnung.

„Effendi", sagte er, „ich habe von den Bejat oft gehört. Sie leben mit den Dscherboa, Obeïde und Beni Lam in immerwährendem Unfrieden, und darum werden sie uns nützlich sein. Aber wir wollen nicht sagen, daß wir Haddedihn sind. Es ist besser, die Bejat wissen es nicht." – „Auch sonst müssen wir vorsichtig sein, denn noch wissen wir nicht, ob der Khan uns freundlich aufnehmen wird. Holt die Pferde herbei, und legt die Waffen bereit, um für alle Fälle gerüstet zu sein!"

Die Bejat schienen unseretwegen eine ungewöhnlich lange Beratung zu halten, denn ehe sie ein Lebenszeichen von sich gaben, war unser Lamm gebraten und auch verzehrt. Endlich hörten wir Schritte. Der Turkmene, der bei uns gewesen war, erschien mit noch drei Gefährten.

„Herr", sagte er, „der Khan sendet mich. Ihr sollt zu ihm kommen und uns willkommen sein." – „So geht voran und führt uns!"

Wir stiegen zu Pferd und folgten ihnen, die Gewehre in den Händen. Als wir die Waldecke hinter uns hatten, war von keinem Lagerplatz etwas zu bemerken. Nachdem wir aber einen dichten Gebüschstreifen durchritten hatten, erreichten wir einen rings von Sträuchern eingefaßten Platz, auf dem ein mächtiges Feuer brannte. Dieser Lagerort war gut gewählt, da er von einem nicht leicht entdeckt werden konnte.

Zweihundert dunkle Gestalten lagen im Gras umher, und etwas abseits der flackernden Flamme saß der Khan, der sich bei unserem Erscheinen langsam erhob. Wir ritten an ihn heran und sprangen von den Pferden.

„Friede sei mit dir!" grüßte ich ihn.

„Bändä-i schumâ-äm – ich bin Euer Diener!" antwortete er, wobei er sich verbeugte.

Das war Persisch. Vielleicht wollte der Khan mir damit beweisen, daß er wirklich ein Bejat sei, dessen Hauptstamm man in Khorassan suchen mußte. Der Perser wird der Franzose des Morgenlandes genannt. Seine Sprache ist biegsam und wohlklingend, weshalb sie auch die Hofsprache der meisten asiatischen Fürsten geworden ist. Aber das höfliche, schmeichelnde und oft kriechende Wesen des Persers hat nie einen vorteilhaften Eindruck auf mich gemacht; die gerade, rauhe Ehrlichkeit des Arabers ist mir allzeit lieber gewesen.

Auch die anderen waren aufgesprungen, und alle Hände streckten sich dienstfertig aus, um sich unserer Pferde zu bemächtigen. Doch wir hielten die Zügel fest, da wir noch keineswegs wußten, ob dies gastfreundlich oder hinterlistig gemeint sei.

„Gib meinen Leuten immerhin die Pferde! Sie sollen für die Tiere sorgen", sagte der Khan.

Ich wollte mir Gewißheit verschaffen. Deshalb fragte ich, nun auch in persischer Sprache:

„Ajâ itminân mî-dähî – gewährst du uns Sicherheit?"

Er verneigte sich zustimmend und hob die Hand.

„Ssäugänd mî-chorám – ich beschwöre es! Setzt euch zu mir, und laßt uns reden!"

Die Bejat nahmen die Pferde. Nur Rih blieb in der Hand Halefs, der recht gut wußte, was mir lieb war. Wir anderen nahmen am Khan Platz. Die Flamme leuchtete hell zu uns herüber, so daß wir einander genau erkennen konnten. Der Bejat war ein in den mittleren Jahren stehender Mann von kriegerischem Aussehen. Seine Züge waren vertrauenerweckend, und die achtungsvolle Entfernung, in der sich seine Untergebenen von ihm hielten, ließ auf ein selbstbewußtes Wesen ihres Anführers schließen.

„Kennst du meinen Namen?" erkundigte er sich.

„Nein, o Khan", entgegnete ich.

„Ich bin Heider Mirlam[1], der Neffe des berühmten Hassan Kerkusch Bei. Hast du von ihm gehört?" – „Ja. Er wohnte in der Nähe des Dorfes Dschenijah, das an der Poststraße von Bagdad nach Tauk liegt. Er war ein tapferer Krieger, aber er liebte den Frieden, und jeder Verlassene fand guten Schutz bei ihm."

Der Bejat hatte mir seinen Namen gesagt, und nun erforderte es die Höflichkeit, ihm auch unsere zu nennen. Darum fuhr ich fort:

„Dein Kundschafter wird dir bereits gesagt haben, daß ich ein Franke bin. Man nennt mich Kara Ben Nemsi –"

Heider Mirlam konnte trotz der anerzogenen Selbstbeherrschung einen Ausruf des Erstaunens nicht unterdrücken:

„Äjâ – oh! Kara Ben Nemsi! So ist dieser andere Mann, der eine rote Nase hat, der Bei aus Inglistan, der Steine und Schriften ausgraben will?" – „Hast du von uns gehört?" – „Ja, Effendi; du hast mir nur deinen Namen genannt, aber ich kenne euch fast alle. Der kleine Mann, der dein Pferd hält, ist Hadschi Halef Omar, vor dem sich so viele Große fürchten?" – „Du hast es erraten." – „Und wer sind die beiden anderen?" – „Das sind Freunde von mir, die ihren Namen in den Koran legten[2]. Wer hat dir von uns erzählt?" – „Ein Anführer der Abu Hammed. Ich traf mit ihm bei Kifri zusammen, und er erzählte mir, daß du daran schuld bist, daß sein Stamm Tribut zahlen muß.

---

[1] Löwe Mîrlam   [2] Ausdruck für: aus wichtigen Gründen unerkannt bleiben wollen

Sei vorsichtig, Effendi! Man wird dich töten, wenn du in die Hände dieser Leute fällst." – „Ich befand mich schon in den Händen dieser Leute, ohne daß sie mich getötet haben. Sie konnten mich nicht festhalten." – „Ich habe es gehört. Du hast den Löwen getötet, allein und in der Dunkelheit, und bist dann mit seiner Haut davongeritten. Glaubst du, daß auch ich dich nicht halten könnte, wenn du mein Gefangener wärest?"

Das klang verdächtig, doch ich antwortete ruhig:

„Du könntest mich nicht halten, und ich wüßte auch nicht, wie du es anfangen wolltest, um mich gefangenzunehmen."

„Effendi, wir sind zweihundert, ihr aber seid nur fünf!"

„Khan, vergiß nicht, daß zwei Franken unter diesen fünf sind, und daß diese zwei soviel zählen wie zweihundert Bejat!" – „Du sprichst stolz!" – „Und du fragst ungastlich! Soll ich an der Wahrheit deiner Worte zweifeln, Heider Mirlam?" – „Ihr seid meine Gäste, obgleich ich die Namen dieser beiden Männer nicht kenne, und sollt Brot und Fleisch mit mir essen."

Ein rücksichtsvolles Lächeln umspielte dabei seine Lippen, und der Blick, den er auf die beiden Haddedihn warf, sagte mir genug. Mohammed Emin war infolge seines prachtvollen, schneeweißen Bartes unter Tausenden zu erkennen.

Auf einen Wink des Khans wurden einige viereckige Lederstücke herbeigebracht. Auf ihnen reichte man uns Brot, Fleisch und Datteln, und als wir ein weniges davon genossen hatten, gab man uns Tabak für die Pfeifen, wozu uns der Khan eigenhändig Feuer spendete.

Jetzt konnten wir uns als seine Gäste betrachten, und ich gab Halef einen Wink, meinen Rih zu den übrigen Pferden zu bringen. Halef tat dies und nahm dann auch bei uns Platz.

„Welches ist das Ziel eurer Wanderung?" erkundigte sich Heider Mirlam.

„Wir reiten nach Bagdad", erwiderte ich vorsichtig.

„Wir ziehen nach Sinna", erklärte der Khan. „Wollt ihr mit uns reiten?" – „Wirst du es erlauben?" – „Ich werde mich freuen, euch bei mir zu sehen. Reich mir deine Hand, o Kara Ben Nemsi! Meine Brüder sollen deine Brüder sein und meine Feinde deine Feinde!"

Heider Mirlam reichte mir seine Hand, und ich schlug ein. Er tat dies auch mit den anderen, die sich mit mir herzlich freuten, hier einen Freund und Beschützer gefunden zu haben.

„Welche Stämme trifft man von hier bis Sinna?" erkundigte ich mich nun.

„Hier ist freies Land, wo bald dieser und bald jener Stamm seine Herden weidet. Wer der Stärkere ist, der bleibt." – „Zu welchem Stamm seid ihr geladen?" – „Zu den Dschiaf." – „So freue dich deiner Freunde; denn der Stamm der Dschiaf ist der mächtigste des ganzen Landes! Die Scheik-Ismaël, Zengeneh, Kelogawani, Kelhur und sogar die Schenki und Hollali fürchten ihn." – „Effendi, warst du bereits einmal hier?" staunte der Khan.

„Vergiß nicht, daß ich ein Franke bin." – „Ja, die Franken wissen alles, selbst das, was sie nicht gesehen haben. Hast du auch vom Stamm der Bebbeh gehört?" – "Ja. Er ist der reichste Stamm weit und breit und hat seine Dörfer und Zelte in der Umgebung von Suleimanije." – "Du bist recht berichtet. Hast du Freunde oder Feinde unter ihnen?" – "Weder das eine noch das andere. Ich bin noch nie mit einem Bebbeh zusammengetroffen." – "Vielleicht werdet ihr sie kennenlernen, obgleich wir gern ein Zusammentreffen vermeiden."

"Kennst du den Weg nach Sinna?" – "Ja." – "Wie weit ist es von hier bis dahin?" – "Wer ein gutes Pferd reitet, der kommt in drei Tagen hin." – "Und wie weit ist es bis Suleimanije?" – "Das kannst du schon in zwei Tagen erreichen." – "Wann brecht ihr morgen auf?"

"Sobald die Sonne scheint. Möchtest du zur Ruhe gehen?"

"Wie es dir angenehm ist." – "Der Wille des Gastes ist Gesetz im Lager, und ihr seid müde, denn du hast die Pfeife bereits fortgelegt. Auch der Amâsdar[1] macht schon die Augen zu. Ich gönne euch die Ruhe." – "Bejat chosch-ädâb hâständ – die Bejat haben angenehme Sitten. Erlaube, daß wir unsere Decken ausbreiten." – "Tut es, Chodâh châb bedâhäd – Gott gebe euch Schlaf!"

Auf einen Wink Heider Mirlams wurden ihm Teppiche gebracht, woraus er sich ein Lager bereitete. Meine Gefährten machten es sich so bequem wie möglich; ich aber verlängerte das Halfter meines Pferdes durch den Lasso, dessen Ende ich mir um das Handgelenk band, und legte mich dann außerhalb des Lagerkreises nieder. So konnte der Rappe weiden, und ich war seiner sicher, zumal Dojan an meiner Seite wachte.

So verging eine Weile.

Ich hatte die Augen noch nicht geschlossen, als sich mir jemand näherte. Es war der Engländer, der seine beiden Decken neben mir niederlegte.

"Schöne Freundschaft das", brummte er. "Sitze da, verstehe kein Wort! Denke, es soll mir erklärt werden! Da aber macht Ihr Euch aus dem Staub! Hm! Danke sehr!" – "Verzeiht, Sir David. Euch hatte ich wahrhaftig vergessen!" – "Mich vergessen! Seid Ihr blind, oder bin ich nicht groß genug?" – "Na, in die Augen fallt Ihr schon, besonders seit Ihr den Leuchtturm im Gesicht habt. Also was wollt Ihr wissen?"

"Alles! Übrigens, das mit dem Leuchtturm laßt sein, Sir! Was habt Ihr mit diesem Scheik oder Khan besprochen?"

Ich erklärte es ihm.

"Well, das ist günstig. Nicht?" – "Ja. Drei Tage sicher sein oder nicht, das ist ein Unterschied." – "Ihr habt also gesagt: nach Bagdad? Meint Ihr das wirklich, Mr. Kara?" – "Es wäre mir allerdings das liebste, aber es geht nicht." – "Warum nicht?" brummte Lindsay.

"Wir müssen zu den Haddedihn zurück, denn Ihr habt Eure Diener noch dort, und sodann fällt es mir auch schwer, mich von Halef zu trennen. Wenigstens verlasse ich ihn nicht eher, als bis ich ihn gesund und sicher bei seinem jungen Weib weiß." – "Richtig! Yes! Braver

---

[1] Mann mit der Beule = Lindsay

Kerl! Tausend Pfund wert. Well! Möchte auch sonst gern wieder hin."
– „Warum?" – „Wegen Fowlingbulls." – „Oh, Altertümer sind in der Nähe von Bagdad auch zu finden, zum Beispiel in den Ruinen von Hille. Dort hat Babylon gestanden, und es gibt da Trümmerfelder in einem Umkreis von mehreren geographischen Meilen, obgleich Babylon nicht so groß gewesen ist wie Ninive." – „Oh! Ah! Hinreiten! Nach Hille! Nicht?" – „Darüber läßt sich noch nichts sagen. Die Hauspisache ist zunächst, daß wir den Tigris glücklich erreichen. Das Weitere wird sich dann finden." – „Schön! Wir gehen aber hin! Yes! Well! Good night!"

Lindsay dachte heut nicht, daß wir eher und unter ganz anderen Umständen, als er jetzt meinte, in jene Gegenden kommen würden. Er wickelte sich in seine Decken und ließ bald ein lautes Schnarchen vernehmen. Auch ich schlief ein, gewahrte aber vorher, daß sich vier Männer von den Bejat zu Pferd setzten und fortritten.

Als ich erwachte, graute der Tag und einzelne der Turkmenen waren bereits mit ihren Pferden beschäftigt. Halef, der auch schon munter war, hatte am Abend gleichfalls das Wegreiten der vier Männer bemerkt und meldete es mir nun. Dann fragte er:

„Sihdi, warum senden die Bejat Boten fort, wenn sie es mit uns ehrlich meinen?" – „Ich glaube nicht, daß diese vier unseretwegen fortgeritten sind. Wir sind schon in der Gewalt des Khans, wenn er Übles gegen uns vorhätte. Sorge dich nicht, Halef!"

Die Reiter waren wohl wegen der Gefährlichkeit der Gegend als Kundschafter vorausgeschickt worden, und ich hatte damit auch das Richtige getroffen, wie ich dann auf meine Erkundigung von Heider Mirlam erfuhr.

Nach einem schmalen Frühstück, das nur aus einigen Datteln bestand, brachen wir auf. Der Khan hatte seine Leute in einzelne Trupps geteilt, die sich in Abständen von je einer Viertelstunde folgten. Er war ein kluger, vorsichtiger Mann, der für die Sicherheit der Seinen nach besten Kräften sorgte.

Wir ritten ohne Rast bis Mittag. Als die Sonne am höchsten stand, machten wir Halt, um unseren Pferden die nötige Ruhe zu gönnen. Wir waren während unseres Rittes auf keinen Menschen gestoßen und hatten an gewissen Stellen, an Bäumen, Büschen oder am Boden Zeichen der vier vorausgesandten Reiter gefunden, die uns dadurch die Richtung angaben, der wir folgen mußten.

Diese Richtung war mir rätselhaft. Von unserem gestrigen Ruheplatz aus hatte Sinna im Südosten gelegen, aber anstatt nun nach Südost zu halten, waren wir fast genau nach Süd geritten.

„Du wolltest zu den Dschiaf?" erinnerte ich deshalb jetzt den Khan.

„Ja." – „Dieser wandernde Stamm lagert zur Zeit in der Gegend von Sinna?" – „Ja." – „Aber wenn wir so fortreiten, kommen wir nie nach Sinna, sondern nach Nwisgieh oder gar nach Bane."

„Willst du sicher reisen, Effendi?" – „Versteht sich!"

„Wir auch. Und aus diesem Grund ist es geraten, daß wir die feindlichen Stämme umgehen. Wir werden noch bis heut abend scharf reiten müssen, und dann können wir ausruhen; denn wir müssen morgen warten, bis der Weg nach Ost frei wird."

Diese Erklärung wollte mir nicht ganz einleuchten; aber es war mir nicht möglich, die Gründe Heider Mirlams zu widerlegen, und so schwieg ich.

Nach einer zweistündigen Ruhe brachen wir wieder auf. Unser Ritt war in der Tat sehr scharf, und ich bemerkte, daß er uns oft im Zickzack führte. Es hatte viele Punkte gegeben, von denen uns die vier Kundschafter fernhalten wollten.

Gegen Abend mußten wir eine hohlwegähnliche Vertiefung durchreiten. Ich befand mich an der Seite des Khans, der bei der vordersten Abteilung war. Wir hatten diese Stelle fast hinter uns, als wir auf einen Reiter trafen, dessen bestürztes Gesicht uns verriet, daß er nicht gedacht hatte, hier an diesem Ort Fremden zu begegnen. Er drängte sein Pferd zur Seite, senkte die Lanze und grüßte:

„Es-selâm 'aleïkum!" — „We 'aleïkum es-selâm!" antwortete der Khan. „Wohin geht dein Weg?" — „In den Wald. Ich will mir ein Bergschaf[1] erjagen." — „Zu welchem Stamm gehörst du?"

„Ich bin ein Bebbeh." — „Wohnst du, oder wanderst du?"

„Wir wohnen zur Zeit des Winters, im Sommer aber führen wir unsere Herden auf die Weide." — „Wo wohnst du im Winter?"

„In Nwisgieh. In einer Stunde kannst du es erreichen. Meine Gefährten werden euch gern willkommen heißen."

„Wieviel Männer seid ihr?" — „Vierzig, und bei anderen Herden sind noch mehr." — „Gib mir deine Lanze und deine Flinte!"

„Warum?" fragte der Mann erstaunt. „Und dein Messer. Du bist mein Gefangener!" — „Maschallah!"

Dieses Wort war ein Ausruf des Schreckens. Sogleich aber blitzte es in den scharfen Zügen des Fremden auf. Er riß sein Pferd empor, warf es herum und sprengte zurück. „Fangt mich!" hörten wir noch den Ruf des schnell handelnden Bebbeh.

Da nahm der Khan seine Flinte zur Hand und legte auf den Fliehenden an. Ich hatte kaum Zeit, den Lauf zur Seite zu schlagen, so krachte der Schuß. Die Kugel ging fehl. Der Khan hob die Faust gegen mich, besann sich aber sofort eines Besseren.

„Chijanetgâr![2] Was tust du?" rief er zornig. — „Ich bin kein Verräter", entgegnete ich ruhig. „Ich will nicht haben, daß du eine Blutschuld auf dich ladest." — „Aber der Bebbeh mußte sterben! Wenn er uns entkommt, so müssen wir es büßen." — „Läßt du ihm das Leben, wenn ich ihn bringe?" — „Ja. Aber du wirst den Mann nicht fangen."

„Warte!" Ich ritt dem Flüchtling nach. Er war nicht mehr zu sehen; aber als ich die Schlucht hinter mir hatte, bemerkte ich ihn. Vor mir lag eine mit weißem Krokus und wilden Nelken bewachsene Ebene, jenseits der die dunkle Linie eines Waldes sichtbar wurde. Wenn ich den Bebbeh den Wald erreichen ließ, so war er wohl für mich verloren. „Rih!" rief ich, während ich meinem Rappen die

---

[1] Reh [2] Verräter, Treuloser

Hand zwischen die Ohren legte. Das brave Tier war längst nicht mehr bei vollen Kräften; auf dieses Zeichen hin aber flog es über den Boden, als habe es wochenlang ausgeruht. In zwei Minuten war ich dem Bebbeh bis auf zwanzig Pferdelängen nahegekommen.

„Halt!" rief ich ihm zu. Der Mann war mutig. Statt weiter zu fliehen oder zu halten, warf er sein Pferd auf den Hinterhufen herum und kam mir entgegen. Im nächsten Augenblick mußten wir zusammenprallen. Ich sah ihn die Lanze heben und griff zum Stutzen. Da zog er sein Pferd ein wenig beiseite. Wir sausten aneinander vorüber. Die Spitze seines Speers war auf meine Brust gerichtet; ich fing ihn auf, riß aber sofort mein Pferd herum. Der Mann hatte eine andere Richtung eingeschlagen und suchte zu entkommen. Sein Pferd war zu wertvoll, als daß ich es unter ihm hätte erschießen mögen. Ich nahm den Lasso von der Hüfte, befestigte das eine Ende am Sattelknopf und legte dann den unzerreißbaren Riemen in Schlingen. Der Bebbeh blickte sich um und sah mich näherkommen. Vermutlich hatte er noch nie von einem Lasso gehört und wußte auch nicht, wie man dieser Waffe entgehen kann. Zur Lanze schien er kein Vertrauen mehr zu haben, denn er griff zu seinem Gewehr, dessen Kugel nicht aufzuhalten war. Ich maß die Entfernung mit dem Auge, und als der Mann den Lauf erhob, schwirrte der Riemen durch die Luft. Kaum hatte ich mein Pferd zur Seite genommen, so fühlte ich einen Ruck; ein Schrei erscholl, ich hielt an – der Bebbeh lag mit umschnürten Armen am Boden. Einen Augenblick später stand ich bei ihm. „Hast du dir wehgetan?" Diese meine Frage mußte unter den gegenwärtigen Umständen wie Hohn klingen. Der Gefangene suchte seine Arme zu befreien und knirschte: „Räuber!"

„Du irrst! Ich bin kein Räuber, aber ich wünsche, daß du mit mir reitest." – „Wohin?" – „Zum Khan der Bejat, dem du entflohen bist." – „Der Bejat? Also gehören die Männer, die ich traf, zu diesem Stamm! Und wie heißt der Khan?" – „Heider Mirlam."

„Oh, nun weiß ich alles. Allah möge euch verderben, ihr Diebe und Schufte." – „Schimpfe nicht! Ich verspreche dir bei Allah, daß dir nichts geschehen soll!" – „Ich bin in deiner Gewalt und muß dir folgen." Ich nahm dem Bebbeh das Messer aus dem Gürtel und hob die Lanze und die Flinte auf; sie waren ihm beim Sturz entfallen. Dann löste ich den Riemen und stieg schnell zu Pferd, um auf alles gefaßt zu sein. Der Bebbeh schien keinen Gedanken an Flucht zu hegen, sondern pfiff seinem Tier und schwang sich hinauf.

„Ich traue deinem Wort", sagte er. „Komm!" Wir galoppierten nebeneinander zurück und fanden die Bejat am Ausgang der Vertiefung auf uns wartend. Als Heider Mirlam den Gefangenen erblickte, klärte sich sein finsteres Gesicht auf.

„Effendi, du bringst ihn wirklich!" rief er. – „Ja, denn ich habe es dir versprochen. Aber ich habe ihm mein Wort gegeben, daß ihm nichts geschehen soll. Hier sind seine Waffen!" – „Er soll später alles wiederhaben, jetzt aber bindet ihn, damit er nicht entfliehen kann!"

Diesem Befehl wurde sogleich Folge geleistet. Unterdessen war die zweite unserer Abteilungen herangekommen. Ihr wurde der Gefangene mit dem Bedeuten übergeben, ihn zwar gut zu behandeln, aber streng zu bewachen. Dann wurde der unterbrochene Ritt fortgesetzt.

„Wie ist er in deine Gewalt gekommen?" fragte der Khan.

„Ich habe ihn gefangen", antwortete ich kurz; denn ich war über sein Verhalten verstimmt. — „Effendi, du zürnst", meinte Heider Mirlam. „Du wirst noch erkennen, daß ich so handeln mußte."

„Ich hoffe es." — „Dieser Mann darf nicht ausplaudern, daß die Bejat in dieser Gegend sind." — „Wann wirst du ihn entlassen?"

„Sobald keine Gefahr mehr dabei ist." — „Bedenke, daß er eigentlich mir gehört. Ich hoffe, daß du mein Wort achtest!"

„Was würdest du tun, wenn das Gegenteil geschähe?" — „Ich würde einfach der —" — „Töten?" fiel mir Heider Mirlam in die Rede.

„Nein. Ich bin ein Christ. Ich töte nur dann einen Menschen, wenn ich mein Leben gegen ihn verteidigen muß. Ich würde dich also nicht töten, aber ich würde die Hand, mit der du dein Versprechen bekräftigt hast, zuschanden schießen. Der Khan der Bejat wäre dann wie ein Knabe, der kein Messer zu führen versteht, oder wie ein altes Weib, auf dessen Stimme nichts gegeben wird."

„Effendi, wenn mir das ein anderer sagte, so würde ich lachen; euch aber traue ich es zu, daß ihr mich mitten unter meinen Kriegern angreifen würdet." — „Allerdings täten wir das. Es ist keiner unter uns, der sich vor deinen Bejat fürchtet." — „Auch Mohammed Emin nicht?" forschte der Turkmene lächelnd. Ich sah unser Geheimnis verraten, aber ich entgegnete gleichmütig: „Auch er nicht."

„Und Amad el Ghandur, sein Sohn?" — „Hast du jemals gehört, daß er ein Feigling ist?" — „Nie! Effendi, wärt ihr nicht Männer, so hätte ich euch nicht bei uns aufgenommen; denn wir reiten auf Wegen, die gefährlich sind. Ich wünsche, daß wir sie glücklich vollenden!"

Der Abend brach herein, und eben, als es so dunkel wurde, daß es höchste Zeit zum Lagern war, gelangten wir an einen Bach, der aus einem Wirrsal von Felsen sich ins Freie ergoß. Dort lagerten die vier Bejat, die uns vorausgeritten waren. Der Khan stieg ab und trat zu ihnen, um sich längere Zeit leise mit ihnen zu unterhalten.

Warum tat er so heimlich? Hatte Heider Mirlam etwas vor, was nur sie wissen durften? Endlich gebot er seinen Leuten abzusitzen. Einer der vier schritt uns voran, in das Felsgewirr hinein. Wir führten die Pferde hinter uns und gelangten nach einiger Zeit in eine große, von Felsen eingeschlossene freie Rundung. Dieser Ort war das sicherste Versteck, das gefunden werden konnte, freilich viel zu klein für zweihundert Mann und deren Pferde. „Bleiben wir hier?" fragte ich.

„Ja", bestätigte Heider Mirlam. — „Aber nicht alle?" — „Nur vierzig. Die anderen werden in der Nähe lagern." — Diese Antwort mußte mir genügen. Nur wunderte es mich, daß trotz der Sicherheit unserer Lage kein Feuer angebrannt wurde. Dies fiel auch den Gefährten auf.

„Schöner Platz!" meinte Lindsay. „Kleine Arena. Nicht?"

„Allerdings." — „Aber feucht und kalt hier am Wasser. Warum nicht Feuer anmachen?" — „Weiß es nicht. Vielleicht sind feindliche Kurden in der Nähe." – „Was mit ihnen? Niemand kann uns sehen. Hm! Gefällt mir nicht!" Er warf einen mißtrauischen Blick auf den Khan, der mit dem sichtlichen Bestreben, von uns nicht gehört zu werden, zu seinen Leuten redete. Ich setzte mich zu Mohammed Emin, der auf diese Gelegenheit gewartet zu haben schien, denn er fragte mich sofort: „Effendi, wie lange bleiben wir bei diesen Bejat?"

„Solang es dir beliebt." – „Ist es dir recht, so trennen wir uns morgen von ihnen." – „Warum, o Scheik?"

„Ein Mann, der die Wahrheit verschweigt, ist kein Freund."

„Hältst du den Khan für einen Lügner?"

„Nein. Aber ich halte ihn für einen Mann, der nicht alles sagt, was er denkt." – „Heider Mirlam hat dich erkannt."

„Ich weiß es. Ich habe es an seinen Augen gesehen." – „Macht dir das vielleicht Sorgen?" – „Nein", erwiderte Mohammed Emin. „Wir sind Gäste der Bejat geworden, und sie werden uns nicht verraten. Aber warum haben sie diesen Bebbeh gefangen?"

„Damit er unsere Anwesenheit nicht verraten kann." – „Warum soll sie nicht verraten werden, Effendi? Was haben zweihundert bewaffnete und gut berittene Reiter zu fürchten, wenn sie keinen Troß bei sich haben, weder Weib noch Kind, weder Kranke noch Greise, weder Zelte noch Herden? In welcher Gegend befinden wir uns, o Kara Ben Nemsi?" – „Wir sind im Gebiet der Bebbeh."

„Und der Khan wollte zu den Dschiaf? Ich habe wohl bemerkt, daß wir immer gegen Mittag ritten. Warum teilt er heute seine Leute in zwei Lager? O Rafîk, dieser Heider Mirlam hat zwei Zungen, obgleich er es ehrlich mit uns meint. Wenn wir uns morgen von ihm trennen, welchen Weg schlagen wir ein?" – „Wir haben die Berge des Zagros zu unserer Linken. Die Bezirkshauptstadt Bane liegt in unserer Nähe, wie ich vermute. Geht man an ihr vorüber, so kommt man nach Ahmedabad. Hinter Ahmedabad öffnet sich ein Paß, der durch einsame Schluchten und Täler nach Kisildscha führt. Man gelangt an den Bistanfluß, der sich bei Karatscholan in den Karatscholan Su und mit ihm in den Kleinen Sab ergießt. Gelingt es uns, von Ahmedabad oder Kisildscha aus etwa bei Tauk die Ebene zu erreichen, so sind wir geborgen. Dieser Weg ist freilich beschwerlich." – „Woher weißt du das?" erkundigte sich der Haddedihn.

„Ich habe auf meiner Reise von Maskat zu dir in Bagdad mit einem Bulbassi-Kurden gesprochen, der mir die Gegend so gut beschrieb, daß ich mir eine kleine Karte anfertigen konnte. Ich glaubte nicht, sie brauchen zu können, habe sie aber doch in mein Tagebuch gezeichnet." – „Und du meinst, daß es gut wäre, diesen Weg einzuschlagen?" – „Ich habe mir auch andere Orte, Berge und Flüsse aufgezeichnet, halte diesen Weg aber für den besten. Wir könnten sonst über Mik und Duwisa nach Sinna reiten, aber das wäre ein großer Umweg." – „So bleibt es dabei: Wir trennen uns morgen von den Bejat und ziehen über Ahmedabad zum Karatscholan Su. Wird dich deine Karte nicht täuschen?" – „Nein, wenn mich der Bulbassi nicht getäuscht hat." – „So laß uns ruhen und schlafen! Die

Bejat mögen tun, was ihnen beliebt." — Wir tränkten unsere Pferde am Bach und sorgten für das notwendige Futter. Dann legten sich die anderen gleich zur Ruhe, während ich den Khan aufsuchte.

„Heider Mirlam, wo sind die anderen Bejat?" — „In der Nähe. Warum fragst du?" — „Bei ihnen ist der gefangene Bebbeh, den ich sehen möchte." — „Warum willst du ihn sehen?" — „Es ist meine Pflicht, weil es mein Gefangener ist." — „Er ist nicht dein, sondern mein Gefangener. Du hast ihn mir übergeben." — „Darüber wollen wir nicht streiten. Jedenfalls möchte ich prüfen, wie es ihm geht."

„Es geht ihm gut. Wenn Heider Mirlam das sagt, so ist es wahr. Sorge dich nicht um ihn, Effendi, sondern setze dich zu mir und laß uns eine Pfeife Tabak rauchen!" — Ich folgte der Einladung, um den Khan nicht zu erzürnen, verließ ihn aber bald, um mich gleichfalls niederzulegen. Warum sollte ich den Bebbeh nicht sehen? Schlecht behandelt wurde er nicht; dafür bürgte mir das Wort des Khan. Heider Mirlam wurde jedenfalls von einem Grund geleitet, den mein Scharfsinn nicht zu entdecken vermochte. Ich beschloß, den Bebbeh morgen in aller Frühe auf eigene Gefahr freizulassen und mich dann von den Bejat zu trennen. So schlief ich ein.

2. Allo, der Köhler

Wenn man vom Morgengrauen bis zum späten Abend auf dem Pferd hängt, so wird man selbst als Gewohnheitsreiter müde. Das war auch bei mir der Fall. Ich schlief gut und fest, und ich wäre sicher nicht vor dem Morgen aufgewacht, wenn mich nicht das Knurren meines Hundes geweckt hätte. Als ich die Augen aufschlug, war es völlig dunkel; dennoch erkannte ich einen Mann, der aufrecht in meiner Nähe stand. Ich griff zum Messer: „Wer bist du?" Bei dieser Frage erwachten auch die Gefährten und nahmen die Waffen zur Hand

„Kennst du mich nicht, Effendi?" erklang die Antwort. „Ich bin einer der Bejat." – „Was willst du?" – „Effendi, hilf uns! Der Bebbeh ist entflohen!" – Ich sprang sofort auf und die anderen mit.

„Der Bebbeh? Wann?" – „Ich weiß es nicht. Wir haben geschlafen."
„Ah! Hundertsechzig Mann haben ihn bewacht, und er ist entflohen?" – „Sie sind ja nicht da!" – „Die Hundertsechzig sind fort?"
„Sie kommen wieder, Effendi." – „Wohin sind sie?" forschte ich.
„Ich weiß es nicht." – „Wo ist der Khan?" – „Auch mit fort."

Da faßte ich den Mann bei der Brust. „Habt ihr vielleicht eine Schurkerei gegen uns vor? Das sollte euch schlecht bekommen!"

„Laß mich, Effendi! Wie können wir dir Schlimmes tun! Du bist ja unser Gast!" – „Halef, untersuche, wie viele Bejat noch hier sind!"

Die Nacht war so dunkel, daß man den Platz nicht zu überblicken vermochte. Der kleine Hadschi eilte davon, um meinen Befehl auszuführen. – „Es sind noch vier hier", erklärte sogleich der Bejat, „und einer steht draußen am Eingang als Posten. Drüben im anderen Lager waren wir unserer zehn, um den Gefangenen zu bewachen."

„Wie ist er euch entkommen? Zu Fuß?" – „Nein. Der Bebbeh hat sein Pferd mitgenommen und auch einige Waffen von uns."

„Das ist ein Beweis, daß ihr sehr kluge und aufmerksame Wächter seid. Aber warum kommt ihr zu mir?" – „Effendi, fang ihn wieder!"

Beinahe hätte ich über diese Zumutung laut aufgelacht. Ich ließ die Aufforderung unbeachtet und erkundigte mich weiter:

„Ihr wißt also nicht, wo der Khan mit den anderen ist?"

„Wir wissen es wirklich nicht." – „Aber er muß doch einen Grund gehabt haben, fortzugehen!" – „Denn hat er, aber wir sollen ihn dir nicht verraten." – „Gut. Wir wollen sehen, wer jetzt befiehlt, der Khan oder ich –" Halef unterbrach mich, indem er meldete, daß wirklich nur noch vier Bejat da seien. „Sie stehen dort in der Ecke und hören uns zu, Sihdi", berichtete er. „Laß sie stehen! Sind deine

Pistolen geladen, Hadschi Halef Omar?" – „Hast du sie jemals ungeladen gesehen, Sihdi?"

„Nimm eine Pistole, und wenn dieser Mann die Frage, die ich ihm zum letztenmal vorlegen werde, nicht beantwortet, jagst du ihm eine Kugel durch den Kopf! Verstanden?" – „Hab keine Sorge, Sihdi! Er soll zwei Kugeln erhalten statt einer!" Der Kleine zog die Waffen aus dem Gürtel und ließ die vier Hähne knacken. Ich fragte den Bejat abermals: „Weshalb hat sich der Khan entfernt?"

Die Antwort ließ keinen Augenblick auf sich warten: „Um die Bebbeh zu überfallen." – „Die Bebbeh? Also hat Khan Heider Mirlam mich belogen! Er sagte, daß er die Dschiaf besuchen wolle."

„Effendi, Khan Heider Mirlam sagt nie eine Lüge! Er will wirklich zu den Dschiaf, aber erst dann, wenn ihm der Überfall gelungen ist." Jetzt fiel mir ein, daß der Anführer dieser Turkmenen mich gefragt hatte, ob ich ein Freund oder ein Feind der Bebbeh sei. Er hatte mir einen Schutz angedeihen lassen und mir doch auch meine Unbefangenheit bewahren wollen. „Lebt ihr mit den Bebbeh in Unfrieden?" forschte ich weiter. – „Sie mit uns, Effendi! Wir werden ihnen dafür heut ihre Herden, ihre Teppiche und Waffen wegnehmen. Hundertundfünfzig Männer werden diese Beute heimschaffen und fünfzig werden mit dem Khan zu den Dschiaf reiten."

„Wenn die Bebbeh es erlauben", fügte ich hinzu. Trotz der Dunkelheit bemerkte ich, daß der Turkmene den Kopf stolz emporwarf.

„Die? Die Bebbeh sind Feiglinge! Hast du nicht gesehen, daß dieser Mann heute vor uns geflohen ist?"

„Einer vor zweihundert."

„Und du allein hast ihn gefangen!" – „Pah! Ich fange unter Umständen ebensogut zehn Bejat. Zum Beispiel: Du und die vier, die Wache draußen und die neun drüben im anderen Lager, ihr seid meine Gefangenen. Halef, bewache den Ausgang. Wer diesen Platz ohne meine Erlaubnis betreten oder verlassen will, den erschießt du!"

Der wackere Hadschi verschwand sofort nach dem Ausgang hin. Der Bejat sagte ängstlich: „Effendi, du scherzt."

„Ich scherze nicht. Der Khan hat mir das Wichtigste verschwiegen, und auch du hast nur gesprochen, weil ich dich gezwungen habe. Darum sollt ihr mir dafür bürgen, daß ich hier sicher bin. Kommt herbei, ihr vier!" Sie folgten meinem Befehl. „Legt eure Waffen zu meinen Füßen nieder!" – Und als sie zögerten, fügte ich hinzu: „Ihr habt von uns gehört! Meint ihr es ehrlich mit uns, so geschieht euch nichts, und ihr erhaltet eure Waffen wieder. Weigert ihr euch aber, mir zu gehorchen, so kann kein Dschinn und Scheïtan euch helfen!" Nun taten sie, was ich von ihnen verlangt hatte. Ich übergab die Gewehre den Gefährten und unterrichtete Mohammed Emin, wie er sich nun weiter verhalten müsse. Dann verließ ich den Platz, um den Lauf des Bachs ins Freie zu folgen. Draußen fand ich zwischen Steinen die Wache, die mich sogleich erkannte. „Warum hat man dich hergestellt?" fragte ich. „Damit Heider Mirlam, wenn er kommt, sofort weiß, daß hier alles in Ordnung ist."

„Sehr gut! Geh hinein und sage meinen Gefährten, daß ich gleich wiederkommen werde." – „Ich darf diese Stelle nicht verlassen."

„Der Khan weiß nichts davon." – „Aber er wird es erfahren."

„Das ist möglich. Doch ich werde ihm sagen, daß ich es dir befohlen habe." Jetzt ging der Mann. Ich wußte, daß er vom Scheik der Haddedihn festgehalten und entwaffnet werden würde. Nun hatte ich mich zwar nicht danach erkundigt, wo das zweite Lager sei; aber ich hatte am Abend in der Nähe des unserigen Stimmen vernommen und glaubte daher, die Stelle leicht finden zu können. So geschah es auch. Ich hörte ein Pferd stampfen, und als ich dem Laut nachging, fand ich die neun am Boden sitzenden Bejat, die mich in der Dunkelheit für ihren Gefährten hielten. Der eine rief:

„Was sagte der Effendi?" – „Hier steht er selbst", antwortete ich. Sie erkannten mich und standen auf. „O Effendi, hilf uns!" bat der eine. „Der Bebbeh ist uns entflohen, und wenn er fehlt, wird es uns schlimm ergehen, sobald der Khan zurückkehrt."

„Wie ist der Mann entkommen? Hattet ihr ihn denn nicht gebunden?" – „Der Kurde war gebunden, aber er muß seine Bande nach und nach gelockert haben, und als wir schliefen, hat er sein Pferd nebst einigen Gewehren genommen und ist entwischt."

„Nehmt eure Pferde und folgt mir!"

Sie gehorchten sofort, und ich führte sie zu unserm Lagerplatz. Dort hatte Amad el Ghandur ein kleines Feuer angebrannt, um die Umgebung zu erleuchten. Die Wache saß bereits waffenlos bei den andern Bejat. Die neun Männer, die ich jetzt brachte, waren wegen der Flucht des Bebbeh noch so niedergeschlagen, daß sie ohne Widerrede ihre Messer und Lanzen abgaben. Ich erklärte den fünfzehn Turkmenen, daß sie nur dann von uns etwas zu fürchten hätten, wenn es ihrem Khan einfallen sollte, einen Verrat an uns zu begehen. Den entflohenen Bebbeh aber könne ich ihnen unmöglich wiederbringen.

Lindsay hatte sich während meiner Abwesenheit, so gut es bei seinem Mangel an Sprachkenntnis möglich war, von Halef über den Stand der Dinge unterrichten lassen. Jetzt trat er zu mir.

„Sir, was tun wir mit den Bejat?" – „Das soll sich erst finden, wenn der Khan zurückkehrt." – „Wenn sie aber ausreißen?" – „Das gelingt ihnen nicht. Wir überwachen sie. Übrigens werde ich Hadschi Halef Omar an den Ausgang stellen." – „Dorthin?" – Der Engländer deutete zum Gang, der ins Freie führte. Als ich nickte, fügte er hinzu: „Ist nicht genug! Gibt noch einen zweiten Ausgang. Da hinten! Yes!"

Ich sah in die Richtung, die mir seine Hand andeutete, und gewahrte beim Schein der Flamme ein hohes Felsstück, vor dem ein Busch stand.

„Ihr scherzt, Sir David!" sagte ich. „Wer kann über diesen Stein kommen! Er ist wenigstens fünf Meter hoch."

Er lachte mit dem ganzen Gesicht, so daß sein Mund das bekannte Viereck bildete, worin die großen gelben Zähne sichtbar wurden.

„Hm! Seid doch ein gescheiter Kerl, Sir! Aber David Lindsay ist doch noch klüger. Well!" – „Erklärt euch näher, Sir David!" bat ich.

„Geht hin und seht Euch den Stein und den Busch an!"
„Hingehen kann ich nicht, denn ich würde die Bejat auf diesen Ausgang aufmerksam machen, wenn er wirklich vorhanden ist."
„Er ist wirklich da, Sir! Yes. Das da ist nämlich nicht ein Stein, sondern es sind zwei Steine, und zwischen der schmalen Lücke steht der Busch. Verstanden?" – „Ah, das kann für uns von großem Vorteil sein. Wissen die Bejat etwas davon?" – „Glaube nicht; denn sie haben nicht auf mich geachtet." – „Ist diese Lücke sehr schmal?"
„Man kann mit einem Pferd hindurch." – „Und wie ist das Gelände dahinter?" – „Weiß nicht. Konnte es nicht sehen."

Das war so wichtig, daß ich es gleich untersuchen mußte. Ich machte die Gefährten auf mein Vorhaben aufmerksam und verließ den Lagerplatz. Draußen umging ich das Felsgewirr und fand wegen der Dunkelheit mit vieler Mühe endlich den Ort, wo der Busch zwischen den beiden Steinen stand. Die Öffnung, die er verdeckte, war etwa zwei Meter breit. Hinter ihr gab es zwar auch noch eine Menge durcheinandergeworfenes Gestein, aber es war wenigstens bei Tageslicht nicht schwer, ein Pferd hindurchzulenken.

Da ich nicht wußte, was uns begegnen konnte, so zog ich mein Messer, trat an den Busch heran und machte so tiefe Einschnitte in einige der Stämmchen, daß sie nach außen fallen mußten, falls man mit einem Pferd darüber hinwegstrich. Dies geschah so vorsichtig, daß die dahinter lagernden Bejat nichts davon merkten. Dann kehrte ich zu dem Lagerplatz zurück. Halef erhielt die Weisung, uns jede Annäherung an den Eingang sofort zu melden.

„Was hast du gefunden, Effendi?" fragte Mohammed Emin.
„Einen prachtvollen Ausweg für den Fall, daß wir uns ohne ‚Selâm' entfernen müßten. Ich habe den Busch durchschnitten. Sobald ein Reiter durchbricht, wird der Strauch umgerissen und die folgenden haben dann freie Bahn. Dann gibt es noch große Steinbrocken mit Dornen und Pflanzenwerk dazwischen. Aber wenn es hell ist, kommt man gut hindurch." – „Meinst du, daß wir diesen Weg gebrauchen werden?" fragte der Scheik der Haddedihn.

„Ich ahne es. Lache nicht über mich, Mohammed Emin. Bereits seit meiner Kindheit habe ich ein gewisses Ahnungsvermögen besessen, das mich oft auf kommende Dinge aufmerksam macht." – „Ich glaube dir. Allah ist groß! Wir wollen auf seine Warnung achten."

Meine Besorgnis äußerte ihre Wirkung auch auf die Gefährten. Das Gespräch stockte, und wir lagen wortlos beieinander, bis der Tag anbrach. Kaum war es möglich, den Blick in die Ferne zu richten, so kam Halef herbeigeeilt und meldete, daß er viele Reiter gesehen habe. Genau hatte er ihre Zahl nicht unterscheiden können.

Ich trat zu meinem Rappen, nahm das Fernrohr aus der Satteltasche und folgte Halef. Man erkannte schon mit dem bloßen Auge draußen auf der Ebene eine Menge dunkler Gestalten. Durch das Rohr konnte ich sie deutlicher unterscheiden.

„Sihdi, wer ist es?" fragte Halef.
„Die Bejat kehren mit dem Raub zurück. Sie führen die Herden der

Bebbeh mit sich. Wie es scheint, reitet der Khan mit einer Schar schnell voran. Er wird also eher da sein als die anderen."

Ich kehrte zu den Gefährten zurück und unterrichtete sie von dem, was ich gesehen hatte. Sie waren gleich mir überzeugt, wir hätten von dem Khan nichts zu befürchten. Wir konnten ihm keinen anderen Vorwurf machen, als daß er uns von seinem Vorhaben keine Mitteilung gemacht hatte. Wir kamen überein, ihn zwar vorsichtig, aber höflich zu empfangen.

Nun kehrte ich, vollständig bewaffnet, zu Halef zurück.

Der Khan kam mit seinem Trupp im Galopp herbei, und bevor fünf Minuten vergangen waren, hielt er sein Pferd vor mir an.

„Selâm, Effendi!" grüßte er. „Du hast dich wohl gewundert, mich nicht bei euch zu sehen, als du erwachtest? Aber ich hatte ein dringliches Geschäft zu besorgen. Es ist gelungen. Schau da hinaus!"

Ich sah ihm ins Gesicht.

„Du hast gestohlen, Khan Heider Mirlam!" — „Gestohlen?" fragte er erstaunt. „Wer seinen Feinden nimmt, was er ihnen nehmen kann, ist der ein Dieb?" — „Die Christen sagen: ja, er ist ein Dieb, und du weißt, daß ich ein Christ bin. Warum aber hast du gegen uns geschwiegen?" — „Weil wir dann Feinde geworden wären. Du hättest uns verlassen und die Bebbeh gewarnt!" — „Ich hätte sie nicht aufgesucht, und ich wußte auch nicht, welches Lager oder welchen Ort du überfallen wolltest. Aber wäre mir ein Bebbeh begegnet, so hätte ich ihn von der Gefahr benachrichtigt, die ihm drohte." — „Siehst du, Effendi, daß ich recht habe! Ich konnte nur zweierlei tun: Entweder mußte ich dir mein Vorhaben verschweigen, oder ich mußte dich gefangennehmen und mit Gewalt festhalten, bis alles vorüber war. Da ich dein Freund bin, so habe ich das Schweigen gewählt."

„Ich bin in der Nacht in das Lager zu den zehn Männern gegangen, die du dort zurückgelassen hattest", lautete meine Antwort.

„Was wolltest du bei ihnen?" fragte der Khan rasch.

„Mich ihrer versichern." — „Allah! Warum?" — „Weil ich erfuhr, daß du uns verlassen hattest. Ich wußte nicht, was mir drohte: Deshalb nahm ich diese Männer gefangen, um sie als Bürgen meiner Sicherheit zu gebrauchen." — „Effendi, du bist ein sehr vorsichtiger Mann; aber du konntest mir trauen. Was hast du mit dem Bebbeh getan?"

„Nichts. Ich bekam ihn gar nicht zu sehen, denn er war entflohen."

Der Khan verfärbte sich.

„Dirîgh-â[1]! Das ist ganz unmöglich! Das kann mir alles verderben. Laß mich hinein zu diesen Hundesöhnen, die sicher geschlafen haben, als sie wachen sollten."

Jetzt erst sprang er vom Pferd, ließ es stehen und stürmte zwischen den Felsen hindurch dem Lagerplatz zu. Halef und ich folgten ihm. Zwischen dem Khan und seinen Leuten gab es nun einen Auftritt, der kaum zu beschreiben ist. Er tobte wie ein angeschossener Eber, teilte

---

[1] Persischer Ausdruck, eigentlich „O Nichterlangung! O Fehlschlag!" Hier soviel wie „O wehe!"

Fußtritte und Faustschläge aus und war nicht eher zu beruhigen, als bis er seine Kräfte erschöpft hatte. Ich hätte diesem Mann einen solchen Wutausbruch gar nicht zugetraut.

„Laß deinen Zorn schwinden, o Khan", bat ich schließlich. „Du hättest diesen Mann doch freilassen müssen." – „Ich hätte es getan", zürnte er; „aber heut noch nicht, denn mein Plan soll nicht verraten werden." – „Welches ist dein Plan?" – „Wir haben alles mitgenommen, was wir bei den Bebbeh gefunden haben. Nun wird das Gute vom Schlechten getrennt. Alles Wertvolle schicke ich auf weiten, aber sicheren Umwegen zu den Unsrigen; alles Schlechte nehmen wir anderen, die wir zu den Dschiaf gehen, mit uns. Unterwegs lassen wir es stellenweise zurück. Auf diese Art lenken wir die Verfolger von der richtigen Fährte ab. Die Bebbeh glauben, sie seien von einer Abteilung der Dschiaf überfallen worden, und meine Leute kommen mit der Beute sicher zu den Lagerplätzen und Dörfern der Bejat."

„Dieser Plan ist gut ausgedacht", mußte ich zugeben.

„Aber nun wohl ohne Erfolg. Der gefangene Bebbeh gehörte zu der Abteilung, die wir überfallen haben. Er weiß, daß wir Bejat sind, und wird alles verraten. Er hat sicher geahnt, was wir beabsichtigen. Der Kurde hat ein gutes Pferd. Wie nun, wenn er, noch während wir mit dem Überfall beschäftigt waren, die Schnelligkeit seines Tieres benutzt hat, um die befreundeten Lager in der Nähe zu benachrichtigen?"

„Das wäre schlimm für euch und auch für uns, denn der Bebbeh hat uns bei euch gesehen", antwortete ich.

„Er kennt auch unseren Lagerplatz, und es steht zu erwarten, daß der Eingang zu diesen Felsen den Bebbeh bekannt ist."

Kaum hatte Heider Mirlam das letzte Wort gesprochen, so erscholl vom Eingang ein lauter Ruf: „Allah! Da sind sie! Nehmt alle lebendig gefangen!"

Wir drehten uns um und erkannten den entflohenen Bebbeh, der mit zornfunkelnden Augen auf mich zusprang. Hinter ihm quoll ein zahlreiches Gefolge auf den Platz und zugleich erhob sich ein wildes Geheul, mit zahlreichen Flintenschüssen untermischt. Wir hatten die Vorgänge außerhalb des Lagers nicht beachtet und sogar vergessen, den Eingang bewachen zu lassen.

Ich hatte übrigens keine Zeit zum Nachdenken, denn der Bebbeh, in dem ich jetzt einen Khan oder Scheik vermutete, kam auf mich zu. Er trug wie seine Gefährten weder Lanze noch Büchse bei sich. In seiner Hand funkelte aber der gewundene afghanische Dolch.

Ich empfing den kühnen Gegner mit freien Händen, ohne zu einer Waffe zu greifen. Mit der Linken umfaßte ich mit raschem Griff seine Rechte, die den Dolch hielt, und meine Rechte legte ich ihm um den Hals.

„Stirb, Räuber!" keuchte er unter einem gewaltigen Ruck, seine bewaffnete Faust frei zu machen.

„Du irrst", antwortete ich. „Ich bin kein Bejat; ich wußte nicht, daß ihr überfallen werden solltet." – „Du bist ein Dieb, ein Hundesohn! Du hast mich gefangengenommen, jetzt sollst du mein Gefangener werden. Ich bin Scheik Gasâl Gaboga, dem noch keiner entgangen ist!"

Wie ein Blitz zuckte mir die Erinnerung durchs Hirn, daß ich diesen Namen schon als den eines der tapfersten Kurden gehört hatte. Da gab es kein Zögern.

„So nimm mich gefangen, wenn du kannst!" entgegnete ich.

Bei diesen Worten ließ ich von ihm ab und trat zurück. Er mochte dies als ein Nachgeben meinerseits ansehen, stieß einen Freudenschrei aus und erhob den Arm zum Stoß. Das wollte ich haben. Ich rannte dem Scheik meine Faust mit solcher Gewalt in die Achselhöhle, daß seine Füße augenblicklich den Halt verloren. Sein Körper beschrieb einen weiten Bogen und stürzte sechs Schritt von mir entfernt zu Boden. Bevor Gasâl Gaboga sich wieder aufraffen konnte, schlug ich ihm die geballte Faust auf die Schläfe, so daß er liegenblieb.

„Auf die Pferde und mir nach!" gebot ich meinen Freunden.

Ein Blick zeigte mir unsere Lage. Es waren ungefähr zwanzig Bebbeh in unser Felsenrund eingedrungen. Die Bejat standen mit ihnen im Kampf. Lindsay hatte zwei Kurden gegen sich und entledigte sich soeben des einen mit einem Schlag seines Büchsenkolbens, die beiden Haddedihn hatten sich nebeneinander an den Felsen gelehnt und ließen keinen Feind an sich kommen, und der kleine Halef kniete auf einem niedergeworfenen Gegner, an dessen Kopf er den Kolben seiner Pistole schlug.

„Sihdi, nicht fliehen! Wir werden mit ihnen fertig!" beantwortete der mutige Hadschi meinen Ruf.

„Draußen sind mehr Feinde. Die Bejat sind überfallen. Vorwärts! Schnell!"

Ich entriß dem auf der Erde liegenden Gasâl Gaboga seinen Dolch, um wenigstens ein Andenken an diesen unglücklich beginnenden Tag mitzunehmen, und sprang auf mein Pferd. Um den gehörigen Anlauf zu bekommen und zugleich den Freunden Luft zu schaffen, zog ich den Rappen empor und trieb ihn mitten in die Bebbeh hinein. Hier ließ ich Rih nach allen Seiten ausschlagen, bis ich die vier Gefährten beritten sah, und ließ ihn dann mit einem weiten Satz in den Busch hineinspringen, den er mit seinen Hufen niederriß. Draußen mußte ich sofort anhalten, da man nur im Schritt vorwärts kommen konnte; doch erhielten die vier Freunde immerhin Raum genug, um mir augenblicklich folgen zu können.

Sobald ich die Felsen hinter mir hatte und mich mit einem Blick überzeugte, daß alle vier entkommen waren, gab ich dem Hengst die Schenkel und galoppierte in die offene Ebene hinaus. Die anderen folgten.

Eine kurze Umschau erklärte mir den ganzen Sachverhalt. Gasâl Gaboga war ein kluger Mann. Anstatt seine Abteilung zu warnen, die doch zum Widerstand zu schwach gewesen wäre, hatte er sich beeilt, die ganze Umgebung in Aufruhr zu versetzen, und während die mit Beute beladenen Bejat ahnungslos ihrem Lager zuzogen, war es bereits von drei Seiten so eingeschlossen, daß die Räuber froh sein mußten, mit dem nackten Leben zu entkommen. Wie es den Bebbeh dort gelungen war, außerhalb der Felsen unbemerkt an die Bejat heranzukommen, das zu untersuchen hatte ich keine Zeit. Links von uns sah ich eine breite Linie von Reitern im Galopp sich dem Kampfplatz nahen. Und rechts von uns war die ganze Gegend bis hinaus zum äußersten Rand des Gesichtsfeldes mit beweglichen Punkten bestreut. Auch das waren Reiter.

„Vorwärts, Effendi!" rief Mohammed Emin. „Sonst schließen die Bebbeh uns ein! Bist du mit heiler Haut davongekommen?"

„Ja. Und du?" — „Eine kleine Schramme."

Wirklich blutete der Scheik an der Wange, aber der Riß konnte nicht gefährlich sein.

„Kommt heran!" winkte ich. „Wir bilden eine grade Linie. Wer uns so von der Seite sieht, wird uns von weitem für einen einzigen Reiter halten."

Diese List wurde befolgt, aber die Bebbeh hinter uns konnten nicht getäuscht werden, und wir bemerkten bald, daß wir von einer ansehnlichen Schar verfolgt wurden.

„Sihdi, wird man uns einholen?" fragte Halef.

„Es kommt darauf an, was für Pferde die Bebbeh reiten. Aber, was ist mit deinem Auge, Halef? Ist es schlimm?"

Sein Auge war geschwollen, obwohl nur wenige Minuten seit dem Überfall vergangen waren.

„Es ist nichts, Sihdi", wehrte der Kleine ab. „Dieser Bebbeh war fünfmal länger als ich und hat mir einen kleinen Hieb gegeben. Hamdulillah, er wird es nicht wieder tun!" — „Du hast ihn doch nicht getötet?" — „Nein. Ich weiß, daß du das nicht willst, Sihdi."

Ich freute mich darüber, daß keiner der Feinde von uns an seinem Leben geschädigt worden war. Dies mußte uns, schon vom Standpunkt der reinen Berechnung aus, beruhigend sein; denn wenn wir den Bebbeh doch in die Hände fielen, so hatten sie wenigstens keine Blutrache an uns zu nehmen.

Wir setzten unseren Gewaltritt wohl über eine Viertelstunde fort. Der Kampfplatz war längst nicht mehr zu erblicken, aber die Verfolger waren hinter uns geblieben. Sie hatten sich geteilt. Die Reiter guter Tiere waren uns viel näher gekommen, während die anderen weit zurückblieben. Die sechs vordersten Bebbeh hätten uns den ganzen Tag nicht aus den Augen verloren, denn ihre Pferde waren ausgezeichnet. Darum mußten wir diese Tiere erschießen. Das erklärte ich den Haddedihn, stieg ab und ergriff den Bärentöter.

„Schießen?" fragte Lindsay, der meine Anstalten beobachtete.

„Ja. Die Gäule weg!" — „Yes! Spannendes Abenteuer! Viel Geld wert!" — Ich bat noch, nicht eher loszudrücken, als bis jeder sicher sei, nicht den Mann, sondern das Pferd zu treffen. — Die Verfolger kamen herangejagt und befanden sich bereits in Schußweite, als sie unsere Absicht zu ahnen begannen. Anstatt nun zerstreut abzuschwenken, hielten sie an. — „Fire!" befahl Lindsay. — Obgleich die Araber das englische Wort nicht verstanden, wußten sie doch, was es bedeuten sollte. Wir drückten ab, Lindsay und ich noch einmal, und bemerkten sofort, daß kein Fehlschuß gefallen war. Die sechs Pferde bildeten mit ihren Reitern am Boden einen wirren Knäuel. – Nun saßen wir wieder auf. Bald blieben die Verfolger weit zurück und nach einer Weile befanden wir uns allein in der Ebene. – Diese Ebene erreichte jedoch alsbald ihr Ende. Es erhoben sich Berge vor uns, und auch von den Seiten traten Höhen zu uns heran. Wir hielten unwillkürlich die Pferde an. – „Wohin?" fragte Mohammed Emin. – „Hm!" brummte ich. – Ich war noch nie im Leben so unsicher über die Richtung gewesen wie jetzt. – „Überlege, Effendi!" bat Amad el Ghandur. „Wir haben jetzt Zeit. Unsere Pferde mögen sich verschnaufen."

„Ebenso könnte ich sagen, ihr sollt überlegen", seufzte ich. „Ich weiß nicht genau, in welcher Gegend wir uns befinden, aber ich denke, daß unweit von uns Nwisgieh, Beitosch, Merwa und Deira liegen. Diese Richtung würde uns nach Suleimanije bringen –."

„Dahin gehen wir nicht!" unterbrach mich Mohammed Emin.

„So müssen wir uns für den Paß entscheiden, von dem wir gestern abend sprachen. Wir können unsere gegenwärtige Richtung beibehalten, bis wir den Fluß Berosieh erreichen, den wir eine Tagreise aufwärts verfolgen müssen, um hinter Bane in die Berge zu kommen."

„Ich stimme bei", sagte Mohammed Emin.

„Dieser Fluß hat für uns auch den Vorteil, daß er Persien von dem Ejâlet scheidet, und wir können also die Ufer wechseln, je nachdem es unsere Sicherheit erfordert." – Wir ritten nun weiter gegen Süden. Die Gegend stieg aus der Ebene immer mehr zur Höhe, Berge und Täler wechselten in immer größerem Gegensatz. Am späten Nachmittag befanden wir uns mitten im Gebirge und kamen auf einer einsamen, dichtbewaldeten Höhe zu einer kleinen Hütte, aus deren Dachöffnung Rauch emporstieg. – „Hier wohnt jemand, Sihdi", meinte Halef. – „Jedenfalls ein Mensch, der uns nichts tun wird. Ich werde ihn mir ansehen. Bis dahin bleibt hier halten."

Ich stieg ab und schritt auf das Häuschen zu. Es war aus Steinen erbaut, deren Ritzen man mit Moos verstopft hatte. Das Dach wurde von einer mehrfachen Lage dichter Zweige gebildet und die Türöffnung war so niedrig, daß kaum ein Kind aufrecht eintreten konnte. – Als meine Schritte im Innern des einfachen Bauwerks zu hören waren, erschien an der Tür der Kopf eines Tieres, das ich für einen Bären hielt. Bald aber überzeugte mich die Stimme dieses zottigen Geschöpfs, daß ich es mit einem Hund zu tun hatte. Dann erklang von innen ein scharfer Pfiff, und an Stelle dieses Kopfes erschien ein zweiter, den ich beim ersten Anblick ebensowenig näher zu bestimmen vermochte. Ich sah nichts als Haare, die verworrener nicht gedacht werden konnten, eine tiefschwarze, breite Nase und zwei funkelnde Äuglein, die denen eines zornigen Schakals glichen.

„Ivari'l kher – guten Abend", grüßte ich. – Ein tiefes Brummen antwortete. – „Wohnst du allein hier?" – Das Brummen sank noch um einige Töne tiefer. – „Gibt es noch andere Häuser hier in der Nähe?" – Jetzt wurde das Brummen wahrhaft fürchterlich. Ich glaube, die Stimme dieses seltsamen Wesens reichte wenigstens bis zum tiefen C hinab. Dann kam die Spitze eines Spießes zum Vorschein; sie wurde immer weiter vorgeschoben, bis sie sich vor meiner Brust befand. – „Komm heraus!" bat ich höflich. – Wahrhaftig, das Brummen senkte sich noch um eine kleine Terz, also Kontra-A, und die Spitze der Waffe zielte auf meine Kehle. Das war mir doch zu ordnungswidrig. Ich faßte also den Spieß und zog. Der rätselhafte Bewohner der Hütte hielt seine Waffe fest und da er mir nicht gewachsen war, so zog ich ihn aus der Tür: erst das Haargestrüpp mit der schwarzglänzenden Nase, dann zwei Hände gleicher Farbe und mit breiten Krallen, hierauf folgten ein zerlöcherter Sack, ähnlich denen, worin unsere Kohlenhändler ihre Ware aufbewahren, dann zwei schmierige Lederhülsen und endlich zwei Gegenstände, über die ein anderer sicher im unklaren geblieben wäre, die ich als Scharfsinnigster der Scharfsinnigen infolge ihrer Umrisse sofort als Stiefel erkannte, der Koloß von Rhodos einmal getragen haben mußte.

Sobald diese Stiefel die Tür hinter sich hatten, richtete sich das Wesen vor mir auf, und nun hatte auch der Hund Platz genug, sich in voller Größe zu zeigen. Auch bei ihm sah man nur einen beispiellosen Haarfilz, eine schwarze Nase und zwei Augen. Beide Beschöpfe schienen sich vor mir zu fürchten. „Wer bist du?" fragte ich barsch.

„Allo![1]" brummte es, aber es waren doch menschliche Laute.

„Was bist du?" – „Kömürdschü![2]" Das war also die einfache Erklärung der schwarzen Nase und Hände. Ich merkte, daß meine Barschheit Eindruck machte. Der Köhler war ganz zusammengeknickt und auch sein Hund zog den Schwanz ein.

„Gibt es hier noch Leute?" erkundigte ich mich weiter. – „Nein."

„Wie lange muß man gehen, um zu Menschen zu kommen?"

„Mehr als einen Tag." – „Für wen brennst du die Kohlen?"

„Für den Herrn, der Eisen macht." – „Wo wohnt er?" – „In Bane."

„Du bist ein Kurde?" – „Ja." – „Bist du ein Dschiaf?" – „Nein."

„Ein Bebbeh?" – „Nein." Bei diesem Wort spuckte Allo mit einem sehr feindseligen Räuspern aus. Diese Gefühlsäußerung erregte unter den gegenwärtigen Umständen, wie ich leider gestehen muß, meine lebhafte Zustimmung. – „Zu welchem Stamm gehörst du denn?"

„Ich bin ein Bannah." – „Blick einmal da hinüber, Allo! Siehst du die vier Reiter?" – Er kratzte sich die langen Haarzotteln aus dem Gesicht, um seinen Augen ein größeres Blickfeld zu geben, und schaute in die von mir angedeutete Richtung. Trotz des Kohlenüberzugs, hinter dem sich seine eigentliche kurdische Haut verbarg, sah ich doch, daß ein tiefer Schreck über seine Züge ging.

„Sind es Kurden?" fragte Allo besorgt. – Nun hatte ich ihn doch so weit, daß er freiwillig redete. Als ich seine Frage verneinte, fuhr er fort: „Was sind sie denn?"

„Wir sind drei Araber und zwei Christen."

Der Kurde blickte mich groß an. „Christen? Was ist das." – „Das

---

[1] Kurdische Zusammenziehung des Namens „Allahverdi — Gott gab es!" [2] Köhler

werde ich dir später erklären, denn wir werden diese Nacht bei dir bleiben." – Jetzt erschrak der Köhler noch viel mehr als früher.

„Chodih – Herr, tut das nicht!" – „Warum nicht?" – „Es wohnen böse Geister im Gebirge." – „Das ist uns lieb, denn wir wollen gerne einmal Geistern begegnen." – „Es regnet auch zuweilen." – „Das Wasser wird dir nichts schaden." – „Dabei donnert es manchmal."

„Das gehört dazu." – „Es sind Bären hier." – „Wir essen mit Vorliebe Bärenschinken." – „Es kommen oft Räuber in die Berge."

„Die schießen wir tot." – Als der Kurde bemerkte, daß keine Ausrede verfing, kam er mit der Wahrheit zum Vorschein und sagte in bittendem Ton: „Chodih, ich fürchte mich vor euch!" – „Das hast du nicht nötig. Wir sind keine Räuber. Wir wollen hier an deinem Haus schlafen und werden morgen weiterziehen. Dafür, daß du es erlaubst, sollst du einen silbernen Piaster erhalten." – „Einen silbernen? Einen ganzen?" fragte er erstaunt.

„Ja, oder auch zwei, wenn du freundlich bist." – „Chodih, ich bin sehr freundlich!"

Bei dieser Versicherung lachte alles an dem Köhler: die Augen, der Mund, den ich erst jetzt bemerkte, die Nase und die Hände, die vergnügt zusammenklatschten. Seine Freude schien auch seinen Hund anzustecken, denn er zog den Schwanz hervor und versuchte ein verschämtes Wedeln, wobei er mit der Pfote spielend nach meinem Dojan langte, der ihn aber so wenig zu bemerken schien, wie der Großmogul einen Straßenjungen.

„Bist du in den Bergen gut bekannt?" setzte ich meine Erkundigungen fort.

„Ja, überall!" – „Kennst du den Berosieh-Fluß?" – „Ja, er ist die Grenze." – „Wie lang läufst du bis dahin?" – „Einen halben Tag."

„Kennst du Bane?"

„Ich bin zweimal im Jahr dort."

Er kannte auch Ahmedabad und Bejandere.

„Aber wo Bistan liegt, das weißt du nicht?" forschte ich weiter.

„Ich weiß es genau, denn mein Bruder ist dort." – „Mußt du alle Tage arbeiten?" – „Ich arbeite, wenn es mir gefällt!" erklärte Allo stolz.

„So kannst du nach Belieben fort von hier?" – „Chodih, ich weiß nicht, warum du fragst!"

Dieser Pfahlbautenmann war vorsichtig. Das gefiel mir an ihm.

„Ich will dir sagen, warum ich frage", antwortete ich ihm. „Wir sind hier fremd und kennen die Wege durch die Berge nicht. Deshalb brauchen wir einen ehrlichen Mann, der uns führt. Wir geben ihm dafür alle Tage zwei Piaster." – „O Chodih, ist das wahr? Ich bekomme alle Jahre zehn Piaster und Mehl und Salz. Soll ich euch führen?" – „Wir wollen dich heut erst kennenlernen. Wenn wir mit dir zufrieden sind, wirst du mehr Geld verdienen, als du sonst in einem Jahr hast." – „Rufe diese Männer herbei! Ich will ihnen Mehl geben und Salz und einen Topf zum Backen! Auch Wild habe ich, soviel ihr wollt, und Gras sollen eure Pferde haben, soviel sie fressen können.

Da oben ist eine Quelle, und euer Lager werde ich so weich machen wie einen Diwan."

Dieser brave Allo war auf einmal ganz umgewandelt – ,und das hat mit seinem Klingen nur der Piaster getan!'

Ich winkte die Gefährten herbei, deren Geduld durch unsere lange Unterredung hart auf die Probe gestellt worden war. Sie waren über den Anblick des Köhlers nicht weniger erstaunt als vorher ich. Besonders der Engländer schien sprachlos! Doch auch der Bannah bewunderte die Nase Lindsays mit einer Miene, die an Offenheit des Ausdrucks nichts zu wünschen übrig ließ. Endlich kam dem Englishman die Sprache wieder.

„Pfui Teufel!" rief er. „Wer ist das? Ein Gorilla?" – „Nein, sondern ein Kurde vom Stamm der Bannah." – „O weh! Wasch dich!" brüllte er den armen Köhler an. Da Allo kein Englisch verstand, so blieb es mit dem Kohlenstaub einstweilen noch beim alten. Mittlerweile waren die Pferde angepflockt und die Decken auf dem Moos ausgebreitet worden. Wir setzten uns nieder, und ich gab Mohammed Emin die nötige Auskunft über den Köhler, der unser Führer sein sollte.

Allo schleppte aus der Hütte einen Sack groben Mehls herbei und brachte ein Tongefäß voll Salz. Hierauf folgte ein Topf, der Jahre hindurch geheimnisvollen Zwecken gedient zu haben schien. Sodann öffnete er eine kleine Grube hinter dem Haus. Sie war mit Steinen ausgekleidet und enthielt seinen Fleischvorrat, der in zwei Hasen und einem bereits ,angespeisten' Reh bestand. Nun konnten wir wählen. Wir entschieden uns für das Reh. Es wurde an dem Wasser gehörig abgespült, dann machten wir ein Feuer nebst Bratspießvorrichtung, und während Halef die Pferde tränkte und der Kurde mit seinem langen Messer Futter für sie schnitt, gab ich mich der lohnenden Beschäftigung des Bratspießdrehens hin.

„Schmutziger Kerl!" brummte der Engländer. „Aber willig. Schade!" – „Was ist schade?" – „Miserabler Topf! Yes! Wäre so schön gewesen, wenn Topf reinlicher wäre. Könnte so schön darin backen!" – „Aber was denn?" erkundigte ich mich.

„Pudding." – „Pudding? Wie kommt Ihr auf Pudding, Sir David?" „Hm! Bin ich nicht Englishman?" – „Allerdings. Aber sagt mir doch um aller Welt willen, was für einen Pudding Ihr hier backen wollt?" – „Irgendeinen. Yes!" – „Ich kenne über zwanzig Puddingarten, aber keine einzige, die wir hier bereiten könnten." – „Ah! Oh! Warum nicht?" – „Weil alles fehlt." – „Alles? O no! Haben Reh, Mehl, Salz – alles!" – „Reh, Mehl, Salz – alles! Schön, Sir David, ich werde mir dieses köstliche Rezept merken! Was man sonst noch zum Fleischpudding benötigt: Speck, Eier, Zwiebeln, Pfeffer, Zitronen, Petersilie, Senf, verdirbt nur das Gericht." – „So ist es! Well!"

Lindsay erhielt statt seines Puddings ein tüchtiges Stück Rehkeule, von dem er auch nichts übrigließ. Als ich den Braten zu zerlegen begann, stand Allo an der Ecke seines Häuschens und leckte sehnsüchtig den Ruß von seinen Fingern.

„Komm her, Allo, und iß mit!" lud ich ihn ein.

Im Nu hatte ich ihn an meiner Seite, und ich sah es ihm an, daß wir von diesem Augenblick an dicke Freunde waren.

„Was kostet dein Reh?" fragte ich ihn.

„Chodih, ich schenke es euch. Ich fange mir ein anderes." – „Ich werde es dir dennoch bezahlen. Hier nimm!"

Ich langte in das verborgene Fach meines Gürtels und holte zwei Piaster hervor, die ich ihm gab.

„O Chodih, deine Seele ist voller Barmherzigkeit! Willst du nicht auch die Hasen braten?" – „Wir nehmen sie morgen mit."

In der Nähe des Häuschens lag ein großer Haufen Laub. Dieses schleppte der Kurde nun herbei, um Lagerstätten für uns zu bereiten. Mit Hilfe unserer Decken brachte er es wirklich prachtvoll zustande, so daß wir uns am anderen Morgen gestanden, lange nicht so gut geschlafen zu haben.

Vor dem Aufbruch aß ein jeder von uns noch ein Stück von dem übriggebliebenen Rehbraten. Da auch die Haddedihn einverstanden waren, den Kurden als Führer mitzunehmen, so nahm ich ihn wieder ins Verhör.

„Hast du von Ahmed Kulwan am Karatscholan Su gehört?"

„Ich war dort." – „Wie weit ist es bis dahin?" – „Wollt ihr viele Dörfer sehen oder wenige?" – „Wir wollen wenig Menschen treffen."

„So werdet ihr sechs Tage brauchen." – „Beschreibe mir den Weg!"

„Man geht von hier bis an den Berosieh und am Wasser hinauf bis kurz vor Bane. Dort setzt man über den Fluß und hält nach Süden, bis man nach Ahmedabad gelangt. Hier geht ein Paß übers Gebirge, der nach Kisildscha und Ahmed Kulwan führt."

Das war zu meiner Genugtuung der Weg, den ich vorgezeichnet hatte. Der Bulbassi-Kurde, der mir diese Gegenden beschrieben hatte, war ein guter Berichterstatter gewesen.

„Willst du uns bis dorthin führen?" fragte ich nochmals.

„Chodih, ich kann euch führen, bis man nach Bagdad zu die Ebene erreicht!" – „Wie hast du diese Pfade kennengelernt?" – „Ich habe die Händler geführt, die beladen in die Berge kommen und dann leer wieder gehen. Damals war ich noch nicht Kömürdschü."

Dieser Mann war trotz seines Schmutzes eine wahre Perle für uns. Er schien ein wenig beschränkt zu sein, aber ein ehrliches, anhängliches Gemüt zu besitzen. Darum beeilte ich mich, ihn endgültig zu dingen.

„Du sollst uns bis zur Ebene führen, aber nicht südlich, sondern westlich, und alle Tage deine zwei Piaster erhalten. Wenn du uns treu dienst, werden wir auch ein Pferd kaufen, das wir dir beim Abschied schenken. Bist du zufrieden?"

Ein Pferd! Das war ein unendlicher Reichtum für den armen Kurden. Er ergriff meine Hand und drückte sie mit großer Inbrunst an die Stelle seines Bartes, unter der man seinen Mund vermuten mußte.

„O Chodih! Deine Freundlichkeit ist größer als diese Berge! Darf ich auch meinen Hund mitnehmen und werdet ihr ihm Futter geben?"

„Ja. Wir können Wild genug für ihn schießen." – „Ich danke dir; ich habe keine Flinte und muß das Wild in der Schlinge fangen. Wann wirst du mir das Pferd kaufen?" – „So bald wie möglich."

Der Kurde hatte Salz, und ich trug ihm auf, einen Vorrat davon mitzunehmen.

Welch ein kostbarer Stoff das Salz ist, lernt man erst dann erkennen, wenn man es monatelang entbehren muß. Die meisten Beduinen und auch viele Kurden sind nicht an seinen Genuß gewöhnt.

Allo war schnell mit seinen Vorbereitungen zu Ende. Er versteckte sein Mehl und Salz in das erwähnte Loch, ergriff sein Messer nebst dem fürchterlichen Spieß und tat seinen Hund an die Leine, die er sich um die Hüften schlang. Eine Kopfbedeckung gab es bei ihm nicht.

Wir begannen diesen Tagesmarsch mit erneutem Vertrauen auf unser gutes Glück. Unser Führer leitete uns nach Süd, bis wir am Mittag den Berosieh erreichten. Hier machten wir Rast und badeten in den Wellen des Flusses. Glücklicherweise ließ Allo sich von mir bereden, ein gleiches zu tun. Er gebrauchte den reichlich vorhandenen Sand als Seife und verließ als ein anderer Mensch die wohltätigen Wellen.

Nun schlugen wir eine östliche Richtung ein, mußten aber manchen Umweg machen, da am Fluß viele Ansiedlungen und Hirtenlager waren, die zu umgehen wir für notwendig hielten. Am Abend übernachteten wir am Ufer eines Baches, der rechts vom Gebirge herab dem Berosieh entgegeneilte.

Am nächsten Morgen hatten wir kaum eine Stunde zurückgelegt, als der Kurde stehenblieb und mich an mein Versprechen erinnerte, ihm ein Pferd zu kaufen. In der Nähe habe er einen Bekannten, dessen Tier feil sei.

„Wohnt er in einem großen Dorf?" fragte ich.

„Es sind nur vier Häuser da."

Das war mir lieb, denn ich wollte soviel wie möglich alles Aufsehen vermeiden, und ich konnte den Kurden doch auch nicht allein fortlassen, da ich mich noch nicht überzeugt hatte, ob er verschwiegen sei.

„Wie alt ist das Pferd?" – „Es ist noch jung, fünfzehn Jahre."

„Schön. Wir werden miteinander gehen, um es zu besichtigen, während die anderen auf uns warten. Suche einen Ort, wo sie möglichst unentdeckt bleiben."

Nach einer Viertelstunde sahen wir unten am Wasser einige Häuser liegen.

„Das ist der Ort", sagte Allo. „Warte hier, ich werde deine Freunde verstecken."

Er führte sie weiter, kehrte aber schon nach einigen Minuten zurück.

„Wo sind sie?" – „In einem Dickicht, wohin niemand kommt."

„Du wirst den Leuten da unten nicht sagen, wer ich bin, auch nicht, wohin wir gehen und daß vier auf uns warten!" – „Chodih, ich sage kein Wort. Hab keine Sorge!"

Es ging die Anhöhe hinab. Bald befanden wir uns vor einem Haus, unter dessen vorspringendem Dach verschiedene Pack- und Reitsättel hingen. Hinter dem Haus war eine eingezäunte Weide, auf der einige Pferde herumsprangen. Ein alter, hagerer Kurde trat uns entgegen.

„Allo, du?" fragte er erstaunt. „Der Prophet segne dein Kommen und alle deine Wege!" Und leise setzte er hinzu: „Wer ist dieser große Herr?"

Der Gefragte war so klug, ganz nach meinem Geschmack zu antworten: „Dieser Herr ist ein Effendi aus Kerkuk, der nach Kelekowa will, um dort mit dem Pascha von Sinna zusammenzutreffen. Da ich die Wege kenne, soll ich ihn führen. Hast du das Pferd noch, das verkäuflich ist?" — „Ja", erklärte der Mann, dessen Blick voll Bewunderung an meinem Rih hing. „Es befindet sich hinter dem Haus. Komm!"

Ich wollte die beiden nicht allein lassen und stieg daher schleunigst ab und folgte ihnen.

Das betreffende Tier gehörte nicht zu den schlechtesten. Ich hielt es nicht für so alt, wie Allo mir angegeben hatte, und da noch andere Pferde da waren, die mir weniger wert schienen, wunderte ich mich, daß grad dieses dem Besitzer feil sei. — „Was soll es kosten?" erkundigte ich mich. — „Zweihundert Piaster", lautete die Antwort.

„Führe es vor!" — Er zog das Tier aus der Umzäunung, ließ es gehen, traben und auch galoppieren und machte dadurch meinen Verdacht rege; denn es war wirklich mehr wert als den geforderten Preis.

„Lege den Packsattel an und eine Last darauf!" — Es geschah, und das Pferd folgte gehorsam jedem Befehl. — „Hat dieses Tier einen Fehler?" — „Keinen einzigen, Chodih!" beteuerte der Alte.

„Es hat einen, und es ist besser, wenn du ihn mir nennst. Das Pferd ist für deinen Freund Allo bestimmt und den wirst du nicht betrügen wollen." — „Ich betrüge ihn nicht." — „Nun wohl, so will ich versuchen, den Fehler zu entdecken. Nimm das Gepäck herab und leg einen Reitsattel auf!" — „Warum, Herr?" — Diese Frage verriet mir, daß ich auf der richtigen Fährte war. — „Weil ich es so haben will!" erwiderte ich kurz. — Er gehorchte und dann hieß ich ihn aufsteigen. — „Chodih, ich kann nicht", entschuldigte er sich. „Ich habe das Gewitter[1] im Bein." — „So werde ich es selbst tun!"

Ich sah es dem Kurden an, daß ich der Entdeckung nahe sei. Das Pferd ließ mich herantreten, doch sobald ich den Fuß erhob, um in den Bügelschuh zu treten, wich es zur Seite. Es wollte mir nicht gelingen, in den Sattel zu kommen, bis ich das Tier hart an die Mauer des Gebäudes drängte. Jetzt saß ich auf, sofort aber ging es hinten in die Höhe, daß es sich fast nach vorn überschlug; dann stieg es vorn empor. Es bockte zur Seite und machte so gewaltige Luftsprünge, daß ich die erste Gelegenheit benützte, aus dem Sattel zu springen. Ich tat das mit Vorbedacht so, daß ich zur Erde fiel und es den Anschein hatte, als sei ich abgeworfen worden. — „Dieser Gaul ist keinen Para, viel weniger zweihundert Piaster wert!" schimpfte ich.

---

[1] Das Reißen

„Kein Mensch kann ihn reiten. Er ist verdorben worden."
„Chodih, das Tier ist gut. Vielleicht will es nur dich nicht dulden."
„Nein. Das Pferd hat unter einem schlechten Sattel und unter einem schlechten Reiter gelitten; das merkt sich so ein Tier. Wer soll es nun besteigen? Es ist höchstens noch als Packpferd zu verwenden." – „Brauchst du kein Packpferd, Chodih?" – „Nein. Jetzt nicht, erst später." – „So kaufe das hier, denn du wirst nicht gleich ein Pferd finden, wenn du es brauchst." – „Soll ich mich mit einem Gaul schleppen, der mir jetzt nur zur Last ist?" – „Du sollst das Tier um hundertfünfzig Piaster haben!" – „Ich gebe dir hundert und keinen Para mehr." – „Herr, du scherzt!" – „Behalte es! Ich finde in Bane ein anderes. Komm, Allo!" – Ich bestieg den Rappen, und der Köhler folgte mir mit betrübter Miene. Wir hatten aber kaum fünfzig Schritt zurückgelegt, so hörten wir rufen: „Gib hundertdreißig, Chodih!" – Ich antwortete nicht. – „Hundertzwanzig!" – Ich ritt weiter, ohne mich umzublicken.

„Komm zurück, Chodih. Du sollst es für hundert haben!"

Jetzt hielt ich und fragte, ob auch ein Reitsattel und eine Decke zu kaufen seien. Als der Kurde bejahte, kehrte ich zurück und erstand einen leidlichen Sattel nebst Decke für vierzig Piaster. Und was das Vorteilhafteste war: der Händler nahm den Preis willig in Kleingeld an, das sich in meiner Tasche angesammelt hatte. Nachdem ich bezahlt hatte, legte ich dem Pferd den Sattel und das Zaumzeug an und nahm dann Abschied von dem Kurden.

„Lebe wohl! Du wolltest deinen Freund betrügen, aber du wirst gleich sehen, daß er das Pferd für den dritten Teil seines Wertes bekommen hat."

Der Mann antwortete mir nur mit einem überlegenen Lächeln. Auch Allo verabschiedete sich von ihm und wollte dann sein Pferd besteigen. Sein behaartes Gesicht, oder vielmehr nur dessen Teile, die man sehen konnte, glänzte vor Freude und Entzücken, daß er nun hoch zu Roß in die Welt hineinreiten konnte. Aber der Kurde ergriff ihn beim Arm.

„Um des Propheten willen, steig nicht auf! Das Pferd wird dich abwerfen, und du brichst den Hals." – „Dieser Mann hat recht", stimmte ich bei. „Steig du jetzt auf mein Pferd! Es wird dich sicher tragen, und ich will mich auf diesen Gaul setzen, um ihm zu zeigen, daß er gehorchen muß."

Allo kletterte mit dem größten Vergnügen auf den Rücken meines Hengstes, der sich diesen ehrenrührigen Angriff ruhig gefallen ließ, weil er mich in der Nähe wußte. Ich aber drängte den Klepper an die Mauer und kam in den Sattel. Wieder stieg der Gaul empor. Ich ließ ihm einige Augenblicke den Willen, dann aber nahm ich ihn kurz und preßte ihn zwischen die Schenkel. Er wollte steigen – es ging nicht mehr; er brachte es bloß zu einem krampfhaften Spielen der Hufe, und endlich versagte ihm der Atem, der Schweiß drang ihm aus allen Poren, und von seinem Maul tropfte der Schaum in großen Flocken. Das Tier stand, obwohl ich im Schenkeldruck nachließ.

„Der Gaul ist bezwungen", lachte ich vergnügt. „Paß auf, wie er sich reiten läßt, und versuche nicht wieder, einen Freund zu übervorteilen! Allah sei mit dir!"

Ich ritt voran, und mein Rih folgte mit edler Bescheidenheit dem Klepper.

„Chodih", fragte der Köhler, „nun ist wohl dieser Schwarze mein?" Hm! Auch eine Frage!

„Nein", lächelte ich.

„Warum nicht?" — „Der Rappe würde dich abwerfen, sobald ich nicht mehr in der Nähe bin. Morgen wird dein Pferd gefügig geworden sein."

Wir gelangten an das Dickicht, wo sich die Gefährten verborgen hielten. Sie schlossen sich uns wieder an und zeigten sich zufrieden über den Handel, den ich gemacht hatte. Nur Halef war ungehalten.

„Sihdi", murrte er, „das wird dir Allah nie vergeben, daß du deinen Rih eine solche Kröte tragen läßt. Der Köhler mag sich auf mein Pferd setzen, während ich den Rappen nehme." — „Laß ihn, Halef! Es würde Allo beleidigen."

Am Nachmittag gelangten wir in die Nähe von Bane und setzten vorher über den Berosieh. Dann ging es nach Süden. Schließlich öffnete sich vor uns der mehrfach erwähnte Paß. Wir hatten unsere Pferde auf den unwegsamen Höhen sehr anstrengen müssen. Darum wollten wir ihnen heute eher Ruhe gönnen und zogen uns seitwärts des Passes in ein kleines, aber tiefes Tälchen zurück, dessen Seiten dicht mit Zwergeichen bewachsen waren. Wir hatten Wild geschossen, um nicht hungern zu müssen, und losten nach dem Mahl um die Reihenfolge der Nachtwache. Hier in der Nähe des Passes hielten wir diese Vorsicht für besonders notwendig, denn die Kunde von dem Herdenraub war sicher bereits bis Bane gedrungen, und es ließ sich vermuten, daß dabei die Rede auch von uns gewesen war.

Die Nacht verlief ohne Störung, und bei Tagesgrauen ritten wir bereits in den Anfang des Passes ein. Wir hatten diese Zeit gewählt, um völlig unbeobachtet zu sein.

Der Weg führte über nackte Höhen und kahle Steinflächen, durch dunkle Schluchten und einsame Täler, wo kaum ein Wässerlein zu finden war. Man sah und fühlte hier deutlich, daß man sich auf einem Boden befand, den vielleicht noch kein Europäer betreten hatte.

Es war nahe am Mittag, als wir ein Quertal durchschneiden mußten. Grad als wir bei der gegenüberliegenden Seite anlangten, blieb Dojan stehen und sah mich bittend an. Ich kannte seine Art; er hatte etwas Verdächtiges bemerkt und wollte nun die Erlaubnis haben, nachstöbern zu dürfen. Ich ließ halten und sah mich um, fand aber keine Spur eines lebenden Wesens.

„Hajdi[1], Dojan!" rief ich, und sofort sprang der Hund in das Gebüsch. Kurz darauf hörten wir einen Schrei, und dann erscholl jener kurze Laut, der mir sagte, daß Dojan einen Menschen unter sich hatte.

---

[1] Gehe!

„Halef, komm!"

Wir sprangen von den Pferden, warfen den anderen die Zügel zu und folgten dem Hund. Wahrhaftig, neben einem stacheligen, heckenrosenartigen Busch lag ein Mann und neben ihm seine Flinte. Der Hund stand über ihm und hatte seine Zähne an der Gurgel des Überrumpelten.

„Dojan, geri – zurück!"

Der Hund ließ los, und der Mann erhob sich.

„Wer bist du?" begann ich das Verhör.

„Ich bin ein Bewohner von Suta", antwortete er verschüchtert.

„Ein Bebbeh?" – „Nein, Chodih. Wir sind Feinde der Bebbeh, denn ich bin ein Dschiaf." – „Woher kommst du?" – „Aus Ahmed Kulwan." „Das ist weit. Was hast du dort getan?" – „Ich sorge für die Herden des dortigen Kjaja." – „Wohin willst du?" – „Nach Suta zu meinen Freunden. Die Dschiaf feiern ein großes Fest, das wir mitmachen wollen."

Das stimmte.

„Haben die Dschiaf auch Gäste bei diesem Fest?" – „Ich habe gehört, daß Khan Heider Mirlam mit seinen Bejat kommen will."

Auch das stimmte. Der Mann schien kein Lügner zu sein.

„Warum versteckst du dich vor uns?" – „Chodih, muß ein einzelner Mann sich nicht verstecken, wenn er sechs Reiter kommen sieht? Man weiß hier in den Bergen doch niemals, ob man Freunde oder Feinde vor sich hat." – „Bist du wirklich allein hier?"

„Ganz allein, beim Bart des Propheten!" – „Ich will es dir glauben. Geh voran!"

Wir kehrten mit ihm zu den Gefährten zurück, wo er seine Aussage wiederholen mußte. Sie stimmten mit mir darin überein, daß der Mann ungefährlich sei. Er erhielt seine Flinte wieder und durfte gehen. Nachdem er sich bedankt und den Segen Allahs auf unsere Häupter herabgewünscht hatte, setzten wir den unterbrochenen Ritt fort.

Ich hatte bemerkt, daß Allo den Fremden nachdenklich betrachtet hatte. Auch jetzt saß er sinnend auf dem Rappen, und eben wollte ich ihn nach dem Gegenstand seines Grübelns fragen, als er aufblickte wie einer, der sich endlich besinnt, und schnell an meine Seite kam.

„Chodih, dieser Mann hat euch belogen! Ich kannte ihn, aber ich wußte nicht mehr, wer er war. Jetzt habe ich mich besonnen. Er ist kein Dschiaf, sondern ein Bebbeh. Er muß ein Bruder oder ein Verwandter des Scheiks Gasâl Gaboga sein. Ich habe sie beide in Nwisgieh gesehen." – „Wenn das wahr wäre! Irrst du dich nicht?"

„Es ist möglich. Aber ich glaube es nicht."

Ich teilte den anderen die Vermutung des Köhlers mit und fügte hinzu: „Fast möchte ich diesem Mann nachreiten!"

Mohammed Emin wehrte ab.

„Warum willst du Zeit verschwenden und wieder umkehren? Wenn dieser Mann wirklich ein Bebbeh wäre, wie wollte er wissen, daß Heider Mirlam von den Dschiaf eingeladen ist. Solche Dinge werden vor dem

Feind geheimgehalten." – „Und", fügte Amad el Ghandur hinzu, „wie könnte uns dieser Mann Schaden bringen? Er geht nach Norden, und wir reiten nach Süden. Man würde uns nicht einholen können, selbst wenn er in Bane von uns erzählte."

Diese Gründe waren triftig, und so gab ich es auf, umzukehren. Nur der Engländer schien nicht befriedigt.

„Warum den Mann laufen lassen?" zürnte Sir David, als ich ihm alles erklärt hatte. „Hätte den Halunken erschossen. Nicht schade darum. Jeder Kurde ist ein Spitzbube! Yes!" – „War der Raïs von Schurd ein Spitzbube?" – „Hm! Ja!" – „Sir David, Ihr seid undankbar!" – „Geht Euch nichts an. Dieser gute Nedschir Bei hätte uns gern ausgeplündert, wenn Marah Durimeh ihn nicht zur Vernunft gebracht hätte. Gutes Weib, einziges Weib, die alte Grandmother[1]!"

Durch den Namen Marah Durimeh wurden Erinnerungen in mir geweckt, die mich für den Augenblick die Gegenwart vergessen ließen. Ich gab mich ihnen schweigend hin, bis der Engländer daran mahnte, daß es Zeit sei, die Mittagsrast zu halten.

Er hatte recht. Es war heute trotz des schlechten Wegs eine tüchtige Strecke zurückgelegt worden, und so konnten wir uns und den Pferden die verdiente Ruhe gönnen. Wir fanden einen Platz, der gut geeignet war. Hier stiegen wir ab und legten uns, nachdem wir eine Wache ausgestellt hatten, zu einem kurzen Schlummer hin.

---

[1] Großmutter

3. Ein Überfall

Als wir geweckt wurden, hatten sich die Tiere wieder erholt. Ich beschloß, einen Versuch zu machen, ob das neu erworbene Pferd den Köhler schon aufsitzen ließ, und dieser Versuch gelang. Das Tier mochte gemerkt haben, daß es bei uns nicht gequält wurde. So konnte ich meinen Rih wieder besteigen, und dies war mein Glück, wie ich bald erkennen sollte.

Die kahlen Höhen bewaldeten sich immer mehr, je weiter wir nach Süden kamen; es gab hier mehr Wasser. Infolgedessen wurde unser Ritt beschwerlicher. Von einem gebahnten Weg war keine Rede. Bald mußten wir eine schroffe Höhe erklettern, bald drüben wieder hinuntersteigen. Bald ging es zwischen Felsen hindurch, bald durch sumpfiges Land oder über halbverfaulte Bäume hinweg. So gelangten wir am Nachmittag in ein schmales Tal, das nur in seiner Mitte einen wiesenähnlichen Streifen zeigte, hüben und drüben aber mit üppigem Baumwuchs bestanden war. In der Ferne erhob sich in bläulicher Färbung ein großer Berg, der uns mit seinen Vorhügeln den Weg zu verlegen schien.

„Kommen wir dort vorüber?" fragte ich Allo. – „Ja, Chodih. Links gehen wir an seinem Fuße hin." – „Was sagt der Mann?" erkundigte sich Lindsay. – „Daß unser Weg dort links am Fuße des Berges vorübergeht." – „Brauchen wir nicht zu wissen!" brummte er mürrisch.

Der Englishman sollte bald einsehen, daß diese Bemerkung des Führers für ihn von größter Wichtigkeit gewesen war; denn kaum öffnete ich die Lippen zu einer Entgegnung, so krachten von beiden Seiten viele Schüsse, und zu gleicher Zeit sprengten über fünfzig Reiter rechts und links unter den Bäumen hervor, um uns zu umzingeln.

Das war eine böse Überraschung! Die Pferde meiner Gefährten waren getroffen, nur das meinige nicht. Ich hatte das, wie ich später erfuhr, einer bestimmten Absicht zu verdanken. Die Reiter suchten sich aus den Bügeln zu befreien und zu ihren Waffen zu kommen. Wir waren im Nu von allen Seiten umgeben, und grad auf mich kam ein Reiter zu, den ich wiedererkannte: Scheik Gasâl Gaboga.

Man hatte nur auf unsere Pferde geschossen; man wollte uns also lebendig fangen. Infolgedessen ließ ich den Stutzen hängen und griff zum schweren Bärentöter.

„Wurm, jetzt hab ich dich!" rief der Scheik. „Du entkommst mir nicht wieder!"

Er holte mit der Keule aus, aber im selben Augenblick sprang Dojan an ihm hoch und faßte mit seinen Zähnen den Oberschenkel des Feindes. Der Scheik stieß einen Laut des Schmerzes aus, und der Hieb, der mir gegolten hatte, traf den Kopf des Pferdes. Rih wieherte laut auf, schnellte sich mit allen vieren in die Luft und ließ mir noch Zeit, dem Bebbeh einen Kolbenschlag auf die Schulter zu versetzen – dann stürmte er davon, vor Schmerz keiner Führung mehr gehorchend.

„Dojan!" rief ich noch laut hinter mich, denn den braven Hund wollte ich nicht verlieren; dann streckten sich mir viele Lanzenspitzen entgegen. Ich schlug sie mit der Büchse zur Seite, mehr wußte ich nicht. Aber den Ritt, der nun kam, will ich mein Leben lang nicht vergessen. Kein Graben war zu tief, kein Stein zu hoch, kein Riß zu breit, kein Felsen zu glatt und kein Sumpf zu trügerisch – alles, Bäume, Büsche, Felsen, Berg und Tal flogen an mir vorüber, bis ich nach und nach wieder die Herrschaft über das rasende Tier gewann. Dann fand ich mich allein in einer unbekannten Gegend. Nur die Richtung, aus der ich gekommen war, hatte ich mir gemerkt, und grad vor mir lag jener hohe Berg, von dem wir kurz vorher gesprochen hatten.

Was war zu tun? Den Gefährten beispringen? Das war nicht möglich. Es stand vielmehr zu erwarten, daß die Bebbeh mich verfolgen würden. Übrigens, die Bebbeh! Wie kamen sie so tief zwischen die Berge herein? Wie hatten sie erfahren, daß wir diesen Weg einschlagen würden? Das war ein Rätsel.

Augenblicklich konnte ich für meine Freunde nichts tun. Sie waren entweder tot oder gefangen. Vor allem mußte ich mich versteckt halten und morgen sehen, wie es auf dem Kampfplatz stand. Dann erst konnte ich einen Entschluß fassen.

Zunächst untersuchte ich den Kopf meines Pferdes. Es war eine dicke Beule aufgelaufen. Ich führte den Hengst an ein nahes Wasser. Hier machte ich ihm Umschläge wie eine Mutter ihrem kranken Kind. Darüber war wohl über eine Viertelstunde vergangen, als ich von fern ein Geräusch vernahm. Es war ein Ächzen und Schnaufen, als wenn jemand der Atem fehlt, und im nächsten Augenblick kam es dahergesaust, stieß ein lautes Freudengeheul aus und sprang mit solcher Gewalt auf mich ein, daß ich ins Gras fiel.

„Dojan!"

Der Hund heulte und winselte, seine Freude war nicht zu bändigen. Dojan sprang einmal auf mich, das andere Mal wieder auf das Pferd ein; ich mußte ihn gewähren lassen, bis er sich allmählich von selbst beruhigte. Auch er war ohne alle Verletzung davongekommen.

Das kluge Tier schien sehr bald zu merken, weshalb ich mich um das Pferd bemühte; denn nachdem Dojan mir eine Weile zugesehen hatte, richtete er sich empor und begann die Beule am Kopf seines Freundes sorgsam zu belecken. Rih litt es ruhig und stieß sogar von Zeit zu Zeit ein freundliches Schnauben aus.

So warteten wir noch eine lange Zeit, bis ich es für geraten hielt, diesen Ort zu verlassen. Es war jedenfalls das beste, den Fuß jenes

Berges aufzusuchen, von dem der Köhler gesprochen hatte. Ich saß wieder auf und ritt diesem nahen Ziel zu.

Die Seiten des Berges waren mit dichtem Wald bedeckt, und nur unten im Tal, durch das uns jedenfalls unser Weg geführt hätte, war Raum zur freien Bewegung. Dort erblickte ich eine vorstehende Waldecke, von der aus man jeden Kommenden bemerken mußte. Ich hielt auf sie zu. Als ich sie erreichte, stieg ich ab, zunächst besorgt, für das Pferd ein sicheres Versteck zu suchen. Kaum war ich einige Schritte in den Forst eingedrungen, so gab mir Dojan das bekannte Zeichen, daß er etwas Auffälliges wittere. Die Sache war mir zu bedenklich, als daß ich ihn sich selbst überlassen mochte. Ich nahm Dojan an die Leine, band Rih an einen Baum und folgte dem Hund, den Stutzen schußfertig in der Hand.

Offenbar schritt ich zu langsam aus, denn Dojan zog so stark an der Schnur, daß sie zu zerreißen drohte. Dann gab er zwischen zwei hohen Pinien Laut. Dort standen mehrere Farne beieinander, und als ich deren Wedel mit dem Stutzen auseinanderstieß, gewahrte ich, daß hier ein Loch von etwa einem halben Meter Durchmesser schräg in die Erde führte.

War ein Tier darin? Wohl nicht. Als ich mit dem Stutzen hineinstieß, fühlte ich aber, daß ein Körper darin steckte. Dieser konnte nichts Feindliches sein, wie ich an Dojans Gebaren erkannte. Ich bedeutete ihm, hineinzukriechen, aber er tat es nicht, sondern wedelte mit dem Schwanz und warf einen erwartungsvollen Blick in das Loch.

Da griff ich kurz entschlossen hinein. Ich erfaßte einen stark behaarten, zottigen Kopf. Ah, nun war das Rätsel gelöst! Es war der Hund des Köhlers, der da drinnen steckte. Das Tier war vermutlich entflohen, als es die Schüsse hörte, und von seiner Angst hierhergeführt worden.

„Eisa!" rief ich.

Ich hatte nämlich beobachtet, daß Allo seinen Hund bei diesem Namen rief. Es blieb still in dem Loch, aber als ich den Ruf wiederholte, begann es sich drinnen zu regen. Ich schob die Farnwedel abermals beiseite, und was entdeckte ich? Zunächst vernahm ich ein vergnügtes Brummen im tiefen C oder Kontra-A, dann erschien ein wirres Haargestrüpp, zwischen dem nur eine breite Nase und zwei Äuglein zu erkennen waren; hierauf kamen zwei Hände, die mit breiten Krallen versehen waren, und sodann ein zerlöcherter Sack, zwei schmierige Lederhüllen und endlich die bekannten Koloß-von-Rhodos-Stiefel – Allo stand vor mir, wie er leibte und lebte.

Es war ein freudiger Schreck, der mich bei seinem Anblick ergriff; denn wenn dieser Mann sich gerettet hatte, so konnte es auch den anderen gelungen sein zu entkommen.

„Allo, du hier?" rief ich. „Wo ist dein Hund?" – „Zertreten, Chodih!" sagte er traurig.

„Wie bist du entwischt?" – „Als alle hinter dir herritten, achtete niemand auf mich, und ich sprang in die Büsche. Ich kam dann hierher, weil ich dir gesagt hatte, daß wir hier vorüber müßten. Ich dachte, daß du kommen würdest, wenn die Bebbeh dich nicht fänden."

„Wer ist noch entkommen?" – „Ich weiß es nicht."

„Wir müssen hier warten, ob sich noch einer zu uns findet. Suche mir ein Versteck für mein Pferd."

„Ich weiß ein sehr gutes, Chodih." – „Du bist hier bereits bekannt?"

„Ich habe auch hier schon Kohlen gebrannt. Folge mir mit dem Pferd!"

Allo führte mich etwa eine Viertelstunde im Wald aufwärts. Dort fand ich eine Felsenwand, die dicht mit langen Brombeerranken bewachsen war. Er schob an einer Stelle die Ranken auseinander, und es wurde eine spaltenähnliche Vertiefung sichtbar, in der ein Pferd ganz gut Platz hatte.

„Hier wohnte ich damals", erklärte der Köhler. „Binde das Pferd drinnen an. Ich werde ihm Futter schneiden."

In der Spalte waren mehrere Hölzer eingeschlagen, die früher als Tischbeine gedient haben mochten, obgleich dieser Tisch nach morgenländischer Sitte niedrig gewesen war. An eins dieser Tischbeine band ich das Pferd fest, so daß es das Versteck nicht verlassen konnte. Draußen fand ich den Kurden beschäftigt, mit seinem Messer Gras zu schneiden.

„Geh hinab an die Waldecke, Chodih", bat er. „Es könnte unterdes jemand von unseren Gefährten kommen. Ich folge nach, sobald ich fertig bin."

Ich gehorchte seinem Rat und setzte mich an die Waldecke, so daß ich alles beobachten konnte, ohne selber gesehen zu werden. Nach einer Viertelstunde kam Allo.

„Ist das Pferd sicher?" fragte ich, und als er bejahte, fügte ich hinzu: „Hast du Hunger?"

Ein zweifelhaftes Brummen war die Antwort.

„Ich habe leider nichts. Wir müssen uns bis morgen gedulden."

Allo brummte abermals und sagte dann vernehmlich: „Chodih, werde ich auch für heute zwei Piaster erhalten?" – „Du sollst vier bekommen."

Jetzt hörte man dem Brummen ein gelindes Entzücken an. Dann blieb es lange still hinter uns.

Es wurde Nacht, und als eben das letzte Licht des scheidenden Tags im Verlöschen war, dünkte mir, als wäre jenseits der schmalen Lichtung, uns zur Linken, eine Gestalt zwischen den Bäumen hindurchgehuscht. Das war trotz der hereinbrechenden Dunkelheit so deutlich, daß ich mich erhob, um mich zu überzeugen. Der Kurde erhielt die Weisung, bei meinen Gewehren, die mich gehindert hätten, zurückzubleiben. Ich nahm den Hund wieder an die Leine und schlich vorwärts.

Dabei mußte ich eine tiefe Einbuchtung der Lichtung umgehen, war aber noch nicht bis zur Hälfte dieses Wegs gekommen, als ich die betreffende Gestalt über die Lichtung herüberhuschen sah. Einige rasche Sprünge brachten mich dicht an die Stelle, wo die Gestalt vorüber mußte. Jetzt tauchte sie in meiner unmittelbaren Nähe auf. Ich wollte bereits zugreifen, als Dojan mich daran hinderte. Er stieß ein freudiges Winseln aus. Die Gestalt hörte es und blieb erschrocken stehen.

„Zounds! Wer ist hier?"

Dabei streckten sich zwei lange Arme nach mir aus.

„Sir David! Seid Ihr es wirklich?" rief ich erfreut.

„Oh! Ah! Yes! Well! Ich bin es! Und Ihr! Well! Ihr seid es auch! Yes!"

Lindsay war ganz bestürzt vor Freude, und mich machte er vor Überraschung bestürzt, denn er umfaßte mich, drückte mich an sich und versuchte, mir einen Kuß zu geben, wobei ihm seine kranke Nase arg hinderlich war.

„Das hätte ich nicht gedacht, Sir David, Euch hier zu finden."

„Nicht? Der Gorilla – o no! – der Köhler hatte doch gesagt, daß wir hier vorüber müßten." – „Seht Ihr, wie gut das war! Aber sagt, wie Ihr Euch gerettet habt!" – „Hm! Das ging schnell. Pferd unter mir erschossen, würgte mich hervor, sah, daß alle hinter Euch her waren, und sprang auf die Seite." – „Ganz wie Allo!" – „Allo? Auch so gemacht? Auch hier?" – „Dort drüben sitzt er! Kommt!"

Ich führte den wackeren Englishman zu unserem Ausguck. Die Freude des Kurden war groß, als er einen zweiten Gefährten gerettet sah. Er drückte sie durch Töne aus, die sich nur mit dem Brummen eines invaliden Spulrads vergleichen lassen.

„Wie ist es Euch ergangen?" fragte mich Lindsay.

Ich erzählte es ihm.

„Also Euer Rih unbeschädigt?" – „Außer der Beule, ja." – „Das meinige tot! Braves Tier! Werde diese Bebbeh erschießen! Alle! Yes!" – „Habt Ihr denn Euer Gewehr noch?" – „Gewehr? Werde ihnen meine Büchse lassen! Hier liegt sie."

Ich hatte wegen der Dunkelheit diesen glücklichen Umstand noch gar nicht bemerkt.

„So seid froh, Sir David! Diese Büchse wäre unersetzlich gewesen."

„Habe auch Messer, Revolver, und hier noch Patronen im Beutel."

„Welch ein Glück! Aber habt Ihr keine Ahnung, ob noch einer von uns entkommen ist?" – „Keiner. Halef lag noch unter seinem Pferd, und die Haddedihn steckten mitten zwischen den Bebbeh."

„O weh, dann sind alle drei verloren!" – „Abwarten, Mr. Kara Ben Nemsi! Allah akbar – Gott ist groß, sagen die wahren Gläubigen."

„Ihr habt recht, Sir David. Wir wollen hoffen, dann aber, wenn wir uns täuschen sollten, auch alles tun, um die Gefährten zu befreien, falls sie noch leben und nur gefangen sind." – „Richtig! Jetzt aber schlafen. Bin müde, habe weit laufen müssen! Schlafen ohne Decke! Armselige Bebbeh! Miserable Gegend! Yes!"

Lindsay entschlummerte und der Kurde mit ihm. Ich hingegen wachte noch lange und stieg später mühsam die Höhe hinan, um nach dem Pferd zu sehen. Dann versuchte auch ich zu schlafen, dem treuen Dojan das Wachen überlassend. Mein Schlaf wurde durch eine kräftige Berührung am Arm gestört. Ich erwachte. Der Tag war erst im Grauen.

„Was ist's?" fragte ich.

Statt der Antwort deutete der Kurde zwischen den Bäumen hindurch auf den gegenüberliegenden Rand des Gebüsches. Ein Rehbock war dort hervorgetreten und stand im Begriff, zur nahen Tränke zu gehen. Wir brauchten Fleisch, und obgleich ein Schuß uns verraten konnte, griff ich doch zum Stutzen. Ich legte an und drückte ab. Bei dem Knall fuhr Lindsay kerzengrad aus dem Schlaf empor.

„Was ist? Wo ist Feind? Wie? Yes!" – „Da drüben liegt er, Sir David."

Lindsay sah in die angegebene Richtung.

„Oh! Roebuck – Rehbock! Prächtig! Können sehr gut gebrauchen. Nichts gegessen seit gestern mittag. Well!"

Allo eilte fort, um das erlegte Wild herbeizuholen, und einige Minuten später brannte an einer geschützten Stelle ein Feuer, über dessen Glut bald ein saftiger Braten schmorte. Nun war dem Hunger mit einemmal abgeholfen, und auch Dojan konnte befriedigt werden.

Während des Essens kamen wir zu dem Entschluß, noch bis Mittag zu warten, dann aber nachzuforschen, wie es mit den Bebbeh stände. Während des Gesprächs erhob sich Dojan plötzlich und äugte in die Tiefe des Waldes. Einige Zeit schien es, als sei er im unklaren. Dann sprang er mit einem Satz fort, ohne mich vorher auch nur angesehen zu haben. Ich erhob mich schnell, um zum Stutzen zu greifen und ihm nachzueilen, blieb aber sofort wieder stehen, als ich anstatt des erwarteten Angstrufs das laute, freudige Gewinsel des Tieres vernahm.

Gleich darauf trat zu uns – mein kleiner Hadschi Halef Omar, zwar ohne Pferd, aber in voller Ausrüstung mit Gewehr, Pistolen und mit dem Messer im Gürtel.

„Hamdulillah, Sihdi, daß ich dich finde, und daß du lebst!" begrüßte er mich. „Mein Herz war voll Sorge um dich. Mich tröstete aber die Überzeugung, daß kein Feind deinen Rih einholen kann."

„Der Hadschi!" rief Lindsay. „Oh! Ah! Nicht massakriert! Herrlich! Unvergleichlich! Gleich mit Braten essen! Well!"

Der Englishman faßte die Sache sofort von der richtigen Seite an. Halef war nicht wenig erfreut, ihn und den Führer wohlbehalten zu sehen, doch verschmähte er darüber die leibliche Erquickung nicht, sondern langte gleich zum Bratenstück, das der Engländer ihm entgegenstreckte.

„Wie bist du entkommen, Halef?" erkundigte ich mich.

„Die Bebbeh schossen auf unsere Pferde", begann er seinen Bericht. „Auch das meinige stürzte, und ich blieb im Bügel hängen. Die Bebbeh bekümmerten sich nicht um uns, sondern sie wollten nur dich und deinen Rih haben. Deshalb schlug Allah sie mit Blindheit, daß sie nicht sahen, wie dieser Kurde und der Inglis entkamen. Auch ich machte mich endlich frei, nahm meine Waffen und entfloh."

Welch eine Unachtsamkeit von den Bebbeh! Sie hatten nur auf

die Pferde geschossen, um die Reiter lebend zu fangen, und ließen sie doch entkommen!

„Hast du nichts von den beiden Haddedihn bemerkt, Halef?" „Ich sah noch während des Fliehens, daß man sie gefangennahm."

„Oh, dann dürfen wir keine Zeit verlieren, sondern wir müssen sofort aufbrechen!" – „Warte noch, Sihdi, und laß dir erzählen! Als ich glücklich entronnen war, dachte ich, daß es wohl klüger sei, zu bleiben und die Feinde zu beobachten, als weiter zu fliehen. Ich stieg auf einen Baum, dessen Laub mich verdeckte. Da blieb ich bis gegen Abend. Erst als es ziemlich dunkel war, konnte ich den Baum wieder verlassen. So sah ich, daß die Bebbeh nicht fortwollen! Sie haben ein Lager aufgeschlagen. Ich habe achtzig Krieger gezählt." – „Woraus besteht das Lager?" – „Die Kurden haben sich Hütten aus Zweigen gebaut. In einer solchen Hütte liegen die Haddedihn gefangen, an Händen und Füßen gebunden. Ich habe nicht geschlafen, sondern das Lager während der Nacht umschlichen, weil ich glaubte, vielleicht bis zu den Gefangenen vordringen zu können. Es ging leider nicht. Nur dir könnte es vielleicht gelingen, Sihdi; denn du bist Meister im Anschleichen." – „Konntest du nicht aus irgendeinem Umstand auf den Grund des Verbleibens der Bebbeh schließen? Ich kann nicht begreifen, warum sie den Ort nicht gleich verlassen haben."

„Ich auch nicht, Sihdi. Ich konnte nichts erfahren."

„Ich muß dich übrigens loben, Halef, daß es dir gelungen ist, uns so nahe zu kommen, ohne daß wir dich bemerkten. Woraus hast du geschlossen, daß ich mich grad hier befinden würde?" – „Weil ich deine Art und Weise kenne, Sihdi, dir immer einen Ort zu suchen, wo du nicht gesehen wirst und dennoch alles beobachten kannst."

„Ruh dich jetzt aus. Ich will mir überlegen, was zu tun ist. Allo, führe mein Pferd zur Tränke und gib ihm neues Futter!"

Der Köhler hatte sich noch nicht erhoben, um diesem Befehl Folge zu leisten, als der Hund knurrte. Am obersten Punkt unseres engen Gesichtskreises erschien ein Reiter, der sich schnell näherte und im Trab an uns vorüberritt.

„Hallo! Soll ich ihn wegputzen, Mr. Kara?" fragte Lindsay.

„Um keinen Preis!" – „Ist aber ein Bebbeh!" – „Laßt ihn! Wir sind keine Meuchelmörder." – „Hätten aber ein Pferd!" – „Werden schon Pferde bekommen." – „Hm!" lächelte er. „Keine Meuchelmörder, aber doch Spitzbuben! Will Pferde stehlen! Yes!"

Mir gab dieser eine Bebbeh zu denken. Weshalb hatte er die Seinigen verlassen, und wohin wollte er?

Nach vielleicht einer Stunde wurde mir das Rätsel gelöst, denn der Kurde kehrte wieder zurück und ritt vorüber, ohne Ahnung, daß wir ihm so nahe waren.

„Was hat der Mann da unten gewollt?" fragte Lindsay.

„Er ist ein Bote." – „Bote? Von wem?" – „Vom Scheik Gasâl Gaboga." – „An wen?" – „An die Abteilung der Bebbeh, die ungefähr eine halbe Stunde weiter unten den Weg besetzt hält."

„Woher wißt Ihr das?" – „Ich vermute es. Der Scheik hat auf irgendeine Weise erfahren, daß wir kommen werden, und den Weg an zwei Stellen verlegt, damit die zweite Truppe die gefangennehmen soll, die der ersten entgehen." – „Schön ausgedacht, Sir, wenn es wahr ist."

Das mußte ich erforschen. Es wurde verabredet, der Engländer solle mit Allo bei meinem Rih in unserem Versteck bleiben, während ich mit Halef auf Kundschaft ausgehen wollte. Wenn ich bis zum Mittag des anderen Tags nicht wieder zurückgekehrt sei, sollte Lindsay unter Führung des Köhlers auf meinem Rappen nach Bistan reiten und dort bei Allos Bruder vierzehn Tage auf mich warten. „Komme ich mit Halef auch dann noch nicht", fügte ich hinzu, „so sind wir tot, und Ihr, Sir David, könnt mein Erbe antreten." – „Hm! Testament! Schauderhaft! Könnte ganz Kurdistan erschlagen! Erbe? Was denn?" fragte der wackre Sohn Albions.

„Mein Pferd", antwortete ich.

„Mag es nicht! Wenn Ihr tot seid, soll dieses Land zugrunde gehen! Alle Pferde mit! Auch Ochsen, Schafe, Bebbeh, alles! Well!"

„Nun wißt Ihr alles", beendete ich seine Drohungen. „Jetzt muß ich nur noch den Bannah-Kurden unterrichten." – „Macht es ihm nur richtig klar, Sir! Kann kein einziges Wort mit ihm reden. Schöne Unterhaltung! Prächtiges Vergnügen! Konnte daheim in Altengland bleiben! Yes!"

Ich war gezwungen, Lindsay seiner gelinden Verzweiflung zu überlassen. Nachdem ich Allo die nötigen Anweisungen erteilt hatte, warf ich die beiden Gewehre über, um mich der Führung Halefs anzuvertrauen.

Halef brachte mich auf dem Weg zurück, den er am Morgen eingeschlagen hatte, und lieferte mir dabei den Beweis, daß er mir ein gelehriger Schüler gewesen war. Er hatte jede, auch die kleinste Deckung benützt, das Gelände scharfsichtig beurteilt und sich immer so vorsichtig verhalten, daß es selbst einem Indianer nur mit Anstrengung gelungen wäre, die Fährte ohne Stocken zu verfolgen.

Wir gingen beständig unter Bäumen, aber immer so, daß wir zwischen den Stämmen hindurch die offene Gegend vor Augen behielten. Ich hatte den Hund bei mir, und da wir gegen den Wind gingen, so brauchten wir wegen einer Überraschung keine Sorge zu haben.

Endlich waren wir der Gegend nahe gekommen, wo wir überfallen worden waren. Halef wollte mich noch weiter begleiten, ich aber gestattete es nicht.

„Sollte ich gefangen werden", sagte ich zu ihm, „so weißt du, wo du den Engländer findest. Für jetzt ist es das beste, du kletterst auf eine jener Pinien, die so eng beisammenstehen, daß ihre Äste ein dichtes Versteck bilden. Du kannst ja sehr gut den Knall des Bärentöters oder der raschen Laute meines Stutzens von der Stimme eines anderen Gewehrs unterscheiden. Ich bin nur dann in Gefahr, wenn du mich schießen hörst." – „Was soll ich dann tun?"

„Sitzenbleiben, außer wenn ich laut nach dir rufe. Jetzt steige hinauf!"

Ich nahm den Hund an mich heran und schlich weiter. Nach einiger Zeit sah ich durch die Bäume die erste Hütte. Sie war in Pyramidenform urwüchsig aus Zweigen errichtet. Ich zog mich wieder zurück, um zunächst einen weiten Halbkreis um den Ort zu schlagen, denn ich mußte untersuchen, ob sich etwa Bebbeh in der Tiefe des Waldes befanden. In diesem Fall hätte ich sie in meinem Rücken gehabt und wäre jedenfalls von ihnen entdeckt worden.

Ich schlich von Baum zu Baum, mir immer die stärksten Stämme aussuchend und mit aller Aufmerksamkeit in die Einsamkeit des Forstes hineinhorchend. Bald bemerkte ich, daß meine Vorsicht nicht überflüssig war, denn ich glaubte Menschenstimmen zu vernehmen, und zu gleicher Zeit stieß Dojan mich mit der Schnauze an. Das edle Tier wußte, daß es jetzt keinen Laut von sich geben durfte, und sah mich mit seinen klugen Augen unverwandt an.

Als ich mich in der Richtung hielt, woher die Laute gekommen waren, bemerkte ich bald drei Männer unter einem Baum, den ein junges, ungefähr anderthalb Meter hohes Kirschlorbeergehölz von drei Seiten umschloß. Dieser Ort war zum Belauschen wie geschaffen. Und da ich annahm, daß das gestrige Ereignis auf alle Fälle der Gegenstand des Gesprächs sein würde, huschte ich im Bogen um die drei herum, legte mich dann nieder und kroch bis zu den Kirschlorbeergebüschen heran, wo ich jedes Wort deutlich verstehen konnte.

Bald erkannte ich in einem der drei den Kurden, der unter Dojan gelegen hatte, und den ich frei ließ, weil er sich für einen Dschiaf ausgab! Auch Dojan erkannte ihn wieder, denn seine Augen funkelten feindselig zu ihm hinüber. Also hatte er also recht gesehen. Dieser Kurde war ein Bebbeh und hatte jedenfalls auf Wache gestanden, um unsere Ankunft zu melden. Gewiß hatte er seitwärts im Verborgenen ein Pferd stehen gehabt und war uns vorausgeritten, während wir glaubten, er ginge nordwärts.

„Alle waren dumm!" hörte ich ihn sagen. „Am dümmsten war der Mann, der den schönen Rappen reitet."

Sehr schmeichelhaft für mich!

„Wenn der Fremde damals die zurückgebliebenen Bejat nicht gefangengenommen und beleidigt hätte", fuhr der Sprecher fort, „so hätten sie uns dann auch nicht sein Gespräch erzählt, das sie belauscht hatten, und worin er den Weg angab, den sie einschlagen wollten."

Jetzt war auch dieses Rätsel gelöst. Die Bejat hatten unseren Fluchtplan dann als Gefangene den Bebbeh verraten, jedenfalls um sich die Gunst der Sieger zu erwerben.

„Dumm war der Franke ferner", meinte der Nachbar des vorigen Sprechers, „daß er sich von dir betrügen ließ."

„Aber dumm war auch Scheik Gasâl Gaboga, daß er uns befahl, die Reiter und den Rappen zu schonen. Um die Männer war es nicht schade, sondern nur um das Pferd. Nun sind uns vier entflohen, der Anführer mit ihnen."

Die drei Bebbeh hatten Pilze gesammelt, die sie hier ausschnitten und reinigten, ehe sie ihre Ausbeute ins Lager brachten. Das gab Zeit und Gelegenheit zu einem vertraulichen Meinungsaustausch.

„Was hat der Scheik nun beschlossen?" fragte der dritte.

„Er hat einen Boten abgesandt. Die andere Abteilung soll warten, bis die Sonne am höchsten steht. Hat sich dann noch keiner von den Entflohenen gefunden, so sollen die anderen aufbrechen und zu uns stoßen; denn dann sind die Flüchtlinge sicher entkommen. Wir aber kehren heute noch um." – „Was geschieht mit den beiden Gefangenen?" – „Das sind vornehme Männer, denn sie haben noch kein Wort gesprochen. Sie werden uns aber noch sagen, wer sie sind, und ein schweres Lösegeld bezahlen müssen, wenn sie nicht sterben wollen."

Ich hatte nun genug gehört und zog mich vorsichtig wieder zurück. Die drei waren mit ihrer Arbeit fast zu Ende, und wenn sie sich erhoben, so konnte ich leicht von ihnen bemerkt werden.

Also ich war dumm, der dümmste von uns allen! Ich mußte diese erfreuliche Schmeichelei leider hinnehmen, ohne sie jetzt erwidern zu können. Und das machte mir keine Beschwerden. Dagegen freute ich mich im Augenblick noch nachträglich darüber, daß Mohammed Emin zu diesem Ritt zur Befreiung seines Sohnes nicht die kostbare Schimmelstute mitgenommen hatte. Er hatte wohl auch Bedenken gehabt, ein Tier zu reiten, dessen helle Farbe ihn jedem Späherblick auf weite Entfernung verraten mußte. Nun war dem Haddedihn das Pferd unter dem Leib erschossen worden. Gut, daß es sich nicht um die unschätzbare Stute handelte!

Am meisten machte mir jetzt der Umstand zu schaffen, daß bereits um Mittag aufgebrochen werden sollte. Bis dahin also mußten die Haddedihn frei sein. Aber wie?

Die drei Männer erhoben sich; ich hatte mich nicht zu früh entfernt. Der sich für einen Dschiaf ausgegeben hatte, sagte: „Geht! Ich werde erst zu den Pferden sehen."

Ihm folgte ich von weitem. Er führte mich, freilich ohne sein Wissen, zu einer Bodensenkung, auf deren Sohle ein Wässerchen floß. Hier waren über achtzig Pferde an Bäume und Sträucher gebunden, und zwar in solchen Abständen voneinander, daß sie genug Grünes fanden, ohne sich nahekommen zu können. Der Platz war sonnig, und vom ersten bis zum letzten Pferd hatte man vielleicht achthundert Schritte zu gehen.

Ich konnte alles genau betrachten. Es waren prachtvolle Pferde darunter. Im Geist las ich mir schon die sechs besten aus. Am meisten befriedigte es mich, daß nur ein einziger Kurde die Aufsicht über die Tiere hatte. Es war leicht, ihn zu überwältigen.

Mein unfreiwilliger Führer machte sich mit einem Braunblässen zu schaffen, der vielleicht das beste Pferd des ganzen Trupps war. Jedenfalls war er dessen Herr, und ich beschloß, ihm seiner liebenswürdigen Schmeichelei willen Gelegenheit zu geben, auf seinen eigenen Beinen heimzureiten.

Er sprach einige Worte mit der Wache und schritt dann dem Lager zu. Ich folgte ihm wieder und hatte nun die Überzeugung, daß mir in der weiteren Umgebung des Lagers kein Mensch mehr begegnen würde. Somit konnte ich mich ruhig in die unmittelbare Nähe der Bebbeh wagen.

Nach einer sorgfältigen Untersuchung des Lagers hatte ich sechzehn Hütten gezählt, die unter den Bäumen einen Halbkreis bildeten. In der größten Hütte wohnte jedenfalls der Scheik Gasâl Gaboga, denn sie war an der Spitze mit einem alten Turbantuch geschmückt. Sie stand auf dem innersten Punkt des Halbkreises, so daß ich ihr leicht nahe kommen konnte, und neben ihr erhob sich die, in der sich die Gefangenen befanden, denn davor saßen zwei Kurden mit den Gewehren im Arm.

Jetzt konnte ich zu Halef zurückkehren. Er saß noch auf dem Baum und stieg nun herab. Ich setzte dem Kleinen meinen Befreiungsplan auseinander, dann versteckten wir uns an einem Platz, wo wir den Weg überblicken konnten. Mit Ungeduld erwarteten wir die Zeit des Handelns.

Gegen zwei Stunden waren vergangen, da sahen wir unten einen einzelnen Reiter erscheinen.

„Er wird die Ankunft des unteren Trupps melden sollen", meinte Halef.

„Möglich. Hast du die hohe Eiche gesehen, oberhalb der Senkung, in der sich die Pferde befinden?" – „Ja, Sihdi." – „Schleich sogleich hin und erwarte mich dort. Ich muß hören, was dieser Reiter sagen wird. Nimm Dojan mit. Ich kann ihn jetzt nicht brauchen. Auch die Gewehre hier!"

Der Kleine entfernte sich mit dem Hund und den Schußwaffen, ich aber beeilte mich, der Hütte des Scheiks so nahe zu kommen, daß ich hören konnte, was gesprochen wurde. Es gelang mir, soweit das möglich war. Kaum hatte ich mich hinter einem Baumstamm versteckt, so kam der Reiter herangaloppiert. Er sprang vom Pferd.

„Wo ist der Scheik?" hörte ich ihn fragen.

„Dort in seiner Hütte."

Gasâl Gaboga trat heraus und schritt ihm entgegen.

„Was bringst du?" – „Die Krieger werden gleich erscheinen."

„So habt ihr keinen der Flüchtlinge gesehen?" – „Keinen. Wir haben die ganze Nacht und bis jetzt gewacht. Wir haben alle Seitentäler besetzt, aber niemand erblickt." – „Jetzt kommen sie!" erklang es draußen vor dem Lager.

Auf diesen Ruf eilte alles auf die Lichtung hinaus. Sogar die beiden Wächter schlossen sich an. Sie wußten die beiden Haddedihn gefesselt!

Die Gelegenheit war günstiger, als ich gehofft hatte. Mit zwei Sprüngen stand ich hinter der Hütte der Gefangenen – zwei Messerschnitte, und ich befand mich in deren Innern. Da lagen sie nebeneinander, an Händen und Füßen gebunden.

„Mohammed Emin, Amad el Ghandur, auf! Schnell!"

Wenige Sekunden genügten, die Stricke zu durchschneiden.

„Kommt, rasch!" – „Ohne Waffen?" flüsterte Mohammed Emin. „Sie sind beim Scheik."

Ich trat wieder aus der Hütte heraus und spähte in die Runde. Kein Mensch hatte acht auf das Lager.

„Heraus und mir nach!" Ich sprang hinüber zur Hütte des Scheiks und huschte hinein, die Haddedihn mir nach. Sie befanden sich in einer fieberhaften Aufregung. Hier hingen ihre Waffen, auch zwei eingelegte Pistolen und eine lange persische Flinte, offenbar das Eigentum des Scheiks. Ich nahm Pistolen und Flinte an mich und blickte wieder hinaus. Noch immer waren wir unbeachtet. Wir schlichen wieder hinaus und rannten dann der Senkung zu. Sie war wohl fünf Minuten entfernt, aber in zwei Minuten waren wir bei Halef.

„Maschallah!" rief er.

„Jetzt zu den Pferden!" drängte ich.

Der Wächter saß unten, mit dem Rücken gegen uns gekehrt.

Auf einen Wink sprang der Hund hinab, und sofort lag der Mann am Boden. Er hatte einen Schrei ausgestoßen, zu einem zweiten hatte er wohl nicht den Mut. Ich bezeichnete die sechs besten Pferde und rief Amad el Ghandur zu: „Halte sie einstweilen! Halef, Mohammed Emin, schnell die andern in den Wald!"

Die beiden verstanden mich sofort. Eben erhob sich hinter uns ein lautes Begrüßungsgeschrei, als wir von Pferd zu Pferd sprangen, um die Leinen durchzuschneiden. Zwanzig Leinen für den Mann, das war schnell abgetan. Dann jagten wir die freien Tiere mit Schlägen und Steinwürfen in den Wald. Amad el Ghandur hatte Mühe, seine sechs Rosse festzuhalten. Ich hatte drei Gewehre umzuhängen und zwei Pistolen einzustecken. Dann bestieg ich den Blässen und nahm noch ein zweites Pferd am Zügel mit.

„Auf und vorwärts! Es ist höchste Zeit!"

Ohne mich umzusehen, trieb ich meine Pferde die steile Böschung empor; dann nahm der schützende Wald uns auf. Hier ging es wegen des schwierigen Geländes nur langsam vorwärts, zumal wir einen Umweg machen mußten. Doch gelangten wir bald auf einen besseren Pfad, wo wir unsere Tiere ausgreifen lassen konnten.

Da hörten wir hinter uns ein lautes Geschrei, aber uns blieb keine Zeit, über seine Ursache Vermutungen anzustellen. Vorwärts!

Wir mußten einen weiten Bogen reiten, und ganz dahinten, wo dieser Bogen begann, zeigten sich jetzt zwei Reiter. Sobald sie uns bemerkten, kehrte der eine wieder um, während der andere uns folgte.

„Galopp, den schärfsten Galopp, sonst komme ich um meinen Hengst!" rief ich meinen Gefährten zu. „Wir werden die Bebbeh gleich auf den Hacken haben!"

Unsere Wahl war gut gewesen, denn die Pferde zeigten sich als vorzügliche Renner. Bald kam unsere Waldecke in Sicht. Wir erreichten sie und hielten hinter den Bäumen an. Ich sah nur Allo.

„Wo ist der Franke?" fragte ich ihn.

„Droben beim Pferd." – „Hier hast du eine Flinte. Steig auf diesen Fuchs, er ist dein!"

Ich gab Allo die Flinte des Scheiks und rannte dann bergauf zur Höhle. Sie war eine Viertelstunde entfernt, aber ich glaube, ich war nicht später als in fünf Minuten oben. Da saß Lindsay.

„Schon da, Sir? Oh! Wie gegangen, he?" – „Gut, gut! Aber wir haben jetzt keine Zeit, denn wir werden verfolgt. Rennt aus Leibeskräften hinab, Sir David! Unten steht ein Pferd für Euch!" – „Verfolgt? Ah! Schön! Prächtig! Pferd für mich? Well!"

Er stürzte den Berg hinab. Ich band meinen Rappen los und führte ihn den Berg hinunter. Das ging leider nicht so schnell, wie ich es wünschte. Als ich unten anlangte, saßen die andern schon längst auf ihren Tieren, und Halef hielt das sechste Pferd an der Hand.

„Das dauerte lang, Effendi", sagte Mohammed Emin. „Sieh, es ist bereits zu spät!"

Der Scheik der Haddedihn deutete hinüber, wo eben der erste Verfolger sichtbar wurde. Ich erkannte meinen Mann.

„Erkennt ihr diesen Reiter?" fragte ich.

„Ja, Sihdi", antwortete Halef. „Es ist der Dschiaf von gestern."

„Er ist ein Bebbeh und hat uns verraten. Laßt ihn vorüber, und dann wird er unser." – „Aber wenn mittlerweile die anderen kommen?" – „So schnell geht das nicht. – Sir David, wir reiten voran und nehmen diesen Reiter zwischen uns. Will er sich wehren, so schlagen wir ihm die Waffen aus der Hand." – „Schön, Mr. Kara! Prächtig! Yes!"

Jetzt verschwand der Bebbeh hinter der nächsten Krümmung des Wegs, und wir verließen unser Versteck. Als ich mit Lindsay diese Krümmung erreichte, waren wir dem Verfolger auf fünfzig Schritte nahe. Er hörte uns kommen und drehte sich um. Der Bebbeh erkannte uns und war über unseren Anblick so erschrocken, daß er unwillkürlich sein Pferd anhielt. Er hatte uns vor sich geglaubt und erblickte uns nun hinter sich. Ehe er die Fassung wieder erlangte, hatten wir ihn gepackt.

Da griff der Kurde zum Messer. Ich faßte seine Faust und drückte sie ihm so, daß er die Waffe fallen ließ. Und während Lindsay ihm die Lanze entwand, zerschnitt ich den Riemen, an dem ihm seine Flinte über den Rücken hing; sie fiel herab. Er war unbewaffnet, und sein Pferd jagte mit den unsrigen in vollem Lauf dahin. Da ergab er sich in sein Schicksal.

So ging es immer dem Süden zu, und als wir glaubten, einen großen Vorsprung gewonnen zu haben, mäßigten wir unser Tempo, und Allo ritt als Wegweiser voran.

„Was tun mit diesem Kurden, Sir?" erkundigte sich Lindsay.

„Bestrafen!" – „Yes! Falscher Dschiaf! Welche Strafe?"

„Weiß es nicht. Wir werden darüber beraten." – „Schön! Session! Oberhaus! Unterhaus! Well! Wie habt Ihr die Haddedihn losgemacht?"

Ich erzählte es ihm in kurzen Umrissen. Als ich an die Überrumpelung der Pferdewache kam, hielt ich plötzlich in meinem Bericht inne.

„O weh! Was habe ich getan!" – „War doch alles gut!"

„Ich habe in der Eile vergessen, meinen Hund von dem Mann wegzurufen!" – „Ah! Unangenehm! Wird nachkommen!" – „Niemals! Er ist bereits tot und die Wache auch." – „Warum gleich tot?"

„Sobald Dojan bedroht wird, zerbeißt er dem unter ihm liegenden Mann die Gurgel. Dann werden ihn die Bebbeh erschießen. Ich könnte nur dieses Hundes wegen umkehren und mich in die größte Gefahr begeben. Leider wäre es zwecklos!"

Über den Verlust des treuen, klugen Tasi, dem wertvollen Geschenk des Malkoegund von Spinduri[1], geriet auch Halef in Bestürzung. Ich verbrachte die noch übrigen Stunden des Nachmittags in tiefer Verstimmung. Am Abend machten wir halt, und nun erst wurde der Bebbeh gefesselt. Trotz unserer Eile hatte Halef Zeit gehabt, dem ledigen Pferd den erst angeschnittenen Rehbock aufzuladen, und so war für einen hinreichenden Imbiß gesorgt.

Nach dem Mahl wurde der Gefangene ins Verhör genommen. Er hatte bisher noch kein Wort gesprochen. Jedenfalls ließ er nur deshalb alles so geduldig über sich ergehen, weil er hoffte, die Seinen würden bald erscheinen und ihn befreien.

„Was bist du?" begann ich das Verhör. „Ein Dschiaf oder ein Bebbeh?"

Der Gefesselte antwortete nicht.

„Beantworte meine Frage!"

Er zuckte nicht mit der Wimper.

„Halef, nimm ihm den Turban ab und schneide ihm die Haarlocke herunter!"

Das ist die größte Entehrung, die einem Kurden widerfahren kann. Als der Hadschi, das Messer in der Rechten haltend, mit der Linken die Locke ergriff, bat der Mann: „Chodih, laß mir mein Haar! Ich will antworten." – „Gut! Zu welchem Stamm gehörst du?" – „Ich bin ein Bebbeh." – „Du hast uns gestern belogen!" – „Einem Feind braucht man nicht die Wahrheit zu sagen." – „Du hast deine Angaben beim Bart des Propheten beschworen!" – „Ein Schwur, den man einem Ungläubigen leistet, gilt nichts." – „Ferner hast du mich einen Dummkopf genannt!" – „Das ist eine Lüge, Chodih!" – „Du sagtest, wir alle seien dumm, ich aber sei der Allerdümmste! Es ist wahr, denn meine eigenen Ohren haben es gehört – hinter dem Lager, als ihr dort die Pilze schnittet. Ich lag hinter dem Busch und belauschte euch. Dann nahm ich eure Gefangenen und eure Pferde. Du magst also sehen, ob ich wirklich ein so großer Dummkopf bin!" – „Verzeihe, Chodih!"

„Ich habe dir nichts zu verzeihen, denn das Wort aus deinem Mund kann einen Effendi aus Franghistan nie beleidigen. Gestern ließ ich dich frei, weil du mir leid tatest. Heute befindest du dich wieder in meiner Hand. Wer ist da wohl der Kluge von uns? – Bist du ein Bruder des Scheiks Gasâl Gaboga?" – „Ich bin es nicht."

„Hadschi Halef, schneide ihm die Locke ab!" Das half auf der Stelle. – „Wer hat dir gesagt, daß ich es bin?" fragte er.

[1] Band 2 der Gesammelten Werke

„Einer, der dich kennt." – „So sag, welches Lösegeld du verlangst?" „Ihr wolltet für diese beiden Männer" – ich deutete auf die Haddedihn – „Lösegeld verlangen; ihr seid Kurden. Ich nehme nie ein Lösegeld, denn ich bin ein Christ. Ich habe dich nur deshalb gefangen, um dir zu zeigen, daß wir mehr Klugheit, Mut und Geschick besitzen, als ihr denkt. Wer hat heut zuerst bemerkt, daß die Gefangenen fort waren?" – „Der Scheik." – „Wie entdeckte er es?"
„Er trat in seine Hütte, da fehlten die Waffen der Gefangenen und auch die seinigen." – „Ich habe sie genommen."
„Ich denke, ein Christ stiehlt nie!" – „Das ist richtig. Ein Christ nimmt nie unrechtes Gut, aber er läßt sich auch von keinem Kurden bestehlen. Ihr habt uns unsere Pferde erschossen, die uns lieb waren, und ich habe dafür sechs andere genommen, die uns nicht lieb sind. Wir hatten in unseren Satteltaschen viele Dinge, die wir notwendig brauchen. Ihr habt uns darum gebracht, und dafür habe ich mir die Flinte und die Pistolen des Scheiks angeeignet. Wir haben getauscht. Ihr habt diesen Tausch mit Gewalt begonnen, und ich habe ihn mit Gewalt beendet."

„Unsere Pferde sind besser, als die eurigen waren!"

„Das geht mich nichts an, denn als ihr die unserigen getötet habt, fragtet ihr auch nicht danach, ob sie gut oder schlecht waren. Warum wurde mein Pferd nicht erschossen?" – „Der Scheik wollte es haben."

„Glaubte er wirklich, daß er den Rappen bekommen würde? Und wenn das geglückt wäre, so hätte ich mir den Hengst sicher wiedergeholt. Wer entdeckte heute das Fehlen der Pferde?"

„Auch der Scheik. Er lief in die Hütte der Gefangenen, und als er sie leer fand, rannte er zu den Pferden. Sie waren fort."

„Bemerkte er nichts?" – „Den Wächter, der unter einem Hund lag." – „Was geschah mit dem Wächter?" – „Er wurde unter dem Hund liegen gelassen zur Strafe dafür, daß er nicht aufgepaßt hatte."

„Fürchterlich! Seid ihr Menschen?" – „Der Scheik hat es so geboten." – „Was wird da mit dir geschehen, der du auch nicht aufgepaßt hast? Ich habe hinter dem Kirschlorbeer gelegen, einen Schritt von dir entfernt, ich bin dann hinter dir zu den Pferden gegangen, von denen ich nicht wußte, wo sie zu suchen waren, und dann bin ich dir zum Lager gefolgt." – „Chodih, laß das den Scheik nicht wissen!"

„Sei ohne Sorge! Ich habe es nur mit dir zu tun. Ich werde jetzt meinen Gefährten deine Antworten übersetzen, und dann mögen sie dein Urteil fällen. Du sollst nicht von uns zwei Christen, sondern von diesen vier Männern deines Glaubens gerichtet werden!"

Hierauf verdolmetschte ich meine Unterredung mit dem Bebbeh ins Arabische. „Was willst du mit ihm tun?" fragte mich Mohammed Emin schließlich. – „Nichts", erwiderte ich ruhig. – „Effendi, er hat uns belogen, betrogen und dem Feind in die Hände geliefert. Er hat den Tod verdient." – „Und was noch schwerer wiegt", fügte Amad el Ghandur hinzu, „er hat beim Bart des Propheten geschworen. Er hat den dreifachen Tod verdient."

„Was sagst du dazu, Sihdi?" fragte Halef. – „Jetzt nichts. Bestimmt ihr, was mit ihm werden soll!" – Während die vier Mohammedaner beratschlagten, erkundigte sich auch der Engländer bei mir:

„Nun? Was wird mit dem falschen Dschiaf sein?" – „Ich weiß es nicht. Was würdet Ihr mit ihm tun?" – „Hm! Niederschießen!"

„Haben wir das Recht dazu?" – „Yes! Sehr!"

„Der Weg des Rechtes ist folgender: wir beschweren uns bei unseren Konsulaten, von da geht die Beschwerde nach Konstantinopel, und dann erhält der Pascha von Suleimanije den Befehl, den Übeltäter zu bestrafen – wenn er ihn nicht belohnen soll."

„Schöner Weg des Rechtes!" – „Aber der für uns als Bürger unserer Staaten allein erlaubte. Und ferner: was werdet Ihr als Christ mit diesem Feind tun?" – „Geht mir mit Euren Fragen, Sir! Bin Englishman. Macht, was Ihr wollt!" – „Und wenn ich den Kurden laufen lasse?" – „So mag er laufen! Fürchte mich nicht vor ihm; er braucht also meinetwegen nicht ganz totgeschlagen zu werden. Macht es lieber möglich, daß ich ihm meine Nase anhängen kann! Das wäre die beste Strafe für diesen Menschen, der uns gestern eine Nase gedreht hat, die zwanzigmal länger war als die meinige! Yes!"

Der Bebbeh schien mittlerweile die Geduld zu verlieren. Er wandte sich wieder an mich: „Chodih, was wird mit mir geschehen?"

„Das wird auf dich ankommen. Von wem willst du gerichtet sein? Von den vier Männern, die ihr Gläubige nennt, oder von den zwei Männern, denen ihr oft den Schimpfnamen ‚Giaur' gebt?"

„Chodih, ich bete zu Allah und dem Propheten; es mögen nur solche Männer über mich bestimmen, die wahre Gläubige sind!"

„Du sollst deinen Willen haben! Wir beide hätten dir verziehen und dich morgen früh zu den Deinigen zurückkehren lassen. Ich sag mich los. Mag dir werden, was du gewünscht hast, und mögest du nie bereuen, das Wort eines Christen bezweifelt und seine Nachsicht von dir gewiesen zu haben!" – Endlich waren die anderen zu einem Entschluß gekommen. „Effendi, wir erschießen den Kerl!" sagte Mohammed Emin. „Das leide ich auf keinen Fall!" entgegnete ich.

„Er hat den Propheten geschändet!" – „Seid ihr die Richter darüber? Er mag das mit dem Imam, mit dem Propheten und mit seinem Gewissen abmachen!" – „Er hat den Spion gemacht und uns verraten!" – „Hat einer von uns dadurch sein Leben verloren?"

„Nein. Aber wir haben anderes verloren." – „Wir haben Besseres dafür genommen. Hadschi Halef Omar, du kennst meine Meinung. Es betrübt mich, dich so blutgierig zu sehen." – „Sihdi, ich wollte es nicht!" entschuldigte er sich eifrig. „Nur die anderen verlangten es." – „So ist meine Meinung, daß der Bannah hierbei nichts zu sagen hat. Er ist unser Führer und wird dafür bezahlt. Ändert euer Urteil!"

Sie flüsterten von neuem miteinander. Dann teilte Mohammed Emin mir das Ergebnis mit: „Effendi, wir wollen auf sein Leben verzichten, aber er soll entehrt werden. Wir nehmen ihm die Locke und schlagen ihn mit Ruten ins Gesicht. Wer solche Schwielen trägt, hat keine Ehre mehr." – „Das ist noch fürchterlicher als der Tod!"

„Aber du wolltest ihm doch vorhin auch die Locke abschneiden

57

lassen!" – „Nein. Ich hätte es nicht getan. Es war nur eine Drohung, um den Mann zum Sprechen zu bringen. Überhaupt – warum wollt ihr diese Bebbeh noch mehr gegen uns erbittern? Sie fühlen sich im Recht gegen uns, weil sie glauben, daß wir Verbündete der Bejat gewesen sind. Sie können es nicht wissen, daß ich Khan Heider Mirlam ins Gesicht gesagt habe, ich hätte die Bebbeh gewarnt, wenn es mir möglich gewesen wäre. Sie haben uns bei Räubern getroffen und behandeln uns als Räuber. Jetzt sind wir ihnen glücklich entkommen, und vielleicht lassen sie von uns ab; wollt ihr sie durch eure Grausamkeit geradezu zwingen, uns weiter zu verfolgen?"

„Effendi, wir waren ihre Gefangenen. Wir müssen uns rächen!"

„Auch ich war Gefangener, öfters als ihr, aber ich habe mich nicht gerächt. Der Raïs von Schurd, Nedschir Bei, nahm mich gefangen. Ich befreite mich selbst und verzieh ihm. Dann wurde er mein Freund. War das nicht besser, als wenn ich eine Blutschuld zwischen uns gelegt hätte?"

„Effendi, du bist ein Christ und Christen sind entweder Verräter oder Weiber!" – „Mohammed Emin, sage das noch einmal, so geht dein Weg von dieser Minute an nach rechts und der meinige nach links! Ich habe nie deinen Glauben geschmäht. Warum tust du es mit dem meinen? Hast du jemals mich oder diesen David Lindsay als einen Verräter oder ein Weib gesehen? Ich könnte jetzt recht gut den Islam beleidigen. Ich könnte sagen: die Muslimin sind undankbar, denn was ein Christ für sie tut, das vergessen sie. Aber ich sage es nicht, denn ich weiß, wenn sich einer einmal von seiner Leidenschaft hinreißen läßt, so gibt es doch viele, die sich beherrschen können!"

Da sprang der Greis auf und streckte mir beide Hände entgegen:

„Effendi, verzeihe! Mein Bart ist weiß und der deinige noch dunkel, aber obgleich dein Herz jung und warm ist, so hat doch dein Verstand die Reife des Alters. Wir geben dir diesen Mann. Tu mit ihm nach deinem Belieben!" – „Mohammed Emin", sagte ich bewegt, „ich danke dir! Ist auch dein Sohn einverstanden?"

„Ich bin es, Effendi!" beteuerte Amad el Ghandur.

Nun wandte ich mich an den Gefangenen: „Du hast uns einmal Lügen gesagt. Willst du mir versprechen, heut zu mir die Wahrheit zu reden?" – „Ich verspreche es!" – „Wenn ich dir jetzt deine Fesseln nehme und du mir versprichst, nicht zu entfliehen, würdest du dein Wort halten?" – „Chodih, ich verspreche es!"

„Nun wohl! Diese vier Muslimin haben dir deine Freiheit wiedergegeben. Heute bleibst du noch bei uns, und morgen kannst du gehen, wohin es dir beliebt." Ich löste seine Fesseln.

„Chodih", sagte er, „ich soll dich nicht belügen, und nun sagst du selber mir die Unwahrheit." – „Inwiefern?" – „Du sagst, diese Männer hätten mir die Freiheit gegeben. Das ist nicht wahr. Du hast sie mir erstritten. Deine Gefährten wollten mich erst erschießen; dann wollten sie mich peitschen und mir den Schmuck des Gläubigen nehmen; du aber hast dich meiner erbarmt. Ich habe alles verstanden, denn ich spreche auch arabisch. Und nun weiß ich aus deinen Worten auch, daß ihr den Bejat nicht geholfen habt, sondern Freunde der Bebbeh gewesen seid. Effendi, du bist ein Christ. Ich habe die Christen bisher gehaßt, heute lerne ich sie besser kennen. Willst du mein Freund und Bruder sein?" – „Ich will!" erklärte ich, einer raschen Aufwallung folgend. – „Willst du mir vertrauen und hierbleiben, obgleich morgen eure Verfolger hier eintreffen werden?" – „Ich vertraue dir! Aber werden auch meine Gefährten sicher sein?" – „Ein jeder, der zu dir gehört. Du hast kein Lösegeld von mir gefordert, du hast mir erst das Leben und dann die Ehre gerettet; dir und den Deinen soll niemand ein Haar krümmen!" – So waren wir aller Sorgen ledig! Zur Feier dieses Ereignisses holte ich den letzten Rest Tabak hervor, den meine Satteltasche barg. Es war nicht viel, aber der duftende Rauch erzeugte doch eine echte Friedensstimmung.

Frohgemut legten wir uns schlafen und hatten dabei sogar die Kühnheit, keine Wachen auszustellen. Am anderen Morgen sah die Sache etwas weniger romantisch aus als gestern abend bei der stimmungsvollen Beleuchtung des flackernden Lagerfeuers. Gleichwohl beschloß ich, dem Bebbeh mein Vertrauen zu zeigen.

„Du bist nun frei", sagte ich zu ihm. „Dort steht dein Pferd, und deine Waffen wirst du auf dem Rückweg finden." – „Die Meinigen werden sie finden. Ich bleibe hier", antwortete er.

„Wenn sie nun nicht kommen?" – „Sie kommen!" entgegnete er bestimmt. „Und ich werde dafür sorgen, daß sie nicht vorüberreiten."

Wir hatten nämlich die Nacht in einem kleinen Seitental zugebracht, dessen Eingang so schmal war, daß wir selbst am Tag vom Hauptal aus nicht bemerkt werden konnten. Der Bebbeh schritt dem Ausgang zu und setzte sich so, daß er weit nach rückwärts blicken konnte. Wir anderen warteten mit Spannung der Dinge, die da kommen sollten. – „Und wenn der Kerl uns abermals betrügt?" fragte Mohammed Emin besorgt. – „Ich vertraue ihm", erwiderte ich. „Er wußte ja, daß er seine Freiheit wiederbekommen solle, und brauchte mir gar nicht gestehen, daß er jedes Wort unserer Unterredung verstanden habe. Ich glaube sicher, daß er es redlich meint."

„Aber wenn er uns doch hintergeht, Effendi, so schwöre ich bei Allah, daß er der erste ist, den meine Kugel trifft."

„Dann verdient er es nicht anders." – Auch Lindsay schien unzufrieden zu sein. „Sir, dort sitzt dieser Kurde am Eingang", grollte er. „Wenn er uns wieder belügen wird, befinden wir uns in der schauderhaftesten Klemme. Yes! Nehmt es mir nicht übel, wenn ich nach meinen Waffen und nach meinem neuen Pferd sehe!"

Ich hatte allerdings eine große Verantwortung auf mich geladen, und ich gestehe gern, daß mir dabei nicht ganz wohl zumute war. Zum Glück sollte die Entscheidung nicht lange auf sich warten lassen.

Wir bemerkten, daß der Bebbeh sich erhob, die Augen mit der Hand beschattete und aufmerksam in die Ferne blickte. Dann suchte er sein Pferd auf, um es schleunigst zu besteigen. „Wohin?" fragte ich ihn. – „Den Bebbeh entgegen", antwortete er, „sie kommen. Erlaube, daß ich sie vorbereite, Chodih!" – „Tue es!"

Er ritt ab. Mohammed Emin meinte aber: „Effendi, wirst du nicht einen Fehler begangen haben?" – „Ich hoffe, daß mein Verhalten richtig ist. Wir haben Frieden geschlossen, und wenn ich ihm Mißtrauen zeigte, so wäre dies gerade das rechte Mittel, ihn wieder zu unserem Feind zu machen." – „Aber er war in unserer Hand und sollte uns als Geisel dienen!" – „Er wird auf alle Fälle wiederkommen. Unsere Pferde stehen so, daß wir mit einem Sprung im Sattel sein können. Haltet die Waffen bereit, aber so, daß es nicht auffällt."

„Was soll das nützen, Effendi? Die Gegner werden in der Übermacht hier sein, und du willst ja, daß wir nur auf die Pferde und nicht auf die Reiter schießen." – „Mohammed Emin, ich sage dir: Wenn dieser Bebbeh einen Verrat beabsichtigt, so können wir uns durch das Abschießen der Pferde nicht retten, und ich bin der erste, der sein Gewehr auf die Reiter richtet. Bleibt ihr ruhig sitzen! Ich werde mich am Eingang aufstellen. Ihr könnt euch dann nach meinem Verhalten richten."

4. Scheik Gasâl Gaboga

Ich schritt, mein Pferd am Zügel, der Enge zu, durch die man in das Tal gelangte, stieg dann auf und nahm den Stutzen zur Hand. Wenn ich mich vorbeugte, konnte ich das Blachfeld übersehen und so erblickte ich in einiger Entfernung einen Reitertrupp, der still hielt, um auf die Rede eines einzelnen zu hören. Dieser war der Bruder des Scheiks. Nach einer Weile lösten sich zwei Reiter von dem Trupp ab und ritten auf das Tal zu. Ich erkannte Gasâl Gaboga mit seinem Bruder und wußte nun, daß wir nichts mehr zu befürchten hatten.

Als der Scheik herangekommen war und mich erblickte, hielt er sein Pferd an. Der Ausdruck seines sonnenverbrannten Angesichts war unfreundlich, und seine Stimme klang fast drohend, als er fragte:

„Was willst du hier?" – „Dich empfangen", erwiderte ich kurz. „Aber dein Empfang ist nicht sehr höflich, Fremder!"

„Verlangst du von einem Effendi etwa, dich freundlicher zu behandeln, als du ihm entgegentrittst?" – „Du bist sehr stolz! Warum bist du zu Pferd?" – „Weil du auch beritten bist." – „Komm mit zu deinen Gefährten! Dieser Mann hier, der Sohn meines Vater, wünscht, daß ich sehe, ob wir euch verzeihen können."

„So komm; denn auch meine Männer wollen beraten, ob ihr bestraft oder begnadigt werden sollt!" – Das war dem Scheik doch zu viel. – „Franke", rief er mir zu, „bedenke, wer ihr seid, und wer wir sind!" – „Ich bedenke es", erwiderte ich kaltblütig.

„Ihr seid nur sechs Männer!" – Ich nickte lächelnd. – „Und wir sind ein ganzes Heer." – Ich nickte noch einmal. – „So gehorche, und laß uns ein!" – Ich lächelte noch freundlicher und drängte mein Pferd zur Seite, so daß ich dem Scheik und seinem Bruder den schmalen Eingang frei gab. Jetzt hatten wir gewonnen, denn wenn der Scheik gegen den Willen seines Bruders die Feindseligkeiten fortsetzen wollte, so war er einfach unser Gefangener.

Beide ritten auf die Gruppe meiner Gefährten zu, stiegen ab und setzten sich nieder. Ich folgte langsam. – „Ist er freundlich oder feindlich, Sir?" erkundigte Lindsay sich eifrig. – „Weiß noch nicht. Wollt Ihr etwas dabei tun?" – „Versteht sich! Yes!" – „Nach einer Minute erhebt Ihr Euch mit der gleichgültigsten Miene –"

„Well! Furchtbar gelangweilt!" – „Ihr geht zum Eingang, um Wache zu halten..." – „Watch-man? Sehr schön! Prächtig!"

„Wenn Ihr seht, daß die Bebbeh da draußen sich in Bewegung setzen, um hierherzukommen, so ruft ihr..." – „Yes! Werde sehr laut schreien!" – "Und wenn einer von diesen beiden hinauswill, ohne daß ich es erlaubt habe, so schießt Ihr ihn nieder."

"Well! Werde meinen alten shoot-stick[1] mitnehmen. All right! Bin David Lindsay! Mache keinen Spaß! Yes!" – Die beiden Bebbeh hatten die Unterhaltung auch gehört, aber nicht verstanden.

"Warum redest du in einer fremden Sprache?" fragte der Scheik mißtrauisch. – "Weil dieser tapfere Bei aus dem Abendland nur die Sprache seines Volkes redet", antwortete ich und deutete auf Lindsay.

"Tapfer? Meinst du wirklich, daß einer von euch tapfer sei?" Und mit einer geringschätzigen Handbewegung fügte er hinzu: "Ihr seid vor uns geflohen!" – "Du redest die Wahrheit, o Scheik", erwiderte ich lachend. "Wir sind euch zweimal entkommen, weil wir kühner und tapferer sind als ihr. Wir sind nur wenige Männer, und du selbst sagst, daß ihr ein ganzes Heer seid; aber dieses Heer hat nicht vermocht, uns festzuhalten. Ist dies eine Schande oder eine Ehre für uns? Nicht aus Feigheit vermieden wir den Kampf mit euch. Wir haben euch geschont und wollen euch jetzt noch schonen; aber wir verlangen nun auch, daß du klug genug sein solltest, die Lage zu erkennen, in der du dich befindest." – "Ich erkenne sie!" höhnte Gasâl Gaboga. "Es ist die Lage des Siegers. Ich erwarte, daß ihr mich um Verzeihung bittet und alles herausgebt, was ihr uns gestohlen habt!"

"Scheik, du irrst, denn du befindest dich in der Lage des Besiegten. Nicht wir sind es, sondern du selbst bist es, der um Verzeihung bitten muß, und ich erwarte, daß du es augenblicklich tust!"

Der Bebbeh starrte mich vor Erstaunen wortlos an. Dann brach er in ein schallendes Gelächter aus. – "Fremdling, hältst du die Bebbeh für Hunde und ihren Scheik für den Bastard einer Hündin? Ich habe den Bitten meines Bruders nachgegeben und bin zu euch gekommen, um die Größe eurer Schuld mit den Augen der Gnade zu untersuchen. Eure Strafe sollte mild sein. Da ihr jedoch nicht erkennen wollt, was zu eurem Heil dient, so mag der Ruf der Feindschaft zwischen uns weiter klingen, und ihr sollt erkennen, daß es nur meines Befehls bedarf, um euch zu zermalmen." – "Gib diesen Befehl, Scheik Gasâl Gaboga!" entgegnete ich kalt. – Da aber nahm sein Bruder zum erstenmal das Wort: "Dieser Fremdling aus dem Abendland ist mein Freund; er hat mich vor der Schande und vom Tod errettet! Ich habe ihm mein Wort gegeben, daß Frieden zwischen ihm und uns sein soll, und ich werde mein Wort halten!"

"Halte es, wenn du es ohne mich vermagst!" murrte der Scheik.

"Ein Bebbeh bricht niemals sein Versprechen. Ich werde an der Seite meines Beschützers bleiben, solange er in Gefahr ist, und ich will doch sehen, ob die Krieger unseres Stammes es wagen, Männer anzugreifen, die sich unter meinen Schutz begeben haben."

"Dein Schutz ist nicht der des Stammes. Deine Torheit wird dein Unglück sein, denn du wirst mit diesen Leuten fallen."

Der Scheik erhob sich und trat zu seinem Pferd. – "Ist dies dein

---

[1] Schießprügel

Beschluß?" fragte der Bruder. – „Ja. Bleibst du hier, so kann ich nichts weiter für dich tun, als daß ich den Befehl gebe, nicht auf dich zu schießen." – „Dieser Befehl wird nutzlos sein. Ich werde jeden töten, der meinen Freund bedroht, selbst wenn du es wärest, und dann wird man auch mich nicht schonen." – „Tu, was du willst! Allah hat zugegeben, daß du den Verstand verlierst; er mag seine Hand über dich halten, wenn ich dich nicht mehr zu schützen vermag. Ich gehe!" – Während sein Bruder bei uns sitzen blieb, stieg Gasâl Gaboga zu Pferd, um das Tal zu verlassen. Da aber erhob Lindsay seine Büchse und hielt die Mündung auf die Brust des Scheiks gerichtet. – „Stop, old boy – halt, alter Junge!" gebot er. „Steig ab, sonst schieße ich dich ein wenig tot! Well!" – Der Scheik wandte den Kopf zu mir zurück und fragte: „Was will dieser Mann?"

„Dich erschießen", lächelte ich ruhig, „weil ich dir noch nicht erlaubt habe, diesen Ort zu verlassen." – Gasâl Gaboga sah aus meiner unbeweglichen Miene, daß es mir Ernst war. Er sah auch, daß Lindsay den Finger am Drücker hatte – er wendete sein Pferd wieder zurück und rief zornig: „Fremdling, du bist ein Schurke!"

„Scheik, sag dieses Wort noch einmal, so gebe ich unserem Wächter ein Zeichen, und du bist eine Leiche!" – „Aber dein Verhalten ist Verrat! Ich kam als der Abgesandte meines Stammes und kann freie Rückkehr fordern!" – „Du bist nicht der Abgesandte, sondern nur der Anführer deines Stammes. Das Recht der Unterhändler gilt nicht für dich." – „Weißt du, was das Recht der Völker ist?"

„Ich weiß es, aber dir ist es offenbar nicht bekannt. Du hast vielleicht einmal davon sprechen hören, aber dein Geist ist nicht reif genug gewesen, es zu verstehen. Das Recht, von dem du redest, befiehlt Ehrlichkeit im Kampf. Es befiehlt, den Feind zu benachrichtigen, daß man ihn anzugreifen beabsichtigt. Hast du das getan? Nein. Du bist über uns hergefallen wie ein Geier, der die Taube zerreißt. Nun willst du dich wundern, daß du als Räuber behandelt wirst. Du bist zu uns gekommen, weil du uns für Memmen hältst, die sich vor deiner Begleitung fürchten; du sollst jedoch das Gegenteil erfahren. Du wirst diesen Ort nur dann verlassen, wenn es mir gefällt. Willst du den Ausgang erzwingen, so kostet es dich das Leben. Steig also ab und setz dich wieder zu uns! Aber vergiß nicht, daß ich Höflichkeit von dir erwarte, und daß dein Tod unvermeidlich ist, wenn deine Bebbeh es wagen sollten, uns hier anzugreifen."

Gasâl Gaboga folgte zögernd meinem Befehl, konnte es aber nicht unterlassen, drohend zu bemerken: „Meine Leute würden mich rächen!" – „Wir fürchten ihre Rache nicht, das hast du bereits gesehen und wirst es auch noch weiter erfahren. Nun aber laß uns mit Besonnenheit über die Angelegenheit reden, die dich zu uns geführt hat. Sprich, Scheik Gasâl Gaboga, denn ich erwarte jede Beleidigung!" – „Ihr seid unsere Feinde, denn ihr habt euch den Bejat angeschlossen, um uns zu berauben..." – „Das ist ein Irrtum", unterbrach ich den Scheik. „Die Bejat trafen uns während eines Nachtlagers, und Heider Mirlam lud uns ein, seine Gäste zu sein. Er sagte uns, daß er zu einem Fest der Dschiaf wolle, und wir glaubten es. Der Khan nahm eure Herden, während wir schliefen, und als ich die Wahrheit bemerkte, habe ich ihm meinen Zorn zu erkennen gegeben. Du überfielst uns und hast uns verfolgt. Wir schonten euch, indem wir nur auf eure Pferde schossen. Wir entkamen. Du legtest uns einen Hinterhalt. Wir nahmen deinen Späher gefangen und ließen Gnade walten. Du griffst uns an, und wir schonten euer Leben. Ich kam in euer Lager und holte meine gefangenen Gefährten heraus; ihr wart in meine Hand gegeben, aber ich ließ nicht einen Tropfen Blut fließen. Ihr jagtet uns nach; wir nahmen deinen Bruder gefangen, doch wurde ihm kein Haar gekrümmt. Streng deine Gedanken an, o Scheik, und begreife, daß wir nicht als Feinde, sondern als Freunde an euch gehandelt haben! Zum Dank dafür kommst du mit Beleidigungen, und statt uns um Verzeihung zu bitten, verlangst du, daß wir dies tun sollen. Allah sei Richter zwischen uns und euch! Wir fürchten euch nicht. Suche ja nicht zu erfahren, ob ihr uns fürchten müßt!" – Der Kurde hatte mir nur mit halber Aufmerksamkeit zugehört und entgegnete nun höhnisch: "Deine Rede ist sehr lang, Fremdling, aber alles, was du sagst, ist unrichtig und falsch."

"Beweise das!" entgegnete ich kurz. – "Dieser Beweis fällt mir leicht. Die Bejat sind unsere Feinde. Ihr wart bei ihnen, folglich seid ihr auch unsere Feinde. Als meine Leute euch verfolgten, habt ihr ihnen die Pferde weggeschossen. Ist das Freundschaft?"

"War es Freundschaft, daß ihr uns verfolgt habt?" – "Du hast mich an den Kopf geschlagen, daß ich die Besinnung verlor. Ist das etwa Freundschaft?" – "Du griffst mich an, deshalb schlug ich dich nieder."

"Endlich hast du uns gestern unsere besten Pferde gestohlen. Ist das Freunschaft?" – "Ich nahm euch diese Pferde, weil ihr die unserigen erschossen habt. All deine Vorwürfe sind falsch und grundlos. Wir haben weder Zeit noch Lust, unsere Geduld noch länger mißbrauchen zu lassen. Sag uns kurz, was du verlangst, und dann werde ich dir meine Antwort geben!" – Nun rückte der Scheik mit seinen Bedingungen heraus: "Ich verlange, daß ihr zu uns kommt. Ihr übergebt eure Pferde, eure Waffen und alles, was ihr bei euch tragt. Dann könnt ihr ziehen, wohin ihr wollt." – "Ist das alles?" – "Ja. Du siehst, daß ich sehr gnädig bin. Ich hoffe, daß du meinen Forderungen zustimmst." – "Ich stimme nicht zu. Nicht ihr seid es, die fordern können. Wir raten euch, uns unangefochten ziehen zu lassen. Das ist das beste..." Ich hielt inne, denn draußen fiel ein Schuß, noch einer und schließlich mehrere. Ich wandte mich zu dem Engländer: "Was gibt's, Sir David?" – "Dojan!" rief er zurück.

Dieses Wort riß mich förmlich empor, und im nächsten Augenblick stand ich am Eingang. Wirklich, es war der Windhund. Die Kurden machten Jagd auf ihn, er aber war so klug, einen Bogen zu schlagen, um sie zu umgehen. Leider schien diese List keinen Erfolg zu haben. Er war so abgehetzt, daß die kleinen struppigen Pferde der Bebbeh eine größere Schnelligkeit entwickelten als er. Ich merkte, daß er sich in größter Gefahr befand, erschossen zu werden. Ich sprang zu meinem Pferd. – „Scheik Gasâl Gaboga, jetzt kannst du sehen, was für Waffen ein Effendi aus dem Abendland hat. Aber hüte dich, den Ausgang zu überschreiten. Du bist mein Gefangener, bis ich zurückkomme!" – Ich bestieg den Rappen und ritt auf das Blachfeld hinaus. Mit dem ausgestreckten Arm gab ich den Kurden ein Zeichen, von Dojan abzulassen. Sie sahen es wohl, befolgten es aber nicht. Auch der Hund erblickte mich und kam, anstatt den eingeschlagenen Bogen weiter zu verfolgen, auf mich zugerannt. Diese Richtung führte ihn nahe an seinen Verfolgern vorüber. Es kam mir nicht in den Sinn, mir das brave Tier, das ich verloren geglaubt und nun schon halb wiedergewonnen hatte, im letzten Augenblick erschießen zu lassen. Darum hielt ich meinen Hengst an und zeigte ihm den Lauf des Bärentöters. Darauf stand er bewegungslos. Ich legte an und warf mit zwei Schüssen die Pferde der beiden Kurden, die Dojan am nächsten waren, ins Gras. Dojan kam unbeschädigt vorüber, aber die Bebbeh erhoben ein zorniges Geschrei und kamen auf mich losgesprengt. – Vor Freude, mich wiedergefunden zu haben, war der Hund mit einem einzigen Satz bei mir auf dem Pferd. Ich stieß ihn aber sofort hinab, da er verderblich werden konnte.

„Bä-pîsch, inßu – herbei, hierher!" hörte ich es am Eingang des Tales rufen. Es war der Scheik, der die Gelegenheit benutzen wollte, aus seiner unangenehmen Lage zu entkommen. Die Kurden vernahmen seinen Ruf, spornten ihre Pferde an und schwangen die Waffen. Ich kam ihnen zuvor und sah, als ich den Eingang erreichte, Gasâl Gaboga am Boden liegen, während Halef und Sir David Lindsay beschäftigt waren, ihn zu binden. Sein Bruder stand frei daneben, und seine Haltung zeigte, daß er in diesem Streit unbeteiligt bleiben wollte. – „Chodih, schone meine Stammesbrüder!" bat er.

„Wenn du den Scheik bewachst!" entgegnete ich. – „Ich werde es tun, Chodih!" – Ich sprang vom Pferd und gebot den Gefährten, sich am Eingang hinter die Felsen zu legen. – „Schießt nur auf die Pferde!" erinnerte ich. – „Hältst du so dein Wort, Effendi?" zürnte Mohammed Emin. – „Der Bruder des Scheiks meint es ehrlich", mahnte ich. „Die erste Salve auf nur die Pferde. Dann werden wir weiter sehen." – Das war alles so schnell gegangen, daß sich die Bebbeh nun in Schußweite befanden. Ich hatte die beiden Läufe des Bärentöters abgeschossen und nahm den Stutzen zur Hand. Unsere Schüsse krachten. – „Bounce – bardauz, da stürzen sie!" jubelte der Engländer. „Fünf, acht, neun Pferde! Yes!" – Lindsay erhob sich aus seiner knienden Stellung, um wie die anderen, während ich fortschoß, sein Gewehr wieder zu laden. Auch Allo hatte mit der Flinte des Scheiks einen Schuß abgegeben. Er war schuld, daß einer der Bebbeh verwundet wurde. Die anderen waren ihrer Kugeln sicher.

Die erste Salve hielt den Anprall der Kurden so lange auf, bis wieder geladen war; die zweite aber brachte ihn vollends zum Stehen.

„Come on – vorwärts!" schrie Lindsay. „Hinaus! Totschlagen diese Houndcatchers – Hundejäger!" – Er nahm die Büchse beim Lauf und wollte sich wirklich auf die Kurden werfen. Ich packte ihn aber

und hielt ihn zurück. – „Seid Ihr des Teufels, Sir David?" rief ich. „Wollt Ihr um Eure schöne Nase kommen? Bleibt doch hier!" „Warum? Die Gelegenheit ist günstig. Drauf, Mr. Kara, drauf!" „Unsinn! Hier sind wir sicher, draußen aber nicht."
„Sicher? Hm! Legt Euch aufs Kanapee und haltet Mittagsruhe, Sir! Dummheit, die Kerle laufen zu lassen! Well!" – „Nur ruhig Blut! Seht Ihr nicht, daß sie sich zurückziehen? Sie haben eine gute Lehre erhalten, an die sie denken werden." – „Schöne Lehre! Kostet sie nur einige Pferde. Yes!" knurrte der wackere Englishman unwirsch.

Da legte mir der Bruder des Scheiks die Hand auf den Arm.

„Effendi, ich danke dir", sagte er. „Du konntest noch mehr von ihnen töten, als Pferde draußen liegen, und du hast es nicht getan. Du bist ein Christ, aber Allah wird dich schützen!" – „Siehst du ein, daß unsere Waffen den euren überlegen sind?" – „Ich sehe es."

„So geh hinaus zu den Bebbeh und erzähle es ihnen!"

„Ich werde es tun. Was aber wird mit dem Scheik?"

„Gasâl Gaboga bleibt hier. Ich gebe dir eine Viertelstunde Zeit. Bist du dann noch nicht mit der Botschaft des Friedens zurückgekehrt, so wird der Scheik gehenkt. Zweifle nicht daran! Ich bin es müde, mit einem unverständigen Feind zu kämpfen." – „Und wenn ich den Frieden bringe?" – „So gebe ich den Scheik frei."

„Und was er von dir verlangte?" – „Gebe ich nicht. Gasâl Gaboga trägt die Schuld an dem Angriff, den wir soeben abgeschlagen haben; er darf keine Nachsicht erwarten. Wir sind die Sieger."

Er ging, und ich hatte nun zunächst darauf Bedacht, meine Gewehre wieder zu laden. Dabei lag Dojan mir zu Füßen und winselte vor Freude, obgleich ihm vor Erschöpfung die Zunge aus dem Maul hing. – „Was denkst du, Effendi", fragte Amad el Ghandur, „hat dein Hund den Wächter der Pferde erbissen, bei dem er zurückgeblieben ist?" – „Ich hoffe nicht. Ich will annehmen, daß Dojan den Mann verlassen hat, weil ihm die Zeit zu lang wurde. Er hat den Nachmittag und die ganze Nacht bei ihm gewacht, das arme Tier ist fürchterlich ermattet. Halef, gib ihm zu fressen! Erst später wird Dojan ein wenig Wasser lecken dürfen." – Der Scheik lag gebunden am Boden und sprach kein Wort. Aber seine Augen folgten jeder unserer Bewegungen. Man sah es ihm an, daß er nie unser Freund sein würde. – Wir harrten mit Spannung auf den Bescheid, den wir von den Bebbeh erhalten würden. Sie hielten eng beieinander, und wir sahen aus der Lebhaftigkeit ihrer Gebärden, daß ihre Beratung stürmisch sei. Endlich kehrte der Bruder des Scheiks zurück.

„Ich bringe den Frieden, Chodih", sagte er. – „Unter welcher Bedingung?" – „Unter keiner." – „Das hatte ich nicht erwartet. Du scheinst sehr eifrig für uns gesprochen zu haben. Ich danke dir!"

„Verstehe mich recht, Chodih, bevor du mir dankst! Ich bringe dir zwar den Frieden, aber auch die Bebbeh gehen auf keine Bedingung ein." – „Ah! Und das nennen sie einen Frieden? Gut, so werde ich mich sicherstellen. Sag ihnen, daß ich den Scheik, deinen Bruder, als Geisel mit mir nehmen werde." – „Wie lange wirst du ihn behalten?"

„So lange, bis ich sicher bin, daß ich nicht verfolgt werde. Dann wird er unbeschädigt entlassen." – „Ich glaube dir. Erlaube, daß ich es unseren Leuten sage!" – „Geh hin und gebiete ihnen, sich bis an die Berge zurückzuziehen, die dort die Ebene begrenzen. Sobald ich merke, daß sie uns folgen, stirbt Gasâl Gaboga."

Er ging, und bald sahen wir, daß alle Bebbeh, beritten und unberitten, langsam nach Norden zogen. Er selbst aber kam wieder und holte sein Pferd. – „Chodih", sagte er, „ich war dein Gefangener. Gibst du mich frei?" – „Ja. Du bist mein Freund. Hier, nimm die Pistolen deines Bruders. Nicht ihm, sondern dir gebe ich sie wieder. Die Flinte aber bleibt Eigentum des Mannes, dem ich sie geschenkt habe." – Er wartete, bis man den Scheik auf sein Pferd gebunden hatte und wir marschbereit waren. Dann verabschiedete er sich.

„Leb wohl, Chodih! Allah segne deine Pfade! Du nimmst einen Mann mit dir, der dein Feind und nun auch der meinige ist, und dennoch empfehle ich ihn deiner Güte; denn er ist der Sohn meines Vaters." – Er sah uns nach, bis wir verschwunden waren, der Scheik aber hatte keinen Blick für ihn gehabt. Es war sicher, daß die Brüder Feinde geworden waren. – Wir behielten die südliche Richtung bei. Halef und Allo hatten den Scheik zwischen sich genommen, und abgesehen von einigen kurzen Bemerkungen, die zuweilen nötig waren, wurde der Weg schweigend verfolgt. Ich merkte es den Gefährten an, daß mein Verhalten während der letzten Tage nicht ihren Beifall hatte. Es fiel zwar keine Bemerkung darüber, aber es war aus ihrem mürrischen Wesen zu erkennen. Eine offene Aussprache wäre mir lieber gewesen als diese Verschlossenheit. Auch die uns umgebende Natur war nicht freundlich. Wir ritten über öde Bergkuppen, nackte Hänge und durch finstere Schluchten. Es wurde am Abend so kalt wie im Winter, und die Nacht, die wir zwischen zwei gegeneinander geneigten Felsen zubrachten, vermochte keine andere Stimmung in uns zu wecken. Kurz vor Tagesgrauen nahm ich den Stutzen, um irgendein Wild zu beschleichen. Nach langem Suchen gelang es mir, einen armseligen Dachs zu schießen, den ich als einzige Beute zum Lager brachte. Die Gefährten waren bereits munter. Ein Blick, den Halef mir unbeobachtet zuwarf, sagte mir, daß während meiner Abwesenheit etwas vorgegangen sei. Um Näheres zu erfahren, brauchte ich nicht zu warten, denn kaum hatte ich mich niedergelassen, so fragte Mohammed Emin: „Effendi, wie lange sollen wir diesen Bebbeh noch mit uns schleppen?" – „Wenn du ein wichtiges Gespräch beabsichtigst", erwiderte ich, „so entferne vorher den Gefangenen, der das Arabische jedenfalls ebensogut wie sein Bruder versteht." – „Allo mag ihn in seine Obhut nehmen." – Ich folgte diesem Vorschlag und führte Gasâl Gaboga an eine entferntere Stelle und ließ ihn da unter Aufsicht des Köhlers, dem ich die größte Achtsamkeit auf den Gefangenen einschärfte. Dann kehrte ich zu den anderen zurück. – „Jetzt sind wir unbelauscht", meinte Mohammed Emin, „und ich wiederhole meine Frage, wie lange wir den Bebbeh mit uns herumschleppen sollen." – „Warum fragst du so?"

„Bin ich dazu nicht berechtigt, Effendi?" – „Du hast ein Recht dazu, das ich dir nicht bestreite. Ich wollte den Scheik bei mir behalten, bis ich sicher sein kann, daß wir nicht mehr verfolgt werden."

„Wie willst du diese Sicherheit erhalten?" – „Durch eigene Beobachtung. Wir setzen unseren Weg bis Mittag fort. Dann nehmt ihr an einer geeigneten Stelle gleich Nachtlager, ich aber reite zurück und bin überzeugt, daß ich die Bebbeh sicher entdecken werde, falls sie uns folgen. Morgen am Vormittag bin ich wieder bei euch."

„Ist ein solcher Feind soviel Mühe wert?" – „Nicht er ist das wert, aber unsere Sicherheit erfordert es." – „Warum willst du es dir und uns nicht leichter machen?" – „Auf welche Weise?" – „Du weißt, daß der Gefangene unser Feind ist...?" – „Sogar ein schlimmer Feind."

„...der uns wiederholt nach dem Leben trachtete?" – „Allerdings."

„Gasâl Gaboga verriet uns sogar, als er sich in unseren Händen befand, denn er rief die Seinigen herbei, als du das Tal verlassen hattest, um den Hund zu verteidigen." – „Auch das ist richtig."

„Nach den Gesetzen der Schammar hat er mehrfach den Tod verdient." – „Gelten diese Gesetze auch hier?" – „Überall, wo ein Schammar zu richten hat." – „Ah, ihr wollt den Gefangenen richten? Ich denke, ihr habt ihm bereits das Urteil gesprochen! Wie lautet es?"

„Der Tod." – „Warum habt ihr das Urteil nicht bereits vollstreckt?"

„Konnten wir das ohne dich tun, Effendi?" – „Ihr habt nicht den Mut, das Urteil ohne mich zu vollziehen, aber ihr habt das Herz, den Gefangenen ohne mich zu richten? Oh, Mohammed Emin, du gehst auf falschem Weg, denn der Tod des Gefangenen wäre auch der deinige gewesen." – „Wieso?" – „Sehr einfach. Hier sitzt mein Freund Lindsay Bei und hier mein tapferer Hadschi Halef Omar. Glaubst du, daß sie dir erlaubt hätten, in meiner Abwesenheit den Bebbeh zu töten?"

„Diese Männer hätten uns nicht gehindert. Sie wissen, daß wir stärker sind als sie." – „Es ist wahr, ihr seid die tapfersten Helden der Haddedihn, aber diese Männer kennen keine Furcht. Was denkst du wohl, was ich getan hätte, wenn ich nach meiner Rückkehr eure Tat erkannt hätte?" – „Du hättest nichts mehr zu ändern vermocht."

„Das ist richtig, aber es wäre euer Tod gewesen. Ich hätte das Messer vor euch in die Erde gesteckt und mit euch als Rächer dessen gekämpft, der ermordet wurde, obgleich er sich unter meinem Schutz befand. Allah allein weiß, ob es euch gelungen wäre, mich zu überwinden." – „Effendi, laß uns darüber schweigen. Du siehst ja, daß wir dich fragen, bevor wir handeln. Gasâl Gaboga hat den Tod verdient. Laß uns über ihn beraten!" – „Beraten? Wißt ihr nicht, daß ich Musafir versprochen habe, seinen Bruder unverletzt ziehen zu lassen, sobald ich überzeugt bin, daß wir nicht verfolgt werden?"

„Das war ein voreiliges Versprechen. Du gabst es, ohne uns vorher zu fragen. Bist du etwa unser Gebieter, daß du dir jetzt angewöhnt hast, aus eigener Macht zu handeln?" Das war ein Vorwurf, den ich nicht erwartet hatte. Ich schwieg einige Zeit, um mein Gewissen zu prüfen. Dann antwortete ich: „Ihr habt recht, wenn ihr sagt, daß ich zuweilen gehandelt habe, ohne euch zu fragen. Das geschah aber nicht, weil ich mich für den Höchsten von uns halte, sondern aus anderen Gründen. Ihr versteht nicht Kurdisch, und ich war der einzige, der mit den Kurden sprechen konnte. Sollte ich vor jeder Frage, die ich stellte, und bei jeder Antwort, die ich erteilte, die Worte erst übersetzen? Hat man bei einem Entschluß, der schnell gefaßt werden muß, bei einer Tat, die keinen Aufschub erleiden darf, Zeit und Gelegenheit, sich mit Gefährten zu beraten, die nicht einmal die gleiche Sprache reden? Ist es nicht immer zu unserem Nutzen gewesen, wenn ihr tatet, was ich euch riet?" – „Seit wir mit den Bejat zusammengekommen sind, war dein Rat niemals gut." – „Ich bin mir dessen nicht bewußt, will aber nicht mit euch streiten. Ich bin nicht Allah, sondern ein Mensch, der sich irren kann. Ihr habt mir bisher die Leitung freiwillig überlassen, weil ihr Vertrauen zu mir hattet. Da ich nun sehe, daß dieses Vertrauen verschwunden ist, so trete ich zurück. Mohammed Emin, du bist der älteste von uns; es sei dir gern die Ehre gegönnt, unser Anführer zu sein."

Das hatten sie nicht erwartet. Aber der letzte Satz schmeichelte dem alten Scheik zu sehr, als daß er mein Anerbieten unerörtert zurückgewiesen hätte. „Ist dies dein fester Wille, Effendi? Und du glaubst wirklich, daß ich euer Anführer sein kann?"

„Ja, denn du bist ebenso weise wie stark und tapfer." – „Ich danke dir! Aber ich spreche nicht kurdisch." – „Ich werde dein Dolmetscher sein. Überdies kommen wir bald in Gegenden, wo nur arabisch gesprochen wird." – „Sind die anderen mit deinem Vorschlag einverstanden?" fragte Mohammed Emin. – „Hadschi Halef Omar wird tun, was ich will, und den Engländer werde ich fragen."

Nachdem ich dem Engländer die Sachlage erklärt hatte, sagte er trocken: „Macht keinen Fehler, Sir! Habe längst bemerkt, daß die Haddedihn etwas auf dem Herzen haben. Wir sind Christen und sind ihnen viel zu menschlich. Well!" – „Ihr werdet recht haben. Nun soll ich Euch fragen, ob Ihr Scheik Mohammed Emin als Führer anerkennt?" – „Yes, wenn er die Wege kennt. Im übrigen aber kümmere ich mich den Kuckuck um einen Führer. Bin Englishman und tue, was mir beliebt! Yes!" – „Soll ich dies Mohammed Emin sagen?"

„Sagt es ihm, und sagt ihm meinetwegen noch Verschiedenes, was Euch beliebt. Ich bin zufrieden, selbst wenn dieser Köhler Allo den Meister spielen will." Ich machte diese Meinung dem Haddedihn bekannt. Mohammed Emin zog die Brauen ein wenig zusammen. Seine Herrschaft geriet gleich im Anfang ins Wanken.

„Wer Vertrauen zu mir hat, der wird mit mir zufrieden sein", meinte er. „Doch wir wollen jetzt über den Bebbeh sprechen. Er hat den Tod verdient. Soll er die Kugel oder den Strick erhalten?"

„Keins von beiden. Ich sagte dir bereits, daß ich mich für sein Leben verbürgt habe." – „Effendi, das gilt nichts mehr, denn ich bin Anführer geworden. Was der Anführer sagt, das muß geschehen."

„Nein, ich gebe nicht zu, daß mein Wort gebrochen wird."

„Effendi!" – „Scheik Mohammed Emin!" Da zog der kleine Halef

eine seiner Pistolen hervor und fragte mich: „Sihdi, soll ich jemandem eine Kugel durch den Kopf jagen? Bei Allah, ich tue es sofort!"
„Hadschi Halef Omar, laß deine Waffe stecken, denn wir sind Freunde, obgleich die Haddedihn das zu vergessen scheinen!", wehrte ich ruhig ab. — „Effendi, wir vergessen es nicht", verteidigte sich Amad el Ghandur. „Du darfst aber nicht vergessen, daß du ein Christ bist, der sich in Gesellschaft von wahren Gläubigen befindet. Hier gelten die Gesetze des Koran, und ein Christ soll uns nicht hindern, sie auszuüben. Du bist in deiner Nachsicht gegen diese Bebbeh schon zu weit gegangen. Warum gebietest du immer wieder, nur auf die Pferde zu schießen? Sind wir Knaben, die ihre Waffen nur zum Spiel erhielten? Warum sollen wir Verräter schonen? Die Lehre, der du folgst, wird dich noch das Leben kosten!" — „Schweige, Amad el Ghandur, denn du bist allerdings noch ein Knabe, obgleich du einen Namen trägst, der ‚Held' bedeutet! Lerne erst Männer kennen, ehe du redest!" — „Effendi", brauste er zornig auf, „ich bin ein Mann!"
„Nein, denn sonst wüßtest du, daß ein Mann sich nie zwingen läßt, sein Wort zu brechen!" — „Du sollst es nicht brechen, denn nur wir sind es ja, die den Bebbeh bestrafen." — „Ich verbiete es!"
„Und ich befehle es!" rief Mohammed Emin, wobei er sich zornig erhob. — „Hast du hier zu befehlen?" — „Hast du hier zu verbieten?"
„Ja", erwiderte ich, „mein verpfändetes Wort gibt mir das Recht dazu." — „Dein Wort gilt nichts bei uns. Wir sind es müde, uns von einem Mann regieren zu lassen, der unsere Feinde liebt. Du hast vergessen, was ich an dir tat. Ich nahm dich als Gast auf, ich beschützte dich, ich gab dir sogar das Pferd, das mir die Hälfte meines Lebens wert war. Du bist ein Undankbarer." Ich fühlte, wie mir das Blut aus den Wangen wich, aber es gelang mir, mich zu bezwingen.
„Dieses Wort wirst du zurücknehmen!" antwortete ich kalt, während ich mich gleichfalls erhob. Ich gab Halef einen Wink und schritt der Stelle zu, wo der gefangene Scheik der Bebbeh bei dem Kohlenbrenner lag. Dort setzte ich mich nieder. Keine Minute später saß auch der Engländer bei mir. „Was ist geschehen, Mr. Kara?" fragte er. „Zounds, Ihr habt ja Wasser in den Augen! Sir, sagt mir, wen ich erschießen oder erwürgen soll!" — „Den, der diesen Gefangenen anzutasten wagt." — „Wer will das tun?"
„Die Haddedihn. Scheik Mohammed Emin warf mir vor, ich sei undankbar. Ich habe ihm den Rappen wiedergegeben."
„Rih? Seid wohl verrückt, Sir, ein solches Pferd zurückzugeben, nachdem es Euer Eigentum geworden war. Aber ich hoffe, daß es sich noch ändern läßt!" Da kam Halef herbei, zwei Pferde führend, das seinige und das überzählige, das ich den Bebbeh genommen hatte. Es trug mein Sattelzeug, das Halef dem Rappen abgenommen hatte. Auch meinem kleinen Hadschi stand ein Tropfen im Auge, und seine Stimme zitterte, als er sagte: „Du hast recht gehandelt, Sihdi. Der Scheitan ist in die Haddedihn gefahren. Soll ich die Peitsche nehmen, um ihn wieder auszutreiben?" — „Ich verzeihe ihnen. Laßt uns auf-

brechen!" – „Sihdi, was tun wir, wenn die Haddedihn den Bebbeh töten wollen?" – „Wir schießen sie nieder."

„Das ist mir recht! Allah steinige diese Schurken!"

Gasâl Gaboga wurde wieder auf sein Pferd gebunden, und wir stiegen auf, ich natürlich auf den Bläßfuchs, der in Deutschland ein Vierhunderttalerpferd gewesen wäre. Der kleine Zug setzte sich in Bewegung und kam an den Haddedihn vorüber, die noch im Gras saßen. Sie mochten gemeint haben, daß wir nachgeben würden. Als sie sahen, daß ich Ernst machte, sprangen sie auf.

„Effendi, wohin willst du?" fragte Mohammed Emin.

„Fort", erwiderte ich kurz. – „Ohne uns?" – „Wie es euch beliebt." „Wo ist der Rappe?" – „Drüben, wo er war."

„Maschallah, Rih ist dein!" – „Er ist wieder dein! Allah gebe dir Frieden!" Ich gab meinem Pferd die Sporen, und wir trabten davon. Kaum aber hatten wir eine englische Meile zurückgelegt, so kamen die beiden uns nach. Amad el Ghandur hatte den Rappen bestiegen und führte sein bisher gerittenes Pferd am Halfter. Jetzt war es für mich unmöglich geworden, Rih zurückzunehmen.

Mohammed Emin kam an meine Seite, während sein Sohn zurückblieb. „Effendi, ich verstehe dich nicht. Ich will den Bebbeh bestrafen, der mich und meinen Sohn gefangennahm. Was habe ich dir getan?" – „O Scheik, du hast dir die Liebe und Achtung von drei Männern geraubt, die für dich und deinen Sohn ihr Leben wagten und bis heute für euch ohne Zaudern in den Tod gegangen wären."

„Effendi, verzeihe!" – „Ich zürne dir nicht." – „Nimm den Hengst zurück!" – „Niemals!" – „Willst du mein Alter mit Unehre bestrafen und meinen weißen Bart beschämen?" – „Gerade dein Alter und der Schnee deines Bartes sollten dich gelehrt haben, daß der Zorn nie Gutes bringt." – „Soll unter den Beni Arab erzählt werden, daß der Scheik der Haddedihn ein Geschenk zurückerhielt, weil er nicht würdig war, es zu geben?" – „Man wird es erzählen!" – „Effendi, du bist grausam, denn du wirfst Schande auf mein Haupt." – „Du selbst hast es getan. Ich war dein Freund, und ich liebte dich; auch heute verzeihe ich dir. Ich weiß, was man sagen wird, wenn du zu den Deinen zurückkehrst und den Hengst wiederbringst. Ich möchte dir helfen, aber ich vermag es nicht." – „Du vermagst es. Du brauchst ja nur Rih wieder anzunehmen." – „Ich würde es tun, aber es ist unmöglich geworden. Schau zurück!" Der greise Scheik sah sich ratlos um.

„Was meinst du, Effendi?" – „Siehst du nicht, daß der Rappe bereits einen Besitzer hat?" – „Jetzt verstehe ich dich, Effendi. Amad el Ghandur wird absteigen." – „Aber ich werde das Pferd doch nicht nehmen! Dein Sohn hat seinen Sattel aufgelegt und das Tier bestiegen. Das ist ein Zeichen, daß ihr Rih von mir zurückgenommen habt. Brächtest du mir den Rappen so wieder, wie ich ihn zurückgelassen habe, ungesattelt und unberührt, so würde ich denken, daß wir Freunde waren, und ich könnte die Schande von dir nehmen. Doch das habt ihr mir unmöglich gemacht."

„Allah! Was haben wir für Fehler begangen!" Ich konnte nicht begreifen, was den beiden sonst so verständigen Männern auf einmal in den Sinn gekommen war. Vielleicht war der Keim zu ihrem Verhalten schon länger in ihnen gesteckt gewesen und von mir durch die Nachsicht gepflegt worden, mit der ich unsere Gegner behandelt wissen wollte. Die Schonung aber, die ich gegen die beiden Bebbeh gezeigt hatte, war dann der Tropfen gewesen, der das Gefäß überlaufen ließ. Der Haddedihn ritt schweigend neben mir her. Endlich fragte er zagend: „Warum zürnst du so anhaltend?" – „Ich zürne nicht, Mohammed Emin, aber es betrübt mich, euch so blutdürstig zu sehen."
„Wohlan, so werde ich diesen Fehler wieder gutmachen."

Mohammed Emin zügelte sein Pferd. Hinter mir ritt Lindsay mit Halef, dann kam Allo mit Gasâl Gaboga, zuletzt Amad el Ghandur. Ich blickte nicht zurück, weil ich glaubte, Mohammed Emin wolle mit seinem Sohn sprechen. Plötzlich vernahm ich die laute Stimme des Haddedihn: „Reite zurück, und sei frei!" Der erste Blick überzeugte mich, daß er die Fesseln des Gefangenen zerschnitten hatte, der seinem Pferd sofort die Sporen in die Weichen stieß, um im Galopp davonzusprengen. – „Scheik Mohammed Emin, was hast du getan?" rief Halef. – „Damn it! Was fällt dem Araber ein!" schrie der Engländer entrüstet auf. – „Habe ich recht gehandelt, Effendi?" fragte Mohammed Emin. – „Unbedachtsam hast du gehandelt!" zürnte ich.

„Ich wollte dich versöhnen und deinen Willen tun", entschuldigte er sich. – „Wer hat dir gesagt, daß ich Gasâl Gaboga so schnell freilassen wollte? Nun ist die Geisel verloren, und wir sind wieder in Gefahr!" – „Istafr'allah – Gott verzeihe ihm!" rief Halef. „Laßt uns dem Bebbeh nachjagen!" – „Wir werden ihn nicht einholen", wandte ich ein. „Unsere Pferde sind ihm nicht überlegen. Nur der Rappe ist schneller." – „Amad, ihm nach!" gebot Mohammed Emin seinem Sohn. „Bring ihn zurück oder töte ihn!"

Amad el Ghandur wandte Rih und sprengte davon. Er hatte aber kaum fünfhundert Schritt zurückgelegt, so weigerte sich der Hengst, ihn weiter zu tragen. Doch Amad war nicht der Mann, sich so leicht abwerfen zu lassen, er zwang das Tier vorwärts. Nun war er hinter einer Krümmung verschwunden. Als auch wir die Biegung hinter uns hatten, sahen wir ihn in der Ferne abermals mit dem edlen Tier kämpfen. Er brachte alle seine Kraft und alle seine Geschicklichkeit zur Geltung, doch vergeblich; denn er flog endlich doch aus dem Sattel. Rih aber wandte sich zurück, kam herbei und hielt an meiner Seite an, den schönen Kopf unter zärtlichem Schnauben an meinem Schenkel reibend. „Allah akbar – Gott ist groß!" meinte Halef. „Er gibt einem Pferd mehr Anhänglichkeit als manchem Menschen. Wie schade, Sihdi, daß deine Ehre nicht erlaubt, den Hengst wieder zurückzunehmen!" Amad el Ghandur hatte einen schweren Fall getan und konnte sich nur mühsam erheben. Doch als er ihn untersuchte, zeigte es sich, daß er ohne Verletzung davongekommen war. „Rih ist ein Teufel!" meinte er. „Er hat mich doch früher oft getragen!" – „Du vergißt, daß er später mich getragen hat", erklärte ich, „und ich habe es bisher noch immer verstanden, ein Pferd an mich zu gewöhnen." – „Ich besteige diesen Scheitan niemals wieder!"

„Du hättest klug getan, ihn bereits vorher nicht zu besteigen. Hätte ich im Sattel gesessen, würde uns Gasâl Gaboga nicht entkommen." – „Steige jetzt noch auf, Effendi, und reite ihm nach!" bat Mohammed Emin. „Sonst entwischt uns der Bebbeh."

„Leider, doch nur durch deine Schuld!" – „Schauderhaft!" klagte der Engländer. „Dumme Geschichte! Höchst unangenehm! Yes!"

„Was ist zu tun, Sihdi?" fragte Halef. – „Um den Bebbeh wieder zu fangen? Nichts. Ich hätte ihm den Hund nachgeschickt, wenn mir Dojan nicht so wertvoll wäre. Nun aber gilt es, einen Entschluß zu fassen." Mich an die Haddedihn wendend, erkundigte ich mich: „Habt ihr heute früh, als ich fort war, um den Dachs zu schießen, in Gegenwart des Bebbeh von dem Weg gesprochen, den wir einschlagen wollen?" Beide zögerten mit der Antwort. Halef aber sagte: „Ja, Sihdi, sie sprachen davon." – „Aber nur arabisch", entschuldigte sich Mohammed Emin. Wäre seine Erscheinung nicht so ehrwürdig gewesen, so wäre ihm eine geharnischte Zurechtweisung geworden. So aber zwang ich mich zu einem ruhigen Ton.

„Ihr habt nicht klug gehandelt. Was habt ihr gesagt?"

„Daß wir nach Bistan gehen." – „Weiter nichts? Denke nach! Es kommt hier darauf an, jedes Wort zu wissen, das gesprochen wurde. Eine Kleinigkeit, die ihr verschweigt, kann uns großen Schaden bringen." – „Ich sagte, daß wir von Bistan vielleicht nach Ahmed Kulwan, jedenfalls aber nach Kisildscha reiten würden, um an den Karatscholan Su zu kommen." – „Du warst ein Tor, Scheik Mohammed Emin. Nun ist es ziemlich sicher, daß Scheik Gasâl Gaboga uns verfolgen wird. Glaubst du noch immer, unser Anführer sein zu können?" – „Effendi, verzeihe mir! Aber ich bin überzeugt, daß der Bebbeh uns nicht ereilen wird. Er muß zu weit zurückreiten, um die Seinigen zu treffen." – „Meinst du? Ich bin bei vielen Völkern gewesen, deren Wesensart ich kennengelernt habe, und darum ist es nicht so leicht, mich zu täuschen. Der Bruder des Scheiks ist ein ehrlicher Mann, aber er ist nicht der Anführer der Bebbeh. Musafir hat bei ihnen nur freien Abzug für uns erreichen können, und ich gebe meinen Kopf zum Pfand, daß die Kurden uns gefolgt sind, ohne sich blicken zu lassen. Solange der Scheik sich in unseren Händen befand, waren wir leidlich sicher. Nun müssen wir auf der Hut sein. Sie werden sich für alles rächen wollen, auch für den Verlust der Pferde."

„Wir brauchen die Bebbeh nicht zu fürchten", tröstete Amad el Ghandur, „denn der Pferde wegen können uns nicht alle folgen. Und wenn sie kommen, werden wir sie mit unseren Gewehren empfangen." – „Das klingt gut, ist aber nicht so. Die Bebbeh haben gemerkt, daß wir ihnen im offenen Kampf überlegen sind. Sie werden uns abermals einen Hinterhalt legen oder uns des Nachts überfallen."

„Wir stellen Wachen aus!" – „Wir sind nur sechs Mann, und wenigstens so viele Wachen brauchen wir, um uns leidlich sicher fühlen zu können. Wir müssen auf etwas anderes sinnen."

Unser Führer, der Kohlenbrenner, hielt ein wenig abseits von unserer Gruppe. Er befand sich in Verlegenheit, denn er erwartete Vorwürfe darüber, daß er den Scheik der Haddedihn nicht gehindert hatte, den Gefangenen zu befreien. „Wie weit streifen die Bebbeh nach Süden?" fragte ich ihn. – „Bis zum Kara dagh hinab", antwortete Allo. „Sie kennen so gut wie ich jeden Berg und jedes Tal zwischen Karkik und Mik, zwischen Nwisgieh und dem Kara dagh."

„Wir müssen", überlegte ich, „einen anderen Weg einschlagen, als wir vorher wollten. Nach West dürfen wir nicht. Wie weit ist es hier nach Ost bis an die Hauptkette des Zagrosgebirges?"

„Acht Stunden, wenn wir durch die Luft reiten könnten."

„Da wir aber auf der Erde bleiben müssen?" – „Das ist verschieden. Ich kenne weiter unten einen Paß. Wenn wir gegen Sonnenaufgang reiten, so übernachten wir in einem sicheren Wald und erreichen morgen, wenn die Sonne am höchsten steht, die Höhe des Zagrosgebirges." – „Dort muß die persische Grenze sein?"

„Ja, denn dort grenzt das kurdische Land Teratul an den persischen Bezirk Sakis, der nach Sinna gehört." – „Gibt es dort Dschiaf-Kurden?"

„Ja. Sie sind sehr kriegerisch." – „Vielleicht nehmen diese Leute uns gut auf, denn wir haben ihnen nichts getan. Auch ist es möglich, daß der Name des Khan Heider Mirlam uns bei ihnen als Empfehlung dienen kann. Führe uns zu dem Paß, von dem du sprachst. Wir reiten nach Osten!" Dieses Gespräch war in kurdischer Sprache geführt worden. Ich übersetzte es den Gefährten, und sie waren mit meiner Anordnung einverstanden. Nachdem Amad el Ghandur wieder umgesattelt und sein voriges Pferd bestiegen hatte, setzten wir den Ritt fort. Mohammed Emin nahm Rih am Zügel.

Über diese unangenehmen Verhandlungen war eine geraume Zeit vergangen, und es war ziemlich Mittag, als wir den erwähnten Paß erreichten. Wir befanden uns mitten in den Bergen und wandten uns nun nach Ost, nachdem wir dafür gesorgt hatten, daß keine Spur diese Veränderung unserer Richtung verraten könne.

Bereits nach einer Stunde begann sich das Gelände wieder zu senken, und auf meine Erkundigung erfuhr ich von Allo, daß zwischen hier und dem Zagrosgebirge ein bedeutendes Längental quer zu durchreiten sei. Der Zwist hatte in unserem Kreis eine tiefe Verstimmung zurückgelassen, die auf meinem Gesicht wohl am deutlichsten zu lesen war. Ich durfte mein Auge gar nicht auf den Hengst richten. Der Bläßfuchs war zwar auch kein übles Pferd, aber die Kurden verstehen ein Pferd nur zuschanden zu reiten. Ich fühlte mich im Sattel wie ein Anfänger der edlen Reitkunst. Dem Hengst gönnte ich es von ganzem Herzen, daß er frei nebenher traben durfte.

Gegen Abend erreichten wir den Wald, in dem wir unser Lager aufschlagen wollten. Wir hatten bisher keinen Menschen getroffen, waren aber auf einiges Wild gestoßen, das uns das Abendessen lieferte. Die Mahlzeit wurde unter drückendem Schweigen verzehrt, und dann legten wir uns zur Ruhe. – Ich hatte die erste Wache und saß abseits der anderen, an einen Baum gelehnt. Da kam Halef herbei, bückte sich über mich und fragte leise: „Sihdi, dein Herz ist betrübt. Ist dir das Pferd lieber als dein treuer Hadschi Halef Omar?"

„Nein, Halef. Für dich würde ich zehn solche Pferde hingeben."

„So tröste dich, mein guter Sihdi, denn ich bin bei dir und bleibe bei dir und kein Haddedihn soll mich von dir wegbringen!"

Er legte die Hand an seine Brust und streckte sich dann neben mir aus. – Da saß ich nun in stiller Nacht, und das Herz wurde mir weit in der Gewißheit, die Liebe eines Menschenkindes zu besitzen, dem auch meine Zuneigung gehörte. Wie glücklich muß ein Mann sein, der eine stille Heimat hat, die unerreicht ist von der Brandung der Schicksalswogen, ein Weib, dem er vertrauen darf, und ein Kind, in dem er sein veredeltes Ebenbild heranwachsen sieht. Auch das rauhe Herz eines Weltläufers fühlt zuweilen, daß es im Inneren des Menschen hinter öden, einsamen Flächen auch Höhen gibt, die die Sonne mit ihrem Strahl vergoldet und erwärmt. – Am anderen Morgen setzten wir unseren Weg fort. Es zeigte sich, daß Allo sich nicht getäuscht hatte, denn noch vor Mittag lagen die Höhen des Zagros vor uns und wir durften unseren ermüdeten Pferden eine kurze Ruhe gönnen. Wir ließen sie frei weiden und lagerten uns in das hohe Gras, das so frisch und so saftig war, weil das Tal, dessen steile Wände unzugänglich schienen, von einem kleinen Bach bewässert wurde. – Lindsay lag neben mir. Er knabberte an einem Knochen herum und brummte unverständliches Zeug dazu. Er war übler Laune. – Jetzt richtete er sich halb empor und deutete mit der Hand in die Richtung, der ich den Rücken zukehrte. Ich drehte mich um und erblickte drei Männer, die sich uns langsam näherten. Sie waren in dünnes, gestreiftes Zeug gekleidet, hatten keine Kopfbedeckung und waren nur mit einem Messer bewaffnet. Solchen armseligen Gestalten gegenüber zu den Waffen zu greifen, war nicht nötig. Sie blieben vor unserer kleinen Gruppe stehen und grüßten ehrerbietig. „Wer seid ihr?" fragte ich. – „Wir sind Kurden vom Stamm Mir Mahmalli." – „Was tut ihr hier?" – „Wir haben eine Blutrache und sind entflohen, um einen anderen Stamm zu suchen, der uns Schutz gewährt. Wer seid ihr, Chodih?" – „Fremde Wanderer", erklärte ich ausweichend. – „Was tut ihr hier?" – „Wir ruhen aus."

Der Sprecher schien diese knappen Antworten nicht übel zu nehmen, sondern bat: „In diesem Wasser sind Fische. Erlaubst du, daß wir uns einige fangen?" – „Ihr habt ja weder Netz noch Angel!"

„Wir sind geübt, sie mit den Händen zu greifen."

Auch ich hatte bemerkt, daß hier Forellen standen, und da ich neugierig war, zu sehen, wie man sie mit den Händen fängt, stimmte ich zu: „Ihr habt gehört, daß wir hier fremd sind. Wir können euch das Fischen nicht verwehren." – Sofort begannen die Kurden mit ihren Messern Gras zu schneiden. Als sie die nötige Menge davon hatten, trugen sie Steine herbei, um eine Krümmung des Baches abzudämmen. Zunächst wurde der untere und dann der obere Damm errichtet. Das Wasser lief ab, und nun konnte man allerdings die trockengelegten Fische leicht ergreifen. Da die Sache trotz ihrer Einfachheit unterhaltend war, griffen wir selbst zu. Der Fang war reichlich, und da die schlüpfrigen Tiere uns immer entwischten, richteten wir unsere Aufmerksamkeit mehr auf sie als auf die drei Kurden, bis plötzlich ein lauter Ruf unseres Führers erscholl: „Chodih, paß auf, sie stehlen!"

Ich blickte empor und sah die drei bereits auf unseren Pferden sitzen: den einen auf Rih, den anderen auf meinem Bläß und den dritten auf Lindsays Pferd. Sie sprengten davon, ehe die Gefährten sich von ihrem Schrecken erholen konnten. — „The devil, mein Pferd!" rief Lindsay. — „Allah kerihm — Gott sei uns gnädig, der Hengst!" schrie Mohammed Emin. — „Ihnen nach!" brüllte Amad el Ghandur. — Ich blieb ruhig. Wir hatten es hier weder mit erfahrenen Pferdedieben noch sonst gewandten Männern zu tun, sonst hätten sie uns nicht die anderen Pferde zurückgelassen. — „Halt! Wartet!" rief ich. „Mohammed Emin, bekennst du, daß der Rapphengst wieder dein Eigentum ist?" — „Ja, Effendi." — „Gut! Wiederschenken durfte ich ihn mir nicht lassen, aber leihen kann ich ihn einmal. Willst du ihn mir auf einige Minuten borgen?" — „Rih ist ja fort!"

„Sag schnell, ob du ihn mir borgst?" — „Ja, Effendi."

„So kommt mir langsam nach!" — Ich sprang auf das nächste beste Pferd und galoppierte den Spitzbuben nach. Was ich erwartet hatte, war bereits geschehen: eine Strecke weiter unten hing der eine Kurde mit Armen und Beinen auf dem Hengst, der die tollsten Sprünge machte, um den Dieb abzuwerfen. Ich war noch nicht ganz herangekommen, als der Gauner zu Boden flog. Der Rappe kam zurück und blieb auf meinen Zuruf bei mir halten. Schnell war ich im Sattel, ließ das andere Pferd stehen und trieb Rih vorwärts.

Der Kurde hatte sich wieder aufgerafft und suchte zu entkommen. Ich zog einen Revolver, faßte ihn am Lauf und erhob die Hand. Hart an dem Pferdedieb vorbeisausend, bog ich mich nieder und schlug ihm den Kolben auf den bloßen Kopf, daß er niederstürzte. Nun steckte ich die Waffe wieder ein und wand den Lasso von der Hüfte. Weit unten sah ich die beiden anderen reiten. Ich legte dem Rappen die Hand zwischen die Ohren: „Rih!" — Er flog dahin, schneller als ein Vogel in der Luft. In kaum einer Minute hatte ich den einen erreicht. — „Halt an! Herab vom Pferd!" gebot ich ihm.

Er blickte sich um. Ich sah ihn erschrecken, aber er gehorchte nicht, sondern trieb Lindsays Pferd zu größerer Eile an. Jetzt war ich in gleicher Höhe mit ihm und warf, an ihm vorüberschießend, den Riemen. Ein Ruck erfolgte. Ich riß den Dieb eine Strecke mit vorwärts und hielt dann an, um abzuspringen. Der Mann lag regungslos am Boden. Infolge der Schnelligkeit Rihs war er eine bedeutende Strecke geschleift worden, so daß er die Besinnung verloren hatte.

Ich wickelte den Lasso ab, machte eine neue Schlinge, ließ den Kurden liegen, stieg wieder auf und ritt nun dem dritten nach. Auch ihn hatte ich bald erreicht. Das Gelände war günstig, da weder rechts noch links ein Ausweg blieb. Ich gebot auch diesem Kurden anzuhalten, fand aber kein Gehör. Da schwirrte der Lasso, und die

Schlinge legte sich fest um seine Arme, die an den Leib gezogen wurden. Noch einige Sprünge Rihs, dann zügelte ich ihn, denn der Kurde lag ebenso wie der andere am Boden, nur daß er bei Besinnung war, da ich ihn nicht weit mit fortgerissen hatte. Ich sprang herab und schlang dem Kurden den Riemen vollends um den Leib. Dann richtete ich ihn empor. Das Pferd war zitternd stehengeblieben.

„Das also waren die Fische, die ihr fangen wolltet!" sagte ich barsch. „Wie ist dein Name?"

Er antwortete nicht. — „So bleibe liegen, bis man die beiden anderen bringt!" — Ich gab ihm einen Stoß, so daß er in seinen Fesseln steif zur Erde niederfiel. Auch ich setzte mich nieder, da ich die Gefährten von oben kommen sah. In kurzer Zeit waren wir wieder beisammen, hatten unsere Pferde wieder, die Diebe dazu und — was uns das Willkommenste war — der wackere Allo war so klug gewesen, seine Decke abzuschnallen und, während wir Jagd auf die Kurden machten, die gefangenen Fische einzuwickeln. Er hatte sie mitgebracht, und nun wurde ein Loch in die Erde gegraben und darüber ein Feuer angezündet, um sie, wenn auch ohne Wasser und Fischgewürz, genießbar zu machen. Lindsay hatte darob seine gute Laune wiedergefunden. In einer desto schlechteren Stimmung aber schienen sich die drei armen Teufel zu befinden, die sich das Vergnügen einer so kurzen Reitpartie gemacht hatten. Sie wagten nicht aufzuschauen.

„Warum wolltet ihr uns die Pferde nehmen?" nahm ich die Gefangenen ins Verhör. — „Weil wir sie notwendig brauchten", gestand einer. — Das war allerdings eine Entschuldigung, die ich zu berücksichtigen geneigt war, um so mehr, als der Pferdediebstahl bei den Kurden nicht als ehrloses Gewerbe gilt. — „Du bist noch jung. Hast du Eltern daheim?" — „Ja, und die anderen auch; der hier hat auch ein Weib und ein Kind." — „Warum sprechen deine Spießgesellen nicht?"

„Chodih, sie schämen sich." — „Du aber nicht?" — „Muß nicht einer sein, der dir antwortet?" — „Du scheinst kein übler Bursche zu sein, und da ihr mich dauert, so will ich sehen, ob ich bei meinen Gefährten für euch bitten kann." — Das war nun ein erfolgloses Bemühen, denn alle, auch Halef und der Engländer bestanden darauf, daß eine Strafe unerläßlich sei. Lindsay wollte sie durchgeprügelt sehen, ließ aber diesen Antrag fallen, als ich ihm sagte, daß dies eine entehrende Handlung sei, während der Pferderaub als eine ritterliche Tat betrachtet würde. — „Also nicht prügeln", meinte er. „Well! Dann Schnurrbärte wegsengen! Ausgezeichnet! Noch nicht gemacht! Yes!" — Ich mußte lachen und trug den anderen den Plan Lindsays vor. Sie stimmten sofort bei. Die drei Männer wurden festgehalten und hatten nach Verlauf von zwei Minuten nur noch die Brandstummel ihrer Bärte im Gesicht. Dann durften sie gehen. Keiner von ihnen hatte sich gewehrt oder ein Wort gesprochen, aber als sie uns verließen, erschrak ich über die Blicke, mit denen sie Abschied von uns nahmen. — Nach längerer Zeit machten auch wir uns zum Aufbruch bereit. Da trat Mohammed Emin zu mir heran: „Effendi, ich will dir für heute den Rappen borgen." — Der schlaue Mann! Er glaubte, das Mittel gefunden zu haben, mich wieder mit ihm auszusöhnen und mich abermals in den Besitz des Pferdes zu bringen.

„Ich brauch ihn nicht", antwortete ich. – „Aber es kann in jedem Augenblick die Gelegenheit kommen, ihn wieder zu brauchen wie vorhin." – „Dann werde ich dich wieder um den Hengst bitten."

„Es kann leicht sein, daß keine Zeit zu dieser Bitte bleibt. Reite Rih, Effendi, da ihn kein anderer reiten kann." – „Unter der Bedingung, daß er dein Eigentum verbleibt!" – „Er soll es bleiben!"

Ich war versöhnlich gestimmt und erfüllte ihm seinen Wunsch, freilich nur mit dem festen Vorsatz, das Pferd niemals wieder als Eigentum anzunehmen. Ich ahnte nicht, daß es anders kommen würde.

5. Im Kampf gefallen

Wir folgten dem Lauf des Tals, in dem wir uns befanden. Es führte ziemlich genau nach Süden. Dann ritten wir über einige grüne Höhen und gelangten endlich, als die Sonne dem Untergang nahe war, an einen hohen, einzelstehenden Felsen, in dessen Schutz wir unser Nachtlager aufschlagen wollten. Wir umritten ihn zunächst. Ich befand mich an der Spitze, bog um eine Felsenkante und – hätte beinahe ein junges Kurdenweib überritten, das einen kleinen Knaben auf den Armen trug und heftig erschrak. In der Nähe stand am Saum eines Gebüsches ein steinernes Gebäude, das die Wohnung eines wohlhabenden Mannes zu sein schien. – „Erschrick nicht", redete ich die Frau freundlich an. „Allah segne dich und deinen Knaben! Wem gehört dieses Haus?" – „Es gehört dem Scheik Mahmud Manßur." „Von welchem Stamm ist er der Scheik?" – „Vom Stamm der Dschiaf. „Ist er daheim?" – „Nein. Der Scheik ist selten hier, denn dieses Haus ist seine Sommerwohnung. Jetzt ist er weit im Norden, wo ein Fest gefeiert wird." – „Ich habe davon gehört. Wer gebietet hier in seiner Abwesenheit?" – „Mein Mann, Dschibrail Mamrasch, der Hausmeister des Scheiks." – „Wird er uns erlauben, diese Nacht in seinem Haus zu schlafen?" – „Seid ihr Freunde der Dschiaf?" – „Wir sind Fremdlinge, die von weither kommen und kennen die Dschiaf überhaupt nicht." – „So wartet! Ich will mit Dschibrail Mamrasch sprechen." – Die Kurdin entfernte sich, und wir stiegen ab. Nach einiger Zeit kam ein Mann zu uns, der im Anfang der vierziger Jahre stehen mochte. Er hatte ein offenes, ehrliches Gesicht und machte den besten Eindruck auf uns alle. – „Allah segne euren Eingang!" grüßte er. „Ihr sollt willkommen sein, wenn es euch beliebt, einzutreten." – Dschibrail Mamrasch machte jedem eine Verbeugung. Wir merkten aus dieser Höflichkeit, daß wir uns bereits auf persischem Grund und Boden befanden. – „Hast du Platz für unsere Pferde?" erkundigte ich mich. – „Platz und Futter genug. Sie können im Hof stehen und Gerste fressen." – Die Besitzung war von einer hohen Mauer umhegt, die ein Rechteck bildete. Darin lagen Haus, Hof und Garten. Bei unserem Eintritt sahen wir, daß das Haus in zwei Abteilungen geschieden war, die sogar getrennte Eingänge hatten: die Tür zur Männerabteilung war vorn, während man die Frauenabteilung nur von hinten betreten konnte. Der Mann führte uns in die Männerabteilung, die zwanzig Schritt lang und zehn Schritt breit war, also genug Raum bot. Fenster gab es nicht. An ihrer Stelle waren unter dem Dach die Zwischenräume der Balken frei gelassen. Ein Geflecht von Binsen bedeckte den Boden, und längs der Wand lagen schmale Kissen, zwar nicht hoch, aber für Leute, die wochenlang im Sattel gesessen hatten, immerhin eine Annehmlichkeit.

Wir mußten auf diesen Polstern Platz nehmen, dann öffnete Dschibrail Mamrasch eine in der Ecke stehende Truhe und fragte: „Habt ihr Pfeifen bei euch?" – Wer vermag den Eindruck zu beschreiben, den diese Frage auf uns machte! Allo war draußen bei den Pferden geblieben; wir waren also – ohne unseren freundlichen Gastgeber – unser fünf in der Stube. Bei der Frage dieses unvergleichlichen Mannes aber langten acht Arme und alle vierzig Finger nach den Pfeifen, und im vollsten Chor erklang ein lautes „Ja!" Nur David Lindsay, der die arabische Frage nicht verstanden hatte, blieb so lange unbeteiligt, bis er sah, was uns hier geboten wurde.

„So werde ich euch Tabak reichen!" – Dschibrail Mamrasch brachte das lang entbehrte Kraut herbei. Es waren jene mir so wohl bekannten roten viereckigen Päckchen, in denen jener feine Tabak des Feuers harrte, der in Basiran an der Nordgrenze der persischen Wüste Lut gebaut wird. Im Nu waren die Pfeifen gestopft, und kaum stiegen die duftenden Ringel zur Decke empor, so erschien auch schon die Frau mit dem Trank von Mokka, der allerdings in den meisten Fällen gar nichts von Mokka weiß, der uns aber vortrefflich mundete, weil wir ihn auch schon seit Wochen entbehrt hatten. Mir war so wohl und weich zumute, daß ich nicht nur einen, sondern zehn und auch zwanzig Rappen angenommen hätte, wenn Mohammed Emin sie mir hätte schenken wollen. – Ich trank drei oder vier Täßchen Kaffee und trat dann mit brennender Pfeife hinaus in den Hof, um nach den Pferden zu sehen. Der Köhler erblickte die Pfeife, und aus der Stelle seines Haarwaldes, hinter der man es wagen konnte, den Mund zu vermuten, erscholl ein so sehnsüchtiges Grunzen, daß ich sofort zurückeilte, um auch für ihn ein wenig Basiran zu erbitten. Als ich Allo den Tabak brachte, steckte er ihn – in den Mund statt in die Pfeife. Er hatte einen anderen Geschmack als wir. – Die Umfassungsmauer hatte mehr als Manneshöhe. Unsere Pferde standen also sicher, sobald das große, starke Tor, das den einzigen Eingang bildete, geschlossen war. Das befriedigte mich, und ich kehrte in die Stube zurück, wo Dschibrail Mamrasch sich bei seinen Gästen niedergelassen hatte, mit denen er sich auf arabisch unterhielt. – Bald darauf trug seine Frau einige Papierlaternen herein, die ein angenehmes Halblicht verbreiteten, und dann kam das Essen, kaltes Geflügel, zu dem wir flache Gerstenkuchen aßen. – „Diese Gegend scheint reich an Vögeln zu sein", bemerkte Mohammed Emin. – „Sehr reich", erwiderte Dschibrail Mamrasch. „Der See ist nicht weit; er heißt Seribar." – „Ah, der ‚See der Vögel'", fiel ich ein, „auf dessen Grund die untergegangene Stadt der Sünde liegt, die aus lauter Gold gebaut war?" – „Ja, Effendi. Hast du von ihr gehört?" – „Ihre Einwohner waren so gottlos, daß sie Allah verhöhnten. Da sandte der Allkönnende ein Erdbeben, das die ganze Stadt verschlang." – „Du hast die Wahrheit gehört. An gewissen Tagen sieht man beim Untergang der Sonne die Paläste tief im Wasser leuchten, und wer gottbegnadet ist, der hört auch die Stimme des Muesin herauftönen: ‚Hej alas Salah - auf zum Gebet!' Dann sieht man die Versunkenen zur Moschee strömen, wo sie beten, bis ihre Sünde getilgt ist." – „Hast auch du es gesehen und gehört?" – „Nein, aber der Vater meines Weibes hat es mir erzählt. Er fischte auf dem See und war Zeuge dessen, was er dann erzählte. – Doch erlaubt, daß ich gehe, um das Tor zu schließen. Ihr werdet müde sein und euch nach Ruhe sehnen." – Er ging und bald hörten wir das Tor in seinen Angeln knarren. – „Braver Mann!" meinte Lindsay. – „Sicher. Er hat weder nach unseren Namen gefragt noch danach, woher wir kommen und wohin wir gehen. Das ist die echte morgenländische Gastfreundschaft." – „Werde ihm gutes Trinkgeld geben. Well!" – Nun kehrte Dschibrail Mamrasch zurück und brachte uns Kissen und Decken zum Schlafen.

„Wohnen unter den Dschiaf in dieser Gegend auch Bebbeh?" fragte ich ihn. – „Nur wenige. Die Dschiaf und Bebbeh lieben einander nicht. Ihr werdet aber nicht viele Dschiaf finden, denn es hat sich ein Stamm der Bilba aus Persien heraufgezogen. Das sind die wildesten Räuber, die es gibt, und man vermutet, daß sie einen Überfall beabsichtigen. Darum sind die Dschiaf mit ihren Herden ausgewichen." – „Und du bleibst hier zurück?" – „Mein Herr hat es so befohlen." – „Aber die Räuber werden dir alles nehmen."

„Sie werden nur die Mauern finden, aber nichts darin." – „Dann wirst du ihrer Rache verfallen." – „Sie werden auch mich nicht finden. Der See ist von Schilf und Sumpf umgeben. Dort gibt es Verstecke, die kein Fremder aufzuspüren vermag. – Jetzt aber erlaubt mir, mich zu entfernen, damit ich euch nicht eure Ruhe raube!"

„Bleibt die Tür hier offen?" fragte ich noch. – „Ja. Warum?"

„Wir sind gewohnt, abwechselnd bei unseren Pferden zu wachen. Daher wünschen wir, aus- und eingehen zu können." – „Ihr braucht nicht zu wachen. Ich werde euer Wächter sein." – „Deine Güte ist groß! Ich bitte dich, uns nicht die Zeit deines Schlafes zu opfern!"

„Ihr seid meine Gäste, und Allah gebietet mir, über euch zu wachen. Er schenke euch Ruhe und glückliche Träume!"

Ungestört genossen wir die Gastfreundschaft des freundlichen Dschiaf-Kurden. Als wir am anderen Tag wieder aufbrachen, riet uns Dschibrail Mamrasch, nicht weiter nach Osten zu reiten, da wir dort auf die räuberischen Bilba stoßen könnten. Er hielt es für das beste, den Dijala aufzusuchen und an dessen Ufer entlang die südliche Ebene zu gewinnen. Ich hatte nicht recht Lust, diesem Rat zu folgen, denn ich dachte an die Bebbeh, auf die wir stoßen konnten, wenn sie uns verfolgten. Aber dieser Plan fand so sehr das Wohlgefallen der beiden Haddedihn, daß ich mich stillschweigend fügte. – Nachdem wir Dschibrail Mamrasch und seine Frau nach ihren Begriffen reichlich beschenkt hatten, brachen wir auf. Eine Anzahl berittener Dschiaf gab uns auf Dschibrails Anordnung das Geleit. Nach einigen Stunden anstrengenden Reitens erreichten wir ein Tal westlich von den Höhen des Avroman Dagh. Durch dieses Tal führt der berühmte Schamianweg, der die Verbindung zwischen Suleimanije und Kermanschah bildet. An einem kleinen Flüßchen hielten wir an.

„Das ist der Tschakan Su, den man auch Garran nennt", sagte der Anführer der uns begleitenden Dschiaf. „Ihr habt nun den rechten Weg, denn ihr braucht nur diesem Wasser zu folgen, das in den Dijala fällt. Allah geleite euch!" – Er kehrte mit den Seinigen um, und wir waren nun wieder auf uns selbst angewiesen. – Am folgenden Tag erreichten wir den Dijala, der hinunter nach Bagdad führt. Wir ließen uns an seinem Ufer nieder, um Mittagsrast zu halten. Es war ein heller, sonniger Tag, den ich niemals vergessen werde. Rechts von uns rauschten die Wellen des Flusses, seitlich stieg eine Höhe empor, bewachsen mit Ahornbäumen, Platanen, Kastanien und Kornelbäumen, und dahinter erhob sich allmählich ein schmaler Höhenrücken, dessen zerklüftete Felskrone sich wie die Ruine einer alten Ritterburg ausnahm. – Wir hatten uns von Dschibrail Mamrasch einen kleinen Speisevorrat mitgenommen; der war jetzt zu Ende, und so ergriff ich den Stutzen, um zu sehen, ob ich irgend etwas Eßbares erlegen könne. Ich folgte dem erwähnten Höhenrücken wohl eine halbe Stunde lang, ohne jedoch ein Wild zu treffen, und wandte mich dann wieder dem Tal zu. Ich hatte es noch nicht erreicht, als ich rechts von mir einen Schuß fallen hörte, dem sofort ein zweiter folgte. Wer konnte hier geschossen haben? Ich beschleunigte meine Schritte, um die Gefährten zu erreichen. Als ich am Lagerplatz anlangte, fand ich nur Sir David Lindsay, Hadschi Halef und Allo.

„Wo sind die Haddedihn?" fragte ich. – „Fleisch suchen", antwortete Lindsay. Auch er hatte die Schüsse gehört, meinte aber, daß die Haddedihn geschossen hätten. Wieder knallten zwei, drei Schüsse und in kurzer Zeit abermals einige. – „Um Gottes willen, schnell auf die Pferde!" schrie ich. „Es gibt ein Unglück!"

Wir saßen auf und galoppierten vorwärts. Allo folgte etwas langsamer mit den Tieren der Haddedihn. Wieder krachten zwei Schüsse, dann hörten wir auch kurzen, scharfen Pistolenknall.

„Ein Kampf, wahrhaftig ein Kampf!" rief Lindsay.

Wir stürmten mit dem Wiesenrand, der den Fluß besäumte, dahin, bogen um eine Krümmung des Höhenzugs und sahen den Kampfplatz so nah vor uns, daß wir sofort eingreifen konnten.

Am Dijala lagen einige Kamele im Gras und in ihrer Nähe weideten mehrere Pferde. Neben den Kamelen bemerkte ich einen verhangenen Tachtirewân[1], rechts am Felsen sechs bis acht fremde Gestalten, die sich gegen eine Überzahl von Kurden verteidigten, und grad vor uns Amad el Ghandur, der sich mit dem Kolben gegen einen Haufen Feinde wehrte, die ihn umzingelt hatten. Hart daneben lag Mohammed Emin regungslos am Boden. Hier galt kein Fragen und Zagen. Ich sprengte mitten unter die Kurden hinein, nachdem ich einige Schüsse aus dem Stutzen abgegeben hatte. – „Da ist er! Schont sein Pferd!"

---

[1] Frauensänfte, die von zwei Kamelen getragen wird

hörte ich eine Stimme rufen. Ich sah mich um und erkannte – den Scheik Gasâl Gaboga. Er hatte sein letztes Wort gesprochen – Halef ritt auf ihn zu und schoß ihn nieder. Nun gab es einen Kampf, an dessen Einzelheiten ich mich nicht zu erinnern vermag. Ich weiß nur, daß ich blutete, daß Schüsse knallten und ihre Blitze an meinem Auge vorüberzuckten, daß ich Hiebe und Stöße abwehrte, und daß eine Gestalt an meiner Seite immer beschäftigt war, Streiche, die ich nicht bemerken konnte, von mir abzulenken – der treue Halef. Dann bäumte sich mein Pferd gegen einen Stich, den es in den Hals erhielt. Er hatte mir gegolten. Rih bäumte sich auf und überschlug sich. Weiter sah, hörte und fühlte ich nichts. – Als ich erwachte, blickte ich in die Augen meines kleinen Hadschi; sie waren voll Tränen. – „Hamdulillah – Allah sei Dank, er lebt! Er öffnet die Augen!" rief Halef, außer sich vor Entzücken. „Sihdi, hast du Schmerzen? – Ich wollte antworten, konnte aber nicht. Ich war so matt, daß mir die Lider schwer wieder zufielen. – „Jâ Allah! Schû halmsibi – welches Unglück!" hörte ich ihn noch jammern, dann wußte ich abermals nichts von mir. – Später war es mir wie im Traum. Ich hatte mit Drachen und Lindwürmern, gegen Riesen und Ungeheuer zu kämpfen; aber plötzlich waren diese wilden, unheimlichen Gestalten verschwunden, ein süßer Duft umwehte mich, leise Töne drangen wie Engelsstimmen an mein Ohr und weiche, warme Hände waren um mich bemüht. War es immer noch Traum, oder war es Wirklichkeit? Ich öffnete abermals die Augen. – Die jenseitigen Höhen der Berge erglühten im letzten Strahl der untergehenden Sonne, und über das Tal breitete sich bereits ein Halbdunkel aus; noch aber war es hell genug, die Schönheit der beiden Frauenköpfe zu erkennen, die sich von beiden Seiten her über mich beugten. – „Dirîghâ – o weh!" rief es in persischer Sprache. Die Schleier fielen über die Angesichter, und die beiden Frauen flohen davon. – Ich versuchte, mich in sitzende Stellung zu bringen, und es gelang. Dabei bemerkte ich, daß ich unterhalb des Schlüsselbeins verwundet war. Wie ich später hörte, hatte mich dort eine Lanze getroffen. Auch der ganze übrige Körper schmerzte. Die Wunde war sorgfältig verbunden, und der Duft, den ich vorhin empfunden hatte, umwehte mich auch jetzt noch.

Da kam Halef herbei und sagte: „Allah kerihm – Gott ist gnädig; er hat dir das Leben zurückgegeben! Er sei gelobt in Ewigkeit!"

„Wie bist du davongekommen, Halef?" fragte ich matt.

„Sehr glücklich, Sihdi. Ich habe einen Schuß am linken Oberschenkel; die Kugel hat ein Loch gemacht und ist durchgegangen."

„Der Engländer?" – „Er hat einen Streifschuß, und es sind ihm zwei Finger der linken Hand abgeschnitten worden."

„Der arme Lindsay! Weiter!" – „Allo hat tüchtige Schläge erhalten, aber kein Blut verloren." – „Amad el Ghandur?" – „Ist unverletzt, aber er redet nicht." – „Und sein Vater?"

„Ist tot. Allah gebe ihm das Paradies!" Er schwieg und ich ebenso. Die Nachricht vom Tode meines alten Freundes erschütterte mich tief. Nach einer langen Pause erst fragte ich Halef:

„Wie steht es mit meinem Rapphengst?" – „Rihs Wunden sind schmerzhaft, aber nicht gefährlich. Du weißt noch nicht, wie alles gekommen ist. Soll ich es dir erzählen?" – „Jetzt nicht. Ich will versuchen, zu den anderen zu gehen. Warum lag ich entfernt von ihnen?"

„Weil die Frauen des Persers dich verbinden wollten. Er muß ein sehr vornehmer und reicher Herr sein. Wir haben bereits ein Feuer angezündet, du wirst ihn dort finden."

Das Aufstehen verursachte mir einige Schmerzen, aber mit Halefs Hilfe gelang es, und auch gehen konnte ich. Unweit des Ortes, wo ich gelegen hatte, brannte ein Feuer, zu dem Halef mich führte. Die lange Gestalt des Engländers kam mir entgegen.

„Behold – sieh da, Mr. Kara! Habt einen feinen Sturz getan, scheint aber verteufelt feste Rippen zu haben. Wir hielten Eure Betäubung zuerst für Tod." – „Wie steht es mit Euch? Ihr habt den Kopf und die linke Hand verbunden?" – „Habe eine Schramme, grad an der Stelle, wo die Schädelforscher den Verstand vermuten. Well! Etliche Haare und ein Stück Knochen weg. Hat aber nichts zu sagen. Yes! Freilich sind auch zwei Finger fort! War nicht grad notwendig!"

Mit dem Engländer hatte sich eine zweite Gestalt vom Feuer erhoben. Es war ein Mann von stolzer Haltung und ebenmäßigem Wuchs. Er trug lange und sehr weite, aus roter Seide gefertigte Sirdschame[1], ein weißseidenes Pirahän[2] und ein bis unter das Knie reichendes, enges Alkalik[3]. Darüber hatte er noch ein dunkelblauseidenes Kaba[4] an und ein feinwollenes Balapusch[5] von gleicher Farbe. An einem feinen Kaschmir, der um die Hüften geschlungen war, hing ein kostbarer Säbel, neben dem die vergoldeten Griffe zweier Pistolen, eines Dolches und eines Kinschals[6] funkelten. Seine Füße steckten in Saffian-Reitstiefeln, und auf dem Kopf trug er die bekannte persische Lammfellmütze, um die ein kostbarer, weiß und blau gestreifter Schal gewunden war. Er trat auf mich zu, verbeugte sich und sprach mich persisch an:

„Särwär-i män îd – Ihr seid mein Gebieter!" – „Lutf mîfärmâjîd – Ihr seid sehr gütig!" antwortete ich mit der Andeutung einer ebenso höflichen Verbeugung.

„Ssâhib dilîr îd – Herr, Ihr seid tapfer!" – „Mir, pählävän îd – Herr, Ihr seid ein Held!" – „Birâdär-i schumâ äm – Ich bin Euer Bruder!" – „Dûst-i schumâ äm – Ich bin Euer Freund!" Wir reichten einander die Hände. „Deinen Namen habe ich bereits gehört", fuhr der Perser jetzt in arabischer Sprache fort. „Nenne mich Hassan Ardschir-Mirsa[7] und betrachte mich als deinen Diener!"

Er hatte den Titel „Mirsa", war also jedenfalls eine hochgestellte Persönlichkeit. „Nimm du auch mich unter deinen Befehl!" antwortete ich artig. „Nicht doch! Diese acht Männer sind mir untergeben; du wirst sie kennenlernen." Er deutete dabei auf acht Gestalten, die

---

[1] Hosen [2] Hemd [3] Westenartiges Unterkleid [4] Rock [5] Oberkleid [6] Krummes, messerartiges Schwert zum Kopfabschneiden [7] Sprich Mīrsā (verkürzt aus ‚Mīrsâdĕ‘ — ‚Fürstensproß‘). Diese Bedeutung, also ‚Prinz‘, hat das Wort, wenn es dem Namen nachgesetzt wird; vor dem Namen stehend bedeutet es einen gebildeten Mann.

ehrerbietungsvoll in der Nähe standen, und fuhr dann fort: „Du aber bist der Herr des Lagers. Setze dich!" – „Ich gehorche deinem Wunsch. Erlaube mir nur vorher, meinen Freund zu trösten!"

Nicht weit vom Feuer lag die Leiche des Scheiks Mohammed Emin. Bei ihr saß, uns den Rücken zukehrend, sein Sohn Amad el Ghandur bewegungslos. Ich trat hinzu. Der ehrwürdige Scheik der Haddedihn war durch die Stirn geschossen, und sein langer, weißer Bart war rot gefärbt vom Blut einer weit klaffenden Halswunde. Ich kniete bei ihm nieder, sprachlos vor Herzensweh. Nach längerer Zeit, als es mir gelungen war, meiner Bewegung Herr zu werden, legte ich Amad die Hand auf den Arm. „Amad el Ghandur, ich klage mit dir!"

Er regte sich nicht. Ich gab mir alle Mühe, ihn zu einer Äußerung zu bringen, aber vergebens. Es war, als habe ihn der Schmerz in ein Steinbild verwandelt. Ich kehrte zum Feuer zurück und nahm an der Seite des Persers Platz. Dabei wäre ich fast über den Kohlenbrenner gestolpert, der auf dem Bauch lag und leise klagte. Ich untersuchte Allo: er hatte keine Verletzung, aber es waren ihm einige Hiebe und Stöße zuteil geworden, die ihm noch Schmerzen verursachen mochten. Es gelang mir leicht, ihn zu trösten. Auch Hassan Ardschir-Mirsa war unverwundet, aber seine Leute fand ich übel zugerichtet. Doch keiner von ihnen ließ im geringsten merken, daß er Schmerzen litt.

„Effendi", sagte der Perser, als ich neben ihm saß, „du kamst zur rechten Zeit. Du bist unser aller Retter!" – „Es freut mich, dir gedient zu haben!" – „Ich werde dir berichten, wie es geschehen ist."

„Erlaube mir vorher, mich nach dem Nötigsten zu erkundigen! Die Kurden sind geflohen?" – „Ja. Ich habe ihnen zwei meiner Diener nachgesandt, die sie beobachten sollen. Es waren über vierzig Feinde. Sie haben viele Leute verloren, während wir nur einen einzigen beklagen – deinen Freund! Wohin geht euer Weg, Effendi?"

„Zu den Weidegründen der Haddedihn jenseits des Tigris. Wir waren zu einem Umweg gezwungen." – „Mein Weg führt nach Süden. Ich hörte, daß du schon in Bagdad gewesen bist?" – „Nur kurze Zeit."

„Kennst du den Weg dorthin?" – „Nein, doch ist er leicht zu finden." – „Auch der von Bagdad nach Kerbela?" – „Auch dieser. Willst du nach Kerbela?" – „Ja. Ich will das Grab Hussains besuchen."

Diese Nachricht erweckte meine Teilnahme im höchsten Grad. Der Perser war ein Schiit wie die überwiegende Zahl seiner Landsleute. Ich wünschte im stillen, die Reise mit ihm machen zu können.

„Wie kommt es, daß du deinen Weg durch die Berge nimmst?" fragte ich nun. – „Um den räuberischen Arabern zu entgehen, die am gewöhnlichen Pilgerpfad auf Beute lauern." – „Dafür bist du den Kurden in die Hände gefallen. Kommst du von Kermanschah?"

„Von weiter her. Wir lagerten hier bereits seit gestern. Einer meiner Diener war in den Wald gegangen und sah von fern die Kurden kommen. Auch sie bemerkten ihn, folgten ihm nach, und kamen so zu unserem Lager, das sie überfielen. Während des Kampfes, in dem wir unterliegen zu müssen glaubten, erschien der tapfere Greis, der dort auf der Erde liegt. Er schoß sofort zwei Kurden nieder und stürzte sich in den Kampf. Dann kam sein Sohn, der ebenso tapfer ist wie sein Vater. Dennoch hätten wir unterliegen müssen, wenn nicht ihr noch erschienen wäret. Effendi, dir gehört mein Leben und alles, was ich habe! Laß deinen Weg so weit wie möglich mit dem meinigen gehen!" – „Ich wollte, es könnte geschehen. Aber wir haben einen Toten, und wir sind verwundet. Der greise Scheik der Haddedihn muß würdig begraben werden. Und wir müssen bleiben, weil sich das Wundfieber einstellen wird." – „Auch ich werde bleiben, denn meine Diener sind verwundet." Da, mitten im Gespräch fiel mir endlich ein, daß Dojan nicht zu sehen war. Ich fragte den Engländer nach dem Hund, aber er konnte keine Auskunft geben. Halef hatte Dojan im Kampfgewühl erblickt, doch wußte auch er nichts Näheres.

Die Diener des Persers brachten reichliche Speisevorräte herbei, mit denen am Feuer ein Mahl bereitet wurde. Nach dem Essen stand ich auf, um die Umgebung des Lagers auszukundschaften und nach Dojan zu suchen. Halef begleitete mich. Zunächst begaben wir uns zu den Pferden. Rih hatte den bereits erwähnten Lanzenstich und einen ziemlich tiefen Streifschuß erhalten, war jedoch von Halef verbunden worden. In der Nähe lagerten fünf Kamele. Es war bereits zu dunkel, als daß ich sie hätte betrachten können. Neben ihnen lagen ihre Lasten, und in einiger Entfernung stand der Tachtirewân, die derzeitige Wohnung der beiden Frauen, die entflohen waren, als ich die Augen geöffnet hatte. „Du sahst mich stürzen, Halef. Wie ist es dann gegangen?" – „Ich dachte, du wärest tot, Sihdi, und das gab mir die Kräfte des Grimms. Auch der Engländer wollte dich rächen, und so konnten die Feinde nicht standhalten. Der Perser ist ein sehr tapferer Mann, und seine Diener gleichen ihm."

„Habt ihr keine Beute gemacht?" – „Waffen und einige Pferde, die du in der Dunkelheit nicht bemerkt hast. Die Toten ließ der Perser ins Wasser werfen." – „Waren vielleicht auch Verwundete dabei?"

„Ich weiß es nicht. Nach dem Kampf untersuchte ich dich und fühlte, daß dein Herz noch schlug. Ich wollte dich verbinden, aber der Perser erlaubte es nicht. Er ließ dich an den Ort tragen, wo du dann erwachtest, und da verbanden dich die beiden Frauen."

„Was erfuhrst du über diese beiden Frauen?" – „Die eine ist das Weib und die andere die Schwester des Persers." – Sie haben eine alte Dienerin, die dort beim Tachtirewân kauert und immer Datteln kaut." – „Und der Perser selbst? Was ist er?"

„Ich weiß es nicht. Der Diener sagt es nicht. Es muß ihm verboten sein, den Stand seines Herrn zu verraten, und ich denke –"

„Halt!" unterbrach ich ihn. „Horch einmal!" Wir hatten uns so weit vom Lager entfernt, daß kein Geräusch von dort mehr zu hören war. Während der letzten Worte Halefs war es mir, als hätte ich einen wohlbekannten Laut gehört. Wir blieben lauschend stehen. Ja, wirklich, jetzt war der zornige Anschlag deutlich zu hören, mit dem der Windhund anzeigte, daß er einen Feind gefaßt habe. Aber die Richtung, aus der dieser Ton kam, blieb ungewiß.

„Dojan!" rief ich laut. Auf diesen Ruf erhielt ich eine deutliche

Antwort; sie kam aus den Büschen, die den Abhang bedeckten. Wir klommen langsam empor. Zur Sicherheit rief ich zuweilen den Hund, der dann stets antwortete. Zuletzt vernahmen wir das kurze, pfeifende Winseln, mit dem er seine Freude bezeigte; das führte uns vollends zu ihm. Ein Kurde lag am Boden und über ihm stand der wackere Dojan, zum tödlichen Biß bereit. Ich beugte mich nieder, um den Mann zu betrachten. Ich konnte seine Züge nicht erkennen, aber die Wärme seines Körpers bewies mir, daß er lebte, obgleich er es nicht wagte, sich zu rühren. – "Dojan, geri – zurück!"

Der Hund gehorchte, und ich gebot dem Kurden, sich zu erheben. Er tat es unter einem tiefen Atemzug, der mir bewies, daß er Todesangst ausgestanden hatte. Ich stellte nun ein Verhör mit ihm an. Er nannte sich einen Kurden vom Stamm der Soran. Da ich wußte, daß die Soran Todfeinde der Bebbeh sind, argwöhnte ich, er sei ein Bebbeh und gebe sich für einen Soran aus, um sich zu retten.

Darum fragte ich: "Wie kommst du hierher und in diese Lage, wenn du ein Soran bist?" – "Du scheinst ein Fremdling in diesem Land zu sein", erwiderte er, "da du so fragen kannst. Die Soran waren groß und mächtig. Sie wohnten im Süden der Bilba, die aus den vier Stämmen der Rummok, Manzar, Pir Mam und Namash bestehen, und hatten ihren Hauptort in Harir, der vornehmsten Stadt in Kurdistan. Aber Allah nahm die Hand von ihnen, so daß ihre Macht von ihnen ging, um sich ihren Feinden zuzuwenden. Ihr letztes Banner hatten sie in der Gegend von Khoi Sandschak aufgepflanzt. Da kamen die Bebbeh und rissen es zu Boden. Ihre Herden wurden geraubt, ihre Frauen und Mädchen fortgeführt und ihre Männer, Jünglinge und Knaben getötet. Nur wenige retteten sich, um sich in alle Welt zu zerstreuen oder in der Einsamkeit zu verbergen. Zu den letztgenannten gehöre ich. Ich wohne da oben zwischen den Felsen. Mein Weib ist tot, meine Brüder und Kinder sind ermordet. Ich habe nicht einmal ein Pferd; ich habe nur ein Messer und meine Flinte. Heut hörte ich Schüsse fallen und stieg herab, um dem Kampf zuzuschauen. Ich sah meine Feinde, die Bebbeh, und griff zur Flinte. Hinter den Bäumen versteckt, habe ich mehr als einen niedergeschossen; du kannst meine Kugeln noch in ihren Leibern finden. Ich tötete sie aus Haß und weil ich mir ein Pferd erkämpfen wollte. Da bemerkte dieser Hund die Blitze meines Gewehres und hielt mich für einen Feind. Er griff mich an. Das Messer war mir entfallen und das Gewehr noch nicht wieder geladen. Ich versuchte, den Hund mit dem Lauf der Flinte von mir abzuhalten, und wich zurück; er aber warf mich endlich doch zu Boden. Ich sah, daß er mich zerreißen würde, wenn ich es wagte, eine Bewegung zu machen, und so blieb ich bis jetzt ruhig liegen. Es waren fürchterliche Stunden!"

Dieser Mann sprach die Wahrheit, das hörte ich ihm an. Aber ich mußte vorsichtig sein. "Willst du uns deine Wohnung zeigen?" fragte ich. "Ja. Es ist eine Hütte aus Moos und Zweigen, mit einem Lager aus Blättern. Weiter seht ihr nichts." – "Wo ist dein Gewehr?" "Es muß hier in der Nähe liegen." – "Suche es!"

Er entfernte sich suchend, während wir beide stehenblieben.

„Sihdi", flüsterte Halef, „er wird entfliehen." — „Ja, wenn er ein Bebbeh ist. Ist er jedoch wirklich ein Soran, so wird er wiederkommen, und dann dürfen wir ihm vertrauen." Wir brauchten nicht lange zu warten, da rief es von unten: „Kommt herab! Ich habe beides gefunden, das Messer und auch die Flinte." Wir stiegen zu ihm hinab. Der Mann schien also doch ehrlich zu sein. „Du wirst uns zum Lager begleiten", sagte ich. „Gern, Chodih!" antwortete er. „Aber mit dem Perser werde ich nicht reden können, denn ich spreche nur Kurdisch und die Sprache der Araber." — „Beherrscht du das Arabische vollständig?" — „Ja, ich bin bis ans Meer hinuntergekommen und bis weit zum Phrat hinüber und kenne diese Gegenden."

Ich freute mich dessen, denn es war vorteilhaft für uns, diesen Mann gefunden zu haben. Sein Erscheinen erregte am Lagerfeuer Aufsehen. Den meisten Eindruck aber machte es auf Amad el Ghandur, der sich bei dem Anblick des Kurden sofort aus seiner geistigen Erstarrung emporraffte. Der junge Haddedihn hielt den Soran-Kurden für einen Bebbeh und fuhr mit der Hand zum Dolch. Ich legte meine Hand auf seinen Arm und sagte ihm, der Fremde sei ein Feind der Bebbeh und stehe unter meinem Schutz. „Ein Feind der Bebbeh? Kennst du sie und ihre Wege?" fragte er nun hastig den Soran-Kurden.

„Ich kenne sie", bestätigte der Mann. „So werde ich später mit dir reden." Nach diesen Worten drehte Amad el Ghandur sich um und nahm wieder bei der Leiche Platz. Ich aber erklärte dem Perser unser Zusammentreffen mit dem Soran-Kurden, und er war damit einverstanden, daß dieser in unserem Lager bleiben dürfe.

Einige Zeit später kehrten die Reitknechte zurück und meldeten, daß die Bebbeh eine ziemliche Strecke gegen Süden geritten seien und sich dann rechts zum Kara Dagh gewendet hätten. Wir brauchten nun wohl nichts mehr von ihnen zu befürchten, und die Perser begaben sich zur Ruhe, nachdem die nötigen Vorsichtsmaßregeln von ihnen und uns gemeinschaftlich getroffen worden waren.

Ich suchte Amad el Ghandur auf und bat ihn, sich nun auch Ruhe zu gönnen. „Ruhe?" antwortete er. „Effendi, Ruhe hat nur einer: Dieser Tote hier. Leider wird er nicht in der Heimat der Haddedihn ruhen, in die Erde gebettet von den Kindern seines Stammes, die ihn beweinen. Er wird in diesen fremden Bergen liegen, über denen der Fluch Amad el Ghandurs schwebt. Mein Vater war ausgezogen, mich zur Heimat zu bringen. Glaubst du, daß ich diese Heimat wiedersehen werde, ohne seinen Tod zu rächen? Ich habe beide gesehen, den, der ihn stach, und den, der ihm die Kugel in die hohe Stirn trieb. Sie sind entkommen, aber ich kenne sie und werde sie zum Scheïtan senden!" — „Ich begreife deinen Zorn und verstehe deinen Schmerz, aber ich bitte dich, Ruhe zu bewahren. Du willst den Bebbeh nachreiten, um den Tod deines Vaters zu rächen. Hast du überlegt, was das heißt?" — „Die Thar — die Blutrache gebietet es, und ich muß ihr gehorchen." Er schwieg eine Weile, dann fragte er:

„Wirst du mich zur Verfolgung der Bebbeh begleiten, Effendi?"

Ich verneinte, und er senkte das Haupt. „Ich wußte, daß Allah eine Erde erschaffen hat, auf der es keine wahre Freundschaft und Dankbarkeit gibt." – „Du hast eine falsche Ansicht von Freundschaft und Dankbarkeit", erwiderte ich. „Denke zurück, so wirst du mir zugestehen, daß ich deinem Vater und dir seit Amadije ein wahrer Freund gewesen bin. Ich bin bereit, dich mit Gefahr meines Lebens zu den Weideplätzen der Haddedihn zu begleiten. Als dein wahrer Freund muß ich dich abhalten, dich in eine Gefahr zu begeben, worin du notwendigerweise umkommen mußt." – „Effendi, du bist ein Christ und handelst wie ein Christ. Selbst Allah will, daß ich den Vater räche, denn er hat mir heute abend durch dich die Gelegenheit dazu gesandt. Jetzt bitte ich dich, mich allein zu lassen!"

„Ich erfülle dir diesen Wunsch, fordere aber von dir, daß du nichts unternimmst, ohne es vorher mit mir zu besprechen."

Amad el Ghandur wandte sich ab und antwortete nicht. Ich ahnte, daß er einen Entschluß gefaßt habe, an dessen Ausführung er von mir gehindert zu werden fürchtete, und ich beschloß, ihn sorgfältig zu beobachten. – Als ich am anderen Morgen erwachte, hielt der junge Haddedihn noch immer die Totenwache bei seinem Vater. Der Soran-Kurde hatte sich soeben zu ihm begeben, und sie sprachen angelegentlich miteinander. Auch die anderen waren schon munter. Der Perser saß neben dem Tachtirewân und sprach mit den verschleierten Frauen. „Effendi, ich will den Vater begraben. Werdet ihr mir helfen?" fragte mich Amad el Ghandur. „Gewiß! Wo soll er begraben werden?" – „Dieser Mann sagt, droben zwischen den Felsen sei ein Ort, den die Sonne begrüßt, früh, wenn sie kommt, und abends, wenn sie geht. Ich will mir diesen Ort ansehen."

„Ich werde dich begleiten", erwiderte ich. Kaum bemerkte der Perser, daß ich mich erhoben hatte, so kam er herbei, um mir den Morgengruß zu bieten. Als er von unserem Vorhaben hörte, bot er sich als Begleitung an. Wir fanden droben auf der Höhe einen mächtigen Felsblock und beschlossen auf seiner Platte das Grab zu errichten. In der Nähe lag die dürftige Hütte des Soran-Kurden, und etwas weiter fort gab es einen ringsum abgeschlossenen freien Platz, der sich zu einem Lager eignete, zumal er eine Quelle besaß. Wir wurden einig, hierzubleiben und unsere Tiere und Habseligkeiten heraufzuschaffen. Das verursachte zwar einige Schwierigkeiten, aber es gelang. Während die Unverletzten und Leichtverwundeten die schwere Arbeit an dem Grabmal übernahmen, errichteten die anderen für die Frauen eine Hütte, die vom Aufenthalt der Männer durch eine undurchsichtige Wand aus Zweigen abgesondert wurde. Da Pferde die Ausdünstung der Kamele nicht ertragen, wurden sie von ihnen getrennt. – Am Mittag war im Lager bereits alles in Ordnung. Der Perser besaß einen guten Vorrat an Mehl, Kaffee, Tabak und anderen notwendigen Dingen. Fleisch konnten wir uns unschwer mit der Büchse verschaffen, und so brauchten wir uns nicht zu fürchten, Not zu leiden.

Das Grabmal wurde erst später fertig. Es bildete einen fast drei

Meter hohen Steinkegel, in dem eine Höhlung gelassen war, um die Leiche aufzunehmen, die zur Zeit des Moghreb[1] beerdigt werden sollte. Amad el Ghandur bereitete sie zum Begräbnis vor.

Die Sonne neigte sich, als der kleine Trauerzug dem Grabmal nahte. Dem schönen mohammedanischen Brauch folgend, trugen alle anwesenden Männer abwechselnd auf einer aus Ästen verfertigten Bahre den Toten. Die Öffnung des Grabes wies nach Westsüdwest, genau die Richtung nach Mekka, und als man den Toten hineinsetzte, war sein Angesicht zu jenen Gegenden gerichtet, wo der Prophet der Muslimin die Offenbarungen der Engel empfing.

Amad el Ghandur trat zu mir und fragte: „Effendi, du bist zwar ein Christ, aber du warst in der heiligen Stadt und kennst das heilige Buch. Willst du deinem toten Freund die letzte Ehre erweisen und über ihn die Sure des Todes sprechen?" – „Gern, und auch die Sure des Verschließens." – „So laß uns beginnen!" Jetzt hatte die Sonne den Himmelsrand im Westen erreicht, und alle sanken nieder, um das Moghreb zu beten. Dann erhoben wir uns wieder und bildeten einen Halbkreis um die Öffnung des Grabmals. Es war ein weihevoller Augenblick. Der Tote saß aufrecht in seiner letzten Wohnung. Die Abendröte warf purpurne Strahlen über sein marmorbleiches Angesicht, und der kräftige Hauch des Windes ließ seinen weißen Bart erzittern. Dann wandte sich Amad el Ghandur in die Richtung von Mekka, erhob seine Hände und sprach die Fatiha:

„Im Namen des allbarmherzigen Gottes! Lob und Preis sei Gott, dem Weltenherrn, der da herrschet am Tage des Gerichtes. Dir wollen wir dienen, und zu dir wollen wir flehen, auf daß du uns führest den rechten Weg, den Weg derer, die deiner Gnade sich erfreuen, und nicht den Weg derer, über die du zürnest, und nicht den Weg der Irrenden!"

Jetzt erhob ich ebenso wie er die Hände und sprach die fünfundsiebzigste Sure, die ‚Die Auferstehung' betitelt ist:

„Im Namen des allbarmherzigen Gottes! Ich schwöre bei dem Tag der Auferstehung, und ich schwöre bei der Seele, die sich selbst anklagt: will der Mensch wohl glauben, daß wir seine Gebeine einst nicht zusammenbringen werden? Wahrlich, wir vermögen es, selbst die kleinsten Gebeine seiner Finger zusammenzufügen. Doch der Mensch will selbst das, was vor ihm liegt, gern leugnen. Er fragt: Warum kommt denn der Tag der Auferstehung? Wenn das Auge sich verdunkelt und der Mond sich verfinstert und Sonne und Mond sich verbinden, dann wird der Mensch an diesem Tage fragen: Wo findet man einen Zufluchtsort? Aber vergebens, denn es gibt keinen Ort der Rettung. Bei deinem Herrn bist du geborgen! Ihr liebt das dahineilende Leben und achtet nicht auf das zukünftige. Einige Angesichte werden an diesem Tag leuchten und ihren Herrn anblicken, andere aber werden finster aussehen, denn schwere Trübsal kommt über sie. Sicherlich! Einem solchen Menschen steigt in der Todes-

[1] Gebet beim Untergang der Sonne

stunde die Seele bis an die Kehle, und die Umstehenden sagen: Wer bringt zu seiner Rettung einen Heiltrank? Dann ist die Zeit der Abreise gekommen; er legt Bein an Bein und wird an diesem Tag hinübergetragen zu seinem Richter, da er nicht glaubte und nicht betete. Darum wehe dir, wehe! Und abermals wehe! Glaubt denn der Mensch, daß ihm volle Freiheit gelassen sei? Ist er denn nicht ein ausgeworfenes Samenkorn? Daraus bildete ihn Gott und machte einen Menschen aus ihm. Sollte der, der dies getan, nicht auch zu einem neuen Leben auferwecken können?" Nun wandte ich mich wieder dem Toten zu und sprach:

„Allah ist Allah! Es ist nur ein Gott, und wir alle sind seine Kinder. Er leitet uns mit seiner Hand und hält uns alle an seiner Rechten. Er machte uns zu Brüdern und sandte uns auf die Erde, ihm zu dienen und uns in Eintracht seiner Gnade und Barmherzigkeit zu erfreuen. Er läßt den Körper sich entwickeln und die Seele wachsen, bis sie sich nach dem Himmel sehnt. Dann sendet er den Engel des Todes, sie abzulösen und emporzutragen zum Brunnen, aus dem sie ewiges Leben trinkt. Sie ist dann frei von Schmerz und Leid und achtet nicht die Klage derer, die um die tote Hülle trauern. Hier liegt Hadschi Mohammed Emin Ben Abu'l Mutaher es Seim Ibn Abu Merwan Baschar esch Schohana, der tapfere Scheik der Haddedihn vom Volk esch Schammar. Er war ein Liebling Allahs. Auf seiner Zunge wuchs niemals die Lüge, und aus seiner Hand floß Wohltat über die Zelte, in denen Armut wohnte. Scheik Mohammed Emin war der Weiseste im Rat, er war ein Held im Kampf, er war ein Freund dem Freund, er wurde gefürchtet von seinen Feinden, aber geachtet von allen, die ihn kannten. Darum wollte Allah nicht, daß er abscheide im Dunkel des Zeltes, sondern er sandte den Engel des Todes, ihn abzurufen mitten im Kampf von der Seite der Krieger, die hier um ihn stehen. Nun geht der Staub zur Erde. Sein Angesicht wendet sich nach Mekka, der Goldenen, seine Seele aber steht vor dem Allerbarmer und schaut die Herrlichkeit, in die kein sterbliches Auge zu dringen vermag. Sein ist das Leben, unser aber der Trost, daß auch wir einst an seiner Seite stehen werden, wenn Isa ben Marjam[1] einst kommen wird, zu richten die Lebendigen und die Toten!"

Jetzt traten Allo und der Soran-Kurde herzu, um das Grab zu verschließen. Schon wollte ich wieder das Wort ergreifen, als der Perser mir winkte. Er trat vor und sprach einige Sätze der zweiundachtzigsten Sure: „Im Namen des allbarmherzigen Gottes! Wenn die Himmel sich spalten und die Sterne sich zerstreuen, die Meere sich vermischen und die Gräber sich umkehren, dann wird jede Seele wissen, was sie getan und was sie unterlassen hat. So ist es, und doch leugnen sie den Tag des Gerichtes. Aber es sind Wächter über euch gesetzt, die da alles niederschreiben und alles sehen, was ihr tut. Die Gerechten werden erlangen die Wonne des Paradieses, die Missetäter aber die Qualen der Hölle. An diesem Tag vermag keine Seele

---

[1] Jesus

etwas für die andere, denn an diesem Tag gehört die Herrschaft nur Gott allein!"

Jetzt war die Öffnung zugesetzt, und es bedurfte noch des Schlußgebetes. Halef trat vor. In den Augen des wackeren kleinen Hadschi glänzten Tränen, und seine Stimme zitterte, als er sagte:

„Ich will beten!" – Er hob die Hände, und er sprach: „Ihr habt gehört, daß wir alle Brüder sind, und daß Allah uns alle versammeln wird am Tage des Gerichtes. Da drüben ist die Sonne gesunken, und morgen wird sie von neuem emporgestiegen sein. So werden auch wir da oben auferwachen, wenn wir hier gestorben sind. O Allah, laß uns da zu denen gehören, die deiner Gnade würdig sind, und scheide uns nicht von denen, die wir hier liebgehabt haben. Du bist der Allmächtige und kannst auch dieses Gebet erfüllen!"

Nun wandten alle zugleich die Köpfe nach rechts und dann nach links und sprachen: „Es-selâm 'aleikum we rahmetûllah – Gottes Heil und Gnade sei mit euch!"

Dann strichen alle mit den Handflächen über Stirn, Gesicht, Bart und Brust. Die Andacht war beendet.

Das war ein seltenes Begräbnis. Ein Christ, zwei Sunniten und ein Schiit hatten über dem Grab des Toten gesprochen, ohne daß Mohammed einen Blitz niederfallen ließ. Was mich betrifft, so glaubte ich keine Sünde zu tun, wenn ich von dem toten Freunde Abschied nahm in der Sprache, die er im Leben gesprochen. Die Beteiligung des Persers aber war ein Beweis, daß er an Bildung des Geistes und Herzens den muslimischen Troß weit überragte. Halef hätte ich zum Dank für seine einfachen, kurzen Sätze gleich umarmen können. Ich wußte es längst: er war, ohne es selbst zu ahnen, nur noch äußerlich ein Muslim, innerlich aber bereits ein Christ.

Wir schickten uns an, den Felsblock zu verlassen. Da zog Amad el Ghandur seinen Dolch, schlug von einem Stein des Grabmals ein Stück ab und steckte es ein. Ich wußte, was das zu bedeuten hatte, und war nun überzeugt, daß ihn kein menschliches Wesen zu überreden vermochte, seine Rache aufzugeben. Er aß und trank im Verlauf des Abends nichts, nahm mit keinem Wort an unserer Unterhaltung teil und zeigte auch mir gegenüber keine Lust, sich in ein noch so kurzes Gespräch einzulassen. Nur auf eine einzige Bemerkung antwortete er.

„Du weißt", sagte ich zu ihm, „daß Mohammed Emin den Rappen zurückgenommen hat. Jetzt gehört er dir." – „So habe ich das Recht, ihn wieder zu verschenken?" – „Ohne Zweifel." – „Ich schenke ihn dir." – „Ich nehme Rih nicht an." – „So werde ich dich zwingen, ihn zu behalten." – „Wie willst du dies anfangen?" – „Du wirst es sehen. Lêltak sa'îde – deine Nacht sei glücklich!"

Amad el Ghandur wandte sich ab und ließ mich stehen. Ich merkte, daß es an der Zeit sei, meine Aufmerksamkeit auf ihn zu verdoppeln. Es sollte aber anders kommen. Es war heut überhaupt ein trüber, ja trauriger Abend. Der Perser hatte sich hinter die Zweigwand zurückgezogen, seine Leute hockten beieinander, und ich saß mit Halef und

Lindsay schweigsam an der Quelle, wo wir bemüht waren, unsere brennenden Wunden zu kühlen. Der Tod Mohammed Emins hatte jeden von uns mehr angegriffen, als er es den anderen eingestehen wollte. Durch die Hitze in meinem Blut zuckte zuweilen ein kalter Schauer – es war das Nahen des Wundfiebers. Auch Halef fieberte schon.

Ich hatte eine schlechte Nacht, aber meine kräftige Natur ließ es doch zu keinem schweren Anfall kommen. Es war, als fühlte ich jeden einzelnen Tropfen meines Blutes durch die Adern rinnen. Halb wach, halb träumend wälzte ich mich hin und her, sprach mit allen möglichen Personen, die mir die Einbildungskraft vorführte, und wußte doch, daß es Täuschung war, und erst am Morgen fiel ich in einen festeren Schlaf, aus dem ich erst – gegen Abend erwachte! Der schon erwähnte Duft umflutete mich, aber anstatt der beiden schönen Augenpaare sah ich die mächtige Aleppobeule auf der Nase des Engländers mir entgegenleuchten.

„Wieder munter?" fragte er.

„Ich glaube. – Was! Dort steht die Sonne? Es ist ja fast Abend!"

„Seid froh, Sir! Die Ladies haben Euch in die Kur genommen. Sie schickten Tropfen für die Wunde. Halef hat sie aufgeträufelt. Dann kam die eine selbst und goß Euch irgend etwas zwischen die Zähne. Ist wohl kein Porter gewesen, denke ich!" – „Welche war es?"

„Die eine. Die andere blieb dort. Es kann aber auch die andere gewesen sein, und die eine blieb dort. Weiß nicht! Well!" – „Ich meine, die mit den blauen oder die mit den schwarzen Augen?"

„Habe keine Augen gesehen. Das wickelt sich ja ein wie Postpaket. Es wird aber wohl die Blaue gewesen sein." – „Warum vermutet Ihr das, Sir David?" – „Weil Ihr mit einem blauen Auge davongekommen seid. Scheint Euch wohl zu befinden!" – „Allerdings. Ich fühle mich wirklich ganz frisch und munter." – „Geht mir auch so. Habe die Tropfen auch in meine Wunden getan und fühle keinen Schmerz mehr. Ausgezeichnete Medizin! Wollt Ihr essen?" – „Habt Ihr etwas? Ich hungere wie ein Wolf." – „Hier. Die Blaue hat es geschickt. Oder vielleicht war es die Schwarze."

Neben mir lag eine silberne Taba[1], die kaltes Fleisch, gesäuertes Brot und allerlei Masi[2] enthielt. Daneben stand ein Topf, der mit einer kräftigen, noch warmen Fleischbrühe gefüllt war.

„Die Ladies scheinen gewußt zu haben, daß ich erwache, bevor die Brühe erkaltet", sagte ich.

„O no! Dieser Topf wartet bereits seit Mittag. Sobald er kalt geworden ist, lassen sie ihn durch die Alte holen und machen ihn wieder warm. Ihr scheint bei ihnen sehr beliebt zu sein."

Erst jetzt sah ich mich genauer um. In der Nähe lag Halef und schlief. Außer ihm war kein Mensch zu sehen.

„Wo ist der Perser?" fragte ich.

„Bei den Frauen. Er war heute morgen fort und hat eine Bergziege

---

[1] Tellerartige Pfanne [2] Leckerbissen

geschossen. Ihr trinkt also Ziegenbrühe." – „Aus solchen Händen schmeckt sie vorzüglich." – „Denke nur immer, die Alte wird sie gekocht haben! Yes!" – „Wo ist Amad el Ghandur?" – „Er ist heute früh spazierengeritten."

Erschrocken rief ich aus: „Was? So ist der Unbesonnene fort?" „Mit dem Kohlenbrenner und dem Soran-Kurden. Yes!"

Nun wußte ich, was Amad el Ghandur gemeint hatte, als er sagte, daß Allah ihm ein Mittel gesandt habe, sich zu rächen. Der Soran-Kurde, ein Todfeind der Bebbeh, sollte seinen Dolmetscher machen. Der rachsüchtige Haddedihn war zu beklagen. Es war zehn gegen eins zu wetten, daß er seinen Stamm nie wieder erreichen würde. Ihm nachzureiten, davon konnte gar keine Rede sein. Erstens war sein Vorsprung zu groß, zweitens war ich verwundet, und drittens konnte es nicht unsere Absicht sein, der Blutrache eines anderen wegen geradezu nun selbst zu Mördern zu werden.

„Amad el Ghandur reitet doch den Hengst?" fragte ich.

„Der Rappe ist da", erwiderte Lindsay.

Auch das noch! Auf diese Weise also zwang mich Amad el Ghandur, das Pferd von ihm als Geschenk anzunehmen! Ich wußte im Augenblick wirklich nicht, ob ich mich darüber freuen oder ärgern sollte. Überhaupt war das Verschwinden des Haddedihn ein Ereignis, das ich erst innerlich verarbeiten mußte, um mich darüber zu beruhigen.

„Also ist auch Allo mit fort?" fragte ich. „Wie steht es denn mit seinem Lohn?" – „Hat ihn zurückgelassen. Ärgert mich! Mag von einem Kohlenbrenner nichts geschenkt haben." – „Tröstet Euch, Sir David! Er hat ein Pferd und eine Flinte. Damit ist er reichlich bezahlt. Und überdies – wer weiß, was ihm der Haddedihn versprochen hat. Wie lange schläft Halef?" – „So lange wie Ihr." – „Das ist allerdings eine wirksame Arznei! Doch vor allen Dingen will ich essen."

Ich hatte kaum damit begonnen, so wurde ich gestört: Hassan Ardschir-Mirsa kam. Ich wollte mich erheben, er aber drückte mich freundschaftlich nieder.

„Bleib sitzen, Effendi, und iß! Das ist das Notwendigste. Wie fühlst du dich?" – „Ich danke, sehr wohl." – „Dein Fieber wird nicht wiederkehren. Nun aber will ich dir eine Botschaft ausrichten. Amad el Ghandur kam zu mir. Er erzählte mir vieles von euch und ihm, so daß ich euch so gut kennengelernt habe, wie er euch selber kennt. Der Haddedihn ist den Bebbeh nach und läßt dich bitten, daß du ihm verzeihst, und er wünscht, daß ihr ihm nicht folgt. Er hofft, daß ihr zu den Haddedihn zurückkehren und ihn dort treffen werdet. Das ist die Botschaft, die ich euch bringen soll." – „Ich danke dir, Hassan Ardschir-Mirsa! Sein Gehen hat mich betrübt, aber ich muß ihn seinem Schicksal überlassen." – „Wohin werdet ihr euch nun wenden?"

„Das müssen wir erst besprechen. Dieser, mein Freund und Diener Hadschi Halef Omar, muß allerdings zu den Haddedihn, denn bei ihnen befindet sich sein Weib. Und dieser Bei aus Inglistān hat zwei seiner Diener bei diesem Stamm. Es ist aber dennoch möglich, daß wir zuvor nach Bagdad reiten. Dort hat der Inglis ein Schiff, mit dem wir auf dem Tigris bis zu den Weidegründen der Haddedihn gelangen können." – "So besprecht euch, Effendi! Geht ihr nach Bagdad, so bitte ich euch, mich nicht zu verlassen. Ihr seid tapfere Krieger; ich habe euch bereits mein Leben zu verdanken, und ich möchte dir gern zeigen, daß ich dich liebgewonnen habe. Wir bleiben hier an diesem Ort, bis wir ohne Gefahr für eure Gesundheit aufbrechen können. Jetzt iß und trink! Ich werde euch noch mehr senden, denn ihr seid meine Gäste. Allah sei mit euch!"

Er ging, und es dauerte kaum zwei Minuten, so kam die alte Dienerin und brachte eine zweite Taba voll Speisen.

"Nehmt! Der Herr sendet es euch!" sagte sie.

"Habt ihr Feuer bei der Hütte?" fragte ich.

"Ja. Wir haben ein kleines Feuer und einen Dreifuß, auf dem wir die Speisen schnell bereiten können." – "Mütterchen, wir machen euch viele Sorgen!" – "O nein, Effendi. Das Haus freut sich, Gäste zu haben. Der Herr hat dem Haus von euch erzählt, und ihr sollt sein, wie der Herr selber. Aber sag nicht Mütterchen! Ich bin unverheiratet und werde Halwa[1] genannt."

Damit trippelte die Alte fort. Sie hatte die Taba zur rechten Zeit gebracht, denn just als sie sich zum Gehen wandte, begann Halef zu gähnen und schlug dann die Augen auf. Er blickte erstaunt im Kreis umher, richtete sich zum Sitzen auf und fragte verwirrt:

"Maschallah! Dort steht die Sonne! Habe ich mich umgewandt oder hat sie sich umgedreht?"

Es ging ihm wie mir: er konnte sich nicht denken, daß er so lange geschlafen haben sollte, und sein Erstaunen wuchs, als er erfuhr, daß Amad el Ghandur sich nicht mehr bei uns befand.

"Fort? Wirklich fort?" fragte er. "Ohne Abschied? Bei Allah, das ist nicht recht von ihm. Aber was tun wir? Nun hast du keine Verpflichtungen mehr, die dich nötigen, zu den Weideplätzen der Haddedihn zurückzukehren, Sihdi." – "Ich denke im Gegenteil, daß ich sie noch habe. Glaubst du, ich werde dich verlassen, ohne überzeugt zu sein, daß du sicher zu Scheik Malek und zu Hanneh, deinem Weib, gelangst?" – "Sihdi, die beiden befinden sich wohl und werden warten müssen, bis ich komme. Ich liebe Hanneh, aber ich werde nicht eher von deiner Seite weichen, als bis du ins Land deiner Väter zurückkehrst."

"Ich kann ein solches Opfer nicht von dir fordern, Halef."

"Nicht von mir, sondern von dir ist es ein Opfer, mich bei dir zu behalten, Sihdi. Beschließe, was du willst, ich folge dir, wenn du nicht die Grausamkeit hast, mich von dir zu weisen!"

Die Perser brachten aus dem Fluß reichliche Beute von Fischen herbei, woraus das Nachtmahl bereitet wurde. Ich schloß mich davon aus, da ich schon gegessen hatte, und erstieg den Felsblock, um am Grabe des Haddedihn dem Untergang der Sonne zuzusehen.

Dieses einsame, hoch gelegene Grabmal erinnerte mich an das Felsenmonument, das wir Pir Kamek im Tal Idis errichtet hatten.

---

[1] Halvâ — arabisch ‚Halwa' = süße Speise, Zuckerwerk

Wer hätte damals beim Begräbnis des jesidischen Heiligen ahnen können, daß Mohammed Emin auf so ferner, kurdischer Höhe seine letzte Ruhestätte finden würde! Es war mir so traurig zumute und ich fühlte eine solche Leere in mir, als sei mit dem Verstorbenen ein Teil meines eigenen Wesens von mir gewichen. Und doch sollte man am Grab eines guten Menschen nie trauern. Der Tod ist ja der Bote Gottes, der uns nur naht, um uns emporzuführen zu jenen lichten Höhen, von denen der Erlöser seinen Jüngern sagte: ‚Im Haus meines Vaters sind viele Wohnungen, und ich gehe hin, euch die Stätte zu bereiten.‘ Das Leben ist ein Kampf. Man lebt, um zu kämpfen, und man stirbt, um zu siegen! Darum die Mahnung des Apostels: ‚Kämpfe den guten Kampf des Glaubens, und ergreife das Leben, dazu auch du berufen bist!‘

Die Sonne küßte den Himmelsrand, und ihre scheidenden Strahlen färbten ihn mit flammenden Lichtern, die sich nach Osten in immer milderen Tönen verloren. Die bewaldeten Höhen unter mir glichen einem grünen Meer, über dessen erstarrte Wogen die Dämmerung langsam ihre vorrückenden Schatten breitete. Über die nahen Kämme fühlte man den Abendwind streichen, vor dessen Hauch sich die Wipfel leise neigten. Die Schatten wurden dunkler, die Ferne verschwand, das Abendrot war verglüht, und nun legte auch die Nähe das alles verhüllende Gewand der Nacht an. Wer doch mit der Sonne ziehen könnte! Wer ihr doch folgen könnte, weit, weit fort zum Westen, wo ihre Strahlen noch voll und warm die Heimat beleuchteten! Hier auf der einsamen Höhe streckte das Heimweh seine Hand nach mir aus, das Heimweh, dem in der Fremde kein Mensch entrinnen kann, in dessen Brust ein fühlendes Herz schlägt. „Ubi bene ibi patria" ist ein Spruch, dessen kalte Gleichgültigkeit nur im Leben gemütsarmer, heimatloser Menschen ihre Bestätigung findet. Die Eindrücke der Jugend sind niemals völlig zu verwischen, und die Erinnerung kann wohl schlafen, aber nicht sterben. Sie erwacht, wenn wir es am allerwenigsten erwarten, und bringt jene Sehnsucht über uns, an deren Weh das Gemüt so schwer erkranken kann. Ich dachte an die tief innigen Strophen des deutsch-amerikanischen Dichters Konrad Kretz, deren letzte lautet:

> *„Land meiner Väter, länger nicht das meine,*
> *so heilig ist kein Boden wie der deine.*
> *Nie wird dein Bild aus meiner Seele schwinden.*
> *Und knüpfte mich an dich kein lebend Band,*
> *es würden mich die Toten an dich binden,*
> *die deine Erde deckt, mein Vaterland!*

6. *Ein persischer Flüchtling*

Auf einem Umweg kehrte ich ins Lager zurück, wo alle schon schliefen. Trotz der späten Stunde lag ich noch lange wach. Es wurden schon einige Vogelstimmen laut, als ich endlich einschlief. Ich erwachte gegen Mittag und erfuhr von Halef, daß der Engländer mit dem Perser auf die Auerhühnerjagd gegangen sei. Sie hatten Dojan mitgenommen. Die Wunde des wackeren Hadschi Halef war schmerzhafter als die meinige, doch hatte ihm die alte Dienerin Halwa bereits am Morgen neue Arzneitropfen gebracht, die ihm gut getan hatten.

„Wie lange bleiben wir hier liegen, Sihdi?" fragte der Kleine.

„Doch wohl so lange, bis wir ohne Gefahr für unsere Wunden aufbrechen können. Was hast du gefrühstückt?" — „Verschiedenes, das ich gar nicht kenne. Die Perserinnen verstehen vortrefflich zu backen und zu braten. Allah erhalte sie uns, solange wir sie brauchen! Der Mirsa sagte, wenn du erwachtest, sollte ich nur an die Scheidewand treten und in die Hände klatschen. Ich will es versuchen."

Er tat es. Gleich darauf erschien Halwa mit einem Körbchen und einer morgenländischen Kaffeekanne. In dem Körbchen war frisches, ungesäuertes Brot nebst kalten Bratenschnitten und in der Kaffeekanne dampfte der wohlriechende Trank.

„Wie ist dir, Effendi?" fragte die Alte. „Du hast auch heute wieder lang geruht; Allah sei Dank!" — „Ich bin munter und hungrig, meine liebe Halwa."

„Hier hast du Labung. Iß und trink, damit deine Tage nie alle werden." — „Ich danke dir, grüße das ‚Haus' von mir!"

„Es ist eigentlich nicht Sitte, aber ich werde es tun, denn du bist der Freund und Bruder des Herrn." Sie trippelte davon, und ich machte mich an das Frühstück. Auf dem Boden des Körbchens fand ich als Nachtisch vortrefflich getrocknete Weinbeeren und mit Zuckerguß überzogene Walnüsse, die die Teilnahme meines guten Halef erregten. Ich sah es ihm an, daß er eine Bemerkung machen wollte, aber schon kehrte Halwa mit einem Topf zurück.

„Effendi", sagte sie, „hier sendet dir unser ‚Haus' noch eine Speise, die sehr gut zur Kühlung des Fiebers ist. Erlaube, daß ich das Geschirr nachher wieder hole!" Als die Alte sich entfernt hatte, untersuchte ich den Inhalt des Gefäßes und fand zu meinem Erstaunen darin in ihrem eigenen Saft gekochte Birnen. Jetzt konnte sich Halef nicht mehr halten. „Allah sei gepriesen", rief er, „der köstliche Dinge wachsen läßt und dazu liebliche Frauen, die alles zu bereiten verstehen!

Sihdi, diese Perserinnen sind dir hold, sonst würden sie dir nicht so herrliche Speisen senden. Heirate die Schwester des Mirsa, damit sie für dich kochen muß jetzt und in alle Ewigkeit!" – „Hadschi Halef Omar, hebe dich hinweg, sonst vergesse ich vor Entzücken über deinen Vorschlag, diese Leckerbissen mit dir zu teilen." – Er streckte alle zehn Finger abwehrend von sich, während ihm doch das Wasser im Mund zusammenlief. „Allah behüte mich vor der Sünde, dir den Genuß zu rauben, den diese Speisen dir bereiten werden, Sihdi! Ich bin ein armer Araber, und du bist ein großer Effendi aus Nemistan. Ich kann warten, bis mir einst im Paradies die Huri solche Brühe kochen!" – „Das dauert zu lange, Halef. Wir teilen!"

„Sihdi, du versuchst mich beinahe über meine Kräfte. Ich habe noch nichts aus Fârîß[1] gegessen." – „So setz dich! Ich nehme den Kaffee, das Brot und das Fleisch, und du ißt die Birnen und die Früchte des Halwadschi[2]." – „Gerade diese sind für dich, Sihdi!" „Ich denke, du bist mein Diener, Halef?" – „Der treueste, den es geben kann." – „So gehorche, wenn ich nicht zornig werden soll!" – „Wenn du so streng gebietest, so darf ich nicht ungehorsam sein!" Sein Gehorsam war so eifrig, daß die Sendung bald unter seinem Schnurrbart verschwunden war. Ich wußte es, mein kleiner Halef war ein Leckermaul, dem ich mit diesen Kleinigkeiten einen Hochgenuß bereitete. – Nach einiger Zeit kamen die Jäger zurück und brachten reichliche Beute mit. Der Perser begrüßte mich mit aufrichtiger Freundlichkeit und begab sich dann zu den Frauen, wobei er das Auerwild mit sich nahm. Der Engländer setzte sich zu mir. „Wie? Jetzt erst aufgestanden? Sehe es am Kaffee", begann er.

„Ich habe allerdings wieder sehr lange geschlafen."

„Well! Leben hier wie im Schlaraffenland. Wie lange wird es dauern, Mr. Kara?" – „Jedenfalls so lange, bis wir hier fortgehen."

„Witty, ingenious, geistreich im höchsten Grad! Und wohin wenden wir uns dann, Sir?" – „Nach Bagdad. Geht Ihr mit?"

„Ist mir recht. Möchte heraus aus diesen Bergen. Und dann von Bagdad aus?" – „Das wird sich finden. Es ist überhaupt noch nicht gewiß, ob mein Ziel gerade Bagdad ist. Ich habe nur die Richtung von Bagdad gemeint." – „Ganz gleich. Nur fort von hier!"

Jetzt erschien Halwa, um den Dienern des Mirsa die Auerhühner zum Rupfen zu übergeben. Hinter ihr kam ihr Herr, der mir winkte und dann mit langsamen Schritten das Lager verließ. Ich folgte ihm. An einer Stelle, die von zwei Eichen beschattet war, setzte er sich ins Moos und forderte mich durch eine Handbewegung auf, an seiner Seite Platz zu nehmen. Ich tat es, und dann begann er die Unterhaltung: „Effendi, ich habe Vertrauen zu dir, darum höre. Ich bin ein Verfolgter. Frage mich nicht warum. Es handelt sich um politische Dinge. Wohlgemerkt, nicht um ein Ränkespiel aus gemeiner Machtgier, sondern – für mich – um das Wohl meines Volkes, das meiner Ansicht nach geistig und seelisch geknechtet und an einer

---

[1] Persien   [2] Zuckerbäcker

freien und gesunden Entwicklung gehindert wird. Frage mich auch nicht, wer mein Vater war. Er starb plötzlich eines gewaltsamen Todes, und seine Freunde flüsterten heimlich, er sei getötet worden, weil er einem anderen im Weg gestanden sei. Ich, sein Sohn, habe ihn gerächt und mußte mit den Meinen fliehen. Vorher jedoch lud ich alles, was ich an Wertsachen retten konnte, auf einige Kamele und sandte sie unter der Obhut eines Mannes, der mir aus mehrfachen Gründen treu ergeben ist, voraus über die Grenze des persischen Reiches. Dann folgten wir auf anderen Pfaden nach. Ich wußte, daß man uns verfolgen würde, und darum leitete ich die Häscher irre, indem wir durch das Gebiet der Kurden ritten. Und nun, Effendi, sage mir, ob du mich begleiten willst, soweit als unser Weg gleich ist! Doch überlege wohl, daß ich ein Flüchtling bin." Ich zögerte nicht mit meiner Antwort. Dieser Perser gefiel mir. Er war offenbar ein großzügiger Mensch, der mit irgendwelchen Reformplänen Schiffbruch erlitten hatte. Es stand fest, daß ich mich seiner annehmen wollte, und so erklärte ich: „Hassan Ardschir-Mirsa, ich werde mit dir ziehen, so lange, als ich dir und den Deinen nützlich sein kann."

„Ich danke dir, Effendi. Und deine Gefährten?" — „Sie gehen dahin, wohin ich gehe. Darf ich fragen, welches dein Ziel ist?"

„Hadramaut." — Hadramaut! Dieses Wort ließ mich aufhorchen. Das unerforschte, gefährliche Hadramaut! Da waren plötzlich alle Abspannung und aller Mißmut verschwunden, und ich erkundigte mich lebhaft: „Wirst du dort erwartet?" — „Ja. Ich habe einen Freund dort, den ich durch einen Boten von meiner Ankunft unterrichten ließ." — „Darf ich dich nach Hadramaut begleiten?" fragte ich. — „So weit, Effendi? Ein solches Opfer kann ich nicht fordern."

„Es ist kein Opfer. Ich begleite dich gern." — „So sei willkommen, Effendi! Du sollst bei uns bleiben, solange es dir gefällt. Jetzt aber muß ich dir noch mitteilen, daß ich vor der Reise nach Hadramaut erst Meschhed Ali[1] besuche." — „Meschhed Ali? Ah, wir sind ja am Ende des Monats Rabîu'l-achir, und der Dschumâdîn'l-ewwel bricht an. Am fünfzehnten dieses Monats ist der Todestag des Kalifen Ali."

„So ist es. Ich muß nach Nedschef, um dort an diesem Festtag der Schiiten meinen Vater zu begraben. Du siehst, daß es dir fast unmöglich sein wird, uns zu begleiten!" — „Warum unmöglich? Weil ich ein Christ bin? Ich war bereits in Mekka, obwohl nur der Muslim dort Zutritt hat." — „Es würde dir vielleicht übel ergehen, wenn du in Meschhed Ali erkannt würdest!" — „Man hat mich in Mekka auch erkannt – und ich lebe noch!" — „Effendi, du bist ein kühner Mann! Ich weiß, daß mein Vater in Allahs Händen ruht, ob seine Leiche nun in Teheran oder in Meschhed Ali begraben liegt. Ich würde nie nach Kerbela, Nedschef oder Mekka pilgern, denn Mohammed, Ali, Hassan und Hussain waren Menschen wie wir es sind. Aber ich muß den letzten Willen meines Vaters erfüllen, der in Meschhed Ali ruhen wollte, und werde mich aus diesem Grund der

---

[1] In Meschhed Ali, auch Nedschef genannt, liegt der Kalif Ali begraben

dorthin ziehenden Totenkarawane anschließen. Willst du an meiner Seite bleiben, so bin ich es nicht, der dich verraten würde. Auch mein Haus wird schweigen, aber meine Diener teilen nicht meine Meinung über die Lehre des Propheten; sie würden die ersten sein, die dich töteten." – „Laß dies nur meine Sorge sein. Wo triffst du deine Kamele?" – „Kennst du Ghadhim bei Bagdad?" – „Die Perserstadt? Ja. Sie liegt am rechten Ufer des Tigris, Muadhem gegenüber, wird auch Kasimen genannt und ist mit Bagdad durch eine Pferdebahn verbunden." – „Dort erwarten mich meine Kameltreiber, die auch die Leiche meines Vaters bei sich haben." – „So begleite ich dich zunächst bis dorthin, und das übrige wird sich finden. Aber sage, bist du in Ghadhim sicher?" – „Ich hoffe es. Zwar werde ich verfolgt, aber der Pascha von Bagdad würde mich nicht ausliefern."

„Trau keinem Türken, trau auch keinem Perser! Du bist so vorsichtig gewesen, durch die Berge der Kurden zu gehen; warum willst du diese weise Vorsicht jetzt aufgeben? Du kannst Nedschef erreichen, auch ohne daß du dich der Leichenkarawane anschließt."

„Ich kenne keinen Weg." – „So werde ich dich führen. Allah hat mir die Gabe verliehen, mich auch in fremden Gegenden zurechtzufinden." – „Dein Vorschlag ist gut, Effendi, aber es geht dennoch nicht. Ich muß nach Ghadhim zu meinen Leuten." – „So gehe heimlich hin und meide dann Bagdad und die Totenkarawane!"

„Effendi, ich bin kein Feigling. Sollen meine Leute glauben, daß ich mich fürchte?" – „Ich verstehe: Auch du bist kühn! Das freut mich, denn so passen wir zusammen. Wir reisen miteinander."

„Ich stimme bei, Effendi, doch mache ich eine Bedingung. Ich bin reich; ich fordere, daß du alles, was du brauchst, von mir nimmst!"

„Dann bin ich dein Diener, der Lohn empfängt." – „Nein, du bist mein Gast, mein Bruder, dessen Liebe mir erlaubt, für ihn zu sorgen. Ich schwöre bei Allah, daß ich nicht mit dir reite, wenn du diese Bedingung nicht erfüllst." – „Dadurch zwingst du mich, deinen Wunsch zu erfüllen. Du bist voll Güte und Vertrauen zu mir, obwohl du mich nicht kennst!" – „Du meinst, ich kenne dich nicht? Hast du uns nicht aus der Hand der Bebbeh errettet? Hat nicht Amad el Ghandur von dir erzählt? Wir werden beisammen bleiben, und ich werde für das wenige, das ich dir bieten kann, von dir Schätze erhalten, nach denen ich bisher vergebens getrachtet habe, weil ich keinen fand, der sie besaß – Schätze des Geistes. Effendi, ich bin kein ungebildeter Mann, aber ich kann mich mit dir nicht vergleichen. Ich weiß, daß in deinem Land ein Knabe kenntnisreicher ist als bei uns ein Erwachsener, daß ihr in Gütern schwelgt, deren Namen wir nicht einmal kennen. Ich weiß, daß unser Land eine Einöde ist gegen das eurige, und daß der ärmste eurer Leute mehr Rechte besitzt als der Wesir von Farsistan. Ich weiß noch vieles andere, und ich kenne auch den Grund: Ihr habt Mütter, ihr habt Frauen; wir aber haben keine von beiden. Gib uns Mütter, so werden sich unsere Kinder auch bald mit den euren messen können. Das Herz der Mutter ist der Boden, in dem der Geist des Kindes Wurzel schlägt. O Mohammed, ich hasse dich, denn du hast unseren Frauen die Seele genommen und sie zu Sklavinnen der Sinnenlust gemacht! Du hast dadurch unsere Kraft gebrochen, unser Herz versteinert, unsere Länder verödet und alle, die dir folgen, um das wahre Glück betrogen!"

Der Mirsa hatte sich erhoben und rief seine Anklage gegen den Propheten mit lauter Stimme aus. Ein Glück, daß keiner seiner Leute ihm zuhörte! Erst nach einer beträchtlichen Pause wandte er sich wieder zu mir: „Kennst du den Weg nach Bagdad?"

„Ich bin ihn noch nie geritten, aber ich werde mich nicht verirren. Wir können zwei Richtungen einschlagen: Die eine führt zum Dschebel Hamrin im Südwesten, die andere bringt uns längs des Dijala bis unterhalb von Bagdad." – „Wie weit ist es nach deiner Meinung von hier bis Ghadhim?" – „Auf dem ersten Weg können wir in fünf, auf dem zweiten schon in vier Tagen dort anlangen."

„Führen diese Wege durch bewohnte Gegenden?"

„Ja, und eben deshalb scheinen sie mir die besten zu sein."

„Also gibt es noch andere Wege?" – „Allerdings. Aber wir müßten durch Strecken reiten, wo nur räuberische Beduinen umherschweifen."

„Fürchtest du sie?" – „Fürchten? Nein! Aber der Vorsichtige wählt unter zwei Wegen stets den besseren. Ich habe einen Bujuruldu des Großherrn bei mir, und dieser wird am Dijala und im Westen dieses Flusses geachtet, bei den Beduinen aber nicht. – „Und dennoch möchte ich mich für den einsamen Weg entscheiden, da ich ein Flüchtling bin. So nahe der persischen Grenze möchte ich mich von den Verfolgern doch nicht erreichen lassen." – „Vielleicht ist deine Ansicht richtig. Aber bedenke, daß der Weg durch die Steppe, deren Pflanzenwuchs jetzt unter der Sonnenglut erstorben ist, für ein ‚Haus' sehr beschwerlich wird." – „Die Frauen fürchten weder Hunger noch Durst, weder Hitze noch Frost; sie fürchten nur das eine, daß ich ergriffen werde. Ich habe Wasserschläuche bei mir und Speisevorräte auf wenigstens acht Tage für uns alle." – „Und kannst du dich wirklich auf deine Leute verlassen?" – „Vollständig, Effendi!"

„Gut, so wollen wir durch das Gebiet der Beduinen reiten. Allah wird uns schützen. Übrigens werden wir, sobald wir die Ebene erreichen, schnell vorwärts kommen, während deine Kamele das bergige Gelände hier nur mühsam überwinden. Damit sind wir einig und brauchen nur zu warten, bis unsere Wunden den Aufbruch erlauben." – „Nun erfülle mir eine Bitte", sagte er zaghaft. „Ich habe mich beim Aufbruch mit allem Nötigen sehr reichlich versehen. Auf weiten Reisen verschwinden die Kleider vom Körper, und da ich das wußte, habe ich auch einen Vorrat an Gewändern mitgenommen. Eure Kleider sind euer nicht mehr würdig, und ich bitte dich, von mir zu nehmen, was ihr braucht!" Dieser Vorschlag war mir ebenso willkommen als bedenklich. Hassan Ardschir-Mirsa hatte recht: Wir drei hätten uns in keinem zivilisierten Ort sehen lassen können, ohne für echte Landstreicher gehalten zu werden. Aber ich wußte auch, daß der Engländer sich nichts schenken ließ, und sodann war es auch für mich ein Ehrenpunkt, die Freundschaft des

Persers nicht allzusehr in Anspruch zu nehmen. Übrigens war es mir auch gleichgültig, ob ich in meinem nichts weniger als hoffähigen Gewand von einem Araber gesehen wurde. Ein echter Beduine beurteilt den Mann nach seinem Pferd und nicht nach seinem Mantel, und in dieser Beziehung mußte ich den Neid eines jeden erregen. Höchstens konnte es einem Wüstensohn beikommen, mich für einen Pferdedieb zu halten, und das war nach seiner Anschauung ja mehr eine Ehre als eine Schande für mich. „Ich danke dir", wehrte ich also ab. „Ich weiß, wie gut du es mit uns meinst, aber ich bitte dich, uns erst in Ghadhim wieder über dieses Anerbieten sprechen zu lassen. Für die Beduinen sind unsere Kleider noch gut genug, und die wenigen Tage bis in die Nähe von Bagdad werden wir sie schon noch tragen können. Ich denke, daß wir —" Ich hielt inne, denn es war mir, als hätte ich in dem Maulbeergesträuch, das hinter den beiden Eichen stand, ein Geräusch gehört. „Laß dich nicht stören, Effendi! Es war ein Tier, vielleicht ein Vogel, eine Eidechse, eine Ringelnatter", sagte der Mirsa. — „Ich kenne jede Art von Waldgeräuschen", widersprach ich. „Das war kein Tier, sondern ein Mensch."

Mit einigen langen Sprüngen umkreiste ich das Gesträuch und faßte einen Mann, der eben im Begriff stand zu entschlüpfen. Es war einer der persischen Diener. „Was tust du hier?" fuhr ich ihn an. Er schwieg. — „Rede, sonst löse ich dir die Zunge!" — Jetzt öffnete er die Lippen, brachte aber nur ein unverständliches Stammeln hervor. Da trat der Mirsa hinzu und sagte, als er den Mann erblickte:

„Saduk ist's? Er kann dir nicht antworten, er ist stumm."

„Was sucht er hier in diesem Maulbeergesträuch?"

„Er wird es mir sagen; ich verstehe ihn." Und zu dem Diener gewendet, fragte er: „Saduk, was hast du hier zu schaffen?"

Der Gefragte öffnete die Hand, in der er einige Kräuter und Wacholderbeeren hatte, und versuchte, sich durch Gebärden verständlich zu machen.

„Woher kamst du?" — Saduk zeigte nach rückwärts, in die dem Lager entgegengesetzte Richtung. — „Wußtest du, daß wir hier waren?" — Der Diener schüttelte verneinend den Kopf.

„Hast du gehört, was wir gesprochen haben?" — Darauf das gleiche Zeichen. — „So geh, aber störe mich nie wieder!" — Saduk entfernte sich, und sein Herr erklärte mir: „Saduk ist von Halwa beauftragt worden, Wacholderbeeren, wilden Lauch und andere Kräuter zu suchen, die bei der Zubereitung der Auerhühner gebraucht werden. Er ist ohne Absicht in unsere Nähe gekommen." — „Und hat uns belauscht", warf ich ein. — „Du hast ja gesehen, daß er dies verneinte." — „Ich glaube ihm nicht." — „Oh, Saduk ist treu!"

„Sein Angesicht gefällt mir nicht. Ein Mensch mit winkliger, gebrochener Kinnlade ist falsch. Das mag ein Vorurteil sein, aber ich habe es bisher immer bestätigt gefunden. Ist er stumm geboren?"

„Nein." — „Wodurch hat er dann die Sprache verloren?"

Der Mirsa zögerte mit der Antwort, sagte aber dann doch:

„Saduk hat keine Zunge mehr." — „Ah! Und erst konnte er sprechen?

So ist sie ihm herausgeschnitten worden?" – „Leider!" gestand der Mirsa zögernd. – Ich dachte mit Schaudern an die früher oft geübte Grausamkeit, ein durch die Zunge geschehenes Verbrechen durch Herausschneiden oder gar Herausreißen dieses Gliedes zu bestrafen. Diese Unmenschlichkeit kam besonders im Morgenland und in den Sklavenstaaten Amerikas vor. – „Hassan Ardschir-Mirsa", begann ich wieder, „ich sehe, daß du über diese Sache nicht gerne sprechen möchtest. Aber dieser Saduk gefällt mir nicht. Ich könnte ihm niemals mein Vertrauen schenken, und seine Gegenwart während unseres Gespräches kommt mir verdächtig vor. Ich bin nicht neugierig, doch habe ich die Gewohnheit, in gefährlichen Lagen auch dem gleichgültigsten Gegenstand meine Aufmerksamkeit zu schenken. Ich bitte dich, mir zu erzählen, wie Saduk um seine Zunge gekommen ist." – „Ich habe ihn erprobt, Effendi; er ist treu und ehrlich. Dennoch sollst du erfahren, was meinen Vater bewogen hat, ihn auf diese Weise zu bestrafen." – „Deinen Vater? Ah, das ist wichtig!"

„Du irrst, Effendi. Es tut nichts zur Sache. Höre mich an: Saduk war in seiner Jugend Kemankesch[1] meines Vaters und hatte als solcher das Amt, der Überbringer seiner Befehle, Botschaften und sonstigen Sendungen zu sein. Als solcher verkehrte er viel in dem Haus des Mutschitehid[2] und sah dessen Tochter. Sie gefiel ihm, und Saduk war ein schöner Mann. Saduk sprang über die Mauer des Gartens, als sie bei den Blumen stand, und wagte es, zu ihr von seiner Neigung zu sprechen. Der Mutschitehid befand sich unbemerkt in der Nähe und ließ ihn festnehmen. Aus Rücksicht für meinen Vater wurde er nicht dem Urfgericht übergeben, das ihn zum Tode verurteilt hätte. Aber Saduk hatte mit der Zunge gesündigt, und der Mutschitehid drang darauf, daß mein Vater ihm die Zunge nehmen solle. Mein Vater hatte den Mutschitehid sehr zu berücksichtigen, und so ließ er einen Däwaßas[3] kommen, der zugleich ein berühmter Arzt war, und dem Bogenschützen die Zunge herausschneiden."

„Das war fast schlimmer als der Tod. Saduk ist seit jener Zeit stets bei deinem Vater gewesen?" – „Ja. Und seine Schmerzen hat er mit geduldiger Ergebung ertragen, denn er ist sanft und geduldig. Aber es lag ein Fluch auf der Tat." – „Wieso?" – „Der Mutschitehid starb an Gift, der Arzt lag eines Tages ermordet vor der Tür seiner Apotheke, und das Mädchen ertrank bei einer Wasserfahrt, als der Kahn eines verhüllten Mannes den ihrigen umstieß."

„Das ist sehr eigentümlich. Sind die drei Mörder nicht entdeckt worden?" – „Niemals. Ich weiß, was du jetzt denkst, Effendi, aber deine Vermutung ist falsch. Saduk war oft krank, und er lag gerade an den Tagen, als die drei den Tod fanden, leidend in seiner Kammer."

„Auch dein Vater starb keines natürlichen Todes?"

„Er wurde auf einem Ritt überfallen. Saduk und ein Nâjib[4] begleiteten ihn. Saduk allein hatte sich gerettet – er blutete aus einer

---

[1] Bogenschütze [2] Zu selbständigen Entscheidungen befähigter Rechtsgelehrter
[3] Apotheker [4] Leutnant

Wunde. Mein Vater aber und der Nâjib waren tot." – „Hm! Hat Saduk die Mörder nicht erkannt?" – „Es war dunkel. Den einen der Angreifenden erkannte er an der Stimme – den größten Widersacher meines Vaters." – „An dem du dich gerächt hast?" – „Die Richter sprachen ihn frei – aber er ist tot!" – Die Miene des Mirsa sagte mir deutlich, welch eines Todes jener Widersacher gestorben war. Er warf die Hand verächtlich empor und meinte: „Das ist vorbei. Laß uns zum Lager zurückkehren!" Hassan Ardschir-Mirsa ging. Ich blieb noch eine Weile, denn was ich jetzt erfahren hatte, gab mir sehr zu denken. Dieser Saduk war entweder ein völlig selbstloser Mensch, wie es nur wenige gibt, oder ein ausgesuchter Bösewicht. Er durfte nicht aus den Augen gelassen werden! Als ich später in das Lager kam, war man eben beschäftigt, das Mittagmahl zu bereiten. Ich sagte dem Engländer, daß ich Lust hätte, mit dem Perser nach Bagdad und dann nach Meschhed Ali zu reiten, und er erklärte sich sofort bereit, die gefährliche Reise mitzumachen.

Meine Wunde belästigte mich heute nicht mehr. Ich fühlte mich wohl, und darum griff ich am Nachmittag zum Stutzen, um mich in Begleitung Dojans ein wenig in der Gegend umzusehen. Lindsay wollte mich begleiten, ich zog es aber vor, allein zu sein. Aus langjähriger Gewohnheit wollte ich mich zunächst von der Sicherheit des Lagers überzeugen. Die Hauptsache ist, die eigene Fährte zu verbergen und dann nachzuforschen, ob sich Spuren feindlicher Wesen bemerkbar machen. Ich umschritt das Lager in mehreren Kreisen, bis ich unten am Fluß anlangte. Da sah ich, daß das Gras am Ufer in auffälliger Weise niedergetreten war. Eben wollte ich mich der Stelle nähern, als ich hinter mir Zweige rauschen hörte.

Schnell trat ich hinter einen dichten Busch und duckte mich nieder. Ich hörte Schritte unweit meines Versteckes – der stumme Perser trat aus dem Buschwerk hervor, sah sich um und ging, als er keinen Beobachter bemerkte, an den Fluß zur selben Stelle, die mir soeben aufgefallen war. Dort stampfte er im Gras herum und kehrte dann eilig zurück. Bevor Saduk den Rand des Gesträuches wieder erreichte, warf er einen scharfen Blick auf zwei Stellen des Gesträuches und wollte dann vorüberhuschen. Da hatte ich den Stummen mit der Linken bereits bei der Brust und gab ihm mit der Rechten eine Ohrfeige, die ihm jede Widerstandskraft benahm.

„Chijântkâr – Verräter! Was tust du hier?" fuhr ich ihn an.

Die unverständlichen Töne, die Saduk hervorstieß, waren jedenfalls mehr eine Folge seines Schreckens, als die Absicht, mir sein Tun zu erklären. „Siehst du dieses Gewehr?" drohte ich. „Wenn du nicht sofort tust, was ich dir befehle, so schieße ich dich nieder! Nimm deine Külah[1], schöpfe mit ihr Wasser und gieße es auf das niedergetretene Gras, daß es sich rasch wieder aufrichtet. Du wirst mit der Hand nachhelfen!" Saduk machte einige widerstrebende oder vielleicht auch entschuldigende Handbewegungen, aber als ich den

---

[1] Lammfellmütze

Stutzen hob, gehorchte er, ein Auge auf seine Arbeit, das andere auf die Mündung des Gewehres richtend. „Nun komm!" sagte ich, als er fertig war. „Wir wollen nachsehen, was du hier so auffällig zu betrachten hattest!" Ich forschte nach den beiden Punkten, auf die sein Blick gefallen war, und bemerkte an zwei, vielleicht sieben Meter auseinanderstehenden Büschen je ein kleines Grasbüschel.

„Ah, ein Zeichen! Das wird ja immer besser! Nimm dieses Gras herunter und wirf es in den Dijala!" Der Stumme gehorchte.

„So, nun gehen wir zum Lager. Vorwärts! Wenn du zu entfliehen suchst, so trifft dich meine Kugel oder es zerreißt dich mein Hund!"

Meine Ahnung hatte mich nicht getäuscht: Dieser Perser war ein Verräter, obgleich die Tatsache erst noch genauer erwiesen werden mußte. Als wir bei den anderen ankamen, ließ ich durch einen Diener den Perser holen. „Was ist's? Warum hältst du Saduk fest?" fragte der Mirsa. – „Weil er mein Gefangener ist. Er will dich verderben. Du wirst verfolgt, und er verrät unseren Verfolgern heimlich unseren Aufenthalt durch Zeichen. Ich traf ihn, als er das Gras am Ufer des Dijala niedertrat, und an den Büschen hingen Grasbüschel als Zeichen, an welcher Stelle man in das Gesträuch dringen müsse, um zu unserem Lager zu gelangen." – „Das ist unmöglich!" – „Ich sage es. Verhöre ihn, wenn du ihn verstehen kannst!"

Hassan Ardschir-Mirsa legte dem Gefangenen viele Fragen vor, konnte aber aus den daraus folgenden Zeichen und Gebärden weiter nichts entnehmen, als daß Saduk gar nicht begreife, was ich von ihm wolle.

„Siehst du, Effendi, daß er unschuldig ist!" meinte der Mirsa.

„Nun gut, so werde ich an deiner Stelle handeln", erklärte ich. „Ich hoffe, daß es mir gelingt, dich zu überzeugen, daß Saduk ein Verräter ist. Hol dein Gewehr und folge mir. Sag aber vorher deinen Leuten, daß meine Begleiter jeden niederschießen werden, der Miene macht, Saduk zu befreien. Meine Freunde sind nicht gewohnt, mit sich scherzen zu lassen. Unten am Rand des Busches mag einer bis zu unserer Rückkehr Wache halten, um es den anderen zu melden, falls er das Nahen einer Gefahr bemerkt." – „Reiten oder gehen wir?" erkundigte sich der Perser.

„Wie weit liegt der Ort von hier, wo ihr euer letztes Nachtlager hattet?" – „Wir sind mehr als sechs Stunden geritten." – „So können wir ihn heute nicht erreichen. Wir werden gehen."

Er holte sein Gewehr. Ich gab Halef und dem Engländer die nötige Unterweisung. Sie banden den Gefangenen und nahmen ihn zwischen sich. Er befand sich so in sicheren Händen, so daß ich mich ohne Sorge entfernen konnte.

Wir wendeten uns zunächst talabwärts, dem Dijala zu. Auf der Hälfte dieses kurzen Weges blieb ich überrascht stehen, denn an einer kleinen Blutbuche hing ein ebensolches Grasbüschel wie die beiden, die Saduk in den Fluß hatte werfen müssen.

„Halt, Mirsa! Was ist das?" fragte ich. – „Gras", erwiderte er.

„Wächst das auf den Bäumen?" – „Allah! Wer hat es hierhergehängt?" – "Saduk! Komm rechts hinüber, wo ich ein zweites Zeichen vermute."

Der Mirsa folgte mir erstaunt, und meine Vermutung bestätigte sich.

"Ist das aber nicht schon vor uns dagewesen?" zweifelte der Perser noch immer.

"O Hassan Ardschir-Mirsa, wie gut es ist, daß nur ich deine Worte höre! Siehst du nicht, daß das Gras noch jung und frisch ist? Komm vollends hinab zum Dijala, wo ich die ersten Zeichen fand. Dieser Schurke hat einen breiten Weg vom Fluß zum Lager förmlich abgesteckt! Dort wären wir überfallen und getötet worden, ganz wie dein Vater, der Apotheker, der Mutschtehid und seine Tochter sterben mußten." – "Effendi, wenn du recht hättest!" – "Ich habe recht. Bist du ein guter Fußgänger und getraust du dir, den Weg wiederzufinden, auf dem ihr von eurem letzten Lagerplatz hierhergekommen seid?"

Er bejahte beides, und nun schritten wir am Dijala aufwärts und erreichten bald die Stelle, wo wir gelagert hatten, ehe wir den Persern zu Hilfe geeilt waren. Wir waren damals aus Norden gekommen, hier bog das Flußtal bald nach Osten um, und wir folgten dieser Richtung. Wir hatten die Krümmung bereits hinter uns, als ich rechter Hand eine starke Weide bemerkte, von deren Stamm zwei Rindenstreifen abgeschlitzt waren.

"In welcher Ordnung seid ihr gewöhnlich geritten?" erkundigte ich mich.

"Die Frauensänfte in der Mitte und die Leute, in zwei Hälften geteilt, vor und hinter ihr." – "Bei welcher Abteilung war Saduk?"

"Stets bei der hinteren. Er blieb oft zurück, denn er liebt die Blumen und Kräuter, die er gerne betrachtet." – "Saduk blieb zurück, um unbemerkt für deine Verfolger Zeichen zu hinterlassen. Er ist ein großer Schlaukopf! Komme weiter!"

Nach einer Viertelstunde zeigte der Dijala eine fast dreifache Breite gegen früher. Infolgedessen war das Wasser seichter und bildete eine Furt, die leicht zu durchwaten war. Hier blieb der Mirsa stehen und deutete auf eine junge Birke, die kurz unterhalb ihrer Krone abgeknickt war.

"Vielleicht hältst du das auch für ein Zeichen?" lächelte der Perser. Ich untersuchte das Bäumchen.

"Allerdings ist es ein Zeichen. Siehe das Stämmchen an, meinetwegen auch die Stämme der anderen Bäume. Betrachte ferner die Richtung der Höhen hier, und du wirst finden, daß der Wind hier nur von Westen wehen kann. Kein Nord-, Süd- oder Ostwind kann hier so stark sein, daß er die Krone dieses schwachen Bäumchens bricht. Und doch ist sie gebrochen, und zwar so, daß sie nach Westen zeigt. Fällt dir das nicht auf?" – "Allerdings, Effendi!" – "Und nun siehe die Bruchfläche an! Sie ist noch hell. Sie kann nur aus der Zeit stammen, in der ihr hier vorüberkamt. Dabei hat es in den letzten Tagen keinen Sturm gegeben, der mächtig genug gewesen wäre, diese Knickung hervorzubringen Die Krone zeigt nach West, die Richtung, die ihr eingeschlagen habt. Komme weiter!" – „Sollen wir schwimmen? Wir sind hier über die Furt herübergekommen." – „Vielleicht ist das Schwimmen gar nicht nötig, denn der Fluß ist seicht. Laß uns hinüberwaten, und du wirst sehen, daß wir an der Stelle, wo ihr ins Wasser rittet, wieder Zeichen finden."

Wir banden unsere Kleider in Bündel, die wir auf die Köpfe nahmen. Das Wasser ging uns bald über die Knie, nur einmal erreichte es meine Brust. Drüben angekommen, mußte sich der Mirsa sofort von der Richtigkeit meiner Vermutung überzeugen; denn es waren mehrere wilde Traubenranken so zusammengebogen und verbunden, daß sie eine Toröffnung versinnbildlichten.

„Hatte Saduk hier Zeit, das zu tun?" fragte ich.

„Ja. Ich besinne mich, daß die Kamele nicht ins Wasser wollten; wir hatten viele Mühe mit ihnen. Saduk ließ sein Pferd zurück, um eines der Kamele hinüberzubringen, und kehrte zuletzt allein zurück, um sein Pferd nachzuholen." – „Wie schlau! Glaubst du mir noch immer nicht? – „Effendi, ich beginne allerdings, dir beizustimmen. Aber was wird er in der Ebene, wo es nur Gras gab, für Zeichen gemacht haben?" – „Auch das werden wir erfahren. Aus welcher Richtung seid ihr an diese Stelle gekommen?" – „Vom Aufgang der Sonne. Da drüben ist – o Effendi, was ist das?"

Der Perser deutete nach Osten – ich folgte der Richtung seines Armes und gewahrte eine dunkle Linie, die sich uns zu nähern schien.

„Sind das Reiter?" fragte der Mirsa.

„Allerdings. Schnell wieder über das Wasser hinüber, denn auf dieser Seite gibt es kein Versteck für uns! Drüben haben wir Felsen und dichtes Gebüsch!"

Der Rückzug wurde rasch ausgeführt, und nun suchten wir uns ein sicheres Versteck, wo wir die Nahenden beobachten konnten. Erst hier fanden wir Zeit, die Kleider wieder anzulegen.

„Wer mögen diese Leute sein?" fragte der Mirsa.

„Hm! Jedenfalls ist hier kein Handelsweg. Aber die Furt könnte auch anderen bekannt sein. Wir müssen abwarten."

Die Reiter kamen im Schritt näher und erreichten das jenseitige Ufer. Sie waren so nahe, daß wir die Gesichter zu unterscheiden vermochten.

„Dirîghâ – o wehe!" flüsterte Hassan Ardschir-Mirsa. „Es sind persische Truppen." – „Auf türkischem Boden?" zweifelte ich.

„Du siehst ja, daß sie die Kleidung der Beduinen tragen!"

„Sind es Ihlats[1] oder Milizen?" – „Ihlats. Ich kenne den Anführer, er war mein Untergebener." – „Was ist er?" – „Es ist der Sultân[2] Mäktub Aga, der Sohn von Aijub Khan."

Wir sahen, daß der Anführer die Weinranke betrachtete. Dann sprach er zu seinen Leuten, deutete auf die Ranke und führte sein Pferd ins Wasser. Die anderen folgten ihm.

---

[1] Ihlats werden aus den Wanderstämmen, Milizen aus den Bewohnern der Städte rekrutiert [2] Hauptmann, Rittmeister

„Effendi", raunte mir der Mirsa erregt zu, „du hattest in allem recht! Diese Leute sind abgeschickt, mich zu ergreifen. Dort ist auch der Nâjib Omram, der der Neffe von Saduk ist. Allah, wenn sie uns hier träfen! Dein Hund wird uns doch nicht verraten?" – „Nein. Er verhält sich ruhig."

Die Verfolger zählten dreißig Mann. Ihr Anführer war ein verwegener Geselle. Er hielt bei der Birke und lachte.

„Bä bä – bravo!" rief er. „Komm her, Nâjib, und sieh, wie gut wir uns auf den Bruder deines Vaters verlassen können. Hier ist ein neues Zeichen. Jetzt geht es am Dijala hinunter. Vorwärts!"

Die Ihlats ritten an uns vorüber, ohne uns zu bemerken.

„Nun, Mirsa, bist du überzeugt?" – „Vollständig!" knirschte er. „Aber hier ist keine Zeit zum Reden; wir müssen handeln!"

„Handeln? Hm! Wir können nichts tun, als deinen Feinden vorsichtig folgen."

Wir verließen unser Versteck und huschten vorsichtig hinter den Ihlats her. Es war vorteilhaft für uns, daß sie langsam ritten. Nach einer Viertelstunde kamen die Verfolger an den Lagerplatz, von dem aus Mohammed Emin in den Tod geeilt war. Sie blieben halten, um die Spuren des Lagers zu betrachten.

Wir bogen rechts in die Gebüsche ein, wo wir so schnell wie möglich vorwärtsdrangen. Die zu durchlaufende Strecke betrug zehn Minuten, aber schon nach fünf Minuten erreichten wir unser Lager, ich schwitzend und der Mirsa heftig keuchend. Ein Blick überzeugte mich, daß alles in Ordnung war.

„Haltet euch still, es nahen Feinde!" befahl der Perser seinen Leuten, dann sprangen wir zwischen den Büschen hindurch den Berg hinab, wo wir unseren Posten trafen. Wir brauchten hier kaum eine Minute zu warten, so erschienen die Verfolger. Uns gegenüber blieben sie halten.

„Das wäre ein schöner Platz zum Lagern", meinte der Anführer. „Was denkst du, Omram?" – „Der Tag neigt sich zu Ende, Herr", antwortete der Nâjib.

„Gut, wir bleiben hier! Wasser und Gras ist da!"

Das hatte ich nicht erwartet. Dieser Entschluß war gefährlich für uns. Wir hatten zwar alle Spuren vertilgt, aber an dem Platz, wo wir während der ersten Nacht gelagert hatten, war vom Feuer das Gras verzehrt und die Erde geschwärzt worden, und das hatten wir nicht ganz zu verbergen vermocht. Übrigens bemerkte ich, daß das Gras, das Saduk niedergestampft hatte, sich doch nicht ganz erholt hatte.

„Allah! Was tun wir?" wisperte mir Hassan Ardschir-Mirsa zu.

„Anschleichen! Aber zu dreien können wir leicht entdeckt werden. Einer ist genug, und der will ich sein. Nehmt den Hund mit, geht zum Lager und macht euch kampfbereit! Wenn ihr diesen Revolver knallen hört, so könnt ihr bleiben; hört ihr aber die Stimme des Stutzens, so bin ich in Gefahr, und ihr müßt mir zu Hilfe eilen. Dann mag Hadschi Halef Omar mir meine schwere Büchse mitbringen."

„Effendi, ich kann dich in dieser Gefahr nicht verlassen!" – „Ich bin hier sicherer als die Deinigen dort oben. Du kannst mir jetzt nichts nützen."

Er stieg mit seinem Diener und Dojan die Höhe empor, und ich blieb allein zurück. Das war mir lieber, als wenn ich von einem Unerfahrenen behindert worden wäre. Ich kam nur dann in Gefahr, wenn es dem Sultân einfiel, das Gebüsch durchsuchen zu lassen. Aber dieser persische Rittmeister war kein Indianerhäuptling; das sah ich an der nachlässigen Art, wie er das Lagern vor sich gehen ließ.

Die Pferde wurden abgesattelt und freigelassen. Sie rannten sofort zum Wasser und zerstreuten sich nach Belieben. Die Reiter warfen ihre Lanzen fort, legten ihre Sachen ordnungslos auf den Boden und streckten sich dann im Grase aus. Nur der Nâjib ging das Gelände ab und kam auch an die Feuerstelle. Er bückte sich, um sie zu untersuchen, und rief dann: „Inâk – aufgepaßt!" – „Was gibt es?" fragte sein Vorgesetzter und sprang auf.

„Hier war ein Feuer. Hier haben sie übernachtet."

Der Rittmeister eilte hin, untersuchte den Ort und bestätigte die Richtigkeit der Wahrnehmung. Dann erkundigte er sich: „Ist ein Zeichen gemacht?" – „Ich sehe keins", entgegnete der Leutnant. „Es wird Saduk nicht möglich gewesen sein. Morgen werden wir es finden. Hier können auch wir ein Feuer machen. Nehmt Mehl, und backt Brot!"

Als ich die Soldaten so sorglos wirtschaften sah, erkannte ich, daß uns vor ihnen nicht bange zu sein brauchte. Sie machten ein riesiges Feuer an, mengten Mehl und Flußwasser zu einem dicken Brei, der in den Händen gequetscht, gedrückt und gerollt und dann auf den Lanzenspitzen über die Glut gehalten wurde. Das war das Brot, das sie in noch heißem und halb verbranntem Zustand zerrissen und heißhungrig verschlangen. Das war ihre Abendmahlzeit.

Als die Dämmerung hereinbrach, beteten sie und rückten dann dem Feuer näher, um sich ihre Märchen aus ‚Tausendundeiner Nacht' zum tausendundersten Mal zu erzählen. Ich sah ein, daß ich hier ziemlich überflüssig sei, und schlich geräuschlos zum Lager hinauf. Dort brannte kein Feuer; jeder saß kampfbereit an seinem Platz. Saduk lag noch zwischen Halef und dem Engländer. Man hatte seine Fesseln verdoppelt und ihm auch einen Knebel gegeben.

„Wie steht es, Effendi?" fragte Hassan Ardschir-Mirsa.

„Gut", erwiderte ich.

„Sind sie fort?" – „Nein." – „Wie kann es dann gut stehen?"

„Weil diese Ihlats samt ihrem Anführer die größten Dummköpfe sind. Wenn wir uns während der Nacht ruhig verhalten, so werden sie in der Frühe abziehen, ohne uns im geringsten zu belästigen. Halef, kannst du mit deinem Bein hinuntersteigen?" – „Ja, Sihdi."

„So übergebe ich sie dir, denn auf dich kann ich mich am besten verlassen. Du bleibst unten, bis ich dich ablöse." – „Wo wirst du mich suchen?" – „Die Soldaten haben ein Feuer, und gerade oberhalb steht eine alte verkrüppelte Pinie. An ihrem Stamm werde ich dich treffen."

„Gut, Sihdi. Die Flinte lasse ich hier, sie ist mir im Weg. Mein Messer ist scharf und spitz, und wenn einer dieser Dummköpfe es wagen sollte, heraufzusteigen, so kann er unten in der Dschehenna an Hadschi Halef Omar denken! Allahi, wallahi, tallahi, ich habe es gesagt!"

Er huschte leise fort. Sein Nachbar, der Engländer, faßte mich am Arm.

„Sir, was ist denn eigentlich los? Ich sitze hier und verstehe kein Wort. Ich weiß, daß da unten ein Haufe Perser sitzt und weiter nichts. So rückt doch mit der Sprache heraus!"

Ich erklärte ihm in Kürze den Stand der Dinge. Dem Mirsa dauerte diese Auseinandersetzung zu lange. Er unterbrach mich mit der Frage: „Effendi, darf ich die Ihlats nicht sehen?" – „Kannst du dich geräuschlos über Wurzeln und Laub, durch Äste und Zweige bewegen?" lautete meine Gegenfrage.

„Ich denke doch und werde vorsichtig sein." – „Hast du gelernt, Husten und Niesen zu unterdrücken?" – „Das ist unmöglich!"

„Es ist nicht unmöglich; es ist nicht einmal schwer, wenn man sich darin gehörig geübt hat. Aber wir wollen es wagen. Vielleicht können wir sie belauschen und etwas Wichtiges hören. Wenn dir ein Reiz in die Kehle oder Nase kommt, so lege den Mund fest auf die Erde und bedecke den Kopf. Wer einen anderen beschleichen will, darf nie durch die Nase Atem holen, dann ist das Niesen ausgeschlossen. Wer in der Nähe eines Feindes husten muß, der huste mit eingehülltem Kopf in die Erde hinein und ahme dabei, wenn es Nacht ist, den Ruf des Uhu nach. Ein erfahrener Schikargi[1] aber wird nie husten oder niesen. Komme!"

Ich schlich voran, und Hassan Ardschir-Mirsa folgte mir. Dabei suchte ich ihm alles aus dem Weg zu räumen, was ihm hinderlich sein konnte, und so kamen wir seitwärts von Halefs Standpunkt glücklich unten am Saum des Gebüsches an, wo wir uns leicht im tiefen Schatten der Sträucher verbergen konnten. Nur zwölf Schritte von uns loderte das Feuer. Die beiden Offiziere saßen nahe dabei. Die anderen bildeten einen Dreiviertelkreis um die Flamme.

Hassan Ardschir-Mirsa sagte kein Wort, aber ich hörte es seinen Atemzügen an, daß er sich in Aufregung befand. Er war gewiß mutig und in der Führung der Waffen erfahren, aber in einer solchen Lage hatte er sich noch nie befunden. Auch mir hatte das Herz geklopft, als ich zum erstenmal einen Feind beschlich. Die Erfahrung hatte mich kühler gemacht.

Die Ihlats schienen überzeugt zu sein, sich in dieser Gegend allein zu befinden, denn ihre Unterhaltung war so laut, daß man sie sicher jenseits des Flusses noch hören konnte. Eben, als wir unser Versteck erreicht hatten, fragte der Leutnant seinen Vorgesetzten:

„Wirst du ihn lebendig zurückbringen?" – „Ich bin kein Tor! Sagt einmal, ihr Männer, wollt ihr ihn tot oder lebendig haben?"

„Tot!" rief es im Kreis.

„Natürlich! Wir haben den Befehl, den Mirsa zu verfolgen, und,

---

[1] Jäger

wenn wir ihn nicht lebendig fangen, doch seinen Kopf zu bringen. Schaffen wir ihn lebendig zurück, so müssen wir auch alles, was er bei sich hat, abgeben. Bringen wir aber seinen Kopf, so wird nach allem anderen nicht gefragt." – „Er soll sein Geld und seine Wertsachen aufgeladen haben", bemerkte der Leutnant.

„Ja, dieser Sohn eines verfluchten Serdar[1] ist sehr reich. Er hat acht oder zehn Kamele mit seinen Schätzen bepackt. Wir werden eine kostbare Beute machen und viel zu teilen haben." – „Und was wirst du tun, wenn sich der Mirsa unter den Schutz eines Scheiks oder eines türkischen Beamten begibt?" – „Ich werde nach diesem Schutz nicht fragen. Freilich dürfen wir dann nicht verraten, daß wir Perser sind. Versteht ihr wohl? Übrigens wird Hassan Ardschir keine Zeit haben, sich unter einen solchen Schutz zu stellen, denn schon morgen oder übermorgen werden wir ihn ergreifen. Wir brechen mit der Morgenröte auf und werden wie bisher Zeichen finden, die uns untrüglich leiten. Dieser Dummkopf Hassan Ardschir-Mirsa hält Saduk für unschädlich, weil er nicht reden kann. Der Mirsa vergißt, daß ein Stummer doch zu schreiben vermag. Die Zeichen, die Saduk uns gemacht hat, sind eine ebenso deutliche Schrift, wie seine Pergamentstreifen. Jetzt legt euch um, ihr Männer, denn wir haben nicht mehr viel Zeit zur Ruhe."

Man folgte diesem Befehl, und der eine oder andere der Soldaten mochte vom Glanz der Schätze träumen, die sich, seiner Erwartung nach, bald in seiner Hand befinden würden.

Unser Lauschen hatte mir außer dem unmittelbaren Nutzen auch noch einen anderen gebracht: Ich wußte nun, daß der Vater des Mirsa ein Serdar gewesen war, und hielt es für gewiß, daß auch Hassan Ardschir einen hohen Rang im persischen Heer bekleidet hatte. Es mußten bedeutende Personen gewesen sein, vor deren Rache er sich zur Flucht gewandt hatte.

Als die Ihlats sich in ihre Decken gehüllt hatten, schlichen wir leise davon.

„Effendi", grollte der Perser, als wir außer Hörweite waren, „ich habe diesen Rittmeister und diesen Leutnant mit vielen Wohltaten überhäuft. Die beiden müssen sterben!" – „Sie sind deiner Beachtung gar nicht wert", beschwichtigte ich. „Sie sind Hunde, die man hinter dir hergehetzt hat. Zürne nicht ihnen, sondern zürne ihren Herren!"

„Diese Undankbaren wollen mich ermorden, um meine Schätze zu erhalten." – „Sie wollen es, aber sie werden es nicht tun. Wir können in unserem Lager darüber sprechen. Schleiche nun allein zurück! Ich werde bald nachkommen."

Der Mirsa entfernte sich nur widerwillig. Als ich von seinen leisen Bewegungen nichts mehr vernahm, huschte ich zu Halef hinüber und raunte ihm für alle Fälle die nötigen Verhaltungsmaßregeln zu. Dann schlug ich einen Bogen um den Lagerplatz der Ihlats, so daß ich rechts davon den Saum der Sträucher und den Dijala erreichte, und schritt

[1] Obergeneral

hierauf in südlicher Richtung weiter. Nach ungefähr zwei Minuten brach ich eine kleine Erle um, so daß ihr Wipfel nach Süden zeigte, und nach weiteren fünf oder zehn Minuten tat ich zweimal das gleiche. Bei dem letzten Zeichen machte der Fluß eine scharfe Biegung, die mir für meine Absichten sehr zustatten kam. Alsdann kehrte ich in unser Lager zurück.

Ich hatte zu meinem kleinen Ausflug doch eine halbe Stunde gebraucht und fand den Mirsa schon in Sorge um mich. Auch der Englishman fragte: „Wo lauft Ihr herum, Sir? Sitze da wie ein Waisenknabe, um den sich niemand kümmert. Habe die Sache satt! Yes!"

„Beruhigt Euch, Ihr werdet bald Beschäftigung erhalten."

„Schön! Gut! Schlagen wir die Halunken tot?" – „Nein. Aber wir werden sie ein wenig an der Nase herumführen." – „Freut mich! Sollten dabei nur solche Nasen haben wie ich. Yes! Wer wird dabei sein?" – „Nur Ihr und ich, Sir David." – „Desto besser. Wer allein arbeitet, hat auch die Ehre allein. Wann geht die Geschichte los?" „Kurz vor Tagesanbruch." – „Erst? Dann lege ich mich noch ein wenig aufs Ohr. Well!"

Lindsay wickelte sich kaltblütig ein und war bald in Schlaf gesunken.

Hassan Ardschir-Mirsa war begierig, sich mit mir beraten zu können, und dort an der Scheidewand sah ich drei weibliche Gestalten stehen, die offenbar die Sorge trieb, unsere Unterhaltung gleich mit anzuhören.

„Wo warst du noch, Effendi?" fragte der Perser.

„Ich wollte dir Zeit lassen, nachzudenken und dich zu beruhigen. Ein kluger Mann fragt nicht seinen Zorn, sondern seinen Verstand um Rat. Dein Zorn wird sich gelegt haben. Nun sage, was du zu tun gedenkst." – „Ich werde die Ihlats mit meinen Leuten überfallen und töten!" – „Diese dreißig gesunden Männer mit deinen Verwundeten?" – „Du und deine Begleiter, ihr werdet uns beistehen."

„Nein, das werden wir nicht tun. Ich bin kein Barbar, sondern ein Christ. Mein Glaube gestattet mir, mein Leben zu verteidigen, wenn es angegriffen wird; sonst aber gebietet er mir, das Leben meines Bruders zu achten." – „So willst du mir nicht helfen, Effendi, trotzdem du mein Freund bist?" – „Ich bin dein Freund und werde es dir beweisen; aber ich frage dich: Hassan Ardschir-Mirsa, willst du ein feiger Meuchelmörder werden?" – „Niemals, Effendi!" – „Und doch willst du die Ihlats im Schlaf überfallen! Oder gedenkst du, sie vorher zu wecken, damit der Kampf ehrlich ausgefochten wird? Dann wärst du verloren." – „Ich fürchte sie nicht!" – „Ich weiß es. Aber eine wilde, ungezügelte Tapferkeit gleicht der Wut eines Büffels, der blind in den Tod rennt. Ich setze den Fall: Ihr tötet zehn oder fünfzehn dieser Ihlats, so bleiben immer noch zwanzig oder fünfzehn übrig, die gegen euch stehen. Ihr habt euch ihnen dann selbst verraten, und sie werden sich an eure Fersen heften, bis ihr aufgerieben seid."

„Deine Rede klingt weise, Effendi, aber wenn ich meine Verfolger schone, so gebe ich mich erst recht in ihre Hände! Sie werden mich heute oder morgen ergreifen, und was dann geschieht, das hast du gehört." – „Wer sagt, daß du dich in ihre Hand geben sollst?" – „Nun, es ist doch so. Oder kannst du sie vielleicht bewegen, mich ruhig ziehen zu lassen?" – „Ja, das werde ich allerdings tun. Ich war soeben unten am Fluß und habe dort einige Bäumchen gebrochen. Wenn die Ihlats dies bemerken, werden sie ihren Weg fortsetzen. Ich reite vor ihnen her, um ihnen Zeichen zu machen, durch die sie irregeführt werden. Sollten sie etwa vor ihrem Abzug unser Lager dennoch entdecken, so verteidigt ihr es. Ich werde eure Schüsse hören und sofort herbeikommen." – „Was wird es nützen, sie von unserer Spur zu bringen, wenn sie die Fährte später wiederfinden!" – „Laß mich nur machen! Ich werde sie so führen, daß sie gewiß nicht wieder auf unsere Spur kommen. Hast du Pergament bei dir?" – „Ja. Auch bei Saduk haben wir Pergament gefunden." – „Er hat es benutzt, um den Ihlats heimlich Nachricht zu geben. Hast du ihn danach gefragt?" „Ja, doch er gesteht nichts." – „Wir brauchen sein Geständnis nicht. Gib mir sein Pergament und leg dich schlafen. Ich werde wachen und euch wecken, wenn es Zeit ist!"

Die Frauen verschwanden, und die Männer legten sich zur Ruhe. Saduk hatte jedes Wort dieser Unterredung hören können; er mußte wie auf Nadeln liegen. Ich untersuchte seine Fesseln und auch den Knebel. Die Stricke waren stark genug, und der Knebel erlaubte ihm trotz seiner Festigkeit das Atmen.

Beim ersten Tagesgrauen weckte ich den Engländer. Auch die Perser wachten auf, und der Mirsa kam herbei.

„Du willst aufbrechen, Effendi?" fragte er. „Wann kommst du zurück?" – „Sobald ich überzeugt bin, daß es mir gelungen ist, die Feinde zu täuschen." – „Das könnte auch erst morgen sein!" – „Allerdings." – „So nimm Mehl, Fleisch und Datteln mit! Was aber sollen wir tun, bis du wiederkommst?" – „Verhaltet euch ruhig und verlaßt diesen Platz so wenig wie möglich. Sollte doch etwas Bedenkliches eintreten, so zieht meinen Hadschi Halef Omar zu Rat. Er ist ein kluger, erfahrener Mann."

Ich huschte noch einmal zu Halef hinab, um ihn von meinem Vorhaben zu unterrichten. Als ich zurückkam stand Lindsay bereit, und ich sah, daß man unsere Satteltaschen mit reichlichen Vorräten versehen hatte. Nach kurzem Abschied brachen wir auf.

Es war sehr schwierig und kostete uns Zeit, die Pferde in der Finsternis zwischen den Büschen und Bäumen hinabzubringen. Wir mußten dabei einen Umweg machen, um von den Ihlats nicht bemerkt zu werden. Endlich erreichten wir das Tal, saßen auf und trabten davon. Man konnte nicht weit sehen, denn der Nebel lagerte über dem Wasser. Aber im Osten lichtete sich bereits der Himmel, und ein leichter Morgenwind zeigte das Nahen des Tages an. Nach kaum fünf Minuten erreichten wir den Ort, wo der Fluß sich krümmte und wo ich das letzte Zeichen angebracht hatte. Hier stieg ich vom Pferd.

„Stop?" fragte Lindsay. „Warum?" – „Hier müssen wir abwarten, ob die Perser ihren Marsch unverzüglich weiter fortsetzen oder erst das Gelände untersuchen und mit unseren Freunden in Kampf geraten." – „Ah! Klug! Well! So sind wir auf alle Fälle da! Yes! Haben wir Tabak mit?" – „Werde nachsehen."

Hassan Ardschir-Mirsa war sehr aufmerksam gewesen, denn bei den Speisen befand sich auch ein kleiner Vorrat von persischem Tabak.

„Schön! Gut! Anbrennen! Prächtiger Junge, dieser Mirsa!" meinte Lindsay.

„Paßt auf, dort heben sich die Nebel, und in zwei Minuten werden wir bis hinauf zu den Ihlats sehen können. Wir müssen uns hinter die Krümmung zurückziehen, sonst bemerken sie uns, und dann könnte unser ganzes Spiel verloren sein."

Wir verbargen uns hinter die scharfe Biegung des Flußtales und warteten. Endlich sah ich durch mein Fernrohr, daß alle dreißig Ihlats im Schritt herabgeritten kamen. Nun stiegen wir zu Pferd und galoppierten davon. Erst eine englische Meile weiter hielten wir an, und dort schlitzte ich die Rinde einer Weide los.

„Hm, müssen sehr dumm sein, diese Leute", brummte Lindsay, „wenn sie nicht sehen, daß dieses Zeichen erst jetzt gemacht worden ist." – „Ja, dieser Rittmeister ist kein Hadschi Lindsay Bei! Seht, von hier aus scheint der Fluß einen sehr weiten Bogen zu bilden. Jedenfalls kommt er an den Bergen dort im Süden wieder zurück. Das gibt einen Bogen, dessen Sehne wenigstens acht englische Meilen lang ist. Wollen wir diese Perser ein wenig ins Wasser führen?"

„Bin dabei! Werden sie uns folgen?" – „Sicher, nehmt die Taschen mit den Vorräten hoch!" – „Aber werden diese Männer glauben, daß der Mirsa mit seinen Kamelen hier über den Fluß gegangen ist?"

„Das will ich ja eben erproben. Wenn der Anführer der Verfolger das glaubt, so wird er auch allen unseren anderen Finten folgen."

Ich verband die Ranken eines Pfeifenstrauches zu einem recht auffälligen Torbogen, trieb meinen Rappen zu einigen Sprüngen, um den Boden mit Spuren zu bedecken, und ließ ihn dann ins Wasser gehen. Der Engländer folgte. Da wir stromaufwärts hielten, erreichten wir trotz der heftigen Strömung die gegenüberliegende Stelle des anderen Ufers, wo ich einige Strauchspitzen umbrach, um die Richtung nach Süden anzudeuten. Es gab hier grasigen Boden, was mir lieb war, da so die Nässe, die von uns tropfte, weniger bemerkbar wurde.

Jetzt ging es im Galopp weiter. Die Perser mußten nach einer halben Stunde diese Stelle erreichen, und dann erkannten sie, wenn sie nicht ganz unerfahren waren, daß die Spuren unserer Pferde im Gras nicht älter als vom heutigen Morgen sein konnten. Hier lag eine Gefahr für das Gelingen unseres Unternehmens. Aber ich mußte es darauf ankommen lassen! Wir ritten zwei Stunden in gleicher Richtung fort über kurze Ebenen, über niedrige Hügel und durch seichte Täler, die von kleinen Wasserläufen durchflossen waren. Dann erreichten wir, wie ich vermutet hatte, den Dijala wieder und setzten auf das andere Ufer über. Natürlich hatten wir an passenden Stellen unsere Zeichen angebracht. Jetzt zog ich ein Stück Pergament hervor.

„Ihr wollt schreiben, Sir?" fragte Lindsay. – „Ja. Die Zeichen müssen nun bald aufhören, und so will ich versuchen, ob ein Pergament die gleiche Wirkung tut." — "Zeigt her, was Ihr schreibt!"

"Will es Euch lieber sagen. Ihr könnt es doch nicht entziffern. Es ist persisch und wird von rechts nach links gelesen. Die Worte lauten: ‚Hâlâ häm-wârâ begîn — jetzt beständig abwärts!' Wollen aufpassen, ob die Verfolger dieser Weisung Folge leisten."

Ich bog zwei Äste eines Strauches zusammen und befestigte das Pergament so daran, daß es jedem auffallen mußte. Hierauf ritten wir dem Lauf des Flusses nach, bis wir eine passende Stelle fanden, um unseren letzten Übergangspunkt zu beobachten, ohne gesehen zu werden. Hier stiegen wir ab, um ein Frühmahl zu halten und die Tiere trinken und grasen zu lassen.

Weit über eine Stunde mußten wir warten, bis wir endlich oben am Fluß eine Bewegung wahrnahmen. Das Fernrohr zeigte mir, daß unser Plan geglückt war, und so ritten wir höchst befriedigt weiter. Erst kurz nach Mittag machte ich ein Zeichen und dann gegen Abend wieder eins an der Ecke eines Seitentals, das sich vom Dijala nach Westen erstreckte. Das war die erste Gelegenheit, den zweiten Teil unseres Unternehmens auszuführen, nämlich die Perser nach rechts abzulenken. Bis jetzt hatte sich das Gelände noch nicht recht dazu geeignet. Am Eingang dieses Tales hielten wir unsere wohlverdiente Nachtruhe.

Am anderen Morgen befestigte ich ein zweites Pergamentstück, das angab, daß der Weg nun lange Zeit nach Sonnenuntergang führen würde. Im Lauf des Vormittags ließ ich ein drittes zurück, des Inhaltes, daß Hassan Ardschir-Mirsa mißtrauisch geworden sei, weil er mich (das heißt Saduk) bei einem Zeichen ertappt habe. Dann zu Mittag brachte ich das vierte und letzte Pergamentstück an. Es enthielt die Nachricht, daß der Mirsa nach Kifri oder gar nach Dschumeila reisen wolle. Sein Mißtrauen sei so gewachsen, daß er mich in die Vorhut versetzt habe, um mich stets vor Augen zu haben; das Zeichengeben sei mir fortan unmöglich.

Hiermit war unsere Aufgabe gelöst. Ich hielt es nicht für nötig, uns zu überzeugen, ob man uns auch wirklich bis hierher folgen werde; denn nach allem, was bisher geschehen war, stand sicher zu erwarten, daß man unsere List für Wahrheit nahm.

Wir kehrten, mit unserer bisherigen Richtung einen Winkel bildend, um und kamen durch Gegenden, die wohl selten ein Fuß betrat. Es mußten viele Windungen und Umwege gemacht werden, aber dennoch erreichten wir den Dijala noch lange vor Abend. Wir ritten noch eine Strecke aufwärts, bis die Nacht uns zwang, haltzumachen. Am Morgen brachen wir auf und langten bereits am Mittag bei unserem Lager an.

Noch ehe wir es erreichten, kam mir Halef von der Höhe herab entgegengesprungen.

"Allah sei Lob und Dank, Sihdi, daß du glücklich zurückkehrst. Wir haben große Sorge ausgestanden, denn du bist zwei und einen halben Tag weggeblieben. Ist euch ein Unglück begegnet, Sihdi?"

„Nein, es ist im Gegenteil alles glatt abgelaufen. Wir sind nicht früher gekommen, weil wir nicht eher Gewißheit fanden, die Perser wirklich irrezuführen. Wie steht es im Lager?" – „Gut, obgleich was vorgekommen ist, was nicht sein sollte: Saduk ist entflohen." – „Saduk? Wie konnte er entkommen?" – „Er muß unter den anderen Dienern einen Freund haben, der ihm die Fesseln zerschnitten hat." – „Wann ist er fort?" – „Vorgestern früh, am hellen Morgen." – „Wie ist das möglich gewesen?" – „Du warst mit dem Inglis fort, und ich saß Wache hier unten. Die Perser aber verließen das Lager, einer nach dem anderen, um zu sehen, was die Ihlats tun würden. Diese zogen ruhig ab, aber als unsere Perser wieder in das Lager zurückkehrten, war der Gefangene verschwunden." – „Das ist sehr schlimm! Wäre es einen Tag später geschehen, so könnte man ruhig sein. Komm, führe Rih!"

Droben auf der Höhe kamen mir alle eilig entgegen. Ich sah so recht, in welcher Sorge man um uns gewesen war. Dann aber nahm mich der Mirsa beiseite und berichtete mir Saduks Flucht.

„Es ist zweierlei in Betracht zu ziehen", erwiderte ich. „Erstens: Wenn Saduk die Ihlats erreicht, so wird er sie schleunigst zurückbringen. Zweitens: Er kann sich auch in der Nähe des Lagers aufhalten, um sich zu rächen. Wir sind hier auf keinen Fall mehr sicher und müssen diesen Platz sofort verlassen."

„Wohin gehen wir?" fragte Hassan Ardschir-Mirsa. – „Vor allen Dingen auf das andere Ufer des Flusses. Nach unten zu gibt es keine Furt, folglich kehren wir um bis zu der Stelle, an der du herübergekommen bist. Dies erhöht zugleich unsere Sicherheit, denn man wird nicht glauben, daß du aufwärts gegangen bist. Sollte Saduk zurückgeblieben sein, so wird er sich am Tag doch nicht in unsere Nähe wagen. Ich könnte versuchen, mit dem Hund seine Spur zu finden, aber das ist zeitraubend. Gib Befehl aufzubrechen und zeige mir die durchschnittenen Fesseln Saduks. Von jetzt an laß deine Diener niemals wissen, was du zu tun beabsichtigst."

Der Mirsa ging in die Hütte der Frauen und kam mit den Fesseln zu mir zurück. Sie bestanden aus einem Tuch, das als Knebel gedient hatte, aus zwei Stricken und einem Riemen; alle vier Gegenstände waren zerschnitten. Das Tuch machte mir die meiste Mühe, da die vielen Falten, in denen es gelegen hatte, nicht leicht wieder so genau herzustellen waren. Endlich gelang es mir, und ich untersuchte nun die Schnittflächen.

„Laß deine Leute herantreten!" sagte ich zu dem Mirsa.

Sie kamen auf seinen Ruf herbei, ohne zu wissen, worum es sich handelte. Jetzt aber sahen sie die Fesseln vor mir liegen.

„Gebt mir eure Messer und Dolche!" befahl ich.

Während ein jeder mir das Verlangte entgegenstreckte, beobachtete ich heimlich die Gesichtszüge eines jeden einzelnen, ohne etwas Auffälliges zu bemerken. Ich untersuchte nun die Schneiden der Instrumente sorgfältig und bemerkte dabei so obenhin: „Diese Sachen sind nämlich mit einem dreikantigen Dolch durchschnitten worden; ich werde den Täter bald entdecken."

Es waren überhaupt nur zwei dreikantige Dolche vorhanden, und ich bemerkte, daß der Besitzer des einen jäh erblaßte. Zugleich sah ich, daß er leicht die eine Ferse hob, wie einer, der sich zum Sprung anschickt. Daher sagte ich leichthin: „Der Täter will entfliehen. Er mag dies nicht wagen, denn das würde seine Sache verschlimmern. Es kann ihn nur ein offenes Geständnis retten."

Der Mirsa sah mich erstaunt an, und auch die drei Frauen, deren Köpfe über der Scheidewand erschienen waren, flüsterten sich durch die Schleier leise Bemerkungen zu.

Jetzt war ich mit meiner Prüfung zu Ende und hatte Gewißheit. Ich deutete mit dem Finger auf den Betreffenden und sagte: „Dieser ist es! Haltet und bindet ihn!"

Kaum hatte ich diese Worte gesprochen, so schnellte der Missetäter mit einem weiten Satz fort und eilte zu den Büschen. Die anderen wollten ihn verfolgen.

„Bleibt!" gebot ich. „Dojan, faß!"

Der Hund sauste zwischen die Büsche hinein – ein lauter Schrei erscholl und zugleich der meldende Laut des Tieres.

„Halef, hole den Mann!" sagte ich.

Der kleine Hadschi gehorchte mit befriedigter Miene.

„Wie kannst du an den Messern sehen, Effendi", fragte Hassan Ardschir-Mirsa, „wer der Täter war?" – „Sehr leicht! Eine flache Klinge wird einen anderen Schnitt machen als eine dreikantige, die sich mehr zum Stoß eignet. Die Schnittflächen wurden weit auseinander gedrängt, darum war der Schnitt nicht mit einer dünnen Waffe geschehen. Und nun schau her: Diese Schnittflächen sind da, wo sie beginnen, nicht glatt, sondern zerrissen und gestülpt. Die Klinge hat eine Scharte. Und nun sieh dir diesen Dolch an: Er ist der einzige, der eine solche Scharte hat." – „Aber wie wußtest du, daß er entfliehen wollte?" – „Weil ich sah, daß er erbleichte und dann das Sprunggelenk erhob. Wer soll ihn verhören, du oder ich?" – „Tu du es, Effendi! Bei dir wird er nicht leugnen." – „So mögen sich deine Leute entfernen, damit ihm das Geständnis leichter wird. Hier, gib ihnen die Messer zurück! Aber ich mache zur Bedingung, daß du mir erlaubst, das Urteil zu fällen." Er willfahrte gern.

Jetzt brachte Halef den Sünder herbei. Ich sah ihm einige Augenblicke scharf in das Gesicht und sagte dann: „Dein Schicksal steht in deiner Hand. Gestehst du deine Tat ein, so hast du Gnade zu erwarten; leugnest du aber, so mache dich bereit, in die Dschehenna zu gehen!"

„Sahib, ich werde alles sagen", antwortete er, „aber tu den Hund weg!" – „Nein! Er bleibt vor dir stehen, bis wir fertig sind. Er ist bereit, dich auf einen Wink von mir zu zerreißen. Jetzt sag aufrichtig: Warst du es, der Saduk befreit hat?" – „Ja, ich bin es gewesen."

„Warum hast du es getan?" – „Weil ich es ihm geschworen hatte, ehe wir zu dieser Reise aufbrachen." – „Das verstehe ich nicht. Erzähle!" – „Ich saß mit Saduk allein im Hof", begann er zögernd. „Da schrieb er mir auf ein kleines Pergament die Frage, ob ich ihm wohlgesinnt sei. Ich antwortete mit ‚ja‘, denn er dauerte mich, weil man ihm die Zunge genommen hatte. Er schrieb weiter, auch er sei mir zugetan. Wir wollten Freunde sein. Ich stimmte bei, und dann schwuren wir bei Allah und dem Koran, daß wir einander nie verlassen und uns beistehen wollten in jeder Not und Gefahr." – „Redest du die Wahrheit?" – „Ich kann es dir beweisen, Effendi, denn ich habe das Pergament noch, auf dem es geschrieben steht." – „Zeige es her."

Er gab mir das Blatt; es war sehr beschmutzt, aber man konnte die Schrift noch gut erkennen. Ich reichte es dem Mirsa. Er las es und nickte beistimmend. „Du bist sehr unvorsichtig gewesen", sagte ich zu dem Mann. „Du hast dich Saduk angeschworen, ohne zu prüfen, ob es auch vielleicht zu deinem Schaden sein könne." – „Effendi, es hat ihn jeder für einen ehrlichen Mann gehalten! Ich habe nie geglaubt, daß Saduk ein Bösewicht sei, und darum hatte ich Mitleid mit ihm, als er in Fesseln lag. Ich erinnerte mich meines Schwurs, ihm in jeder Not beizustehen, und dachte, daß Allah mich strafen würde, wenn ich diesen Schwur nicht hielte. Darum wartete ich den Augenblick ab, als alle fort waren, und machte Saduk frei. Er erhob sich und sprang ins Gebüsch." – „In welcher Richtung?" – „Dahin." Er deutete in die Richtung, die dem Fluß abgewendet war.

„Du hast die Treue gegen deinen Herrn gebrochen und bist zum Verräter an uns geworden, um einen leichtsinnig gegebenen Schwur zu halten. Rate, welche Strafe du erleiden wirst?" – „Effendi, du wirst mich töten lassen." – „Du hast allerdings den Tod verdient, denn du hast einen Mörder befreit und dadurch uns alle in Gefahr gebracht. Doch du bist geständig, und so erlaube ich dir, deinen Herrn um eine mildere Strafe zu bitten. Ich glaube nicht, daß du von Grund aus ein Bösewicht bist."

Dem Sünder traten dicke Tränen in die Augen. Er warf sich vor Hassan Ardschir-Mirsa auf die Knie. Das strenge Angesicht seines Herrn wurde milder.

„Sprich nicht" sagte er; „ich weiß, daß du mich bitten willst, und kann dir doch nicht helfen. Ich bin mit dir stets zufrieden gewesen, aber dein Schicksal ist nicht mehr in meine Hand gegeben, denn nur allein der Effendi hat über dich zu bestimmen. Wende dich an ihn!"

„Sahib, hast du es gehört?" stammelte der Bittende, zu mir gewandt.

„Du glaubst also, daß ein guter Muslim seinen Schwur halten müsse?" fragte ich ihn. „Könntest du deinen Eid brechen?" – „Nein, selbst wenn es mich das Leben kostete!" – „Wenn also Saduk jetzt wieder heimlich zu dir käme, würdest du ihm Beistand leisten?"

„Nein. Ich habe ihn befreit. Ich habe ihm meinen Schwur gehalten. Nun ist es genug."

Das war allerdings eine eigentümliche Ansicht über die Gültigkeitsdauer eines Eides, doch mir kam sie gelegen.

„Möchtest du deinen Fehler durch Treue und Liebe zu deinem

Herrn wieder vergessen machen?" – "Ich schwöre es bei Allah und dem Koran, bei den Kalifen und allen Heiligen, die es gegeben hat."

"So ist es gut. Du bist frei und wirst Hassan Ardschir-Mirsa weiter dienen."

Der Mann war vor Freude und Glück außer sich, und auch dem Mirsa sah ich es an, daß er mit mir einverstanden war. Doch fiel zwischen ihm und mir hierüber jetzt kein Wort, da wir durch den Aufbruch völlig beschäftigt waren.

7. Mirsa Selim

Beim Verlassen des Ortes machten uns die Kamele am meisten zu schaffen. Die dummen Tiere waren die weite, baumlose Ebene gewöhnt und konnten sich hier zwischen Felsen, Bäumen und Sträuchern nicht zurechtfinden. Wir waren gezwungen, die Lasten bis zum Fluß zu tragen und die Kamele zum Ufer hinunterzuzerren. Ebenso brachten wir sie nur mit Mühe über den Dijala.

Dabei hielt ich mich mit Halef stets hinter den anderen, um sorgfältig alle Spuren zu verwischen.

Es war nicht unsere Absicht, den Ritt nach Bagdad sofort anzutreten, sondern wir wollten nur einen Ort verlassen, an dem wir uns nicht mehr sicher fühlten, und einen anderen suchen, wo wir nicht zu befürchten brauchten, von Saduk und den Ihlats entdeckt zu werden. Gegen Abend, nachdem wir uns längst gegen Süden gewendet hatten, fanden wir eine verlassene Hütte, die wohl einem einsamen Kurden als Aufenthaltsort gedient hatte. Sie stand mit dem Rücken an einer Felswand, und an den drei anderen Seiten umgab sie ein Kranz von Büschen und Sträuchern. Jenseits dieser Büsche hatte man eine weite Fernsicht. Innerhalb dieser Umhegung erhielten die Tiere ihren Aufenthalt, und auch wir schlugen da unsere Lagerstätten auf, was allerdings nicht viel Arbeit erforderte, da es sich nur darum handelte, unsere Satteldecken auf dem Boden auszubreiten. Wir waren eben fertig damit, als der Abend hereinbrach. Sofort begannen die drei Frauen ihre Tätigkeit. Es gab ein gutes Abendessen. Ich war infolge der dreitägigen Anstrengung ermüdet und legte mich bald zur Ruhe. Schon mochte ich einige Stunden geschlafen haben, als ich eine Berührung fühlte und infolgedessen die Augen öffnete. Die alte Halwa stand vor mir und winkte. Ich erhob mich, um ihr zu folgen. Es war nur noch der Perser munter, der die Wache hatte. Er saß draußen vor dem Buschwerk, so daß er uns nicht bemerken konnte. Die Alte führte mich zur Seite des Hauses, wo ein dichter Holunder seine reichen Dolden ausbreitete. Hier fand ich Hassan Ardschir-Mirsa.

„Hast du etwas Wichtiges zu besprechen?" fragte ich ihn.

„Für uns ist es wichtig, denn es betrifft unsere Reise. Ich habe mir überlegt, was ich tun soll, und es wäre mir lieb, wenn meine Gedanken deinen Beifall fänden. Verzeihe, daß ich dich im Schlaf gestört habe." – „Laß mich hören, was du beschlossen hast."

„Du bist bereits in Bagdad gewesen. Hast du auch Freunde oder

Bekannte dort, Effendi?" – „Einige flüchtige Bekanntschaften, doch zweifele ich nicht, daß diese Männer mir freundlich gesinnt sind."

„So kannst du dort sicher wohnen?" – „Ich wüßte nicht, was ich dort zu befürchten hätte, zumal ich unter dem Schutz des Großherrn stehe und mich sogar unter den einer europäischen Macht stellen kann." – „So möchte ich eine Bitte aussprechen. Ich habe dir schon gesagt, daß meine Leute mich in Ghadhim erwarten. Nach allem, was ich neuerdings erlebt habe, nach dem Verrat Saduks und dem Auftauchen der Häscher unter Anführung ehemaliger Untergebener von mir, befestigt sich in mir der Gedanke, daß ich dort nicht sicher wäre, und deshalb sollst du hingehen und meine Angelegenheit besorgen." – „Gern. Welche Aufträge willst du mir anvertrauen?"

„Die Kamele, die du dort finden wirst, haben mein Besitztum getragen, das ich zu retten vermochte. Es ist mir auf meiner Weiterreise hinderlich, und ich werde alles verkaufen. Willst du diesen Verkauf übernehmen?" – „Ja, wenn du mir dieses große Vertrauen schenkst. Ich habe nur ein Bedenken dabei. Wie du mir andeutetest, hast du deine Habe bis Bagdad einem Bevollmächtigten anvertraut, der dir treu ergeben ist. Wird sich dieser Mann nicht gekränkt und zurückgesetzt fühlen, wenn ich jetzt plötzlich in Bagdad erscheine und ihn gleichsam verdränge?" – Der Perser wiegte gedankenvoll den Kopf. „Dein Bedenken ist gerechtfertigt. Laß mich offen sein, um dir die Dinge im rechten Licht zu zeigen! Der Mann, von dem wir sprechen, heißt Mirsa Selim. Er diente gleich meinem Vater und mir im Heer des Schah-in-Schah, und er gehört zu denen, die – sagen wir – gleich dem Vater und mir unzufrieden waren über gewisse Zustände im Staat. Mirsa Selim ist ein ehrgeiziger und, wenn es sein muß, verwegener und rücksichtsloser Mann. Dafür bürgt schon der Umstand, daß er sich die Bezeichnung Schah-Suwary[1] errang. Ich merkte, daß er danach strebte, die Hand meiner Schwester Benda zu gewinnen. Diesen Umstand benützte ich, ihn in gewisse Abhängigkeit von mir zu bringen, und ich muß sagen, er hat sich bisher bewährt." – „Und nun?" erkundigte ich mich gespannt.

„Ja, nun!" fuhr Hassan Ardschir-Mirsa fort. „Nun ist eine Wandlung in mir vorgegangen, Effendi. Die Erfahrungen der letzten Zeit haben mich mißtrauisch gemacht, mißtrauisch auch gegen Mirsa Selim. Du mußt wissen, Saduk war sein besonderer Vertrauter, ebenso der Rittmeister und der Leutnant. Mich hat er schwerlich je geliebt. Er diente mir nur, um seine ehrgeizigen Ziele zu verfolgen. Vielleicht sollte ihm auch Benda nur Mittel zum Zweck sein. Effendi, ich sehe plötzlich alles schwarz, während ich früher leichtgläubig war wie ein Kind. Verstehst du mich? Ich möchte Mirsa Selim vorsichtig ausschalten, um mich vor neuen Enttäuschungen zu bewahren." – „Und wenn du dir dadurch einen Feind mehr schaffst?"

„Ich hoffe, deine Klugheit würde das zu vermeiden wissen."

„Hm. Was nützt alle Klugheit, wenn dieser Mann, getrieben von

---

[1] Ausgezeichneter Reiter

seinem Ehrgeiz, seine Rechte nicht freiwillig aus der Hand geben will?"

„Dann müßtest du freilich rücksichtslos vorgehen. Damit bewiese Mirsa Selim ja schon, daß er nicht uneigennützig ist. Freilich hoffe ich, daß alles im guten abgeht. Ich werde dir einen unserer jetzigen Begleiter mitgeben, der dich mit einem Brief bei Mirsa Selim ausweisen soll. Du verkaufst alles, die Last samt den Tieren. Die Leute kannst du bezahlen und entlassen. Ich weiß, daß du meinen Auftrag besser ausführen wirst als jeder andere, und ich erteile ihn dir auch aus einem anderen Grund. Wirst du in Bagdad sogleich eine Wohnung finden?" – „Ich werde sofort die Wahl unter mehreren haben."

„Das ist gut. Ich möchte dir nämlich nicht nur die Güter, sondern auch mein ‚Haus' anvertrauen, Effendi." – „Hassan Ardschir-Mirsa, du bringst mich in Verlegenheit und Erstaunen! Bedenke, daß ich ein Mann und daß ich ein Christ bin!"

„Ich frage nicht danach, ob du ein Christ oder ein Muslim bist, denn als du mich aus der Hand der Bebbeh errettetest, hast du diese Frage in bezug auf mich auch nicht getan. Ich muß danach trachten, meinen Verfolgern zu entgehen. Sie dürfen nicht wissen, wo ich mich befinde. Darum vertraue ich dir meine Habe an, und darum übergebe ich dir auch mein ‚Haus', damit du es während meiner Abwesenheit unter deinen Schutz nimmst. Ich weiß, daß du die Ehre meines Weibes und meiner Schwester Benda achten wirst."

„Ich werde diese beiden weder zu sehen noch zu sprechen verlangen. Aber du redest von Abwesenheit, Mirsa! Was meinst du damit?" – „Das will ich dir sagen. Während ihr in Bagdad seid, werde ich mit Mirsa Selim nach Meschhed Ali gehen, um die Gebeine meines Vaters zu begraben." – „Du vergißt, daß auch ich nach Nedschef will." – „Effendi, gib diesen Entschluß auf. Er ist zu gefährlich. Ja, du warst in Mekka, ohne es mit dem Leben zu bezahlen. Aber bedenke, welcher Unterschied zwischen Mekka und der Ruhestätte Alis ist. Dort sind fromme, ruhige Muslimin, in Meschhed aber findest du Fanatiker, die bis zum Wahnsinn erregt und in eine tolle Wut gebracht werden, der zu Zeiten selbst echte Gläubige zum Opfer fallen. Ahnte nur ein einziger, daß du kein Schiit, ja, daß du nicht einmal ein Muslim bist, so würdest du den grausamsten Tod erleiden. Folge mir und laß ab von deinem Vorsatz!"

„Wohlan! Ich werde mich erst in Bagdad entscheiden. Aber ob ich gehe oder ob ich bleibe, so kannst du doch überzeugt sein, Hassan Ardschir-Mirsa, daß sich dein Haus in Sicherheit befinden wird."

So endete unsere Unterredung. – Wir blieben noch fünf Tage an dieser Stelle und brachen erst auf, nachdem wir die feste Überzeugung erlangt hatten, daß die Kräfte sämtlicher Begleiter wieder hergestellt seien. Der Ritt durch die Berge ging glücklich vonstatten und auch die Ebene wurde zurückgelegt, ohne daß wir eine feindselige Begegnung mit Arabern hatten. Hinter Khan Beni Sad, vier Wegstunden nordöstlich von Bagdad, machten wir an einem Kanal halt. Von hier aus sollte ich nach Ghadhim reiten, um mit Mirsa

Selim, dem Hassan Ardschir seine Habe anvertraut hatte, zu sprechen. Unser kleiner Trupp hielt an einer Stelle, wo nicht so leicht eine Störung zu befürchten war. Ich half vorerst das Lager fertigstellen und erhielt sodann den Brief Hassans, der mir als Beglaubigung dienen sollte. Der Engländer sah unsere Vorbereitung zum Weiterritt und meinte: „Nach Bagdad, Sir? Gehe mit!"

Ich hatte nichts dagegen einzuwenden. Aber noch einer wollte mit, nämlich Halef. Dies ging jedoch nicht, da er zum Schutz des Lagers nötig war. Wir ritten ab und erreichten nach drei Stunden die dritte Krümmung des Tigris oberhalb Bagdad, in der Ghadhim jenseits des Flusses liegt. Wir überquerten den Postweg, der nach Kerkuk, Erbil, Mossul und Diarbekr führt, ritten an einer großen Ziegelei vorüber und ließen uns übersetzen. Durch freundliche Palmengärten erreichten wir Kasimen oder Ghadhim, das ausschließlich von schiitischen Persern bewohnt wird.

Dieser Ort steht auf ‚heiligem' Boden, denn dort befindet sich die Grabstätte des Imam Mußa Ibn Dschafar. Dieser berühmte Mann hatte die Pilgerreise nach Mekka und Medina an der Seite des Kalifen Harun ar-Raschid gemacht. In Medina begrüßte Imam Mußa die Grabstätte des Propheten mit den Worten: „Heil dir, Vater!", während der Kalif es nur mit den Worten: „Heil dir, Vetter!" getan hatte. „Wie, du willst mit dem Propheten näher verwandt sein als ich, sein Nachfolger?" rief Harun zornig, und von dieser Zeit an haßte er den Vertrauten ebenso, wie er ihn früher geachtet und bevorzugt hatte. Mußa Ibn Dschafar wurde in den Kerker geworfen, in dem er sein Leben beschloß. Aber nach seinem Tod erhob sich über seinem Grab eine prächtige Moschee, deren Kuppel echt vergoldet ist, mit vier schönen Minarehs.

Ghadhim ist auch sonst noch erwähnenswert. Es besitzt nämlich eine Pferdebahn, die ihren Ausgangspunkt am Arsenal in Bagdad hat. Sie wurde von dem fortschrittlich gesinnten Midhat Pascha erbaut, der später auf so gräßliche Weise in Arabien endete. Wäre dieser Mann von seinem Posten als Generalstatthalter von Irak nicht abberufen worden, so besäße Mesopotamien eine Eisenbahn, die die Euphrat- und Tigrisländer über die Hauptorte Syriens hinweg mit Konstantinopel verbände[1]. Die Perser, die Ghadhim bevölkern, sind meist Händler und Kaufleute, die täglich in Geschäften nach Bagdad kommen. Um unter dieser Bevölkerung Mirsa Selim zu finden, mußte ich mich in einen Karawanenhof begeben, deren es in Bagdad viele und auch in Ghadhim einige gibt.

Es war um die Mittagszeit und im Juli, und wir hatten sicher über vierzig Grad Hitze nach Celsius im Schatten. Eine undurchsichtige Luft lag über der Stadt, und wer uns begegnete, hatte das Gesicht verhüllt. In einer der Gassen begegnete uns ein Mann in reicher, persischer Kleidung. Er ritt einen Schimmel, der ein Reschma

---

[1] Diese Bahn, die Bagdadbahn, ist inzwischen doch gebaut worden   Anmerkung des Karl-May-Verlags

trug, eines jener kostbaren Geschirre, mit denen nur die Reichsten prunken können. Wir waren gegen den Mann allerdings die reinen Strauchdiebe. „Râh dihîd – weicht aus!" herrschte er uns an, wobei er eine Gebärde des Abscheus machte.

Ich ritt zwar neben dem Engländer, aber die Gasse war so breit, daß der Perser recht gut an uns vorüber konnte. Trotzdem hätte ich ihm den Willen getan, wenn er seine Gebärde unterlassen hätte.

„Du hast Platz genug", gab ich zurück. „Vorwärts!" Anstatt vorüberzureiten, nahm er seinen Schimmel quer: „Schwein von einem Sunniten, weißt du nicht, wo du bist? Weiche aus, sonst zeigt dir meine Peitsche den Weg!" – „Versuch es!"

Der Perser zog die Kamelpeitsche aus dem Riemen und holte aus. Er traf aber nicht, denn mein Rappe schnellte mit einem weiten Satz an ihm vorüber, wobei ich ihm mit der Faust so in das Gesicht stieß, daß er trotz der Rückenstütze aus seinem persischen Sattel vom Pferd flog. Ich wollte nun ruhig weiterreiten, ohne mich um den Mann zu bekümmern; da aber hörte ich außer seinem Fluch den Ausruf des Dieners, den uns Hassan Ardschir-Mirsa mitgegeben hatte: „Äs barâj-i Chudâ — um Gottes willen, das ist ja Mirsa Selim!"

Sofort drehte ich mich um. Der Gestürzte saß schon wieder auf seinem Pferd und hatte den krummen Säbel gezogen. Er erkannte erst jetzt den Sprecher. „Arab, du bist es!" rief er. „Wie kommst du in die Nähe dieser Halunken, die Allah verdammen wird?"

Ich ließ dem Diener keine Zeit zum Sprechen, sondern antwortete selbst: „Halte deinen Mund! Bist du wirklich Mirsa Selim?"

„Ja", antwortete er, für den Augenblick durch den Ton meiner Frage verblüfft. Ich trieb mein Pferd hart an das seinige und sagte halblaut: „Ich bin ein Abgesandter von Hassan Ardschir-Mirsa. Vermeide alles Aufsehen und führe mich in deine Wohnung!"

„Du?" fragte er erstaunt, und musterte mein Äußeres. Dann wandte er sich an den Diener: „Ist das wahr?" — „Ja", bestätigte Arab. „Dieser Sahib ist Kara Ben Nemsi Effendi. Er hat dir einen Brief unseres Herrn zu übergeben." Noch einmal überflog uns das Auge Mirsa Selims mit einem niederträchtig hochmütigen Blick, dann meinte er: „Ich werde den Brief lesen und dann mit dir über den Schlag reden, den du mir gegeben hast. Folgt mir, aber haltet euch fern, denn ihr beleidigt meine Augen!"

Dieser Mann war also der Schah-Suwary, der Getreue, der seinen Posten im persischen Heer aufgegeben, dem Hassan seine Wertsachen anvertraut und der sogar Bendas Herz gewonnen hatte. Armes Mädchen! Glücklich werden konnte sie mit diesem rücksichtslosen Mann kaum, zumal er obendrein ein Dummkopf zu sein schien. War dieser Mirsa Selim wirklich ein Schah-Suwary, das heißt ein außerordentlicher Reiter, so mußte er verstehen, den Mann nach seinem Pferd zu beurteilen, und in dieser Beziehung waren weder ich noch Lindsay ein Lump. Außerdem war es nicht besonders klug von ihm, als Flüchtling so glanzvoll aufzutreten und dabei eine Anmaßung zu zeigen, die selbst einem viel Höheren nicht wohl angestanden hätte. Es konnte mir nicht einfallen, ihn in seinem Hochmut zu bestärken, vielmehr gab ich Lindsay einen Wink, worauf wir ihn in die Mitte nahmen.

„Hundesohn", drohte er, „weiche zurück, sonst lasse ich dich peitschen!" — „Schweige, Ähmäk[1]", wehrte ich ruhig ab, „sonst setze ich dir noch einmal die Faust an die Nase. Wer seines Herrn Geschirr spazieren reitet, kann gut vornehm sein. Du wirst Höflichkeit lernen müssen!" Er entgegnete nichts, sondern zog wieder den Schleier über das Gesicht, der sich während des Sturzes verschoben hatte. Dieses Schleiers wegen war er von dem Diener nicht sofort erkannt worden. Der Weg ging nun durch mehrere enge Gassen, bis Mirsa Selim vor einer niedrigen Mauer hielt, in die eine Toröffnung gebrochen war, die nur mit einigen Latten verschlossen wurde. Ein Mann öffnete uns. Als wir im Hof anhielten, sah ich eine Anzahl von Kamelen, die am Boden lagen und an straußeneiergroßen Klößen aus Gerste und Baumwollsamen kauten, womit man in Bagdad diese Tiere fütterte. Daneben lungerten träge Gestalten herum, die sich jedoch beim Anblick Selims in eine achtungsvolle Stellung streckten. Wie es schien, hatte es dieser kleine Befehlshaber verstanden, sich durchzusetzen.

Er übergab sein Pferd einem dieser Leute, wir vertrauten unsere Pferde dem Diener Arab an, der mit uns gekommen war, dann schritt Mirsa Selim mit uns in das Haus, dessen Mauer den hinteren Teil des Hofes bildete. Es ging eine Treppe abwärts in einen jener Serdab's[2], die bei der hier herrschenden Hitze mit Vorliebe als Wohnzimmer benützt werden. Der viereckige Raum war an den Wänden mit weichen, dicken Polstern belegt. Ein herrlicher Teppich bedeckte fast den ganzen Boden. Auf einem der Polster lag silbernes Kaffeegeschirr, daneben erblickte ich eine kostbare Huka[3], und an den Wänden hingen neben kostbaren Waffen einige Tschibuks für etwaige Gäste. In einem altertümlichen Geschirr aus chinesischem Porzellan, das einen Drachen darstellte, befand sich Tabak, und von der Mitte der Decke hing an silberner Kette eine Ampel herab, die mit Sesamöl gefüllt war.

Das war nach hiesigen Begriffen eine wahrhaft fürstliche Einrichtung, und ich zweifelte stark, daß alle diese Gegenstände das Eigentum von Mirsa Selim seien. Er nahm auf einem Polster Platz und klatschte in die Hände. Sofort erschien einer der Männer, die ich im Hof gesehen hatte. Er erhielt den Wink, die Huka in Brand zu stecken. Dies geschah mit echt morgenländischer Langsamkeit und Gewissenhaftigkeit, und wir standen während des ganzen feierlichen Vorganges wie dumme Jungen an der Tür. Endlich war das schwierige Werk vollbracht, und der Diener entfernte sich jedenfalls, um gleich hinter der Tür stehenzubleiben und zu horchen. Jetzt endlich sah Mirsa Selim die Zeit gekommen, uns wieder seiner

---

[1] Narr   [2] Unterirdisches Gemach   [3] Persische Wasserpfeife, ein Mittelding zwischen Nargileh und Tschibuk

Beachtung zu würdigen. Er blies einige bedeutungsvolle Rauchwolken von sich und fragte: „Woher kommt ihr?"

Diese Frage war überflüssig, da er durch den Diener Arab bereits das Notwendigste erfahren hatte. Um jedoch jede weitere Reibung zu vermeiden, gab ich gleichmütig Bescheid. „Wir sind Boten des Hassan Ardschir-Mirsa." – „Wo befindet er sich?"

„In der Nähe der Stadt." – „Warum kommt er nicht selbst?" „Aus Vorsicht." – „Wer seid ihr?" – „Zwei Franken."

„Giaurs? Ah! Was tut ihr in diesem Land?" – „Wir reisen, um uns die Städte, Dörfer und Menschen anzusehen." – „Ihr seid sehr neugierig. So eine Ungezogenheit kann sich nur ein Kâfir[1] leisten. Wie kamt ihr mit dem Mirsa zusammen?" – „Wir trafen ihn."

„Das weiß ich selbst. Wo traft ihr ihn?" – „Droben in den kurdischen Bergen. Wir blieben in seiner Gesellschaft bis hierher. Ich habe einen Brief für dich." – „Es ist sehr leichtsinnig von Hassan Ardschir-Mirsa, euch seinen Namen wissen zu lassen und solchen Leuten, wie ihr seid, einen Brief anzuvertrauen. Ich bin ein Gläubiger; ich darf ihn nicht aus euren Händen nehmen. Gebt ihn dem Diener. Ich werde ihn rufen!" Das war mehr als unverschämt; dennoch sagte ich ruhig: „Ich halte den Mirsa nicht für leichtsinnig und bitte dich, ihm dieses Wort selbst zu sagen. Übrigens hat er nie einer dritten Person bedurft, um irgend etwas aus unserer Hand zu nehmen."

„Schweige, Kâfir! Ich bin Mirsa Selim und tue, was mir beliebt! Kennt ihr alle Personen, die bei Hassan Ardschir-Mirsa sind?"

Ich bejahte, und er forschte weiter, ob Frauen dabei wären und wie viele. „Zwei Herrinnen und eine Dienerin", antwortete ich.

„Habt ihr sie gesehen?" – „Gewiß!" – „Das Auge eines Ungläubigen darf doch niemals auch nur auf dem Gewand eines Weibes ruhen!"

„Sage das dem Mirsa selbst!" – „Schweige, Unverschämter! Ich brauche deinen Rat nicht! Habt ihr auch die Stimmen der Frauen gehört?" – Dieser Flegel stellte meine Geduld auf eine zu harte Probe.

„In unserem Land fragt man nicht so auffällig nach den Frauen anderer. Ist dies hier nicht ebenso?" erwiderte ich.

„Was wagst du?" fuhr er mich an. „Nimm dich in acht! Ich habe ohnehin wegen des Schlages mit dir zu rechten. Das werde ich nachher tun. Jetzt aber gebt den Brief ab!" Er klatschte abermals in die Hände. Der Diener erschien, doch beachtete ich ihn nicht. Ich nahm den Brief aus dem Gürtel und hielt ihn Mirsa Selim hin.

„Dorthin gibst du ihn!" befahl er, auf den dienstbaren Geist deutend. „Hast du mich verstanden?" – „Gut, so gehe ich wieder! Lebe wohl, Mirsa Selim!" Ich wandte mich um, und der Engländer folgte mir stumm. „Halt, ihr bleibt!" rief der Perser, und seinem Diener befahl er: „Laß sie nicht hinaus!"

Ich hatte die Tür bereits erreicht, und der Mann faßte mich am Arm, um mich zurückzuhalten. Das war mir zuviel. Lindsay konnte zwar nichts von unserem Gespräch verstehen, aber er hörte an dem

[1] Ungläubiger

Ton und sah an dem Mienenspiel unserer Gesichter, daß wir uns keine Liebenswürdigkeiten sagten. Er faßte also den schmächtigen Diener bei den Hüften, hob ihn empor und warf ihn über den ganzen Raum hinweg, so daß er auf Selim stürzte und diesen zu Boden riß.

„Recht gemacht, Mr. Kara?" fragte er dann. — „Yes!"

Selim sprang sofort vom Boden auf und griff zum Säbel.

„Hundesöhne! Ich schlage euch die Köpfe ab!" Jetzt war es doch wohl an der Zeit, den Mann in die Kur zu nehmen. Ich trat auf ihn zu, gab ihm einen Schlag auf den Arm, daß er den Säbel fallen ließ, und faßte ihn bei den Schultern. „Mirsa Selim, unsere Köpfe sind nicht für dich gewachsen. Setze dich und sei von jetzt an folgsam. Hier ist der Brief! Ich befehle dir, ihn sofort zu lesen!"

Ich drückte den Mann auf das Polster nieder und steckte ihm den Brief zwischen die Finger. Er sah mir ganz verdutzt ins Gesicht und wagte nicht zu widerstreben. Als ich mich umdrehte, sah ich, daß der tapfere Diener es vorgezogen hatte, mutig zu verschwinden. Als ich jetzt klatschte, wagte er es nur, den Kopf durch die Türöffnung zu stecken. — „Komm herein!" gebot ich ihm. Er gehorchte, blieb aber in sprungfertiger Stellung an der Tür stehen. „Schaffe Pfeifen und Kaffee herbei! Sofort!" Er sah mich erst erstaunt und dann Selim fragend an, ich aber faßte ihn beim Arm und schlingerte ihn zu der Stelle, wo die Pfeifen an der Wand hingen. Das schien Eindruck auf ihn zu machen, denn er ergriff sofort zwei der gestopften Tschibuks, steckte sie uns in den Mund und gab uns Feuer. „Nun Kaffee! Aber schnell und gut!" Er verschwand schleunigst wieder.

Wir setzten uns, rauchten und warteten, bis Mirsa Selim den Brief gelesen hatte. Es ging langsam genug; der Inhalt der Zuschrift schien ihm so unbegreiflich zu sein, daß er sich die Sache nicht zurechtzulegen vermochte. Selim war unstreitig ein schöner Mann. Das sah ich, als ich Zeit genug hatte, ihn zu betrachten. Aber um seine Augen lagen bereits jene tiefen Schatten, die auf vergeudete Zeit und Kraft schließen lassen, und in seinen Zügen gab es ein Etwas, das bei genauer Prüfung abstoßend wirkte. Ich muß sagen: an Stelle von Hassan Ardschir-Mirsa hätte ich diesem Schah-Suwary niemals mein Vertrauen geschenkt. Da erschien der Diener mit den kleinen Kaffeetäßchen, die in durchbrochenen goldenen Untersetzern von der Gestalt unserer Eierbecher ruhten. Er hatte anstatt zwei, gleich ein halbes Dutzend gebracht, um sich sogleich wieder zurückziehen zu können. Und nun schien auch Selim mit sich im reinen zu sein. Er richtete seine Augen finster auf mich und fragte: „Wie war dein Name?"

„Man nennt mich Kara Ben Nemsi." — „Und wie heißt dieser andere?"

„David Lindsay Bei." — „Ich soll dir alles übergeben?" — „So hat mir Hassan Ardschir-Mirsa gesagt." — „Ich werde es nicht tun."

„Tue, was dir beliebt. Ich habe dir nichts zu befehlen." — „Du wirst sofort zu dem Mirsa reiten und ihm meine Antwort bringen."

„Nein, das werde ich nicht tun." — „Warum nicht?"

„Weil du mir auch nichts zu befehlen hast." — „Gut! So werde ich einen Boten zu ihm senden und dieses Haus nicht eher verlassen, als

bis ich Antwort habe." – "Dein Bote wird den Mirsa nicht treffen."
– "Arab, der mit euch gekommen ist, muß doch den Ort kennen, wo
sich sein Herr befindet!" – "Er kennt ihn. Aber er wird nicht gehen."
"Warum nicht?" – "Weil es mir so beliebt. Hassan Ardschir-Mirsa
hat mich gebeten, sein Eigentum aus deiner Hand zu übernehmen und
dich mit Arab zu ihm zu senden. Das werde ich tun. Arab wird nur
an deiner Seite zu seinem Herrn zurückkehren." – "Wagst du, mich
zwingen zu wollen?" – "Pah, wagen! Was wäre bei dir zu wagen?
Wärst du mir gleichgestellt, so würde ich ganz anders mir dir sprechen.
Du bist nur ein kleiner Aga aus Farsistan. Übrigens hast du nicht einmal gelernt, mit Männern von Stand zu verkehren. Auf der Straße verlangtest du Platz wie für einen Defterdar[1]. Hier in deiner Wohnung
botest du uns weder Pfeifen noch Tabak an. Du hast uns beschimpft.
Und doch, was bist du für ein Wurm gegenüber uns und deinem Herrn!
Mit einem Löwen kämpfe ich, einen Wurm aber störe ich nicht, wenn
es ihm gefällt, im Kot herumzukriechen. Hassan Ardschir-Mirsa hat
mir sein Eigentum übergeben; ich bleibe also hier. Nun tue, was du
nicht lassen kannst!" – "Ich werde mich über dich beschweren",
zischte Selim giftig. "Ich werde dir nichts übergeben!" – "Das ist
auch gar nicht nötig, denn ich sitze schon hier und habe alles übernommen." – "Du wirst nichts von allem, was mir anvertraut wurde,
anrühren!" – "Ich werde alles anrühren, was von jetzt an mir anvertraut ist. Solltest du mich dabei hindern, so werde ich den Mirsa
benachrichtigen. Es geht hier weder um dich noch um mich, sondern
einzig um den Vorteil deines Herrn. Jetzt aber gib Befehl, daß wir ein
gutes Mahl erhalten, denn ich bin nicht nur ein Gast, sondern nun
der Herr dieses Hauses." – "Es gehört weder dir noch mir!"
"Aber du hast es jedenfalls gemietet. Mach keine Umstände. Ich
will dich schonen, wenn ich dir erlaube, den Befehl zu erteilen. Tust
du es nicht, so sorge ich selbst für uns." – Selim sah sich in die Enge
getrieben und stand auf. "Wohin?" fragte ich. "Hinaus, um euch
Speise zu bestellen." – "Das kannst du hier auch tun. Rufe den Diener!"
"Bin ich dein Gefangener?" – "So ziemlich. Du weigerst dich, die
Rechte des Mirsa zu wahren. Ich muß dich also hindern, diesen Raum
zu verlassen, um vielleicht etwas zu unternehmen, was ich nicht
billigen darf." – "Effendi, du weißt nicht, wer ich bin!"
Jetzt nannte er mich zum erstenmal Effendi; er hatte seine Sicherheit verloren. – "Ich weiß es sehr genau", antwortete ich. "Du bist
Mirsa Selim, weiter nichts." – "Ich bin der Vertraute und Freund von
Hassan Ardschir-Mirsa. Ich habe alles geopfert, um ihm zu folgen und
sein Vermögen zu retten." – "Das ist sehr schön und lobenswert von
dir. Vergiß nun nicht, daß dein Schicksal fortan eng mit dem seinigen
verknüpft ist. Sobald du nur an dich denkst, wird es aber dein Verderben sein. Ich hoffe, du wirst nun bereit sein, mich zu dem Mirsa
zu begleiten." – "Ja, das bin ich. Der Mirsa mag entscheiden."
"Mein Begleiter bleibt hier zurück, und du sorgst dafür, daß es ihm

---

[1] Schatzmeister

an nichts fehlt. Das übrige wird Hassan Ardschir-Mirsa selbst bestimmen." Ich verständigte den Engländer, und mein Vorschlag war ihm sehr willkommen, da er sich hier behaglich pflegen konnte, während ich mich wieder in die Sonnenglut hinaus begeben mußte. Nachdem Selim die nötigen Befehle gegeben hatte, traten wir in den Hof, wo er seinen kostbaren Schimmel, den er sich erst in Ghadhim vom Geld des Mirsa gekauft hatte, wieder besteigen wollte.

„Nimm ein anderes Tier", sagte ich. Er sah mich erstaunt an und fragte: „Warum?" – „Damit du kein Aufsehen erregst. Nimm also das Pferd eines Dieners." Selim mußte sich fügen. Arab folgte uns. Um etwaige Beobachter irrezuleiten, ließ sich uns nach Muadhem übersetzen, das Ghadhim gegenüberliegt, und schlug dann auf einem Umweg die Richtung nach Norden ein. – Muadhem ist ein ansehnlicher Flecken auf dem linken Ufer des Tigris, eine Stunde nördlich von Bagdad. Dort liegt der Imam Abu Hanifa begraben, einer der Gründer der vier orthodoxen Schulen des Islam. Nach ihm richtet sich das ganze Gesetzbuch und Ritual der Osmanen. Ursprünglich stand über seinem Grab eine Moschee, die ihm der Seldschukenfürst Malik-Schah errichtet hatte. Als aber der große Osmanenherrscher Suleimân der Prächtige das widerspenstige Bagdad bemeistert hatte, baute er ein festes Schloß um die Stätte. Abu Hanifa wurde von dem Kalifen Manßur aus Haß vergiftet. Jetzt strömen Tausende von Schiiten zu seinem Grab. – Es vergingen zwei Stunden, bis wir den Ort erreichten, wo Hassan Ardschir-Mirsa lagerte. Er war sichtlich verwundert, mich wiederzusehen, empfing uns aber mit großer Freundlichkeit.

„Warum kommst du selber zurück?" wandte er sich an mich. „Frage diesen Mann!" antwortete ich, auf Mirsa Selim deutend. „So rede du!" gebot er ihm. – Selim zog den Brief hervor und fragte: „Herr, hast du dies geschrieben?" – „Ja. Du kennst doch mein Siegel! Warum zweifelst du also?" – „Weil du mir etwas befiehlst, was ich weder erwartet noch verdient habe." – Die Frauen standen hinter einem Gebüsch, um Selim zu sehen und unser Gespräch mit anzuhören. – „Was hast du nicht erwartet?" fragte Hassan Ardschir.

„Daß ich alles, was wir gerettet haben, diesem Fremdling übergeben soll." – „Dieser Effendi ist kein Fremdling, sondern mein Freund und Bruder!" – „Herr, bin ich nicht auch dein Freund?" – Der Mirsa stutzte; dann erwiderte er kurz: „Du bist mein Verbündeter, dem ich vertraute. Wir haben gemeinsam einen kühnen, stolzen Plan verfolgt und sind dabei vorläufig gemeinsam gescheitert. Unser beider Heil lag einstweilen in der Flucht. Sie zu bewerkstelligen, setze ich alles daran. Willst du kleinlichem Ehrgeiz das große Ziel opfern? Ich verstehe dich nicht, Selim. Dieser Effendi ist selbstlos bereit, meine Habe unauffällig zu veräußern. Das wird mir die nötigen Mittel verschaffen, uns – auch dir, Selim – weiter die Wege zu ebnen. Warum machst du dem Effendi dabei Schwierigkeiten?" Die Stimme des Mirsa klang sehr ernst. Selim befand sich in Verlegenheit, besonders als er die Frauen bemerkte, und suchte nach einem triftigen Entschuldigungsgrund.

„Dieser Mann schlug mich, als er mich traf!" sagte er.

„Warum schlug er dich?" forschte Hassan Ardschir. – „Wir trafen uns auf der Straße, und ich gebot ihm auszuweichen. Er tat es nicht, und er schlug mich so in das Gesicht, daß ich vom Pferd stürzte."

„Ist das wahr, Effendi?" fragte mich der Mirsa. – „So ziemlich. Ich kannte Selim bei unserer ersten Begegnung noch nicht, und dein Diener Arab konnte ihn auch nicht erkennen, da er den Gesichtsschleier trug. Er kam auf einem prächtigen Schimmel geritten, dem er dein Reschma angelegt hatte, ganz wie ein großer Herr. Er befahl uns, ihm auszuweichen, obwohl genügend Raum vorhanden war, und sein Ton war dabei der eines Padischah. Du kennst mich, Mirsa; ich bin sehr gern höflich, aber ich will auch haben, daß andere höflich sind. Darum machte ich ihn darauf aufmerksam, daß Platz da sei; er aber griff zur Peitsche, nannte mich ein Schwein und wollte mich schlagen. Da lag er freilich im nächsten Augenblick auf dem Boden, und dann erfuhr ich leider zu spät, daß er der Mann sei, an den du mich gesandt hattest. Das ist alles, was ich zu sagen habe. Sprich selber mit ihm, und wenn du mich brauchst, so rufe mich." – Ich ging zu den Pferden, um dort mit Halef zu plaudern. Nach einer halben Stunde suchte mich Hassan Ardschir auf. Sein Gesicht zeigte tiefe Falten des Unmuts.

„Effendi", sagte er. „Die Angelegenheit ist mir sehr peinlich. Was soll ich tun? Ich kann mir Selim nicht geradezu zum Feind machen. Willst du dem Unvorsichtigen verzeihen?" – „Gern, wenn du es wünschest! Was hast du beschlossen?" – „Er kehrt nicht wieder mit dir zurück." – „Das erwarte ich." – „Hier ist ein Verzeichnis aller Dinge, die ich ihm übergeben habe: er trug es bei sich. Du wirst die Sachen schätzen und verkaufen; ich bin mit allem einverstanden, was du tust, denn ich weiß, daß es schwer ist, in so kurzer Zeit Käufer zu finden. Sodann wirst du meine Diener entlassen und ihnen so viel geben, wie ich dir hier aufgezeichnet habe. Das Geld habe ich dir bereits in die Satteltasche gesteckt. Wann muß ich wohl nach Meschhed Ali aufbrechen?" – „Heute ist der sechste Dschumâdin'l-ewwel, und am fünfzehnten ist das Fest. Vier Tage muß man haben, um von Bagdad bis Nedschef zu gelangen, und einen Tag vorher möchte man dort sein; also ist der zehnte dieses Monats der geeignete Tag."

„So soll ich noch vier Tage hier verborgen bleiben?"

„Nein. Es wird sich in der Stadt ein Ort finden lassen, an dem du mit den Deinen sicher bist. Laß mich sorgen! Wirst du alles behalten, was du jetzt bei dir hast?" – „Nein, es soll auch verkauft werden."

„So gib mir lieber gleich jetzt alles mit, was du entbehren kannst, und sag mir den Preis! Es gibt reiche Leute in Bagdad. Vielleicht finde ich einen Parsi oder Armenier, der alles auf einmal kauft."

„Effendi, der Preis wird ein Vermögen sein!" – „Gleichviel! Ich werde so auf deinen Vorteil sehen, als ob es der meinige wäre."

„Ich vertraue dir. Komm, wir wollen die Ladung untersuchen!"

Die Pakete wurden geöffnet, und da zeigten sich meinem erstaunten Blick allerdings Schätze und Kostbarkeiten, die ich noch nie in dieser Auswahl und Fülle gesehen hatte. Es wurde ein Verzeichnis angefertigt, und dann bestimmte der Mirsa den Preis. Dieser war sehr niedrig, wenn man den eigentlichen Wert der Sachen berücksichtigte, ergab aber doch eine Summe, die freilich ein Vermögen darstellte.

„Und was wirst du nun mit deinen Begleitern machen, o Mirsa?" fragte ich. — „Ich werde sie beschenken und entlassen, sobald es dir gelungen ist, eine Wohnung für mich zu finden." — „Für wie viele Personen?" — „Für Selim, die Frauen, ihre Dienerin und mich. Dann werde ich mir noch einen Diener mieten, der mich nicht kennt."

„Ich hoffe, dir alles verschaffen zu können. Laß die Sachen aufladen."

„Wie viele Kameltreiber nimmst du mit?" fragte er nun.

„Keinen. Halef und ich genügen!" — „Effendi, das geht nicht! Du selbst kannst doch nicht diesen Dienst verrichten." — „Warum nicht? Soll ich Leute mitnehmen, die mir dann in Ghadhim oder Bagdad beschwerlich fallen?" — „Tu, was du denkst! Ich muß dir deinen Willen lassen." — Die Kamele wurden bepackt und so aneinandergebunden, daß eins hinter dem anderen schreiten mußte. Dann waren wir zum Aufbruch fertig. — „Nun gib mir noch eine Bescheinigung, die mich bei deinen Leuten beglaubigt", bat ich Hassan Ardschir.

„Hier, nimm meinen Siegelring!" — Es war meinem Finger noch nicht vorgekommen, den kostbaren Ring eines persischen Großen tragen zu dürfen. Er fand sich aber sehr gut darein, und nun setzte sich die kleine Karawane in Bewegung. Wir brauchten diesmal mehr Zeit, um den Tigris zu erreichen und zu überschreiten, doch verlief alles glücklich. — Die Perser staunten, als wir mit unserer Ladung im Hof anlangten. Ich rief sie zusammen, zeigte ihnen den Ring ihres Herrn und sagte ihnen, daß sie nun mir an Stelle Mirsa Selims gehorchen müßten. Dieser Wechsel schien sie nicht sonderlich zu betrüben.

Ich erfuhr von ihnen, daß der Besitzer dieses Hauses ein reicher Großhändler sei, der jenseits Bagdads in der westlichen Vorstadt, und zwar in der Nähe der Medresse[1] Mostanßir wohne. In einem ebenerdigen Raum des Gebäudes lagen die Ladungen, die Selim beaufsichtigt hatte. Ich ließ dahin auch die neu hinzugekommenen Sachen bringen und beschloß, erst morgen alles einer genauen Besichtigung zu unterwerfen, da ich heute zu sehr ermüdet war. Als ich nun meine Satteltaschen untersuchte, fand ich die Summe, die mir Hassan Ardschir hineingesteckt hatte. Sie bestand in lauter wohlgeprägten Tumans und war wenigstens viermal größer als der Betrag, den ich auszahlen sollte. Ich übergab Halef die Aufsicht über die Dienerschaft und ging nun, Sir David Lindsay aufzusuchen.

Lindsay lag im Serdâb lang ausgestreckt auf den weichen Polstern. Seine Nase bewegte sich taktmäßig nach den Atemzügen, und aus dem weit geöffneten Mund erscholl ein langgezogenes Schnarchen.

„Sir David!" — Er hörte mich sofort, sprang auf und zog das Messer.

„Wer da? Oh! Ah! All right! Ihr seid es, Mr. Kara?"

„Yes! Wie geht es Euch?" — „Gut, vortrefflich! Sehr schön hier in

---

[1] Hochschule

Ghadhim!" – "Seht mich an, wie ich schwitze! Diese Sonnenglut ist höllisch." – "Well! Legt Euch auch her und schlaft mit!"

„Wir haben anderes zu tun. Zunächst will ich aber endlich essen."

„Klatscht in die Hände, der Diener wird gleich kommen."

„Habt Ihr's versucht?" – „Yes! Konnte ihn leider nicht verstehen. Verlangte Porter, da brachte er Mehlbrei, verlangte Sherry, da brachte er Datteln. Schauderhaft!" – „So will ich sehen, ob es mir besser gelingt." – Ich klatschte, und sogleich erschien jener dienstbare Geist, der vorhin Selim bedient hatte. „Sahib, befiel, wie ich dich nennen soll!" sagte er. – „Mich nennst du Effendi, und dieser Mann ist ein Bei. Sorge sofort für eine Mahlzeit!" – „Was willst du essen, Effendi?"

„Was du hast. Vergiß das frische Wasser nicht! Du bist der Küchenmeister?" – „Ja, Effendi. Ich hoffe, du wirst mit mir zufrieden sein."

„Wie wurdest du von Mirsa Selim bezahlt?" – „Ich legte aus, was ich brauchte, und alle zwei Tage bezahlte er mich." – „Gut, so werden wir es auch halten. Jetzt geh!" – In kurzer Zeit hatte ich eine Auswahl der hauptsächlichsten Nahrungs- und Genußmittel, die Bagdad zu bieten vermag, und mein guter Lindsay Bei langte noch einmal zu.

„Seid Ihr diesen Selim los, Sir?" erkundigte er sich. – „Ja. Er bleibt einstweilen bei Hassan Ardschir-Mirsa. Ich fürchte, er sinnt auf Rache." – „Pshaw! Feigling! Aber wißt Ihr, was wir nach dem Essen tun? Fahren mit der Pferdebahn nach Bagdad und kaufen Kleider."

„Ich bin dabei, denn das ist sehr notwendig. Gleichzeitig kann ich gewisse Erkundigungen einziehen, die noch notwendiger sind. Ich suche nämlich einen Käufer für die Wertsachen des Mirsa, von denen ich jetzt wieder einige Kamelladungen mitgebracht habe."

„Ah! Oh! Was ist's?" – „Herrliche Dinge, die um einen Spottpreis fortgehen sollen. Wäre ich ein reicher Mann, ich kaufte alles."

„Nennt mir einiges!" – Ich nahm das Verzeichnis heraus und übersetzte es ihm. – „Oh! Ah!" rief er. „Was soll es kosten?"

Ich nannte ihm die Summe. – „Ist's soviel wert?" – „Unter Brüdern über das Doppelte." – „Well! Gut! Schön! Braucht nicht zu suchen! Weiß einen Mann, der es kauft!" – „Ihr? Wer ist es denn?"

„David Lindsay ist's! Yes!" – „Ist's möglich, Sir David? Oh, da nehmt Ihr mir eine schwere Sorge ab! Aber wie steht es mit dem Geld, Sir David? Der Mirsa will sogleich Bezahlung haben."

„Geld? Pshaw! Geld ist da! Soviel hat Lindsay Bei!"

„Wie glücklich! Das also wäre abgemacht; nun aber kommt der andere Teil; ich meine nämlich jene Gegenstände, die Selim anvertraut gewesen sind." – „Ist das viel?" – „Das muß sich erst finden. Ich habe auch darüber ein Verzeichnis hier und werde morgen die Ballen öffnen, um ihren Wert abschätzen zu lassen. Dann erst kann ich wissen, welche Summe ich daraus lösen muß." – „Schöne Sachen, he?" – „Versteht sich! Seht, da sind zum Beispiel sarazenische Kettenpanzer, drei Stück, eine kostbare Seltenheit für eine jede Sammlung; Schwerter aus Lahore-Stahl geschmiedet, noch kostbarer als die echten Damaszener; viele Flaschen echtes Rosenöl, goldene und silberne Brokate, wunderbare Teppiche, persische Schals aus Kermanwolle, ganze Ballen des seltensten Seidenzeuges und so weiter. Da gibt es Altertümer von fast unschätzbarem Wert. Wer diese Sachen kaufen und sie auf dem abendländischen Markt einzeln wieder losschlagen wollte, der würde ein bedeutendes Geschäft machen."

„Geschäft! No! Fällt mir nicht ein! Kaufe alles für mich!" „Alles, Sir David? Auch die hier verzeichneten Gegenstände?" „Yes!" – „Aber, Sir David! Bedenkt, die ungeheure Summe!" „Ungeheuer? Für Euch, aber für David Lindsay nicht. Wißt Ihr, wieviel ich habe?" – „Nein. Ich habe Euch noch nie nach Euren Verhältnissen gefragt." – „So seid auch jetzt still! Meine Verhältnisse sind sehr gut! Yes!" – „Ich kann mir natürlich denken, daß Ihr Millionär seid, aber es gehört auch für einen Millionär Überlegung dazu, eine solche Summe auf einmal und nur für eine Liebhaberei auszugeben." – „Tut nichts! Der Wert ist da! Habe zwar nicht soviel Geld bei mir, um alles zu bezahlen, kenne aber Leute hier. Werde Papiere schreiben, David Lindsay darunter, und Geld bekommen. Well! Wollen morgen die Sachen ansehen." – „Gut. Ich werde gewissenhaft verfahren, denn Ihr seid ebenso mein Freund, wie es der Mirsa ist. Ich werde Sachverständige kommen und von ihnen die Gegenstände schätzen lassen. Dann können wir handeln." – „Well! Jetzt aber in die Stadt, damit wir neue Menschen werden!"

„Nehmt einen Tschibuk mit, Sir David. Wir wollen ganz als Muslimin den Markt besuchen." – Nachdem ich meinem Halef gesagt hatte, daß wir wohl noch vor Abend zurückkehren würden, suchten wir die Pferdebahn auf. Sie befand sich in sehr schlechtem Zustand. Die Fenster waren zerbrochen, die Kissen von den Sitzen verschwunden, und vor dem Wagen rasselten die Knochen zweier Klepper, die man getrost als ‚wandelnde Skelette' hätte sehen lassen können. Doch erreichten wir Bagdad ohne Unfall.

8. In Bagdad

Unser erster Weg führte uns zum Kleiderbasar, den wir als neue Menschen verließen. Ich hatte den Englishman nicht abhalten können, für mich zu bezahlen. Auch für Halef hatte er einen Anzug gekauft und ihn einem jungen Araber zum Tragen anvertraut, der sich uns angeboten hatte, als er uns mit dem Paket aus dem Laden treten sah. „Wohin nun, Sir?" fragte mein Gefährte. – „Wein, Raki, Kaffeehaus!" antwortete ich in seiner Weise. – Lindsay erteilte seine Zustimmung mit einem freundlichen Schmunzeln, und nach einigem Suchen fanden wir ein abgelegenes Kaffeehaus, wo wir uns beim Duft von Mokka und persischem Tabak rasieren und überhaupt verschönern lassen konnten. – Unser Träger hatte an der Tür Platz genommen. Er trug nichts als einen Schurz um die Lenden, aber seine Haltung war die eines Königs. Er war ganz sicher ein frei geborener Beduine. Wie kam dieser Wüstensohn dazu, den Hammâl[1] zu machen? Sein Auftreten fesselte mich so, daß ich ihm winkte, an meiner Seite Platz zu nehmen. – Er tat es mit dem Anstand eines Mannes, der sich seines Wertes bewußt ist, und nahm die Pfeife, die ich ihm reichen ließ. Nach einer Weile begann ich: „Du bist ein freier Ibn Arab. Darf ich dich fragen, wie du nach Bagdad gekommen bist?" – „Gelaufen und geritten", antwortete er.

„Warum trägst du die Lasten anderer?" – „Weil ich leben muß."
„Warum bliebst du nicht bei deinem Stamm?" – „Die Thar[2] hat mich fortgetrieben." – „So wirst du von einem Rächer verfolgt?"
„Nein. Sondern ich selbst bin ein Rächer." – „Und dein Feind ist nach Bagdad geflohen?" – „Ja. Ich suche und erwarte ihn hier schon seit zwei Jahren." – Also einer Blutrache wegen erniedrigte sich dieser stolze Araber zu Knechtesdiensten. – „Aus welchem Land bist du gekommen?" – „Herr, warum fragst du soviel?" – „Weil ich alle Länder des Islam besuche und gern wissen will, ob ich auch deine Heimat kenne." – „Ich bin aus Kara, da wo das Wadi Montisch mit dem Wadi Kirbe zusammenfließt." – „Aus der Gegend der Ssajban im Belad Beni Jssa? Dort bin ich noch nicht gewesen; ich will jenes Land erst besuchen." – „Du wirst willkommen sein, wenn du ein treuer Sohn des Propheten bist." – „Da du bereits zwei Jahre in Bagdad bist, wirst du die Stadt gut kennen?" – „Ja, Herr." – „Weißt du nicht ein Haus, wo man kühl und vor allem ungestört und angenehm wohnen kann?"

---

[1] Lastträger [2] Blutrache

"Ein solches Haus kann ich dir zeigen." – "Wo liegt es?" forschte ich.
"Nicht weit von da, wo ich wohne, in den Palmengärten im Süden der Stadt." – "Wer ist der Besitzer?" – "Es ist ein frommer Talib, der einsam dort lebt und keinen Mieter stören würde." – "Ist es weit bis dahin?" – "Wenn du einen Esel nimmst, bist du schnell dort."

"So geh, und bestelle drei Esel. Du wirst uns führen."

"Herr, du brauchst nur zwei, denn ich werde laufen."

Bald standen zwei Esel nebst ihren Treibern vor der Tür. Es waren Schimmel, wie man sie in Bagdad häufig trifft. – Der Engländer und ich hatten uns bisher die Rücken zugewendet, da das Verschönerungsgeschäft es nicht anders erlaubte. Endlich war mein Barbier fertig, und auch der des Engländers klatschte in die Hände zum Zeichen, daß das große Werk beendet sei. Wir drehten uns zu gleicher Zeit einander zu, und wohl selten hat es zwei Gesichter gegeben, die in solchem Widerspruch zueinander standen wie in diesem Augenblick die unserigen. Während nämlich Lindsay einen Ruf der Überraschung ausstieß, konnte ich nicht anders, ich mußte laut auflachen. – "Was gibt's denn zu lachen, Sir?" erkundigte sich der Englishman verdutzt.

"Laßt Euch einen Spiegel geben, Sir David!" – "Wie heißt Spiegel hier?" – "Mirât!" – "Well!" er wandte sich an den Barbier. "Pray, the Mirât!" – Der Mann hielt ihm den Spiegel vor das Gesicht, und nun war es einfach unmöglich, ohne Lachen das Mienenspiel des Gentleman zu sehen. Man denke sich ein langes, schmales, von der Sonne zusammengebratenes Gesicht, von dessen unterer Hälfte ein rötlicher Semmelbart herniedertropfte, den weit aufgerissenen Mund, die lange Nase, dreifach vergrößert durch die Aleppobeule, und darüber einen kahl geschorenen, weiß glänzenden Kopf, auf dessen Scheitelpunkt nur ein einziges Zöpfchen stehengeblieben war. Und dazu das beredte Mienenspiel! Selbst der Beduine konnte ein Lächeln nicht und ein Lachen kaum bezwingen. – "Abscheulich, teuflisch!" rief der Verblüffte. "Wo ist mein Revolver? Erschieße den Kerl!"

"Ereifert Euch nicht, Sir David!" bat ich. "Dieser gute Mann hatte doch keine Ahnung davon, daß Ihr ein Englishman seid. Er hat Euch für einen Muslim gehalten und Euch also nur das Zöpfchen gelassen!"

"Well! Richtig! Aber dieses Gesicht! Schauderhaft!"

"Tröstet Euch, Sir David! Der Turban wird alles verdecken, und bevor Ihr nach Old-England zurückkehrt, ist Euch das Fell wieder gewachsen." – "Fell? Oho, Mr. Kara! Aber warum seht denn Ihr so wohl aus, obwohl man Euch auch nur den Zopf gelassen hat?"

"Das liegt in der Rasse, Sir; dem Deutschen ist es überall zu wohl!"

"Yes! Richtig! Merk es an Euch. Was kostet die Geschichte?"

"Ich gebe zehn Piaster." – "Zehn Piaster? Seid ihr toll? Einen Schluck schlechten Kaffee, zwei Züge stinkenden Tabakrauch und den Kopf verderben – zehn Piaster!" – "Bedenkt, daß wir wie Wilde aussahen! Und jetzt!" "Yes! Wenn Euch jetzt die alte Halwa erblickt, tanzt sie vor Wonne Menuett! Nun fort! Aber wohin?"

"Eine Wohnung mieten – in irgendeinem Landhaus vor der Stadt. Der Beduine wird uns führen. Wir reiten die beiden weißen Esel da dra ußen." – „Well! Schön! Vorwärts!" – Wir verließen das Kaffeehaus und bestiegen die kleinen, aber sehr kräftigen und ausdauernden Tiere. Meine Beine schleiften beinahe am Boden, und Lindsay hatte seine spitzen Knie bis unter die Achsel gezogen. Voran eilte der Beduine, mit seinem Knüttel rechts und links schonungslos zuschlagend, wenn jemand in den Weg zu kommen drohte. Dann kamen wir zwei, auf den Eseln hockend wie der Affe auf dem Kamel, und hinterher die beiden Besitzer der Tiere, unter heiserem Geschrei immer den hinteren Teil der Esel mit dem Stock bearbeitend. So sausten wir durch die Gassen und Gäßchen, bis die Straßen aufhörten und die Häuser seltener wurden. Vor einer hohen Mauer hielt der Beduine still, und wir stiegen ab. Wir standen vor einem schmalen Pförtchen, an das unser Führer mit dem eisernen Klopfring kräftig pochte. Es dauerte sehr lange, bis geöffnet wurde. Dann sahen wir zunächst eine lange, spitze Nase und danach ein fahles Gesicht erscheinen.

„Was wollt ihr?" fragte der Mann. – „Effendi, dieser Fremdling will mit dir reden", erklärte der Führer. – Ein paar kleine, graue Augen hefteten sich auf mich, dann ließ sich eine zitternde Stimme hören:

„Tritt ein, aber nur du!" – „Dieser Bei wird mitkommen", entgegnete ich, auf den Engländer deutend. – „Ja, aber nur, weil er ein Bei ist." – Wir traten ein, und die Pforte schloß sich hinter uns. Die dürren Füße des Mannes steckten in einem Paar riesiger Pantoffeln; so schlurfte er uns voran durch prachtvolle Gartenanlagen, über denen die Fächer der Palmen winkten. Vor einem hübschen Häuschen hielt er still.

„Was wollt ihr?" – „Bist du der Besitzer dieses herrlichen Gartens, und hast du eine Wohnung zu vermieten?" – „Ja. Wollt ihr sie mieten?"

„Vielleicht. Wir müssen sie aber erst sehen!" – „So kommt! Psia krew – Hundsblut! Wo ist mein Schlüssel!" – Während er nun in allen Falten seines Gewandes nach dem Schlüssel suchte, hatte ich Zeit, mich von meinem Erstaunen darüber zu erholen, einen Türken polnisch fluchen zu hören. Endlich fand er den Vermißten in einer Masche des Fenstergitters stecken und schloß auf. – „Tretet ein!"

Wir kamen in einen hübschen Flur, in dessen Hintergrund eine Treppe aufwärts führte. Rechts und links gab es Türen. Der Spitznäsige öffnete rechts und schob uns in ein großes Zimmer. Im ersten Augenblick glaubte ich, es sei grün tapeziert, dann aber bemerkte ich, daß ringsum von hohen Gestellen grüne Vorhänge herabhingen, und was diese Vorhänge verbargen, das konnte ich erraten, wenn ich den Blick auf die lange Tafel warf, die die Mitte des Raumes einnahm: Sie war mit Büchern bedeckt, und mir gegenüber lag, aufgeschlagen und nicht zu verkennen – eine alte Nürnberger Bilderbibel. Mit einem raschen Schritt stand ich dort und legte meine Hand darauf.

„Die Bibel!" rief ich deutsch. „Shakespeare, Montesquieu. Rousseau, Schiller, Lord Byron! Wie kommen die hierher?" Das waren die Titel nur einiger unter den vielen Werken, die ich hier liegen sah. Der Hausherr trat zurück, schlug die Hände zusammen und fragte:

„Was! Sie reden deutsch?" – „Wie Sie hören!" – „Sie sind ein Deutscher?" – „Allerdings. Und Sie?" – „Ich bin Pole. Und der andere

Herr?" – „Ein Engländer. Mein Name ist ..." – „Bitte, jetzt keinen Namen", unterbrach mich der Pole. „Ehe wir uns mit Namen nennen, wollen wir uns zuvor kennenlernen." – Er klatschte nach Landessitte in die Hände, was er einige Male wiederholen mußte, dann öffnete sich endlich die Tür, und es erschien eine Gestalt, so dick und fettglänzend, wie ich selten eine erblickt hatte. – „Allah akbar, schon wieder!" stöhnte es zwischen zwei Wurstlippen hervor. „Was willst du, Effendi?" „Kaffee und Tabak." – „Für dich allein?" – „Für alle."

„Viel Bohnen?" – „Packe dich!" – „Wallahi, billahi, tallahi, ist das ein Effendi!" Mit diesem Stoßseufzer watschelte das unbegreifliche Wesen wieder ab. – „Wer war dieses Ungetüm?" fragte ich, vielleicht etwas zudringlich. – „Mein Diener und Koch." – „O weh!"

„Ja, er ißt und trinkt das meiste selbst. Nur was übrigbleibt, bekomme ich." – „Das ist schlimm!" – „Ich bin es gewöhnt. Er war schon mein Diener, als ich noch Offizier war." – „Sie waren Offizier?"

„Im Dienst der Türkei." – „Und wohnen jetzt in diesem Haus allein?" „Allein!" Es war über das fahle Gesicht des Polen eine tiefe Schwermut ausgebreitet. Er erweckte meine Teilnahme. – „Sprechen Sie vielleicht auch Englisch?" – „Ich lernte es in meiner Jugend."

„So lassen Sie uns die Unterhaltung in dieser Sprache führen, damit mein Begleiter sich nicht langweilt." – „Gern! Also Ihr kommt wirklich, Euch mein Haus anzuschauen? Wer hat zu Euch von mir gesprochen?" – „Nicht von Euch, sondern von Eurem Haus. Der Araber, der uns bis zu Eurer Pforte brachte. Er ist Euer Nachbar", beantwortete ich seine Fragen. – „Ich kenne ihn nicht. Ich bekümmere mich überhaupt um keinen Menschen. Sucht Ihr eine Wohnung für Euch allein?"

„Nein. Wir gehören zu einer Reisegesellschaft, die aus fünf Männern, zwei Damen und einer Dienerin besteht." – „Fünf Männern – zwei Damen – hm! Das klingt ein wenig romantisch." – „Ist es auch. Ihr werdet die Erklärung erhalten, sobald wir uns die Wohnung besehen haben." – „Sie hat kaum Platz für so viele – doch da ist der Kaffee!"

Der Dicke erschien wieder, kirschrot im Gesicht. Er schaukelte auf den beiden fetten Händen einen großen Teller, auf dem drei Tassen dampften. Daneben lag bei einem alten Tschibuk ein Häufchen Tabak, kaum genug, einmal zu stopfen. „Hier", krächzte er, „hier ist Kaffee für alle!" – Wir hatten uns auf den Diwan niedergelassen und nahmen ihm den Teller ab, da es ihm unmöglich war, sich zu uns niederzubeugen. Sein Herr hielt die Tasse zuerst an den Mund.

„Schmeckt's?" erkundigte sich der Dicke. – „Ja." – Der Engländer kostete ebenfalls. „Schmeckt's?" fragte der Dicke auch ihn. – „Fie!"

Lindsay sprudelte das Spülwasser von sich, und ich setzte mein Täßchen einfach wieder weg. – „Schmeckt's nicht?" wandte sich der Dicke an mich. – „Versuch ihn selber!" wies ich ihn ab.

„Maschallah, ich trinke keinen solchen!" meinte er harmlos.

Nun griff der Pole zur Pfeife. „Es ist ja noch Asche drin!" tadelte er.

„Ja, ich habe vorhin daraus geraucht!" bekannte der Dicke.

„So mußt du sie wieder rein machen!" – „Gib her!" Der Dicke riß seinem Herrn die Pfeife aus der Hand, klopfte die Asche vor der Tür aus und kam wieder zurück. – „Hier! Nun kannst du stopfen, Effendi!"

Der Herr gehorchte seinem Diener, mochte sich aber während des Stopfens doch erinnern, daß wir noch gar nichts genossen hatten. Deshalb entschloß er sich, uns das Seltenste zu bieten, das er besaß.

„Hier ist der Kellerschlüssel!" sagte der alte Pole zu seiner seltsamen Bedientenseele. „Geh hinunter!" – „Was soll ich holen, Effendi?" – „Den Wein." – „Den Wein? Allah kerihm! Herr, willst du deine Seele dem Teufel verkaufen? Willst du verdammt sein in den tiefsten Abgrund der Hölle hinunter? Trinke Kaffee oder Wasser! Beides erhält das Auge klar und die Seele fromm; wer aber Scharâb[1] trinkt, der gerät in tiefstes Elend und Verderben!" – „Geh!"

„Effendi, tu es mir nicht an, dich in den Krallen des Scheïtans zu wissen!" – „Sei still und gehorche! Es sind noch drei Flaschen unten; die bringst du!" – „So muß ich gehorchen; aber Allah wird mir verzeihen; ich bin unschuldig an deiner Verdammung." Damit schob sich der dicke Hausgeist zur Tür hinaus. – „Ein eigenartiger Kauz!" bemerkte ich mit leisem Lächeln. – „Aber treu, obwohl er die Vorräte nicht schont. Nur über den Wein hat er keine Macht. Er erhält den Schlüssel nur dann, wenn ich Wein trinken will, und sobald er die Flasche bringt, muß er den Schlüssel wieder abgeben."

„Das ist eine sehr weise Einrichtung, aber ..." – Ich konnte nicht weitersprechen, denn der Dicke erschien bereits wieder, pustend wie eine Lokomotive. Er hatte je eine der Flaschen unter dem Arm und die dritte in der Rechten. Er bückte sich, soweit es ihm möglich war, und stellte die Flaschen vor die Füße seines Herrn. Ich mußte mich auf die Lippen beißen, um nicht in ein unartiges Gelächter auszubrechen: Zwei Flaschen waren völlig leer und die dritte war kaum noch halb voll. Sein Herr schaute ihm ganz verdutzt ins Gesicht. „Ist denn das der Wein?" fragte er. – „Die drei letzten Flaschen!" – „Sie sind ja leer?"

„Bom bosch – völlig leer!" gestand der Dicke augenrollend.

„Wer hat den Wein getrunken?" – „Ich, Effendi." – „Bist du verrückt? Meinen Gästen und mir jetzt auf einen Zug zwei und eine halbe Flasche Wein auszutrinken!" – „Jetzt? Auf einen Zug? O Effendi, das ist nicht wahr, da bin ich unschuldig. Ich habe den Wein gestern, vorgestern, ehegestern und auch schon vor ehegestern getrunken, denn ich wollte alle Tage ein Glas haben." – „Dieb, Spitzbube, Halunke! Wie bist du denn alle Tage in den Keller gekommen? Ich habe ja den Schlüssel Tag und Nacht bei mir! Oder hast du ihn des Nachts gestohlen, während ich schlief?" – „Allah! O dieser Effendi!" schnaufte die dicke Bedientenseele. „Ich sag dir, daß ich auch hierin ganz unschuldig bin!"

„Aber wie kamst du in den verschlossenen Keller?"

„Effendi, der Keller war ja gar nicht zu. Ich habe ihn nie verschlossen, wenn du Wein darinnen hattest!" – „Psia krew! Gut, daß ich das erfahre!" – „Herr, das Fluchen in einer fremden Sprache macht es

[1] Wein

nicht besser! Du hast ja für dich und deine Gäste hier noch Wein genug!" – Der Pole nahm die Flasche und hielt sie gegen das Licht.

„Wie sieht denn dieser Wein aus, he?" – „Effendi, er wird dir nicht gefährlich sein! Es war nur noch ein halbes Gläschen darin, und weil dieses für drei Männer nicht reicht, habe ich Wasser zugeschüttet!"

„Wasser? Oh! Da – da hast du dein Wasser!" Der Pole holte aus und warf die Flasche nach dem Kopf des Dicken. Der aber bückte sich schneller, als man es ihm hätte zutrauen können, und die Flasche flog über ihn hinweg an die Tür, so daß sie in Scherben zersplitterte und ihren Inhalt auf den Boden ergoß. Da schlug der Diener bedauernd die fetten Hände zusammen und rief: „Um Allahs willen, was tust du, Effendi! Nun ist das schöne Wasser fort, das man recht gut als Wein trinken konnte! Und diese Scherben! Die mußt du selbst auflesen, denn ich kann mich unmöglich so weit bücken!" Dann trampelte er zur Tür hinaus. – Das war ein Auftritt, den ich für unmöglich gehalten hätte, wenn ich nicht selbst dessen Augenzeuge gewesen wäre. Und was mich am meisten wunderte, war, daß der Hausherr gleich nach dem verunglückten Wurf seine Ruhe wiedergewonnen hatte. Diese ungewöhnliche Nachsicht eines Herrn gegen einen dummdreisten Diener mußte unbedingt eine tiefliegende Ursache haben. Der Mann war mir ein Rätsel, das ich zu lösen beschloß. – „Verzeiht!" bat der Pole. „So etwas soll nicht wieder vorkommen. Vielleicht erzähle ich noch, warum ich mit diesem Mann so nachsichtig bin. Er hat mir große Dienste geleistet. Stopft euch eure Pfeifen!" Ich zog meinen eigenen Tabak heraus. Als die Pfeifen brannten, sagte der Hausherr: „Nun kommt. Ich werde Euch die Wohnung zeigen!"

Er führte uns zum ersten Stock empor. Dieser bestand aus vier verschließbaren Stuben, die alle einen Teppich in der Mitte und schmale Kissen an den Wänden hatten. Unter dem Dach gab es noch zwei kleine Räume, die auch verriegelt werden konnten. Die Wohnung gefiel mir; ich fragte nach dem Preis. „Nicht doch!" entgegnete der Pole. „Wir müssen uns als Landsleute betrachten. Und so ersuche ich Euch, in Beziehung auf die Wohnung mit den Eurigen mein Gast zu sein." – „Ich weise Euer freundliches Anerbieten um so weniger zurück, weil es mir ja zu jeder Stunde freisteht, den Vertrag zu brechen. Die Hauptsache für mich ist, von der Welt da draußen unbeachtet und ungestört zu sein." – „Das seid Ihr hier im vollsten Maß. Wie lange gedenkt Ihr in meinem Haus zu verweilen?"

„Nicht lange, leider; wenigstens vier Tage und höchstens zwei Wochen. Um mich Euch zu erklären, erlaubt Ihr mir vielleicht, Euch ein kleines Abenteuer zu erzählen?" – „Gewiß. Nehmen wir Platz. Es sitzt sich hier oben ebensogut wie unten." – Wir setzten uns, und ich erzählte ihm dann von unseren Verhältnissen und von der Begegnung mit Hassan Ardschir-Mirsa soviel, als mir nötig dünkte. Er hörte aufmerksam zu, und als ich geendet hatte, sprang er auf und rief: „Sir, Ihr könnt getrost zu mir ziehen, denn hier wird niemand sein, der Euch belästigt oder gar verrät. Wann werdet Ihr kommen?"

„Morgen in der Dämmerung. Aber einen Umstand hatte ich vergessen: wir haben mehrere Pferde und auch zwei Kamele. Habt Ihr Platz für diese Tiere?" – „Genug. Ihr habt den Hof noch nicht gesehen, der hinter dem Haus liegt. Sein überdachter Teil reicht für Eure Bedürfnisse hin. Nur eins erwarte ich, daß Ihr für Eure Bedienung selbst Sorge tragt." – „Das wollen wir gern tun!" – „Wenn Ihr morgen kommt, so reitet um die Gartenmauer herum! Ihr werdet auf der Seite, die dem Pförtchen gegenüberliegt, ein breites Tor finden, wo ich Euch erwarten will." Wir verließen den Polen, zufrieden mit unserem Erfolg, und kehrten mit unseren vorigen Begleitern in die Stadt zurück.

Am anderen Abend zogen wir ein: Hassan Ardschir-Mirsa in Frauenkleidern, um etwaige Beobachter irrezuführen. Seine Leute waren abgelohnt worden, und nur Selim blieb in seiner Nähe. An Stelle der Diener trat der Araber, der uns gestern geführt hatte.

Als ich mit dem Perser wieder auf seinen Zug nach Meschhed Ali zu sprechen kam, mußte ich leider bemerken, daß er sich ernstlich weigerte, mich mitzunehmen. Ich konnte ihm das nicht verargen. Er war ein Schiit, und sein Glaube verbot ihm bei Todesstrafe, die heiligen Stätten an der Seite eines Ungläubigen zu besuchen. Das einzige Zugeständnis, das er mir machte, bestand in der Erlaubnis, mit ihm bis nach Hille reiten zu dürfen, wo wir uns bis auf weiteres trennen mußten, um uns dann in Bagdad wieder zusammenzufinden. Eigentlich war er gewillt gewesen, die beiden Frauen hier zurückzulassen; doch sie erklärten sich damit nicht einverstanden und baten so dringend, daß er sich endlich doch genötigt sah, nachzugeben.

Somit war ich der Verpflichtung überhoben, die Rolle eines Beschützers der Frauen zu spielen. – Schon jetzt durchzogen viele Pilger die Stadt Bagdad, um sich ohne Aufenthalt nach Westen zu wenden, aber erst am zehnten Dschumâdîn'l-ewwel vernahmen wir die Kunde, daß sich die eigentliche Todeskarawane der Stadt nähere. Sofort stieg ich mit Lindsay und meinem kleinen Halef zu Pferd, um den Anblick dieses eigenartigen Schauspiels zu genießen.

Genießen? – Nun, dieser Genuß war freilich höchst zweifelhaft! Der Schiit glaubt, daß ein jeder Muslim, dessen Leiche in Kerbela oder Nedschef begraben wird, sofort in das Paradies komme. Darum ist es der heißeste Wunsch eines jeden, an einem dieser beiden Orte begraben zu sein. Da die Beförderung der Leichen durch Karawanen sehr kostspielig ist, können sich das nur die Reichen leisten, der Arme aber, wenn er an so heiliger Stelle begraben sein will, nimmt Abschied von den Seinen und bettelt sich durch weite Landstrecken bis zur Grabstätte Alis oder Hussains, um dort seinen Tod zu erwarten.

Jahr für Jahr schlagen Hunderttausende von Pilgern den Weg zu jenen Stätten ein, aber diese Zuzüge sind am stärksten, wenn einer der Hauptgedenktage der Schia naht. Dann steigen die Leichenkarawanen der schiitischen Perser, Afghanen, Beludschen, Inder usw. vom iranischen Tafelland herab. Von allen Seiten werden Tote hergeschleppt, und sogar auf Schiffen führt man sie auf dem Euphrat herbei. Die Leichen liegen oft schon monatelang vor dem Aufbruch bereit, der Weg der Karawane ist weit, und sie kommt nur langsam voran. Die Hitze des Südens brütet mit fürchterlicher Glut auf die Strecke hernieder, die durchzogen werden muß, und so gehört keine übermäßige Anstrengung der Phantasie dazu, sich den entsetzlichen Geruch vorzustellen, den eine solche Karawane verbreitet. Die Leichen liegen in Särgen, die in der Hitze zerspringen, oder sie sind in Filzdecken gehüllt, die von den Stoffen der Verwesung zerstört oder doch durchdrungen werden, und so ist es kein Wunder, daß das hohläugige Gespenst der Pest auf hagerem Klepper jenen Todeszügen auf dem Fuße folgt. Wer ihnen begegnet, weicht weit zur Seite aus, und nur der Schakal und der Beduine schleichen herbei: der eine, angezogen vom Geruch der Verwesung, und der andere herbeigelockt von den Schätzen, die die Karawane mit sich führt, um sie am Ende der Wallfahrt den Händen der Grabhüter zu übergeben. Diamantenbesetzte Gefäße, perlenbesäte Stoffe, kostbare Waffen und Geräte, unschätzbare Amulette und anderes mehr, gewaltige Mengen vollwichtiger Goldstücke werden nach Kerbela und Meschhed Ali gebracht, wo sie in den unterirdischen Schatzkellern verschwinden. Diese Schätze werden, um die beduinischen Räuber zu täuschen, in sargähnlicher Verpackung verborgen, aber die Erfahrung hat die unternehmenden arabischen Stämme gelehrt, diese Vorsicht zunichte zu machen. Sie öffnen bei einem Überfall sämtliche Särge und kommen so zu den Schätzen, die sie suchen. Der Kampfplatz bietet danach ein wüstes Bild von gestürzten Tieren, getöteten Menschen, zerstreuten Leichenresten und stinkenden Sargtrümmern, und der einsame Wanderer lenkt sein Pferd von ihnen ab, um dem Hauch der Pest und Ansteckung zu entgehen. Es ist ein Gebot der Vorsicht, daß die Todeskarawane während ihrer Reise keine bewohnte Stadt berühren darf. Früher durfte sie ihren Weg durch Bagdad nehmen. Sie zog durch Schedt Omer, das östliche Tor, ein; kaum jedoch hatte sie im Westen die Stadt verlassen, so verbreitete sich der Pesthauch über die Kalifenstadt, die Seuche begann zu wüten, und Tausende fielen der mohammedanischen Gleichgültigkeit zum Opfer, die sich mit dem schlechten Trost behilft, daß ‚alles im Buch verzeichnet steht'. In neuerer Zeit ist das anders geworden, und besonders hat der so viel bewunderte und ebensoviel angefochtene Midhat Pascha unter den alten Bräuchen aufgeräumt. Die Leichenkarawane darf jetzt nur die nördliche Grenze des Stadtbezirkes berühren, um dann auf der oberen Schiffbrücke über den Tigris zu gehen. Und dort war es, wo wir sie trafen. – Ein unerträglicher Pesthauch wehte uns entgegen, als wir uns der Stelle näherten. Der Kopf des langen Zuges war bereits angekommen und traf Anstalten, sich zu lagern. Eine hohe Fahne mit dem persischen Wappen (ein Löwe mit der hinter ihm aufsteigenden Sonne) war in die Erde gesteckt worden; sie sollte den Mittelpunkt des Lagers bilden. Die Fußgänger saßen am Boden, die Reiter hatten ihre Pferde und Kamele verlassen; aber die mit Särgen beladenen Maultiere blieben bepackt, ein Zeichen, daß der Aufenthalt nur vorübergehend sein sollte. Nach ihnen zog sich der lange, unabsehbare Zug wie eine Schlange herbei, die in gerader Richtung über den Boden kriecht. Es waren braune, von der Sonnenglut gedörrte Gestalten, die in müder Haltung auf ihren Tieren hingen oder mit abgematteten Füßen sich über den Boden schoben. Aber in ihren dunklen Augen glühte der Glaubenseifer, und unbeirrt durch die zahlreich anwesenden Zuschauer sangen sie ihren eintönigen Pilgergesang:

> *„Allah, hästi dschihandâr,*
> *Allah, hästäm asmân päjwänd,*
> *Hussäin, hästi chûn alûd*
> *Hussäin, hästäm äschk ris!"*[1]

Wir hatten uns so nahe an die Pilger herangemacht, daß wir unmittelbar bei ihnen hielten; aber je mehr ihrer herbeikamen, desto höllischer wurde der Gestank, daß Halef einen Zipfel seines Turbantuches löste, um damit die Nase zu verschließen. Einer der Perser bemerkte dies und trat hinzu.

„Ssäg – Hund", rief er, „warum verhüllst du dir die Nase?"

Da Halef das Persische nicht verstand, übernahm ich die Antwort: „Glaubst du, die Ausdünstung dieser Leichen sei ein Geruch des Paradieses?" – Er sah mich verächtlich von der Seite an.

„Weißt du nicht, wie der Koran verkündet? Er sagt, daß die Gebeine der Gläubigen nach Amber, Gul, Semen, Musch, Naschew und Nardschin[2] duften." – „Diese Worte stehen nicht im Koran, sondern im Ferîd ed-dîn Attars Pandnameh. Merke dir das! Warum übrigens habt ihr euch denn selbst die Nase und den Mund verhüllt?"

„Das sind die anderen, aber nicht ich." – „So beklage dich zunächst über die Deinen, und dann erst magst du zu uns kommen! Jetzt haben wir nichts mit dir zu schaffen!"

„Deine Rede ist stolz! Du bist ein Sunnit. Ihr habt Herzeleid über den echten Kalifen und seine Söhne gebracht. Allah verdamme euch bis in die finstere Tiefe der Hölle hinein!"

Er wendete sich mit einer drohenden Handbewegung von uns ab, und ich hatte da gleich ein Beispiel des unversöhnlichen Hasses, der zwischen Sunna und Schia lodert. Dieser Mann wagte es, uns in der unmittelbaren Nähe einer Bevölkerung von Tausenden von Sunniten zu beschimpfen; wie mußte es einem Mann ergehen, den man gar in Kerbela oder Meschhed Ali als Nichtschiiten entdeckte!

Ich hätte gern gewartet, bis das Ende des endlos scheinenden Zuges herangekommen war, doch die Vorsicht trieb mich von dannen. Ich hatte mir vorgenommen, falls die Hindernisse nicht unüberwindlich seien, bis nach Kerbela zu gehen, und da war es nicht geraten, mich hier unter Sunniten zur Schau zu stellen. Meine Person konnte sehr leicht irgendeinem auffällig werden, der mich später wiedererkannte.

---

[1] Persisch, zu deutsch: Allah, du bist weltbesitzend,
    Allah, ich bin den Himmel erreichend.
    Hussain, du bist blutbespritzt,
    Hussain, ich bin Tränen vergießend.
[2] Ambra, Rosen, Jasmin, Moschus, Wacholder und Lavendel

Daher ritten wir bald zurück. Der Engländer war gern einverstanden. Er behauptete, den Geruch nicht länger aushalten zu können, und auch der sonst so tapfere Hadschi Halef Omar ergriff die Flucht vor den grausigen Düften, die den Lagerplatz der Perser unausstehlich machten. – Zu Hause erfuhr ich von Hassan Ardschir-Mirsa, daß er sich der Karawane nicht anschließen, sondern ihr erst morgen folgen werde. Er hatte diesen Entschluß bereits Mirsa Selim mitgeteilt, und dieser war ausgegangen, um sich die persische Karawane gleichfalls anzusehen. Ich weiß nicht, warum dieser Gang Selims mir verdächtig erscheinen wollte. Daß er die Absicht hegte, die Karawane in Augenschein zu nehmen, hatte doch nichts Beunruhigendes an sich. Es regte sich in mir eine Art dunkler Besorgnis. Als wir uns zur Ruhe begaben, war der Mann noch nicht zurück. Auch Halef fehlte; er war nach dem Abendessen in den Garten gegangen und noch nicht heimgekehrt. Erst gegen Mitternacht vernahm ich leise Schritte, die an unserer Tür vorüberschlichen. Ungefähr zehn Minuten später wurde sie fast unhörbar geöffnet. Es nahte jemand der Stelle, wo ich lag.

„Wer ist da?" fragte ich halblaut. – „Ich, Sihdi", hörte ich Halefs Stimme. „Steh auf, und komm mit mir!" – „Wohin denn?"

„Still jetzt! Es könnte uns jemand belauschen."

„Soll ich Waffen mitnehmen?" – „Nur die kleinen."

Ich steckte das Messer und die Revolver zu mir und folgte ihm mit nackten Füßen. Er schritt voran zum hinteren Tor, und erst dort zog ich die Schuhe an. „Was gibt es, Halef?"

„Komm nur, Sihdi! Wir müssen eilen, und ich kann dir alles ja recht gut im Gehen sagen." Er öffnete, und wir verließen den Garten, wobei wir das Tor nur anlehnten. Ich wunderte mich, als Halef sich nicht der Stadt zu, sondern südlich wandte, doch folgte ich schweigend, bis er von selbst begann: „Sihdi, verzeih, daß ich dich in deiner Ruhe störte! Aber ich traue diesem Selim nicht."

„Was ist's mit ihm? Ich hörte ihn vorhin nach Hause kommen."

„Laß dir erzählen! Als wir vom Lager der Karawane heimkehrten und ich die Pferde absattelte, traf ich dort den dicken Diener unseres Wirtes. Er war sehr ärgerlich und schimpfte wie ein Fennek[1], dem eine Eidechse entschlüpft ist." – „Worüber?"

„Über Mirsa Selim. Dieser hatte die Weisung hinterlassen, ihm das Tor offenzulassen; er werde vielleicht spät nach Hause kommen. Ich liebe diesen Mirsa nicht, denn er ist dir nicht gewogen, Sihdi. Der Diener hatte ihm nachgeblickt und gesehen, daß er nicht zur Stadt ging, sondern sich nach Mittag wandte. Was wollte der Perser außerhalb der Stadt? Sihdi, du verstehst, daß ich neugierig wurde. Ich kehrte ins Haus zurück, sprach mein Gebet und aß zu Abend, aber ich konnte Selim nicht vergessen. Der Abend war so schön, und die Sterne leuchteten am Himmel; ich konnte auch tun, was der Mirsa tat: ich ging spazieren, und zwar in gleicher Richtung

[1] Wüstenfuchs

wie er. Ich dachte an dich, an Scheik Malek, den Großvater meines Weibes, an Hanneh, die Blume der Frauen, und merkte dabei gar nicht, daß ich mich schon weit von unserer Wohnung entfernt hatte. Da aber stand ich an einer Mauer; sie war eingefallen, und ich stieg über das Geröll hinaus ins Freie. Dort ging ich langsam weiter, bis ich einen Ort erreichte, an dem ich Bäume und Kreuze bemerkte. Es war ein Kabristan[1] der Ungläubigen. Die Kreuze glänzten im Schimmer der Sterne, und ich trat leise hinzu, denn man darf die Seelen der Ungläubigen nicht durch laute Schritte wecken; sonst werden sie zornig und heften sich an die Fersen des Ruhestörers. Da sah ich Gestalten auf den Gräbern sitzen. Es waren keine Geister, denn sie rauchten ihre Tschibuks, und ich hörte sie sprechen. Es waren auch keine Männer aus der Stadt, denn sie trugen die Kleidung der Perser. Nur einige Araber waren darunter. Und weiterhin, wo sich keine Gräber befanden, hörte ich das Hufstampfen angebundener Pferde." – "Hast du gehört, wovon die Männer redeten?"

„Sie saßen sehr entfernt von mir, und ich vernahm nur, daß sie von einer großen Beute sprachen, die sie machen wollten, und daß nur zwei Perser leben bleiben sollten. Ferner hörte ich eine gebieterische Stimme sagen, daß sie bis zum Morgengrauen hier in dem Friedhof bleiben würden. Einer erhob sich, um Abschied zu nehmen. Er kam nahe an mir vorüber, und ich erkannte Selim. Ich folgte ihm bis an unser Haus; dann dachte ich, daß es wohl gut sein würde, zu wissen, wer die Männer sind, mit denen er gesprochen hat, und darum weckte ich dich."

„Hm, die Sache muß untersucht werden. Es wird der Friedhof der Engländer sein, den du meinst. Ich kenne ihn von meinem ersten Aufenthalt in Bagdad her. Er liegt nicht weit vom Blinden-Tor, und es wird nicht schwer sein, unbemerkt an ihn heranzukommen."

Wir schritten sehr eilig dem genannten Ziel zu und erreichten die Bresche in der Umfassungsmauer. Hier ließ ich Halef zurück, damit er mir nötigenfalls den Rückzug decken könne, und ich ging vorsichtig weiter. Der Friedhof lag nun vor mir. Kein Lüftchen regte sich, und kein Laut unterbrach die Stille der Nacht. Ich gelangte unbemerkt bis an den nach Norden gerichteten Eingang: er war geöffnet. Ich trat leise ein und hörte sofort seitwärts das Schnauben eines Pferdes. Das Tier gehörte sicher einem Beduinen, denn nur die im Freien lebenden Rosse haben jenen eigentümlichen, ängstlich zitternden Stoß durch die Nüstern, der als Warnung gelten soll. Dieses Schnauben konnte meine Anwesenheit verraten und mir also gefährlich werden; ich wandte mich darum schnell auf die andere Seite und kroch auf der Erde vorwärts.

Bald sah ich es hell durch die Büsche schimmern. Ich kannte dieses Weiß, es war die Farbe arabischer Burnusse. Ich schlich hinzu und zählte sechs Männer, die schlafend am Boden lagen. Es waren Araber; ein Perser war nicht zu sehen. Halef konnte

---

[1] Friedhof

sich schwerlich geirrt haben. Entweder lagen die Perser weiter abwärts, oder sie hatten den Friedhof verlassen. Um mir Gewißheit zu holen, schlich ich weiter, kam aber bis in die Nähe der Pferde, ohne einen Menschen zu bemerken. Obgleich ich jetzt von der anderen Seite heranschlich, wurden die Tiere bei meiner Annäherung abermals unruhig, doch konnte mich dies nicht mehr beirren; ich mußte wissen, wieviel Pferde es waren. Ich zählte sieben. Dort lagen sechs Araber. Wo war der siebente? Eben wollte ich, auf Händen und Knien liegend, Ausschau nach ihm halten, als ich von einem Mann, der sich auf mich warf, vollends zu Boden gedrückt wurde. Das war der siebente; er hatte bei den Pferden Wache gestanden. Und dieser Mann war kein Schwächling. Er lag zentnerschwer auf mir und brüllte mit einer wahren Löwenstimme die anderen herbei.

Sollte ich es auf einen Kampf ankommen lassen? Sollte ich mich ruhig ergeben, um vielleicht zu erfahren, was diese Leute herbeigeführt hatte? Nein, keins von beiden! Ich schnellte mich auf und warf mich dann nach hinten wieder zur Erde nieder. Dadurch kam der Angreifende unter meinen Rücken zu liegen. Die Bewegung mußte ihm unerwartet gekommen sein, oder war er mit dem Kopf zu kräftig aufgeschlagen – kurz, ich fühlte, daß seine Arme sich von mir lösten, sprang auf und eilte dem Ausgang zu. Aber unmittelbar hinter mir hörte ich die Schritte der Verfolger. Glücklicherweise trug ich nur leichte Kleidung und leichte Waffen; es gelang ihnen nicht, mich zu erreichen. An der Bresche zog ich den Revolver und feuerte zwei Schüsse in die Luft, und als auch Halef nun seine Pistole abschoß, verschwanden die weißen Gestalten hinter mir.

„Hast du dich erwischen lassen, Sihdi?" lächelte Halef.

„Leider. Die Araber waren klüger, als ich glaubte: sie hatten eine Wache ausgestellt, die mich faßte." – „Allah kerihm! Es konnte dir schlimm ergehen, denn diese Männer haben sicher keine guten Absichten. Aber es waren doch nur Araber, die dich verfolgten?"

„Die Perser, die du gesehen hast, befanden sich nicht mehr bei ihnen. Kam dir die Gestalt des Befehlshabers, den du sprechen hörtest, nicht bekannt vor?" – „Ich konnte sie nicht erkennen; es war nicht hell genug dazu, und er saß mitten unter den übrigen."

„So haben wir diesen Gang umsonst getan, obwohl ich beinahe den Verdacht hegen möchte, daß es die Verfolger Hassan Ardschir-Mirsas gewesen sind." – „Könnten sie denn schon hier sein, Sihdi?"

„Ja. Sie haben sich infolge unserer List zwar westwärts gewendet, aber sie konnten leicht annehmen, daß Hassan Ardschir doch nach Bagdad gehen würde, und so läßt sich glauben, daß sie wieder umgekehrt sind. Wir konnten der Frauen wegen nicht so schnell vorwärts kommen wie sie." – Wir gingen in unsere Wohnung zurück, und ich teilte dem Perser das Erlebnis und meine Befürchtungen mit, die er jedoch leichthin entgegennahm. Er konnte es sich nicht denken, daß seine Verfolger in Bagdad seien, und ebenso unwahrscheinlich war es ihm, daß die Worte, die Halef erlauscht hatte, auf ihn Bezug haben sollten. Ich bat ihn, vorsichtig zu sein und sich vom Pascha eine Bedeckung geben zu lassen, doch auch diesen Vorschlag wies er zurück. – „Ich fürchte mich nicht", meinte er. „Vor Schiiten brauche ich nicht bange zu sein, denn während des Festes ist jede Feindschaft aufgehoben, und ebenso sicher ist es, daß ich von den Arabern nicht angefallen werde. Bis Hille bist du mit deinen Freunden bei mir, und dann ist es bis Nedschef nur noch eine Tagereise. Der Weg ist von Pilgern so besucht, daß sich wohl kein Räuber sehen lassen wird." – „Ich kann dich nicht zwingen, meinem Rat zu folgen! Du nimmst doch nur das mit, was du in Nedschef nötig hast, und läßt das übrige hier zurück?"

„Ich lasse nichts zurück. Soll ich mein Hab und Gut, soweit es nicht verkauft ist, fremden Händen anvertrauen?"

„Unser Wirt scheint mir ein ehrlicher Mann zu sein."

„Aber er wohnt in einem einsamen Haus. Bedenke das, Effendi!"

Es blieb mir nichts anderes übrig, als zu schweigen. Ich legte mich wieder zur Ruhe und wachte erst spät am Morgen auf. Der Engländer war nicht daheim. Er war in die Stadt gegangen, und als er zurückkehrte, brachte er vier Männer mit, von denen drei mit Hacke, Spaten und anderem Gerät ausgerüstet waren.

„Was sollen diese Leute?" fragte ich ihn.

„Hm, arbeiten!" antwortete er. „Drei sind abgelohnte Matrosen aus Old England, und der vierte ist ein Schotte, der ein wenig Arabisch versteht; er wird mein Dolmetscher sein. Brauche ihn, weil Ihr doch heimlich nach Meschhed Ali wollt. Well!" – „Wer hat Euch diese Leute besorgt, Sir David?" – „Habe auf dem Konsulat angefragt."

„Ihr wart beim Konsul? Ohne mir etwas davon zu sagen?"

„Yes, Sir! Habe Briefe erhalten und auch abgegeben, mir auch Gelder verschafft, um mit Hassan Ardschir abrechnen zu können. Ist schon alles besprochen. Konsul wird Wertsachen nach England senden. Habe Euch nichts davon gesagt, weil ich Euer Freund nunmehr gewesen bin!" – „Warum?" – „Wer nach Meschhed Ali geht, ohne mich mitzunehmen, braucht sich auch um meine anderen Angelegenheiten nicht zu kümmern. Well!" – „Aber, Sir David, was ist denn so plötzlich in Euch gefahren? Eure Begleitung könnte doch Euch und mir nur Schaden bringen." – „Habe Euch soweit begleitet, ohne Schaden zu nehmen. Zwei Finger weg – zählt nichts; habe dafür die Nase doppelt." Lindsay wandte sich ab und machte sich mit seinen vier Leuten zu schaffen. Ich ließ ihn gewähren. Wie ich ihn zu kennen glaubte, zürnte er mir nicht ernstlich. Dazu war er viel zu gutmütig.

9. Die Todeskarawane

Nachmittags, als die größte Tageshitze vorüber war, brachen wir nach einem herzlichen Abschied von unserem polnischen Gastgeber und seinem dicken Diener auf, um Bagdad zu verlassen. Voran ritt der Führer, den Hassan Ardschir-Mirsa angeworben hatte, ebenso einige Maultiertreiber, deren Tiere sein Eigentum trugen, soweit es nicht in Lindsays Besitz übergegangen war. Das schien mir eine Unvorsichtigkeit, die ich nicht begreifen konnte. Hassan Ardschir und Selim ritten bei den Kamelen, die die Sänfte der Frauen trugen. Ich hielt mich zu Halef, und den Schluß bildete der Engländer, der mit unternehmender Miene die Männer beaufsichtigte, mit deren Hilfe er die Trümmer Babylons zwingen wollte, ihm ihre verborgenen Schätze auszuliefern. Halwa saß auf einem Maultier, und der arabische Diener war zurückgeblieben. – Ich hatte mir den Ritt anders gedacht. Die Anordnung war verkehrt. Vielleicht verschuldete ich das selbst, aber es wurde mir neuerdings schwer, eine Ansicht gründlich durchzusprechen. Meine Verwundung, die ich gut überwunden zu haben schien, war offenbar nicht ohne Nachteil für mich geblieben, und zudem hatte ich mehr Sorge, Aufregung und Anstrengung gehabt als einer meiner Begleiter. Ich fühlte mich körperlich sehr müde und geistig niedergeschlagen, ohne daß ich dafür eine Ursache hätte angeben können.

Wir zogen am Tigris hinauf, um über die obere Schiffbrücke zu reiten. Dort hielt ich an, um einen Blick auf die einstige Hauptstadt Harun ar-Raschids zu werfen. Sie lag vor mir im Sonnenglanz, in all ihrer Pracht und Herrlichkeit und doch auch wieder mit all den nicht zu verwischenden Spuren des Verfalls: Links vorn der Volksgarten, hinter dem die Pferdebahn nach Norden geht, und weiter zurück die Quarantäneanstalt. Dann das hoch emporragende Kastell und das Statthaltereigebäude, das seinen Fuß in die Fluten des Tigris taucht. Rechts die meist von Arabern bewohnte Vorstadt mit der Medresse Mostanßir, dem einzigen Bauwerk, das dieser älteste, vom Kalifen Manßur gegründete Stadtteil in die Gegenwart mit hinübergenommen hat. Und hinter diesen Gebäuden dehnte sich eine unabsehbare Häusermasse, überragt von stilvollen Minarehs und den glasierten Kuppeln von wohl hundert Moscheen. Über diesem Häusermeer wallte hier und da die schön gezeichnete Krone einer Palme, deren Grün wohltuend den Dunst- und Staubschleier durchbricht, der stets über der Stadt der Kalifen lagert.

Hier begrüßte Manßur eine Gesandtschaft des Frankenkönigs Pipin des Kleinen, die mit ihm gegen die in Spanien so gefürchteten Omaijaden verhandelte. Hier lebte der berühmte Harun ar-Raschid an der Seite der schönen Subajda, die mit ihm die gleiche Frömmigkeit und die gleiche verschwenderische Prachtliebe teilte. Sie pilgerten wiederholt nach Mekka und ließen den Weg dorthin mit den wertvollsten Teppichen belegen. Wo aber ist heute der kostbare, goldene Baum mit seinen Diamant-, Smaragd-, Rubinen-, Saphir- und Perlenfrüchten, der den Thron Haruns beschattete?

Dieser Kalif wurde ar-Raschid[1] genannt, und doch war er ein hinterlistiger Tyrann, der den abscheulichsten Meuchelmord an seinem treuen Wesir Dschafar beging, der seine Schwester nebst deren Kind lebendig einmauern ließ und die edle Familie der Barmekiden abschlachtete. Der Schimmer, den die Märchen von ‚Tausendundeine Nacht' um ihn verbreiteten, ist Trug, denn die Geschichte hat längst bewiesen, daß der wirkliche Harun ein anderer als der Harun der Sage war. Von seinem Volk vertrieben, flüchtete er nach Rakka und starb in Rhages in Persien. – Hier lebte auch der Kalif Ma'mûn, der die Göttlichkeit des Korans leugnete und die ‚ewige Vernunft' anbetete. Unter ihm floß der Wein in Strömen, und unter seinem Nachfolger Mutaßim wurde es noch ärger. Er baute in öder, nackter Gegend die Stadt Samarra, allerdings ein Paradies, aber an diesem Paradies wurde der Staatsschatz ganzer Herrschergeschlechter vergeudet. – Wie anders dagegen das heutige Bagdad! Schmutz, Staub, Trümmer und Lumpen überall! Sogar die Brücke, auf der ich hielt, war schadhaft, und ihr elendes Flechtgeländer hing in Fetzen herab. Statt ‚Dar el Kalifet' oder ‚Dar es Sallam' wäre die Stadt jetzt viel treffender ‚Dar et Ta'ûn[2]' zu nennen. Trotz des heute noch prächtigen Anblicks, den sie bietet, besteht der dritte Teil des Geländes innerhalb der Stadtumwallung aus Friedhöfen, Pestfeldern, Sumpflachen und modrigem Häuserschutt, wo der Aasgeier mit anderem Gelichter sein Wesen treibt. Die Pest stellt sich alle fünf oder sechs Jahre ein und fordert ihre Opfer nach Tausenden. Der Muslim zeigt auch solchen Fällen gegenüber seine unheilbringende Gleichgültigkeit. „Allah sendet es; wir dürfen nichts dagegen tun", sagte er. Bei der entsetzlichen Seuche des Jahres 1831 gab sich der Vertreter Englands alle Mühe, umfassende Abwehrmaßnahmen zu treffen. Da erhoben sich die Mullahs gegen ihn, und er wurde durch den Einwand, sein Beginnen sei gegen den Koran, in die Flucht geschlagen. Die Folge davon war, daß jeder Tag bis an dreitausend Pestleichen forderte. Bei diesem Gedanken war es mir, als hätte auch mich die Ansteckung ergriffen. Trotz der Hitze überlief es mich kalt. Ich schüttelte mich und ritt schnell den anderen nach, um aus der Stadt fortzukommen. – Zwischen der Straße nach Basra links und der nach Deïr rechts kamen wir an Ziegeleien und an dem Grabmal der Subajda vorüber, überschritten den Oschach-Kanal und waren nun auf freiem Feld. Um Hille zu erreichen, mußten wir

[1] Der Gerechte [2] Haus der Pest

die schmale Landzunge durchschneiden, die den Euphrat vom Tigris trennt. – Die Sonne brannte noch immer heiß vom Himmel, und die Luft schien die Spuren der Todeskarawane zu tragen, die gestern hier vorübergeschlichen war. Ich hatte die Empfindung, als befände ich mich in einem ungelüfteten Krankensaal. Und das war nicht etwa Einbildung, sondern auch Halef machte die Bemerkung, und der Engländer schnüffelte mit seiner Beulennase übelwollend in der verpesteten Luft umher. – Hier und da überholten wir einen alten Pilger, der sich in heiliger Erde begraben lassen wollte und ermüdet zurückgeblieben war, oder eine Gruppe, die einem armen Maultier mehrere Tote aufgebürdet hatte. Das Tier keuchte schwitzend vorwärts, die Männer schritten mit zugehaltenen Nasen nebenher, und hinter ihnen strömte der Todeshauch der Verwesung auf uns ein.

Am Weg saß ein Bettler. Er war nackt bis auf einen schmalen Schurz, der um seine Lenden gegürtet war. Er hatte seinem Leid um den ermordeten Hussain in widerlicher Weise Ausdruck gegeben: Die Schenkel und Oberarme waren mit spitzen Messern durchstochen, und in die Unterarme, Waden, in den Hals, durch Nase, Kinn und Lippen hatte er lange Nägel getrieben, an den Hüften und im Unterleib hingen, eingebohrt in das Fleisch, eiserne Haken, woran schwere Gewichte befestigt waren. Alle anderen Teile seines Körpers waren mit Nadeln bespickt. Kurz, es gab an seinem ganzen Körper keine pfenniggroße Stelle, die nicht eine dieser schmerzhaften Verwundungen aufzuweisen hatte. Der Mann war entsetzlich anzusehen.

„Dirîgh-â, waj Mohammed! Dirîgh-â, jâ Hussain!" kreischte er mit widerlicher Stimme und streckte uns bettelnd beide Hände entgegen. Ich hätte diesem fanatisch dummen Menschen lieber eine Ohrfeige als ein Almosen gegeben, denn ich konnte den Unverstand nicht begreifen, der so scheußliche Martern ersinnt, um den Todestag eines Menschen zu begehen. – Hassan Ardschir-Mirsa warf ihm einen goldenen Toman zu. – „Allah hâfis-i tu – Gott behüte dich!" rief das Scheusal, die Arme wie ein Priester erhebend.

Lindsay griff in die Tasche und gab ihm einen Gersch zu zehn Piaster. – „Ssubjâna allâji – gnädiger Gott!" sagte der Unhold schon weniger höflich, denn er stellte Allah und nicht den Engländer als Geber hin. Ich zog einen Piaster hervor und warf ihm die Münze vor die Füße. Der schiitische Heilige machte zuerst ein erstauntes, dann aber ein sehr zorniges Gesicht. „Äsdâr – Geizhals!" rief er, und dann fügte er mit der Gebärde des Abscheus und mit äußerster Schnelligkeit hinzu: „Äsdâr-î, päntschäsdârhâ-î, däh äsdârhâ-î, häsâr äsdârhâ-î, läk äsdârhâ-î – du bist ein Geizhals, du bist fünf Geizhälse, du bist zehn Geizhälse, du bist hundert Geizhälse, du bist tausend Geizhälse, du bist hunderttausend Geizhälse!"

Er trat meinen Piaster mit Füßen, spie darauf und zeigte eine Wut, vor der man sich hätte fürchten mögen. – „Sihdi, was heißt Äsdâr?" fragte mich Halef. – „Geizhals." – „Allah! Und wie heißt schäbiger Bettler?" – „Bîsamân." – „Und ein Landstreicher?" – „Dschâf."

Da drehte sich der kleine Hadschi zum Perser hin, hielt ihm die flachen Hände emporgerichtet entgegen, wischte sie an den Schenkeln ab, eine Gebärde, die für die größte Beleidigung gilt, und rief: „Bîsamân, Dschâf, Dschâf!" Auf diese Worte öffneten sich die rednerischen Schleusen des Schiiten in einer Art und Weise, daß wir Reißaus nahmen. Der ‚heilige Märtyrer' befand sich im Besitz von Schimpfwörtern, die man unmöglich wiedergeben kann. Wir beugten uns vor seiner Überlegenheit und ritten weiter. – Die Luft, in der wir uns bewegten, wurde nicht besser. Wir konnten die Spuren der Todeskarawane erkennen, und weithin zur Seite zeigten zahlreiche Fuß- und Hufeindrücke, daß sich die militärische Begleitung, die der Karawane von Bagdad aus zum Schutz gegen Räuber mitgegeben ward, der Ausdünstung der Särge wegen in vorsichtiger Entfernung gehalten hatte. – Ich schlug Hassan Ardschir-Mirsa vor, den Karawanenweg zu verlassen und in genügender Entfernung in gleicher Richtung zu reiten, aber er ging nicht darauf ein, da es ein großes Verdienst der Pilger sei, in dem ‚Odem der Abgeschiedenen' zu reisen. Er gebe nichts auf die Einhaltung solcher Vorschriften, doch sei er es dem toten Vater schuldig, dessen letzten Weg nach den Regeln der Schia zu richten. Zum Glück erreichte ich wenigstens so viel, daß wir abends, als wir an einen Khan gelangten, wo der Pilgerzug gerastet hatte, dort nicht übernachteten, sondern entfernt davon unser Lager aufschlugen. – Wir befanden uns in einer gefährlichen Gegend und durften uns vom Lager nicht entfernen. Bevor wir uns schlafen legten, wurde beschlossen, morgen die Karawane in einem Eilritt zu überholen, Hille zu erreichen und am ‚Turm zu Babel' das Nachtlager aufzuschlagen. Dann wollte Hassan Ardschir-Mirsa die Leichenkarawane vorüberlassen, um sie später wieder einzuholen, während wir anderen seine Rückkehr erwarten sollten. Ich war sehr müde und fühlte einen dumpfen, bohrenden Schmerz im Kopf, obwohl ich Kopfschmerzen sonst niemals ausgesetzt bin. Es war, als sei ein Fieber im Anzug. Darum nahm ich etwas Chinoidin, das ich mir nebst einigen anderen auf der Reise notwendigen Arzneien in Bagdad gekauft hatte. Ich konnte trotz der Müdigkeit lange keine Ruhe finden, und als ich endlich einschlief, wurde ich von häßlichen Traumbildern beunruhigt, die mich immer wieder weckten. Einmal war es mir, als hörte ich den gedämpften Schritt eines Pferdes, aber ich lag noch halb im Schlummer und glaubte, es sei noch im Traum.

Endlich trieb mich die Unruhe vom Lager auf, und ich trat vor das Zelt. Der Tag begann zu grauen. Im Osten lichtete sich bereits der Himmel, und in jenen Gegenden dauert es nur kurze Zeit bis zur vollen Helle. Ich musterte den Gesichtskreis und bemerkte nach Morgen hin einen Punkt, der sich schnell vergrößerte. Schon in zwei Minuten konnte ich einen Reiter erkennen, der sich schnell näherte. Es war Selim. Sein Pferd dampfte, als er absprang. Er schien sehr verlegen, als er mich bemerkte, grüßte kurz, hängte sein Pferd an und wollte dann an mir vorüber. – „Wo warst du?" fragte ich ihn kurz, aber nicht unfreundlich. – „Was geht es dich an?" trotzte er.

„Sehr viel. Männer, die in einer so schlimmen Gegend miteinander reisen, sind sich gegenseitig Auskunft schuldig." – „Ich habe mein Pferd geholt. Es hatte sich losgerissen und war entflohen."

Ich untersuchte den Strick. „Diese Fessel hat keinen Riß gehabt", sagte ich ernst. – „Der Knoten hatte sich gelöst." – „Danke Allah, wenn der Knoten, den man einmal um deinen Hals legen wird, auch nicht besser hält!" Ich wollte mich abwenden, aber er trat an mich heran und fragte: „Was sagst du? Ich verstehe dich nicht."

„So denke darüber nach!" – „Halt, du darfst so nicht fort! Du mußt mir sagen, was du mit deinen Worten gewollt hast!"

„Ich wollte dich an den Friedhof der Engländer in Bagdad erinnern." – Selim verfärbte sich ein wenig, hatte sich aber so in der Gewalt, daß er ruhig sagen konnte: „Der Friedhof der Engländer? Was geht er mich an? Ich bin kein Inglis. Du sprachst von einem Strick um den Hals. Ich habe mit dir nichts zu schaffen und werde mich bei Hassan Ardschir-Mirsa beschweren. Er mag dich unterweisen, wie du mich behandeln mußt." – „Sag es ihm oder sag es ihm nicht, das ist mir gleichgültig, denn ich werde dich auf alle Fälle so behandeln, wie du es verdienst." – Unsere laute Unterredung hatte die Schläfer geweckt. Die Vorbereitungen zum Aufbruch waren getroffen, und dann setzten wir unsere Reise fort. Ich sah während des Rittes Selim eifrig auf Hassan Ardschir einsprechen, und bald darauf blieb dieser bei mir zurück. „Effendi, erlaubst du mir, mit dir über Mirsa Selim zu reden?" fragte er. – „Gewiß. Ich weiß, daß er sich über mich beschwert hat." – „Allerdings. Er fühlt sich gekränkt. Seitdem ich Selim merken ließ, daß er nicht mehr mein volles Vertrauen besitzt, ist er doppelt bemüht, mir seine Ergebenheit zu beweisen. Nun hast du ihm angedeutet, er habe den Strick verdient. Sag selbst, Effendi, ist es ein Grund, aufgehängt zu werden, wenn einem das Pferd fortläuft?" – „Nein. Aber ein Grund zum Gehängtwerden ist es, wenn einer fortreitet, um gegen die Gefährten als Spion zu arbeiten." – „Effendi, ich habe schon bemerkt, daß deine Seele krank und dein Leib müde ist; darum sieht dein Auge alles schwarz, und deine Rede ist bitter wie der Saft der Aloë. Du wirst wieder gesund werden und ruhiger über alles urteilen, auch über Selim. Er hat mir dies alles geopfert." – „Und sein Besuch auf dem Friedhof der Engländer?" – „War harmlos. Er hat es mir vorhin erzählt. Der Abend war so schön, und er ging spazieren. Dabei kam er zum Friedhof, ohne zu wissen, daß sich Leute dort befinden. Es waren friedliche Wanderer, die dort allerdings von Räubern erzählten und dabei auch von Beute sprachen." – „Glaubst du wirklich, daß ihm heut sein Pferd entflohen ist?" – „Ich zweifle nicht daran."

„Und glaubst du, daß Selim der Mann ist, ein entflohenes Pferd im Dunkeln zu finden?" – „Warum nicht?" – „Auch wenn es weit entwichen ist? Das Tier war ganz mit Schaum und Schweiß bedeckt."

„Selim hat es zur Strafe stark angestrengt. Auch das hat er mir erklärt. Du siehst, es bleibt von deinem Verdacht nichts übrig. Ich bitte dich, Selim besser zu beurteilen als bisher." – „Das soll gern geschehen, wenn er sich bestrebt, weniger heimlich zu tun als bisher."

„Ich werde es ihm dringend anraten. Du aber bedenke, daß der Mensch sich irren kann! Nur Allah allein ist allwissend!"

Mit dieser Ermahnung beschloß er unsere Unterhaltung.

Was sollte ich tun oder vielmehr, was konnte ich tun? Ich war überzeugt, daß Selim irgendeine Spitzbüberei im Schild führte und daß er heute nacht mit den Männern zusammengekommen war, mit denen er schon im Friedhof der Engländer gesprochen hatte. Wie aber sollte ich das beweisen? Ich war matt, ich hatte das Gefühl, als seien meine Knochen marklos und hohl geworden und mein Kopf eine große Trommel, auf der dumpf gewirbelt würde. Ich merkte, daß meine Willenskraft langsam schwand und ich gleichgültig wurde gegen Dinge, die sonst meine ganze Tatkraft herausgefordert hätten. Daher nahm ich auch die Bitte Hassan Ardschirs, die fast einer Zurechtweisung ähnlich war, gleichmütig hin und beschloß, im stillen soviel als möglich auf der Hut zu sein. – Unsere Tiere trugen uns schnell über den ebenen Boden dahin. Die Pilger, an denen wir vorüberkamen, mehrten sich, die widerlichen Düfte wurden immer unerträglicher, und noch am Vormittag sahen wir die lange Linie der Karawane am westlichen Gesichtskreis auftauchen.

„Umreiten wir sie?" fragte ich. – „Ja", antwortete Hassan Ardschir, und auf einen Wink von ihm bog der Führer zur Seite, um uns aus der Spur des Zuges zu bringen. Bald befanden wir uns allein im freien Feld. Die Luft war reiner geworden, und wir atmeten sie mit Wonne. Der schnelle Ritt hätte mir gefallen können, wenn uns nicht so viele Gräben und Kanäle den Weg versperrt hätten. Bei meinem Kopfschmerz verursachte mir das Überwinden dieser Hindernisse nicht geringe Pein, und ich war froh, als wir gegen Mittag absaßen, um die größte Tageshitze vorübergehen zu lassen.

„Sihdi", sagte Halef, der mich ständig beobachtet hatte, „dein Angesicht ist grau, und deine Augen haben Ringe. Ist dir sehr unwohl?" – „Nur Kopfschmerz. Gib mir Wasser aus dem Schlauch und die Essigflasche!" – „Ich wollte, ich könnte diesen Schmerz in meinen Kopf nehmen!" Der gute Halef! Er ahnte nicht, was ihm selbst bevorstand. Wäre mein Rih nicht ein so ausgezeichnetes Pferd gewesen, so hätte ich den Ritt nicht aushalten können und mich vor der alten Halwa schämen müssen, die wie ein ungarischer Czikós ritt, was ich ihr gar nicht zugetraut hätte. – Endlich, am späten Nachmittag, sahen wir zu unserer rechten Hand die Ruine El Himaar vor uns auftauchen. Sie liegt nur wenig über eine Meile von Hille entfernt. Bald erschien der vor El Mudschellibeh[1] stehende Höhenzug und südlicher Tell Amran Ibn Ali. Wir ritten durch die am linken Euphratufer liegenden Gärten von Hille und über eine höchst unzuverlässige Schiffbrücke in das Städtchen. Dieses ist durch sein Ungeziefer berüchtigt, seine selbst für das Morgenland grenzenlose Unreinlichkeit und seine bis zur Tollheit fanatische Bevölkerung. Wir hielten uns nur so lange auf, als nötig war, um anderthalb Schock am Weg

---

[1] auch Tell Babil genannt

sitzende Bettler zu befriedigen, und eilten dann weiter, dem Birs Nimrud[1], dem babylonischen Turm zu, der dritthalb Wegstunden im Südwesten von Hille liegt. Da diese Stadt ungefähr die Mitte des noch vorhandenen Ruinenfeldes einnimmt, so kann man sich eine Vorstellung von der ungeheuren Ausdehnung des alten Babels machen. – Die Sonne neigte sich dem Untergang, als wir neben der Ruine Ibrahim Khalil den Birs Nimrud aufsteigen sahen, umgeben von Sumpf- und Wüstenland. Die Ruine des Turmes mag eine Höhe von höchstens fünfzig Meter haben, und auf ihr sieht man einen vereinzelten Pfeilerschaft, der etwas über zehn Meter hoch die Umgebung beherrscht. Er ist der einzige noch aufrechtstehende Rest der ‚Mutter der Städte', wie Babel genannt wurde, doch auch bereits durch einen tiefen Riß in der Mitte gespalten. Ich mußte an Uhland denken:

> „Nur eine hohe Säule
> zeugt von verschwundner Pracht;
> auch diese, schon geborsten,
> kann stürzen über Nacht."

Wir machten am Fuß der Ruine halt, und während die anderen ihre Vorbereitung zum Abendimbiß trafen, stieg ich empor zur Plattform, um einen Blick auf die Umgebung zu werfen. Einsam stand ich da oben, die Sonne hatte den Horizont erreicht, und ihre Strahlen nahmen Abschied von den Trümmern einer versunkenen Riesenstadt. – Was war dieses Babel gewesen? – Am Euphrat gelegen und von ihm in zwei Teile geschieden, hatte die Stadt nach Herodot einen Umfang von 480 Stadien[2]. Sie wurde eingefaßt von einer 50 Ellen[3] dicken und 200 Ellen hohen Mauer, die zur Verteidigung in Zwischenräumen mit Türmen versehen war und außerdem noch von einem breiten tiefen Wassergraben beschützt wurde. Hundert Tore von Erz führten durch diese Mauer in die Stadt, und von jedem dieser Tore ging eine gerade Straße zum gegenüberliegenden, so daß Babel also in regelmäßige Vierecke eingeteilt war. Die drei bis vier Stock hohen Häuser waren von Backsteinen erbaut, die untereinander mit Erdharz verkittet wurden. Die Gebäude hatten prachtvolle Außenseiten und wurden durch freie Räume voneinander getrennt. Das Häusermeer wurde von freien Plätzen und schönen Gärten angenehm unterbrochen, in denen sich die zwei Millionen Einwohner lustwandelnd ergehen konnten. Auch die beiden Ufer des Stroms waren von hohen, starken Mauern eingefaßt, durch deren eherne Wassertore, die des Nachts geschlossen wurden, man fahren mußte, wenn man zu Schiff von einem Ufer zum anderen kommen wollte.

---

[1] Anmerkung des Karl-May-Verlags: Das vorliegende Werk ist im Jahr 1882 verfaßt. Neuere Forschungen aus dem Jahr 1911 ergeben, daß obige Gleichsetzung irrig ist. Die Sage erblickte allerdings im Birs Nimrud den Turm von Babel, während er in Wirklichkeit die Reste der Stufenpyramide von Borsippe darstellt. Vgl. auch Karl-May-Jahrbuch 1930: Dr. Karl Guenther, Von Kairo nach Bagdad und Stambul   [2] Altgriechisches Längenmaß = 184 m   [3] = Zweidrittel Meter

Über den Fluß führte außerdem eine gedeckte Brücke, die eine Breite von zehn Metern besaß und nach Strabo eine Stadie, nach Diodor aber eine Viertelstunde lang war. Ihr Dach konnte abgenommen werden. Um bei ihrer Erbauung den Strom abzuleiten, war im Westen der Stadt ein See von zwölf Meilen Umfang und von 25 Meter Tiefe ausgegraben worden, in den man den Euphrat leitete. Dieser See wurde auch später beibehalten. Er sollte die Wasser der Überschwemmungen aufnehmen und bildete ein ungeheures Becken, woraus man bei großer Dürre mittels Schleusen die Felder bewässerte.

An jedem Ende der Brücke stand ein großer Palast; beide waren durch einen unterirdischen Gang verbunden, der unter dem Euphrat hinlief, wie der Tunnel unter der Themse. Die hervorragendsten Gebäude der Stadt waren: das alte Königsschloß, über eine Meile im Umfang, der neue Palast, mit dreifachen Mauern umgeben und zahllosen Bildhauerarbeiten geschmückt, und die hängenden Gärten der Semiramis. Diese bildeten ein Viereck von 14 860 Quadratmetern und wurden von einer sieben Meter dicken Mauer umgeben. Auf großen, gewölbten Bogen erhoben sich amphitheatralisch angelegte Terrassen, zu denen man auf drei Meter breiten Stufen gelangte. Die Plattformen waren mit fünf Meter langen und einen Meter breiten Steinen belegt, um kein Wasser durchzulassen. Auf den Steinen war eine dicke Lage verkittetes Rohr, darauf zwei Reihen gebrannter Ziegel, die mit Harz gut verbunden waren, und dann hatte man das Ganze noch mit Blei bedeckt, auf dem man die beste Pflanzenerde so hoch aufschüttete, daß die stärksten Bäume darin Wurzel schlagen konnten. Auf der obersten Plattform befand sich ein Brunnen, der das nötige Wasser in Fülle aus dem Euphrat zog und über die Gärten ergoß. In den Hallen unter einer jeden Plattform hatte man prächtige, zur Nachtzeit strahlend beleuchtete Gartensäle eingerichtet. – Das hervorragendste Gebäude Babels aber war der Baalsturm, von dem uns die Bibel, I. Mose, 11, berichtet. Die Heilige Schrift gibt keine genaue Höhe an; sie sagt nur: „dessen Spitze bis an den Himmel reicht". Die Talmudisten behaupten, der Turm sei 70 Meilen hoch gewesen. Nach orientalischen Überlieferungen war er über 10 000 Klafter, nach anderen 25 000 Fuß[1] hoch, und es soll eine Million Menschen zwölf Jahre daran gearbeitet haben. Das ist natürlich übertrieben. Die Wahrheit ist, daß sich allerdings mitten aus dem großen Tempel des Baal ein Turm erhoben hat, dessen Basis ungefähr tausend Schritt im Umfang hatte, während seine Höhe 600 bis 800 Fuß betrug. Er bestand aus acht übereinanderstehenden Abteilungen, von denen immer die höhere eine kleinere Grundfläche hatte als die, von der sie getragen wurde. Durch einen achtmal um den Turm führenden Stiegengang gelangte man auf die Höhe des Bauwerks. Jede einzelne Abteilung enthielt große, gewölbte Hallen, Säle und Gemächer, deren Bildsäulen, Tische, Sessel, Gefäße und andere Gerätschaften von gediegenem Gold waren. Im untersten

---

[1] 1 Klafter = 6 Fuß; 1 Fuß = 30 cm

Stockwerk stand die Bildsäule des Baal, die tausend babylonische Talente[1] wog, also einen Wert von mehreren Millionen Mark besaß. Das oberste Stockwerk trug ein Observatorium, wo die Astronomen und Sterndeuter ihre Beobachtungen machten. Xerxes beraubte den Turm aller Schätze, die nach Diodorus 6300 Talente in Gold betragen haben sollen. Hierzu sagt die morgenländische Sage noch, daß sich in dem Bauwerk ein Brunnen befunden habe, der genauso tief gewesen sei, wie der Turm hoch war. In diesem Brunnen sind die gefallenen Engel Harut und Marut mit Ketten an den Füßen aufgehangen, und in seiner Tiefe liege die Lösung aller Zauberei verborgen.

Das *war* Babel. Und jetzt...! – Hier am Birs Nimrud dachte ich mich in die Heimat zurück, in die stille Stube mit der aufgeschlagenen Bibel vor mir. Wie oft hatte ich die Weissagung Jeremias gelesen, die wie Posaunenschall über das von Gott gerichtete Sinear erklang! An den Wassern Babylons, am Ufer des Euphrat und an den Rändern der Seen und Kanäle saßen die heimatlosen Söhne Abrahams, ihre Psalter und Saitenspiele hingen stumm an den Weiden, und ihre Tränen flossen zum Zeichen der Buße ob ihrer Sünden. Und wenn eine der Harfen erklang, so ertönte sie vor Sehnsucht nach der Stadt, die das Heiligtum Jehovahs barg, und der Schluß des Klageliedes war: „Ich hebe meine Augen auf zu den Bergen, von denen mir Hilfe kommt." Und der Herr erhörte das Gebet. Es erklang die gewaltige Stimme des Propheten Jeremias, und das weinende Volk lauschte seinen Worten: „Dies ist das Wort des Herrn wider Babel und das Land der Chaldäer: Es zieht von Mitternacht ein Volk herauf, das ihr Land zur Wüste machen wird. Es hat Bogen und Schild und ist grausam und unbarmherzig. Sein Geschrei ist wie das Brausen des Meeres. Flieht aus Babel, damit ein jeder seine Seele errette, denn es ist ein Kriegsgeschrei im Land und großer Jammer. Es spricht der Herr Zebaoth: Siehe, ich will den König zu Babel heimsuchen. Rüstet euch wider Babel, jauchzt über sie um und um! Ihre Grundfesten sind gefallen und ihre Mauern gebrochen. Kommt her gegen sie, öffnet ihre Kornhäuser, erwürget alle ihre Rinder, belagert sie und lasset keinen entfliehen! Sie hat wider den Herrn gehandelt, darum sollen ihre Männer fallen und ihre Krieger untergehen zu derselben Zeit. Schwert soll kommen über Babel und seine Fürsten, über die Weissager und Starken, über Rosse und Wagen und über den Pöbel, der darinnen ist. Gleichwie Gott Sodom und Gomorra umgekehrt hat, so soll auch Babel zum Steinhaufen werden und ihre Stätte zur Wüste!"

Und nun, da ich hier oben auf der Ruine stand, konnte ich sehen, in wie schrecklicher Weise sich das Wort des Herrn erfüllt hatte. Mit 600 000 Streitern zu Fuß, 12 000 Reitern und mit 1000 Sichelwagen, ungezählt noch Tausende von Kamelreitern, kam Cyrus und eroberte die Stadt trotz ihrer festen Lage und obwohl sie auf 20 Jahre mit Lebensmitteln versehen war. Später ließ Darius

---

[1] Im Altertum übliche Rechnungseinheit; 1 Talent = 4320 bis 4710 Mark

Hystaspes die Mauern niederreißen, und Xerxes entblößte Babel von allen Schätzen. Als der Große Alexander nach Babylon kam, wollte er den Turm wiederherstellen. Er befahl allein zum Wegräumen der Trümmer und des Schuttes 10 000 Arbeiter, doch mußte der Plan seines plötzlichen Todes wegen aufgegeben werden. Seit dieser Zeit verfiel die Riesenstadt immer mehr, so daß heute von ihr nichts zu sehen ist als ein verwittertes Backsteinfeld, in dem sich selbst das scharfe Auge des Forschers schwer zurechtfinden kann.

Rechts vom Turm sah ich die Straße, die nach Kerbela führt, und links die nach Meschhed Ali. Grad im Norden lag Tahmasije und hinter den westlichen Wallruinen der Dschebel Menawije[1]. Ich wäre gern noch länger hier oben geblieben, aber die Sonne war jetzt verschwunden und die Kürze der Dämmerung trieb mich zu den Gefährten hinab. Das Frauenzelt war aufgeschlagen worden, und außer Lindsay und Halef hatten sich alle zur Ruhe gelegt. Der kleine Hadschi hatte mich noch bedienen wollen, und der Englishman hegte die Absicht, sich über die Pläne für die nächsten Tage mit mir zu verständigen. Ich vertröstete ihn auf den folgenden Morgen, wickelte mich in meine Decke und versuchte einzuschlafen. Es ging aber nicht, denn eine fieberhafte Unruhe ließ mich höchstens zu einem Halbschlummer kommen, der noch mehr ermüdete.

Gegen Morgen schüttelte mich ein starker Frost, der mit fliegender Hitze wechselte, ein eigentümlicher Schmerz zuckte mir durch die Glieder, und trotz der Dunkelheit war es mir, als drehe sich meine Umgebung wie ein Karussell rings um mich. Noch dachte ich nur an ein Fieber, das sich bald legen werde, und nahm eine weitere Prise Chinoidin, worauf ich in einen dumpfen Zustand verfiel, der eher Betäubung als Schlaf zu nennen war. Als ich erwachte, herrschte bereits reges Leben um mich her. Es war neun Uhr vormittags, und eben sah man die Leichenkarawane von Hillé her geteilt an uns vorüberziehen, einen Teil nach Kerbela und den anderen nach Meschhed Ali. Halef bot mir Wasser und Datteln an. Ich konnte einige Schluck trinken, aber keinen Bissen essen. Ich befand mich in einem Zustand, der einem recht starken Katzenjammer glich, was ich gar wohl zu beurteilen verstand, da ich mich während meiner Schülerzeit leider auch einigemal in jener schwermütigen Morgenstimmung befunden hatte, die Viktor Scheffel, der Dichter des Gaudeamus, mit den Worten beschreibt:

> *„Ein wildes Kopfweh, erst der letzten Nacht entstammt,*
> *durchsäuselte die Luft mit mattem Flügelschlag,*
> *und ein Gefühl von Armut lag auf Berg und Tal."*

Ich bot alle Kraft auf, diesen Zustand zu bemeistern, was mir, wenigstens einstweilen, auch leidlich gelang, und ich konnte mich sogar mit Hassan Ardschir-Mirsa besprechen, der aufbrechen wollte, sobald der größte Teil der Nachzügler vorüber sei. Ich bat ihn dringend,

---

[1] Auch Tell Chidr genannt

vorsichtig zu sein und seine Waffen stets bereit zu halten. Er stimmte mir mit einem leisen Lächeln zu und versprach, am 20. oder 21. Dschumadin 'l-ewwel wieder hier an dieser Stelle einzutreffen. Gegen Mittag brach er auf. Beim Abschied winkte mich Benda, die schon in der Kamelsänfte saß, näher zu sich heran. „Effendi, ich weiß, daß wir uns wiedersehen", sagte sie, „obwohl du so große Besorgnis hegst. Um dich zu beruhigen, magst du mir eine Bitte erfüllen: Leih mir deinen Dolch, bis ich zurückkehre!" – „Du sollst ihn haben. Hier!" – Es war die Dschanbîje, die mir Esla el Mahem gegen meinen Dolch geschenkt hatte, die Waffe, auf deren Klinge die Worte standen: ‚Nur nach dem Sieg in die Scheide[1].' Ich wußte, daß das tapfere Mädchen keineswegs anstehen werde, sich nötigenfalls damit zu verteidigen. – Nachdem mir Selim einige Worte des Abschieds zugerufen hatte, ritt die kleine Schar davon, und wir blickten ihr nach, solange sie zu sehen war. Dann aber war es auch mit meiner Kraft zu Ende. Halef schien das eher zu bemerken als ich.

„Sihdi, du wankst ja!" rief er. „Dein Angesicht ist wie Scharlach. Zeig mir deine Zunge!" – Ich tat es. – „Sie ist blau, Sihdi. Du hast ein böses Fieber. Nimm Arznei und leg dich nieder!"

Ich mußte mich allerdings setzen, denn es wurde mir abermals so schwindlig, daß ich mich nicht aufrechthalten konnte. Jetzt bekam ich ernstlich Sorge, trank Essigwasser und machte auch einen Essigumschlag um den Kopf. – „Ihr könnt wohl nicht mit mir, Mr. Kara", meinte Lindsay, „um einen Platz zu suchen, wo ich graben kann?"

„Nein, ich kann nicht." – „So werde ich hierbleiben."

„Das ist nicht nötig. Ich habe ein Fieber, wie es auf Reisen vorkommt. Halef ist bei mir; Ihr könnt ruhig gehen. Doch entfernt Euch nicht zu weit von hier, denn wenn Ihr auf Schiiten stoßt, stehe ich für nichts." – Er zog mit seinen Leuten ab, und ich schloß die Augen. Halef saß besorgt bei mir, um immer neuen Essig auf den Umschlag zu tröpfeln. Ich weiß nicht, wie lange ich gelegen hatte, als ich Schritte vernahm und gleich darauf in unserer unmittelbaren Nähe die barsche Frage hörte: „Wer seid ihr?" Ich öffnete die Augen. Vor uns standen drei wohlbewaffnete Araber zu Fuß, wilde Gestalten und trotzige Gesichter, von denen man nichts Gutes zu erwarten hatte. – „Fremde", antwortete Halef. – „Ihr seid keine Männer der Schia. Zu welchem Stamm gehört ihr?" – „Wir kommen weit vom Westen herüber und gehören zu den Stämmen der Sahara. Warum fragst du?" – „Du magst zu ihnen gehören, dieser andere aber ist ein Franke. Warum steht er nicht auf?" – „Er ist krank, er hat das Fieber." – „Wohin sind die anderen, die bei euch waren?"

„Nach Meschhed Ali." – „Auch der Franke, der bei euch war?" „Der ist mit seinen Leuten in der Nähe." – „Wem gehört der Rappe?" – „Diesem Effendi." – „Gebt ihn her und auch eure Waffen!"

Er trat zu Rih und faßte ihn am Zügel, aber das schien ein sehr gutes Mittel gegen das Fieber zu sein, denn im Nu war meine Schwäche

[1] Vgl. den Band „Durch die Wüste"

verschwunden, und ich stand auf den Füßen. „Halt, sprecht zuerst ein Wort mit mir! Wer das Pferd anrührt, der bekommt eine Kugel!"

Der Mann trat hastig zurück und blickte ängstlich auf den Revolver, den ich ihm entgegenhielt. Hier, in der Nähe einer Stadt wie Bagdad, hatte er diese Art Waffe wohl schon kennengelernt und fürchtete sie.

„Ich scherze nur", sagte er. – „Scherze, mit wem du willst, aber nicht mit uns! Was willst du hier?" – „Ich sah euch und glaubte, euch dienen zu können." – „Wo habt ihr eure Pferde?" – „Wir haben keine." – „Du lügst! Ich sehe an den Falten deines Gewandes, daß du reitest. Woher weißt du, daß sich hier zwei Franken befinden?"

„Ich hörte es von den Pilgern, die euch getroffen haben."

„Du lügst abermals. Wir haben keinem Pilger gesagt, wer wir sind."

„Wenn du uns nicht glaubst, werden wir gehen." Sie zogen sich mit lüsternen Blicken auf unsere Pferde und Waffen zurück und verschwanden hinter dem Trümmerhaufen. „Halef, du hast unklug geantwortet", sagte ich. „Komm, wir wollen uns überzeugen, ob sie sich auch wirklich entfernen." – Wir folgten den drei Arabern, aber nur langsam, denn nun kehrte, nachdem sich mein Zorn gelegt hatte, auch die Schwäche zurück, und mir wurde so wirr vor den Augen, daß ich kaum die nächsten Gegenstände zu unterscheiden vermochte.

„Siehst du sie?" fragte ich, als wir hinter die Trümmer gekommen waren. – „Ja. Dort draußen laufen sie zu ihren Pferden."

„Wie viele Tiere sind es?" – „Drei. Aber siehst du sie denn nicht auch, Sihdi?" – „Nein. Ich habe Schwindel." – „Jetzt sitzen sie auf und reiten im Galopp fort. Allah! Was ist das? Da draußen hält ein ganzer Trupp, der auf sie zu warten scheint!" – „Araber?"

„Ich kann es nicht erkennen; es ist zu weit." – „So lauf und hol dir mein Fernrohr!" – Während der Hadschi zum Pferd rannte, gab ich mir Mühe, zu erforschen, wo ich die Stimme des Arabers, der uns angeredet hatte, schon einmal gehört hatte. Dieser rauhe, heisere Ton war mir bekannt. Da kehrte Halef zurück und wollte mir das Rohr geben, aber ein blutroter, wirbelnder Nebel lag mir vor den Augen, und so mußte er die Beobachtung übernehmen. Es dauerte einige Zeit, bis er sich zurechtgefunden hatte, dann aber rief er: „Perser sind es!" – „Ah! Kannst du ein Gesicht erkennen?"

„Nein. Jetzt sind die anderen bei ihnen, und nun reiten sie fort."

„Sehr schnell nach Westen? Nicht wahr?" – Halef bejahte, und jetzt nahm ich das Rohr. Der Schwindelanfall war vorüber.

„Halef", sagte ich, „diese Perser sind die Verfolger Hassan Ardschir-Mirsas. Selim ist mit ihnen im Bund. Gestern nacht, als er fort war, hat er die Verfolger aufgesucht, um ihnen zu verraten, daß wir uns hier am Birs Nimrud trennen werden. Sie haben die drei abgesandt, um zu erfahren, ob Hassan Ardschir aufgebrochen ist, und nun werden sie eilen, um ihn zu überfallen, bevor er in die Nähe von Nedschef kommt." – „O Sihdi, das ist schrecklich! Wir müssen ihnen nach!" – „Gewiß. Mach rasch die Pferde bereit!" – „Soll ich nicht den Engländer holen? Ich sah ihn die Richtung nach Ibrahim Khalil einschlagen." – „So müssen wir auf ihn verzichten. Wir würden zu viel Zeit verlieren. Beeile dich!" — Ich nahm das Rohr zur Hand und sah die Truppe deutlich nach Westen galoppieren. Dann riß ich ein Blatt aus meinem Merkbuch und schrieb einige Zeilen, um den Englishman von dem Geschehenen und meiner Absicht zu unterrichten. Ich riet ihm, den Birs Nimrud zu verlassen und unsere Rückkehr am Kanal bei Anane zu erwarten, da er hier am Turm einen Überfall zu gewärtigen hätte, wenn es mir nicht gelänge, die Räuber davon abzubringen. Diesen Zettel steckte ich so in den Ziegelschutt, daß Lindsay ihn bei seiner Rückkehr sofort sehen mußte. Dann saßen wir auf und ritten davon.

10. In den Krallen der Pest

Es ist erstaunlich, welche Macht der Geist über den Körper besitzt. Meine Krankheit schien völlig verschwunden, und mein Kopf war kalt und mein Blick ungetrübt. Wir erreichten den Pilgerweg, wir kamen an Nachzüglern vorbei, die uns scheltend auswichen, wir flogen an Bettlern vorüber, deren flehende Gebärden wir nicht beachteten, wir kamen – ah, da lag ein gestürztes Maultier, und dabei bemühten sich zwei zerlumpte Männer, eine halb verfaulte Menschenleiche wieder in die aufgeplatzte Filzdecke zu wickeln. Das ergab einen entsetzlichen Geruch. Mich erfaßte ein unüberwindlicher Ekel, gegen den keine Beherrschung half. – „Sihdi, wie siehst du aus?" schrie Halef und erfaßte den Zügel meines Pferdes. „Halt an, du stürzt sonst ab!" – „Vorwärts!" – „Nein! Halt! Deine Augen sind stier wie im Wahnsinn! Du wankst ja!" – „Nur vorwärts –", wollte ich rufen, aber ich hörte diese Worte nicht, ich brachte sie nicht heraus, ich stammelte nur unverständliche Laute, trieb aber mein Pferd zu größerer Eile an. Das dauerte aber nicht lange, denn plötzlich wurde mir, als hätte ich ein starkes Brechmittel genommen. Ich mußte diesem unwiderstehlichen Reiz nachgeben und anhalten. Als ich die schleimig-gallige Beschaffenheit der Ausscheidung bemerkte und dazu den Umstand in Erwägung zog, daß mir der Vorgang nicht den geringsten Schmerz im Magen bereitet hatte, packte mich Todesangst. „Halef, reite fort! Verlaß mich!" – „Verlassen? Warum?" fragte er erschrocken. – „Ich habe die – Pest!" – „Die Pest! Allah kerihm! Ist es wahr, Sihdi?" – „Ja. Ich dachte, es sei ein Fieber, jetzt aber sehe ich, daß es die Pest ist." – „Et Tâ'ûn – die Pestilenz! Allah, das ist fürchterlich, das ist entsetzlich!" – „Ja. Geh fort. Suche den Inglis auf! Er wird für dich sorgen. Er ist entweder am Birs Nimrud oder in Anane zu finden." Ich brachte diese Worte nur stammelnd hervor. Anstatt sich aber fortweisen zu lassen, faßte Halef meine glühende Hand. – „Sihdi, glaubst du, daß ich dich verlassen werde?" sagte er. – „Geh!" – „Nein! Der Fluch Allahs soll mich verzehren, wenn ich dich verlasse! Auf deinen Zähnen liegt dunkler Rost und deine Zunge stammelt. Ja, es ist die Pest; aber ich fürchte sie nicht. Wer soll bei meinem Sihdi sein, wenn er leidet? Wer soll ihn segnen, wenn er stirbt? Sihdi, o mein Sihdi, meine Seele schluchzt, und mein Auge weint! Komm, halt dich im Sattel fest! Wir wollen einen Ort suchen, wo ich dich pflegen kann."

„Willst du das wirklich tun, mein treuer Halef?" – „Bei Allah,

Sihdi! Ich weiche nicht von dir!" – „Halef, das vergesse ich dir nicht! Vielleicht halte ich mich noch. Komm, den Persern nach!"

„Sihdi, das geht nun nicht..." – „Vorwärts!" – Ich gab Rih die Fersen, und Halef mußte mir wohl oder übel folgen. Bald sah ich mich gezwungen, die Eile des Pferdes zu mäßigen. Es wurde mir abermals dunkel vor den Augen, und ich mußte mich auf Halef verlassen, der, ohne ein Wort zu verlieren, die Führung übernahm. Jeder Huftritt meines Rappen wirkte wie ein Faustschlag auf meinen Kopf. Ich sah nicht, wem wir begegneten, aber ich ließ dem Tier die Zügel und hielt mich mit beiden Händen am Sattel fest.

Nach langer, langer Zeit erreichten wir endlich die Karawane, und ich strengte mich an, die einzelnen Gruppen zu unterscheiden. Lautlos flogen wir an ihnen vorüber, durch höllische Dünste hindurch, aber ich bemerkte die Gesuchten nicht. „Hast du Hassan Ardschir-Mirsa und seine Leute nicht gesehen, Halef?" fragte ich, als wir die Spitze des Zuges erreicht hatten. – „Nein." – „Dann links hinüber und in gleicher Richtung wieder zurück. Sie können nicht rechts abgewichen sein. Siehst du Vögel über der Todeskarawane?" „Ja, Geier, Sihdi." – „Sie suchen Aas und riechen die Leichen. Paß auf, ob sich einer nach links in unsere Richtung zieht! Ich bin hilflos, ich muß mich auf dich verlassen." – „Aber wenn es zum Kampf kommt, Sihdi?" – „In diesem Fall wird mein Wille über die Krankheit siegen. Vorwärts also!" – Der Leichenzug verschwand zu unserer Linken. Wir ritten so schnell, als es Halefs Pferd vermochte, obschon ich mich nur mit äußerster Anstrengung in den Bügeln hielt. Da zeigte der treue Hadschi empor. – „El Büdsch – der Bartgeier, hier oben!" – „Zieht oder kreist er?" – „Er kreist." – „Reite so, daß wir unter ihn kommen. Er späht auf einen Kampf oder eine Beute."

Zehn Minuten vergingen. Ich ahnte, daß wir uns der Entscheidung näherten, und da ich heute weit aus größerer Entfernung mit Sicherheit zu treffen vermochte, schob ich den Bärentöter zurück und nahm den Stutzen zur Hand. Dabei merkte ich, wie schwach ich geworden war; der schwere Bärentöter, den ich sonst mit einer Hand geführt hatte, schien mir jetzt ein Gewicht von Zentnern zu haben.

„Sihdi, da liegen Leichen!" rief Halef, den Arm ausstreckend. „Sind Lebende dabei?" – „Nein." – „Schnell hin!"

Wir gelangten an die Stelle, deren Anblick sich meinem Gedächtnis unauslöschlich eingeprägt hat. Weit zerstreut waren fünf Gestalten zu erkennen, die bewegungslos am Boden lagen. In größter Aufregung sprang ich ab und kniete bei der ersten nieder. Meine Pulse hämmerten, und meine Hand zitterte heftig, als ich den übergeworfenen Mantelzipfel vom Gesicht des Mannes nahm. Es war – Saduk, der Stumme, der uns in den kurdischen Bergen entflohen war.

Ich eilte weiter. Da lag Halwa, die alte treue Dienerin, von einer Kugel durch die Schläfe getroffen, und zugleich schrie Halef entsetzt:

„Wai – o wehe, das ist des Persers Weib!" – Ich sprang zu ihm. Ja, sie war es, Dschannah, Hassan Ardschirs Stolz und Glück! Auch sie hatte man erschossen, und neben ihr lag mit ausgestreckten

Armen, als ob er sie noch im Tod halten und beschirmen wolle, Hassan selbst, mit Staub und Sand bedeckt. Seine Wunden ließen auf ein fürchterliches Ringen schließen. Sogar seine Hände waren durch Schnitte verletzt. Vom Schmerz übermannt rief ich: „Mein Gott, warum hat er mir nicht geglaubt!" – „Ja", meinte Halef mit finsterer Miene, „er traute dem Verräter mehr als dir. Aber dort liegt noch eine. Komm!" – Weitab von den anderen lag noch eine weibliche Gestalt in dem von Hufschlägen aufgewühlten Sand. Es war Benda. – „Allah verdamme diesen Selim. Er hat sie getötet!" schrie der Hadschi. – „Nein, Halef. Kennst du den Dolch, der im Herzen des Mädchens steckt? Ich habe ihn Benda leihen müssen. Ihre Hand hält noch den Griff umschlungen. Selim hat sie von den anderen fortgerissen; hier sind die Spuren ihrer Füße, die durch den Sand geschleift wurden. Vielleicht hat Benda Selim verwundet; dann gab sie sich selbst den Tod, als sie sich nicht mehr zu wehren vermochte. – Halef Omar, ich bleibe auch hier liegen!"

„Sihdi, es ist kein Leben mehr in ihnen, sie sind tot. Wir können sie nicht erwecken, aber wir können sie rächen!" – Ich antwortete nicht. Mir brannte der Kopf, die blutgetränkte Ebene flog im Kreis um mich herum, und ich selbst schien um meine eigene Achse zu wirbeln. Meine Hände, auf die ich mich im Knien gestützt hatte, verloren den Halt, und ich glitt langsam nieder. Es war mir, als sänke ich allmählich immer tiefer in einen nebligen und dann immer schwärzer werdenden Schlund hinab. Da gab es keinen Halt, kein Ende, keinen Boden, die Tiefe war unendlich, und wie aus weiter Ferne hörte ich Halefs Stimme: „Sihdi, erwache, damit wir sie rächen können!"

Da endlich, nach langer Zeit, gewahrte ich, daß ich nicht weiter sank. Ich hatte einen Ort erreicht, wo ich fest und sicher liegenblieb, einen Ort, an dem ich von zwei starken Armen festgehalten wurde. Ich betastete diese Arme und blickte den Mann an, dem sie gehörten. Dabei sah ich große, schwere Tropfen aus seinen Augen auf mich niederfallen. Ich wollte reden, brachte es aber nur mit großer Anstrengung fertig: „Halef, weine nicht!" – „O Sihdi, ich hielt auch dich für tot, gestorben an der Krankheit und am Schmerz. Hamdulillah, du lebst! Raff dich auf! Dort sind die Spuren der Mörder. Wir werden ihnen folgen und sie umbringen! Ja, umbringen, bei Allah, ich schwöre es!" – Matt wehrte ich ab. „Ich bin müde. Gib mir die Decke unter den Kopf!" – „Kannst du nicht mehr reiten, Sihdi?" – „Nein." – „Ich bitte dich, versuch es!"

Der treue Hadschi glaubte, meine Tatkraft durch den Gedanken an Rache gewaltsam aufrütteln zu müssen, es gelang ihm nicht. Da warf er sich selbst auf dem Boden nieder und schlug sich mit den Fäusten vor die Stirn. „Allah verderbe diesen Elenden, den ich nicht fangen darf! Allah verderbe auch die Pest, die dem unbesiegten Kara Ben Nemsi die Kraft des Mannes nimmt! Allah – ich bin ein elender Wurm, der nicht helfen kann! Es ist am besten, ich lege mich auch her, um zu sterben!" – Mühsam raffte ich mich auf. „Halef, soll der Bartgeier die Toten fressen?"

„Willst du sie begraben?" entgegnete er. – „Ja", keuchte ich.
„Wo und wie?" – „Können wir anders als hier im Sand?"
„Das ist eine schwere Arbeit, Sihdi. Ich werde sie tun. Aber diesen Saduk, der sich dumm stellte, um seinen Herrn zu verderben, den sollen doch die Geier fressen. Vorher will ich doch sehen, ob die Toten noch irgend etwas bei sich tragen." – Dieses Nachsuchen war vergebens. Man hatte den Gemordeten alles abgenommen. Welche Reichtümer waren dabei in die Hände dieser Teufel gekommen! Zu verwundern war es, daß man Bendas Leiche den Dolch gelassen hatte. Die Mörder hatten sich wohl gescheut, die erstarrte Hand des Mädchens aufzubrechen. Ich bat Halef, den Stahl im Herzen der Toten steckenzulassen. Ich hätte die Waffe doch nie wieder anzurühren vermocht. Und nun begannen wir, den Boden aufzuwühlen. Wir hatten dazu nichts als unsere Hände und die Messer. Das förderte die traurige Arbeit langsam, und in der Tiefe eines Fußes wurde das sandige Gefüge so hart, daß wir mit diesen Werkzeugen eine ganze Woche gebraucht hätten, um eine genügend große Grube auszuheben.

„Es geht nicht, Sihdi", stöhnte Halef. „Was beschließest du?"
„Wir kehren zum Turm zurück. Er liegt kaum mehr als zwei Reitstunden von hier." – „Wallahi, daran habe ich nicht gedacht! Wir holen den Inglis mit seinen Leuten und Werkzeugen herbei."
„Und bis dahin halten die Geier ihre Mahlzeit!"
„So reite ich allein, und du bleibst zurück." – „Du wirst dann den Räubern in die Hände fallen. Sie haben ihren Zweck erreicht, und ich vermute, daß sie zum Birs Nimrud gegangen sind, um sich unsere Pferde und Waffen zu holen." – „Ich erwürge sie!" – „Du allein – so viele?" – „Du hast recht, Sihdi. Und ich darf ja auch dich nicht verlassen, weil du krank bist." – „Wir gehen alle beide." – „Und die Toten?" – „Wir legen sie auf die Pferde und gehen nebenher."
„Dazu bist du zu schwach, Sihdi. Sieh, wie dich das Aufgraben des leichten Sandes angestrengt hat! Deine Beine zittern."
„Sie werden zittern und doch aushalten. Komm!"
Es war eine traurige und zugleich schwierige Arbeit, den beiden Pferden ihre Last aufzuladen. Da wir nicht genug Riemen und Schnüre hatten, mußte ich meinen Lasso zerschneiden, der mich so lange Zeit auf allen Reisen begleitet hatte. Aber ich tat es ohne Zaudern, denn es war ziemlich gewiß, daß die Hand, die ihn bisher geschwungen hatte, in wenigen Stunden erstarren würde. Wir befestigten die Toten so, daß je zwei an die Seiten eines Pferdes zu hängen kamen; dann ergriffen wir die Zügel und schritten unserem Ziel zu. – Nie werde ich diesen Weg vergessen. Hätte ich den treuen Halef nicht gehabt, so wäre ich wohl zehnmal liegen geblieben. Trotz aller Anstrengung knickte ich immer wieder in die Knie. In kurzen Abständen mußte ich halten, um nicht neue Kräfte – denn das war unmöglich –, sondern neuen Willen zu sammeln. Aus den zwei Reitstunden wurden mehrere. Die Sonne sank. Statt das Pferd zu führen, hing ich ihm am Halfter, und so wurde ich halb von Rih fortgezogen und halb vom Hadschi fortgeschoben. Wir waren auch

dadurch aufgehalten, daß wir vorsichtig jede Begegnung vermeiden mußten, und langten endlich spätabends am Turm an. Hätte ich jemals ahnen können, daß ich an diesem Ort mein vielbewegtes Leben beschließen würde? – Wir hielten an der Stelle, wo wir am vorigen Abend gelagert hatten. Von Lindsay war keine Spur zu finden. Der Zettel fehlte; jedenfalls hatte er ihn gelesen und war auf meine Weisung sofort zum Kanal aufgebrochen. Wir luden die Toten ab, hobbelten die Pferde an und legten uns nieder, denn heute war nichts anderes mehr möglich.

„Ich weiß, daß wir uns wiedersehen", hatte Benda gesagt. Ja, ich war es allerdings, der sie wiedersah! Obwohl ich sterbensmüde war und nur mit Anstrengung einen klaren Gedanken zu fassen vermochte, begann ich, mir selbst die bittersten Vorwürfe zu machen. Ich hätte meine Meinung kräftiger verteidigen und mich der Unvorsichtigkeit Hassan Ardschir-Mirsas nötigenfalls mit Gewalt entgegenstellen sollen. Hatte mir der Krankheitsfall zu dem stürmischen Ritt und zum traurigen Heimweg Kraft gelassen, so wäre es mir auch möglich gewesen, diesen Selim unschädlich zu machen.

Ich verbrachte eine schlimme Nacht. Bei fast normaler Hautwärme hatte ich einen schnellen, ungleichen Puls, der Atem ging kurz und hastig, die Zunge wurde heiß und trocken, und meine Träume wurden von ängstlichen Bildern und Vorstellungen belebt, die mich so quälten, daß ich öfters Halef rief, um mich zu überzeugen, was Einbildung und was Wirklichkeit sei. Oft auch weckte mich aus diesem Halbschlaf ein Schmerz, den ich in den Achselhöhlen, am Hals und im Nacken fühlte. Infolge dieses Zustandes, den ich nur deshalb so ausführlich beschreibe, weil ein Pestfall bei uns jetzt unbekannt ist, war ich bei Tagesanbruch eher wach als Halef und bemerkte nun, daß sich bei mir Beulen unter den Achseln und am Hals, ein Karbunkel im Nacken und rote, nadelkopfgroße Flecken auf der Brust und an den inneren Armflächen entwickelten. Jetzt hielt ich mein Schicksal für besiegelt und weckte den Hadschi.

Dieser erschrak über mein Aussehen. Ich bat ihn um Wasser und schickte ihn dann zum Kanal, um den Engländer herbeizuholen. Es vergingen drei Stunden, für mich drei Ewigkeiten, und als Halef dann zurückkehrte, kam er allein. Er hatte lange gesucht und nichts gefunden als eine Hacke, in deren Nähe viele Hufspuren zu sehen gewesen waren. Daraus hätte er auf einen dort stattgefundenen Kampf schließen müssen. Der Hadschi brachte die Hacke mit; sie gehörte zu Lindsays Werkzeugen. War der Engländer überfallen worden? Aber es war keine Leiche, nicht einmal die Spur einer Verwundung zu sehen gewesen! Ich konnte in dieser Angelegenheit nichts unternehmen, denn ich war zu jeder Anstrengung unfähig.

Mein Aussehen mußte sich während Halefs Abwesenheit verschlechtert haben, denn dieser verriet eine gesteigerte Angst um mich und bat mich dringend, Arznei zu nehmen. Ja, aber welche? Chinin, Chloroform, Salmiakgeist, Arsen, Arnika, Opium und anderes, das ich mir in Bagdad angeschafft hatte, konnte nichts helfen. Was verstand ich als Laie von der Behandlung der Pest! Ich hielt frische Luft, gute Reinigung der Haut durch fleißiges Baden und einen Schnitt in den Karbunkel für das beste, und da die Vorsicht gebot, nicht an dieser Stelle zu bleiben, so beriet ich mich mit dem Hadschi.

Es mußte doch irgendwo eine Quelle, einen noch so kleinen Wasserlauf geben, und wenn ich den Blick nach Osten richtete, so schien mir dort jenseits der südlichen Ruinengrenzen am ehesten ein Wässerchen zu finden zu sein. Ich bat daher Halef, in dieser Richtung nachzuspähen. Der dienstwillige kleine Mann war gleich bereit, ließ mich aber nicht ohne Besorgnis allein zurück. Und sie sollte sich als begründet erweisen. Halef hatte mich seit ungefähr einer halben Stunde verlassen, als ich den nahenden Schritt mehrerer Pferde hörte. Ich wandte mich um und sah sieben Araber, von denen zwei verwundet zu sein schienen. Es waren bei ihnen auch die drei, die gestern hier mit mir gesprochen hatten. Beim Anblick der Leichen stutzten sie und hielten an, um leise zu beraten. Dann kamen sie näher und umringten mich. – „Nun, wirst du uns heute dein Pferd und deine Waffen geben?" redete mich der gestrige Sprecher an.

„Ja, nehmt sie euch!" erwiderte ich gleichmütig. – „Wo ist der andere, der noch fehlt?" – „Wo sind die vier, die ihr gestern am Kanal bei Anane überfallen habt?" entgegnete ich. – „Das wirst du erfahren, wenn wir dein Tier und deine Waffen besitzen. Gib her! Aber siehe diese sechs Flinten auf dich gerichtet! Sobald du dich wehrst, bist du verloren." – „Es fällt mir gar nicht ein. Was ihr verlangt, gebe ich gern, denn während ich nur einen von euch töten könnte, werdet ihr alle verloren sein, sobald ihr mein Pferd oder mein anderes Eigentum anzurühren wagt." – Der Mann lachte.

„Diese Gewehre werden nicht lebendig werden gegen uns!"

„Versuch es! Hier nimm!" Ich richtete mich mühsam empor, streckte ihm mit der Rechten zunächst einen Revolver entgegen, öffnete aber dabei mit der Linken das Gewand, daß die Strolche den Hals und die entblößte Brust sehen konnten. Sofort zog der Anführer seinen Arm an sich und sprang mit der Gebärde des größten Schreckens zu seinem Pferd. – „Tabban laka – wehe dir!" rief der Räuber entsetzt, während er mit einem wahren Panthersprung in den Sattel stürzte. „Er hat die Pest, den Tod! Flieht, ihr Gläubigen, flieht schnell von dieser verfluchten Stätte, sonst ereilt euch das Verderben!" Er sprengte hastig davon, und die anderen folgten ihm in gleicher Schnelligkeit. – Diese liebenswürdigen Söhne des Propheten dachten in ihrem Entsetzen gar nicht an die Lehre des Koran, daß alles im Buch verzeichnet sei, und daß sie durch ihre Flucht dem ihnen bestimmten Schicksal nicht entgehen könnten.

Nach Verlauf einer weiteren halben Stunde kehrte Halef mit freudestrahlender Miene zurück. Meine Vermutung war richtig gewesen; er hatte einen kleinen Nahr, ein Flüßchen, gefunden, das sein helles Wasser in den Euphrat sandte und dessen Ufer mit einigem Gebüsch bestanden waren. Ich erzählte dem Hadschi das Erlebnis mit den Arabern, und er ärgerte sich, nicht dagewesen zu sein. Halef schwur, daß er alle Räuber erschossen hätte. Bevor wir den Turm verließen, mußte den Toten eine Ruhestätte bereitet werden. Hierzu war die gefundene Hacke gut zu verwenden. Ich schleppte mich an die westliche Seite der Ruine. Halef trug die Leichen herbei und arbeitete dann eine tiefe, breite Höhlung in die Trümmerwand, was ihm bei den brüchigen Ziegeln nicht schwerfiel, legte dann die Toten hinein und begann die Öffnung zu schließen, ohne daß der Perser nebst den drei Frauen von der Erde berührt wurde.

Ich saß während dieser Arbeit der Höhle gegenüber und prägte mir die Züge der Ermordeten ein. Da lehnte Benda an den Backsteinen Babylons. Ihr reiches Haar hing auf den Boden nieder, und ihre Rechte hielt noch den Griff des Dolches umspannt, der ihr im erkalteten Herzen steckte. Geradeso war Mohammed Emin begraben worden, das Gesicht zur Kaaba gewendet. Sie waren bei der Bestattung um uns gewesen, und auch Hassan Ardschir-Mirsa hatte eine Sure gebetet. Wer hätte ihnen damals weissagen können, daß sie das gleiche Schicksal haben sollten, wie der greise Scheik der Haddedihn – den Tod im Kampfgetümmel! – Als der Rand des Verschlusses die Angesichter der Abgeschiedenen erreichte, nahm Halef Abschied von ihnen. Auch ich wankte hin. – „La ilâha illa 'llâh we Mohammed raßûlu 'llâh!" begann der kleine Hadschi mit dem Glaubensbekenntnis. „Sihdi, laß du mich heute die Gebete sprechen!" – Er tat es. Brauchte ich mich der Tränen zu schämen, die mir über die Wangen rannen? Reinn gab ich allen ein christliches Gebet mit auf die letzte Reise. Sie hatten Meschhed Ali, das Ziel ihres Rittes, nicht erreicht, sondern eine höhere Pilgerschaft angetreten, empor zur Stadt der Klarheit und Wahrheit, wo keine Irrtümer walten und Glück und Freude ist von Ewigkeit zu Ewigkeit. – Nun wurde das Grab vollends geschlossen, und wir konnten aufbrechen. Ich drängte mein Leid mit Gewalt zurück und kroch in den Sattel. Doch im Abreiten wandte ich mich noch einmal zurück zu der Stelle, von der mir das Scheiden so schwer wurde. O Mensch, du stolzestes der irdischen Geschöpfe, wie bist du doch so gering und ohnmächtig, wenn die Brandung der Ewigkeit ihre Fluten über dir zusammenschlägt! – Wir ritten langsam an der Ruine Ibrahim Khalil vorbei und überschritten die südliche Grenze des Ruinenfeldes, das uns zur Linken liegenblieb. Ich mußte mir alle Mühe geben, um nicht aus dem Sattel zu fallen, und so verging über eine Stunde, ehe wir den Ort erreichten, den Halef vorher in kaum der Hälfte dieser Zeit gefunden hatte. Ich erblickte einen Bach, der vom Westen kam. Er schlängelte sich in zahlreichen Windungen zum Euphrat und war zu beiden Seiten dicht mit Weiden und anderem Buschwerk eingesäumt. – Zunächst richtete Halef für mich ein Lager her, über das er zur Abhaltung der Sonnenstrahlen ein leichtes Dach aus Zweigen baute. Dann nahm ich ein Bad und streckte mich nachher auf dem Blätterpolster aus, das mir als Krankenbett dienen sollte. Meine Zunge war dunkelrot und in der Mitte schwarz und rissig geworden. Das Fieber schüttelte mich bald heiß und bald kalt. Ich sah die Bewegungen des kleinen Hadschi wie durch einen dichten

Nebel und hörte seine Stimme wie im Traum und mit der Klangfarbe, die etwa die Stimme eines Bauchredners hat. Dabei entwickelten sich die kleinen roten Flecken und die Geschwülste immer mehr, so daß ich gegen Abend Halef in einem fieberfreien Augenblick bat, einen kräftigen Einschnitt in den Karbunkel zu machen. Um nun über Nacht nicht in eine noch viel gefährlichere Schlafsucht zu fallen, gab ich ihm Weisung, mich munter zu rütteln und mit Wasser zu begießen, falls sich die gefürchtete Starre meiner bemächtigen sollte. So verging die Nacht, und der Morgen brach an. Ich fühlte mich etwas leichter, und Halef ging, um ein Wild zu schießen. Er brachte schon nach kurzer Zeit einiges Geflügel, das er am Spieß briet. Mir war es unmöglich, auch nur einen Bissen zu genießen, und er saß still und trüb dabei, ohne zu essen. Dojan allein hielt seine Mahlzeit. Wie traurig war diese Stunde am Phrat, dem „Fluß des Paradieses"! Todkrank, ohne fremde Hilfe, umweht vom Hauch der Pest, inmitten halbwilder, fanatischer Toren, gegen die wir keine andere Waffe hatten als – eben die Pest! Nach Hille oder einem anderen Ort durften wir nicht; man hätte uns sofort umgebracht. Was wäre ich hier ohne den Beistand meines wackeren Halef gewesen, der alles wagte, um mir seine Liebe und Treue zu beweisen! – Es war heute der vierte Tag der Krankheit, und ich hatte gehört, daß dieser Tag der entscheidende sei. Ich blieb dabei, Rettung vom Wasser und von der freien Luft zu erwarten, und obgleich mein Körper unter den Anstrengungen der letzten Zeit sehr gelitten hatte, glaubte ich, daß ich dem Rest meiner Kräfte mehr Vertrauen schenken dürfe als irgendeiner Arznei, über deren Anwendung und Wirkung ich nicht im klaren war. – Gegen Abend ließ das Fieber nach, und auch in der Geschwulst verminderte sich der Schmerz. Ich schlief des Nachts einige Zeit recht erquicklich, und als ich am nächsten Morgen Halef meine Zunge zeigte, die wieder feucht zu werden begann, erklärte er, daß die schwarze Färbung fast verschwunden sei. Jetzt begann ich auf Genesung zu hoffen, erschrak aber am Nachmittag nicht wenig, als der treue Diener nun selbst über Kopfweh, Schwindel und Frost zu klagen begann. Schon während der Nacht hatte ich die Gewißheit, daß die Ansteckung ihn ergriffen hatte. Ich sah den Kleinen zum Wasser gehen, um mir einen Trunk zu holen; er taumelte.

„Halef, du fällst!" rief ich erschrocken. – „O Sihdi, es dreht sich alles mit mir!" – „Du bist krank! Es ist die Pest!" – „Ich weiß es", ächzte der Hadschi. – „Ach, ich habe dich angesteckt!"

„Allah hat es gewollt; es stand im Buch verzeichnet. Ich werde sterben, du aber wirst zu Hanneh gehen und sie trösten."

„Nein, du wirst nicht sterben. Ich werde dich pflegen."

„Du?" wehrte der treue Diener ab. „Du ringst ja selbst noch mit dem Tod, der dich nicht freigeben will!" – „Ich bin bereits auf dem Weg der Besserung. Ich werde nicht weniger an dir tun, als du an mir getan hast." – „O Sihdi, was bin ich gegen dich! Laß mich hier liegen und sterben!" So sehr hatte Halef die der Pest eigentümliche Niedergeschlagenheit schon ergriffen! Er hatte sich gewiß genug gewehrt, um mich so lange wie möglich über seinen Zustand in Unkenntnis zu lassen. Jetzt gelang dem Kleinen das nicht mehr, und einige Stunden später sprach er irre. Vielleicht hatte er sich gleichzeitig mit mir in Bagdad angesteckt, und nun entwickelte sich bei ihm die schwerste, die biliöse[1] Form der Pest, in der alle Anfälle mit vermehrter Heftigkeit auftreten. – Ich konnte mich mit äußerster Anstrengung auf kurze Zeit emporraffen, um Halef die Pflege zuteil werden zu lassen, der ich selbst noch so sehr bedurfte. Es war eine Zeit, an die ich mit Schauder zurückdenke, und die ich hier am besten übergehe. – Auch Halef wurde gerettet, doch war er noch am zehnten Tag seiner Krankheit so schwach, daß ich ihn bei jeder Gelegenheit heben mußte, und ich selbst konnte mit dem Bärentöter noch keinen sicheren Schuß aus freier Hand tun. Es war bei alldem ein Glück, daß unser Schmerzenslager unentdeckt blieb. Als ich mich zum erstenmal im Wasser spiegelte, erschrak ich über den dichtbebarteten Totenkopf, der mir da entgegengrinste. Es war kein Wunder, daß Geier über uns Kreise zogen und die Hyänen und Schakale, die aus den Ruinen zur Tränke kamen, durch das Schilf schauten, um zu sehen, ob wir nicht bald zu verspeisen seien. Sie mußten stets in höchster Eile abziehen, weil Dojan, der Windhund, nicht sehr gastfreundlich gegen sie war. – Meinen ersten Ausgang machte ich zum Grab der Perser. Ich war zu Fuß herbeigekommen und saß wohl eine Stunde lang am Turm. Die lebensvollen Bilder der Abgeschiedenen standen vor meinem geistigen Auge. Da gab der Hund, den ich bei mir hatte, Laut. Ich wandte mich um und sah einen Trupp von acht Reitern mit einigen Falken und einer Koppel Hunde. Sie hatten mich schon bemerkt und kamen näher.

„Wer bist du?" fragte der Mann, der der Anführer zu sein schien, ohne Gruß. – „Ein Fremder", entgegnete ich noch kürzer.

„Was tust du hier?" – „Ich trauere um die Toten, die ich hier begraben habe." Dabei deutete ich auf das Grab. – „Welcher Krankheit sind sie erlegen?" – „Sie wurden ermordet." – „Von wem?"

„Von persischen Männern." – „Ah! Von Persern und Sobeïd-Arabern! Wir haben davon gehört. Sie haben auch am Kanal bei Anane mehrere Männer getötet." – Ich erschrak, denn damit konnte nur Lindsay mit seinen Leuten gemeint sein. – „Weißt du das gewiß?"

„Ja. Wir gehören zum Stamm der Schat und geleiteten Pilger nach Kerbela. Da haben wir es gehört." – Das war jedenfalls eine Lüge. Die Schat wohnen weit im Süden und dürfen sich hier nur mit Vorsicht blicken lassen. Übrigens sagte mir der Umstand, daß sie sich auf der Falkenbeize befanden, sehr deutlich, daß ihre Heimat in der Nähe sein müsse. Ich faßte also Mißtrauen, ließ das aber nicht merken. – Da trieb der Mann sein Pferd zu mir heran.

„Was für ein sonderbares Gewehr hast du da? Zeig es her!"

Er streckte die Hand aus, ich aber trat zurück. „Dieses Gewehr ist gefährlich für den, der es nicht anzufassen versteht!"

---

[1] gallsüchtige

„So wirst du mir zeigen, wie es anzufassen ist!" – „Gern, wenn du absteigst und eine Strecke weiter mit mir gehst. Kein Mann gibt seine Flinte aus der Hand, wenn er nicht sicher ist, daß es ohne Gefahr geschehen kann." – „Her damit! Sie ist mein!"

Der Räuber streckte seine Hand abermals aus und nahm zugleich sein Pferd hoch, um mich niederzureiten. Da tat Dojan einen Satz, faßte den Mann am Arm und riß ihn aus den Bügeln zur Erde herab. Der Araber, der die Koppel hielt, stieß einen Schrei aus und ließ seine Hunde los, die sich sofort auf Dojan stürzten. – „Ruft die Hunde zurück!" gebot ich, das Gewehr erhebend. – Man folgte meinem Ruf nicht und so drückte ich ab, drei-, viermal hintereinander. Jeder Schuß tötete einen Hund. Dabei achtete ich zu wenig auf den Anführer. Er sprang auf, faßte mich und riß mich von hinten zu Boden. Ich war viel zu schwach zu einer nachhaltigen Gegenwehr; er übermannte mich trotz seines zerbissenen Arms und hielt mich fest, bis die anderen ihm beistanden, mich vollends unschädlich zu machen. Das Gewehr wurde mir entrissen, das Messer auch, dann band man mich und lehnte mich gegen einen Backsteinhaufen. – Unterdessen biß sich Dojan mit den drei unverletzt gebliebenen Hunden herum. Sein Fell war zerkratzt. Er blutete aus mehreren Wunden, aber er hielt wacker stand, seinen Gegnern nie die Kehle bietend. Da nahm einer der Araber seine alte Flinte, zielte und drückte los. Die Kugel traf Dojan zwischen die Rippen; er brach tot zusammen und wurde von seinen halbwilden Feinden in Stücke gerissen.

Ich hatte das Gefühl, als wäre mir ein Freund an der Seite erschossen worden. Oh, diese verwünschte Schwäche! Wäre ich bei Kräften gewesen, was hätte ich mir aus diesem alten Strick gemacht, der meine Arme zusammenhielt! – „Bist du allein hier?" fragte jetzt der Anführer. – „Nein. Ich habe noch einen Gefährten", entgegnete ich. – „Wo?" – „In der Nähe." – „Was tut ihr da?"

„Wir wurden unterwegs von der Pest überfallen und sind da liegengeblieben." In dieser aufrichtigen Antwort bot sich mir die einzige Möglichkeit, diesen Leuten zu entkommen. Kaum hatte ich das letzte Wort gesprochen, so wichen die Halunken mit lauten Schreckensrufen von mir zurück. Nur der Anführer blieb und sagte mit zornigem Lachen: „Du bist schlau, mich aber betrügst du nicht! Wer mitten im Weg an der Pest liegenbleibt, der wird nie wieder gesund!" – „Sieh mich an!" sagte ich einfach. – „Dein Anblick ist allerdings jämmerlich, aber du hast nicht die Pest, sondern das Fieber. Wo ist dein Gefährte?" – „Er liegt am – horch, da kommt er!"

Ich hörte nämlich von weitem eine Stimme, die in schrillen Fistcltönen das Wort „Rih, Rih, Rih!" kreischte. Darauf ertönte der rasende Galopp eines Pferdes, und einen Augenblick später sah ich meinen Hengst über Schutt, Geröll und Trümmer heranstürmen. Auf ihm lag Halef, den linken Arm um den Hals des Rappen geschlungen und die rechte Hand zwischen den Ohren des Tieres. Dabei umkrampfte er seine Doppelpistolen, während ihm die Flinte an der Schulter hing. Die Araber wandten sich dem seltsamen

Schauspiel zu. Wie war der todesmatte Hadschi auf das Pferd gekommen? Er hatte nicht die Kraft, es zum Stehen zu bringen, und sauste vorüber. – "Wakkif – halt, Rih!" rief ich, so laut ich vermochte.

Sofort lenkte das kluge Tier zurück. – "Die Hand weg von den Ohren, Halef!" – Er tat es, und nun blieb Rih vor mir halten. Halef fiel zu Boden. Er konnte sich kaum zum Sitzen aufrichten, fragte aber doch zornig: "Ich hörte schießen, Sihdi, wen soll ich töten?" – Der Anblick dieses Kranken mußte den Arabern sofort beweisen, daß ich vorhin die Wahrheit gesagt hatte. – "Es ist die Pest! Allah schütze uns!" riefen sie. – "Ja, es ist die Pest!" schrie auch der Anführer, warf den Stutzen und das Messer von sich und sprang auf sein Pferd: "Flieht, ihr Männer! Ihr aber, ihr Hundesöhne, die ihr uns ansteckt, fahrt zur Hölle!" Er zielte auf mich und ein anderer auf Halef. Beide drückten ab; aber die Hand des Anführers war vom Biß des Hundes gelähmt, und die des anderen bebte aus Furcht vor der Pest. Auch Halef schoß seine Pistole ab, aber seine Hand zitterte wie ein Zweig im Wind. Er traf ebenfalls nicht. Als er die Flinte erheben wollte, war er zu schwach dazu, und die Araber ritten bereits in sicherer Entfernung davon.

"Dort entkommen sie! Der Scheïtan hole sie ein!" zürnte der kranke Held; aber es war kein Ruf, sondern nur ein hastiges Murmeln, das er hervorbrachte. "Was taten sie dir, Sihdi?" – Ich erzählte es dem Hadschi und bat ihn dann, den Strick zu durchschneiden. Sein Arm hatte kaum die Kraft dazu. – "Aber, Halef, wie bist du auf das Pferd gekommen?" fragte ich. – "Sehr leicht, Sihdi", behauptete er. "Ich hörte Schüsse. Rih lag am Boden und ich legte mich auf seinen Rücken, nachdem ich den Riemen gelöst hatte. Ich wußte, wo du warst, und mußte dir zu Hilfe kommen. Du hast mir das Geheimnis dieses Pferdes offenbart, und darum hat es mich so rasch zu dir getragen. – "Dein bloßes Erscheinen genügte, mich zu befreien. Die Furcht vor der Pest ist stärker als alle Waffen. Diese Männer werden vom Zusammentreffen mit uns erzählen, und so glaube ich, daß wir nun vor weiteren Besuchern sicher sind, solange wir noch hier sein werden." – "Und Dojan? Sind das dort die Stücke seines Körpers?" – "Ja." – "Wai – o weh! Sihdi, das ist genauso, als ob mir selbst ein Leid geschehen wäre! Ist er tapfer gefallen?"

"Ja. Dojan wäre Sieger geblieben, wenn man ihn nicht erschossen hätte. Aber wir haben einen noch viel schmerzlicheren Verlust zu beklagen. Der Engländer ist mit seinen Leuten ermordet worden."

"Der Inglis? Allah! Wer sagte das?" – "Der Anführer dieser Räuber. Er behauptete, davon gehört zu haben; aber vielleicht ist er selbst mit dabeigewesen." – "So müssen wir ihre Leichen finden. Sobald ich wieder gehen kann, werden wir suchen, um sie zu begraben. Dieser Engländer war ein Ungläubiger; aber er hatte dich lieb und ich darum auch ihn. Sihdi, mach eine Grube für den Hund! Er soll hier in der Nähe der Perser ruhen. Dojan hat ja auch zu ihrem Schutz gelebt. Es darf ihn kein Geier und Schakal fressen. Dann führe mich fort. Ich bin so matt, als hätte auch mich eine

Kugel getroffen!" – Ich folgte seinem Willen. Der treue Dojan kam vor das Grab zu liegen, als sollte er noch im Tod die Sicherheit der Abgeschiedenen verteidigen. Dann lud ich Halef auf das Pferd. Nachdem ich meine Waffen an mich genommen hatte, kehrte ich langsam mit ihm an den Bach zurück. Es drängte mich, so bald wie möglich die Gegend zu verlassen, wo angesichts dieses Trümmerreiches auch für uns so vieles in Trümmer gegangen war. An die einst beabsichtigte Reise nach Hadramaut war nun nicht mehr zu denken.

11. In Damaskus

„Sei mir gegrüßt, Dimisch esch Schâm, du Blumenreiche, du Königin der Düfte, du Augenlicht des Weltantlitzes, du Jungfrau der Feigen, du Spenderin aller Freuden und Feindin allen Kummers!" So begrüßt der Wanderer Damaskus, wenn er droben am Kubbet en Naßr steht, dessen Moschee sich wie eine weit in das Land hinaus schauende Warte auf dem Dschebel Kaßjun es Salehije erhebt.

Diese Kuppe ist unbestreitbar einer der herrlichsten Aussichtspunkte der Erde. Im Rücken liegen die malerischen Berge des Antilibanon, deren Mauern sich hoch gegen den Himmel erheben, und vor dem Blick breitet sich die von der Natur zum Paradies geschaffene und von dem Muslim hochgepriesene Ebene von Damaskus aus. Zunächst dem Gebirge liegt El Ghuta, das meilenweite, mit Fruchtbäumen und Blumen dicht bestandene Flachland, bewässert und erquickt durch acht Flüßchen und Bäche, von denen sieben Zweige des Flusses Barada sind. Und hinter diesem Gartenring erglänzt die Stadt wie eine Wahrheit gewordene Fata Morgana für den Wüstenpilger, der sich nach Labung und Erquickung sehnt.

Hier steht der Wanderer auf einem geschichtlich wichtigen Boden, auf dem auch die Sage ihre Blüten getrieben hat. Gegen Norden liegt der Dschebel Kaßjun (Kassium), auf dem nach der morgenländischen Erzählung einst Kain seinen Bruder Abel erschlug. In El Ghuta stand nach der arabischen Legende der Baum der Erkenntnis, unter dem die erste Sünde geschah, und in Damaskus selbst erhebt sich die berühmte Moschee der Omaijaden, auf deren Minareh sich Christus am Tag des Gerichts niederlassen wird, um zu richten die Lebendigen und die Toten. So reicht die Geschichte von Damaskus wie die keiner anderen Stadt vom Anfang der Erde bis zu ihrem Ende. Wenigstens behauptet das der stolze und fanatische Bewohner der ‚Stadt am Barada'. – Damaskus ist eine der ältesten Städte der Erde, aber die Zeit ihrer Gründung ist nicht genau zu bestimmen, da die muslimische Geschichtsschreibung die Fäden der Überlieferung eher verwirrt als entwickelt hat. Die Heilige Schrift erwähnt Damaskus des öfteren. Zu jener Zeit wurde es auch Aram Damasek genannt. David eroberte es und zählte es zu den glänzendsten Perlen seiner Krone. Nachher herrschten die Assyrer, Babylonier, Perser, die Seleukiden, Römer und Araber. Als Saulus zum Paulus wurde, stand sie unter dem Zepter der Araber. – „Steh auf und geh in die Gasse, welche die Gerade heißt, und frage in dem

Hause des Judas nach einem mit Namen Saulus aus Tarsus; denn siehe, er betet!" So sprach der Herr im Gesicht zu Ananias[1]. Und noch heute steht jene Gasse. Sie geht vom Bab esch Scharki im Osten zum Bad ed Dschâbije im Westen, bildet die große Verkehrsader der Stadt und wird noch immer Derb el Mustakîm, die gerade Straße, genannt. – Eine Viertelstunde von der Stadt entfernt sieht man in der Nähe des christlichen Friedhofs eine Felsenplatte an der Stelle, wo Saul von der Klarheit des Himmels umleuchtet wurde und eine Stimme ihm zurief: „Ich bin Jesus, den du verfolgst; hart wird es dir, wider den Stachel zu löcken!"[2] – Am Bab esch Scharki, der römischen Porta orientalis, einem schönen, altrömischen Tor mit drei Eingängen, steht das Haus des Ananias, durch den Paulus wieder sehend wurde. Auch zeigt man neben dem Bab Kisân das Fenster, aus dem der Apostel in einem Korbe[3] hinuntergelassen wurde. – Oft wurde Damaskus erobert und in Trümmer gelegt, aber immer erhob es sich wieder mit neuer Lebensfähigkeit. Am meisten litt es unter Timur, der im Jahr 1399 seine wilden Scharen zehn Tage lang in den Straßen morden ließ; als darauf die Stille des Todes herrschte, hielt der Brand die Nachlese. Unter osmanischer Herrschaft hat die Stadt immer mehr ihre Bedeutung verloren. Aus der ehemaligen Weltstadt wurde eine Provinzstadt, der Sitz eines Statthalters, und jedermann weiß ja, daß diese Verwaltungsbeamten das reichste Land der Erde arm zu machen verstehen. – Heute spricht man von 200 000 Einwohnern, die Damaskus besitzen soll; die Zahl 150 000 wird aber der Wahrheit näher liegen. Darunter sind etwas über 30 000 Christen und 5000 Juden. Kein Muslim, selbst der Mekkaner nicht, ist so fanatisch wie die Damaszener. Die Zeit ist noch nicht lange vorüber, in der ein Christ kein Kamel und kein Pferd besteigen durfte; er mußte zu Fuß gehen, wenn er nicht auf einem Esel reiten wollte. Dieser Fanatismus, der so leicht zu Ausschreitungen führt, ist selbst heute nicht der gleiche wie im Jahre 1860, wo 6000 Christen niedergemetzelt wurden. Das fürchterliche Vorspiel dazu begann zu Hasbeja am Westabhang des Hermon, zu Der el Kamr, südlich von Beirut, und in der Küstenstadt Saida. In Damaskus hatte am 9. Juli 1860 der Muesin um die Mittagsstunde eben zum Gebet gerufen, als sich der bewaffnete Pöbel, angeführt von Baschi Bosuks, auf das Christenviertel stürzte. Jeder Mann und Knabe wurde erschlagen; mit den Frauen und Mädchen geschah teils Schlimmeres, teils wurden sie zum Sklavenmarkt geführt. Der Statthalter Achmed Pascha sah ruhig zu; aber ein anderer nahm sich der Christen an, einer, der sein Leben lang gegen sie gekämpft hatte. Es war Abd el Kader, der algerische Beduinenheld, der sein Vaterland verlassen hatte, um in Damaskus Vergessenheit zu suchen. Er öffnete den Christen, die bei ihm Schutz suchten, sein Haus und streifte mit seinen Algeriern durch die Stadt, um die Flüchtenden in der alten Zitadelle unterzubringen. Als er ungefähr

---

[1] Apostelgeschichte 9, 11   [2] Apostelgeschichte 9, 5   [3] Apostelgeschichte 9, 25

zehntausend Christen dorthin gerettet hatte, wollten die Mordbuben mit Gewalt eindringen; er aber sprengte in Helm und Panzer mitten unter sie hinein und gebot den Seinigen, beim geringsten Zeichen eines Angriffs auf die Zitadelle ganz Damaskus an allen Ecken anzubrennen. Das half. Diesen Edelmut zeigte ein Mann, den die Franzosen nach dem Frieden von Kerbens volle fünf Jahre widerrechtlich gefangenhielten. – Von Damaskus geht die große Karawanenstraße nach Mekka, das man in 45 Tagen erreicht. Nach Bagdad gelangen die Karawanen in 30 bis 40 Tagen, die Eilpost aber reitet per Dromedar nur 12 Tage. Doch war die Benützung dieser Verbindung etwas teuer, denn man hat von Bagdad nach Stambul für einen Brief 28 Mark, für einen eingeschriebenen Brief aber sogar 50 Mark bezahlen müssen. – Auch ich war von Bagdad nach Damaskus gekommen, hatte aber nicht die Straße eingeschlagen, auf der die Eilpost reitet, und das hatte seinen guten Grund.

Nach den zuletzt erzählten Ereignissen hatten wir noch sechs Tage an dem Bach liegen müssen, bis Halef soweit gekräftigt war, daß wir nach Bagdad zurückkehren konnten. Vorher aber hatten wir nochmals mit allem Fleiß und der größten Sorgfalt am Kanal bei Anane nach Lindsay oder Spuren von ihm gesucht, ohne das mindeste zu finden. Nach Bagdad gekommen, erfuhren wir vom Polen, daß er den Engländer weder gesehen noch etwas von ihm gehört habe, und so erstattete ich bei der Vertretung Englands Anzeige. Es wurden mir die schleunigsten Nachforschungen versprochen, aber sie schienen ohne Ergebnis zu bleiben, so daß ich endlich aufzubrechen beschloß. Geldschwierigkeiten stellten sich diesem Entschluß nicht entgegen, denn ich hatte in den Ruinen ein sehr reichliches Reisegeld gefunden, allerdings nicht etwa durch Nachgrabungen im Trümmerschutt, sondern auf eine andere Weise und an einem Ort, wo ich nichts weniger als den bösen und doch so notwendigen Mammon vermutet hätte. Als nämlich mein Halef eines Tages am Bach im tiefen Schlaf der Entkräftung lag und ich mir die Schwierigkeit unserer Lage recht eingehend überdachte, fielen mir die Worte Marah Durimehs ein, die sie gesprochen hatte, als sie mir beim Abschied das Amulett übergab: „Es hilft nicht, so lange es geschlossen ist. Aber wenn du einmal eines Retters bedarfst, so öffne es! Der Ruh 'i kulyan wird dir beistehen, auch wenn er dann nicht an deiner Seite ist." Ich dachte gar nicht daran, von dem Amulett etwas Hilfespendendes zu erwarten. Es hatte all die Zeit an meinem Hals gehangen, ohne daß es weiter von mir beachtet worden war; jetzt aber verspürte ich aus Langeweile einige Neugier, seinen Inhalt kennenzulernen. Ich knüpfte es ab, zerschnitt die äußere Hülle und kam nun an ein zusammengelegtes Pergament, das – zwei Noten der Bank von England enthielt. Ich gestehe gern, daß mein Gesicht in diesem Augenblick einen fremdartigen, keinesfalls aber verdrießlichen Ausdruck angenommen hat. Bei einem solchen Inhalt hatte die alte Marah Durimeh allerdings recht gehabt! Wie aber war sie, die reiche Königstochter, zu englischem Geld gekommen? Doch darüber wollte ich mir den Kopf nicht unnötig zerbrechen; Pfundnoten jeder Höhe sind an allen Orten der Erde zu haben. Entweder war die Spenderin wirklich sehr reich, oder sie hatte eine ganz ungewöhnliche Teilnahme für mich empfunden. Ich hätte nach Lisan zurückreiten mögen, um ihr zu danken. Mit dem Engländer hatte ich auch einen in Geldsachen hochanständigen Gefährten eingebüßt; sein öfteres: „Zahle gut, well!" hatte für mich armen Teufel viel bedeutet. Nun war dieser Ausfall für einige Zeit gedeckt, ein Umstand, der mich von einer nicht geringen Sorge befreite. – Auch Halef war erfreut, als ich ihm von der Bedeutung meines Fundes benachrichtigte, und ich beschloß, diese Freude durch die Mitteilung zu erhöhen, daß ich mit ihm zu den Haddedihn reiten werde, einmal um seiner selbst willen und dann auch wegen der beiden Diener des Engländers, die sich vielleicht noch immer dort befanden. Ich fühlte mich verpflichtet, diesen Erbteil Lindsays anzutreten. – Nachdem wir uns in Bagdad gehörig erholt und mit dem Nötigen versehen hatten, reisten wir ab und ließen nur für etwaige Anfragen die Nachricht zurück, wo wir zu finden seien. Wir ritten über Samarra nach Tekrit und bogen dann nach West zum Tharthar ab, um den Stämmen zu entgehen, mit denen wir früher im Tal der Stufen feindlich zusammengekommen waren, und trafen eine Tagreise vor den berühmten Ruinen von El Hadr zwei Männer, die uns sagten, daß die Schammar sich von ihren gewöhnlichen Weideplätzen nach Südwest gegen Ed Dêr am Euphrat gezogen hätten, um den Feindseligkeiten des Statthalters von Mossul aus dem Weg zu gehen. Dort langten wir dann ohne irgendeine Unterbrechung unserer Reise glücklich an. Unsere Ankunft erregte bei den Haddedihn Trauer und Freude zugleich. Amad el Ghandur war noch nicht angekommen. Der ganze Stamm hatte sich in größter Sorge um unser Schicksal befunden, aber noch hatte man gehofft, uns wohlbehalten zurückkehren zu sehen. Der Tod Mohammed Emins versetzte den ganzen Stamm in tiefste Trauer, und es wurde eine große Feier veranstaltet, um sein Gedächtnis zu ehren.

Ganz anders aber war es bei Hanneh, die sich bei unserem Erscheinen jubelnd in die Arme ihres Halef warf. Er war entzückt von ihrem Anblick, und sein Entzücken verdoppelte sich, als sie ihn und mich in das Zelt führte, um ihm einen kleinen Hadschi zu zeigen, der sich während unserer Abwesenheit zur irdischen Pilgerreise eingefunden hatte. – „Und weißt du, Sihdi, welchen Namen ich ihm gegeben habe?" fragte mich Hanneh. – „Nun?" – „Er heißt nach dir und seinem Vater – Kara Ben Halef." – „Du hast wohl daran getan, du Krone der Weiber und du Blume der Frauen", rief Halef entzückt aus. „Mein Sohn wird ein Held werden wie sein Vater, denn sein Name ist länger als der Speer eines Feindes. Alle Männer werden ihn ehren, alle Mädchen ihn lieben, und alle Feinde werden fliehen, wenn im Kampf ertönt der Name Kara Ben Hadschi Halef Omar Ben Hadschi Abul Abbas Ibn Hadschi Dawuhd al Gossarah!"

Scheik Malek war auch erfreut, uns wiederzusehen. Er hatte einen bedeutenden Einfluß auf die Haddedihn gewonnen, und es war vorauszusehen, daß er, wie die Verhältnisse jetzt lagen, recht bald den Rang eines Anführers einnehmen werde. In diesem Fall konnte mein kleiner, treuer Hadschi darauf rechnen, einst zu den Scheiks der Schammar zu gehören. – Wir besuchten in zahlreicher Begleitung alle die Orte, die wir bei unserem ersten Aufenthalt kennengelernt hatten, und des Abends saßen wir vor dem Zelt oder darin, um den aufmerksam lauschenden Haddedihn unsere Erlebnisse zu erzählen, wobei Halef niemals vergaß, ganz besonders seinen Schutz zu betonen, unter dem ich mich während der langen Reise befunden hatte.

Bill, der Irländer, und sein Gefährte Fred waren noch im Lager. Sie waren während unserer Abwesenheit halb wild geworden und hatten sich vom Arabischen so viel angeeignet, wie nötig war, sich mit ihren Gastfreunden zu verständigen. Trotzdem sehnten sie sich fort, und als sie hörten, daß sie auf ihren verschollenen Herrn nicht rechnen könnten, baten sie, ich möge mich von jetzt an ihrer annehmen. Ich sagte zu, denn auch in dieser Absicht war ich ja hergekommen. – Mein Entschluß war, mich nach Palästina zu wenden und von da zur See nach Konstantinopel. Doch wollte ich vorher erst Damaskus sehen, die Stadt der Omaijaden, und um allen für mich vielleicht unliebsamen Begegnungen von Mossul her aus dem Weg zu gehen, entschloß ich mich, südlich von El Dêr über den Euphrat zu setzen und so weit auszuholen, daß ich über das Haurangebirge nach Damaskus kam. – Aber die Haddedihn wollten mich nicht so bald fortlassen. Halef bestand mit allem Nachdruck darauf, mich nach Damaskus zu begleiten. Ich durfte ihm diesen Wunsch nicht abschlagen, und da ich ihm doch Zeit geben mußte, seinen glücklichen Familienverhältnissen gerecht zu werden, so dauerte mein Aufenthalt weit länger, als ich vorher beabsichtigt hatte. Woche um Woche verging, die kurze, rauhe Jahreszeit war hereingebrochen und neigte sich bereits wieder ihrem Ende zu; nun aber ließ ich mich nicht länger halten. Wir reisten ab. – Ein großer Teil der Haddedihn begleitete uns bis an den Euphrat, an dessen linkem Ufer wir Abschied nahmen: Halef auf kurze Zeit, ich aber für lebenslang, wie ich dachte. Mit allem Nötigen reichlich versehen, setzten wir über den Fluß und hatten ihn bald aus den Augen verloren. Eine Woche später erblickten wir die Höhen des Hauran vor uns, hatten aber zwei Tage vorher eine Begegnung, die von beträchtlichem Einfluß auf spätere Begebenheiten war. Wir sahen nämlich des Morgens vier Kamelreiter weit vor uns, die die gleiche Richtung mit uns einzuhalten schienen. Da den Beduinen des Hauran nicht recht zu trauen ist, so wäre es uns lieb gewesen, Begleiter zu bekommen, und darum ritten wir schneller, um die Reiter einzuholen. Als sie uns bemerkten, trieben auch sie ihre Tiere zu einem rascheren Gang an, doch kamen wir ihnen trotzdem immer näher. Als sie dies erkannten, hielten sie an und wichen seitwärts, um uns vorüberzulassen. Es war ein älterer Mann mit drei jüngeren, rüstigen Begleitern; sie sahen nicht sehr kriegerisch aus, hatten aber die Hände an den Waffen, um uns Achtung einzuflößen. – „Salâm!" grüßte ich, mein Pferd zügelnd. „Laßt die Waffen in Ruhe! Wir sind keine Räuber." – „Wer seid ihr?" fragte der ältere Reiter. – „Wir sind drei Franken aus dem Abendland, und dieser mein Diener ist ein friedlicher Araber." – Da erheiterte sich das Gesicht des Mannes, und er fragte in gebrochenem Französisch, jedenfalls um sich von der Wahrheit meiner Behauptung zu überzeugen: „Aus welchem Land sind Sie, Monsieur?" – „Aus Deutschland." – „Ah", meinte er naiv, „das ist ein sehr friedliches Land, dessen Bewohner nichts tun als Bücher lesen und Kaffee trinken. Woher kommen Sie? Sind Sie vielleicht auch ein Kaufmann wie ich?" – „Nein. Ich reise, um über die Länder, die ich sehe, Bücher zu schreiben, die dann zum Kaffee gelesen werden. Ich komme von Bagdad und will nach Damaskus."

„Aber Sie tragen anstatt des Schreibzeugs viele Waffen!"

„Weil ich mich mit dem Schreibzeug wohl schwerlich gegen die Beduinen verteidigen könnte, die den Weg unsicher machen."

„Das ist wahr", bestätigte der Mann, der sich einen Schriftsteller nicht anders vorgestellt zu haben schien, als mit einer riesigen Feder hinter dem Ohr, ein Sattelpult vor sich und zu jeder Seite des Pferdes ein mächtiges Tintenfaß. „Jetzt haben sich die Aneseh gegen den Hauran gezogen, und da muß man vorsichtig sein. Wollen wir zusammenhalten?" – „Gern. Sie gehen auch nach Damaskus?"

„Ja. Ich wohne dort, bin Kaufmann und mache jährlich mit einer Karawane eine Handelsreise zu den Arabern des Südens. Von einer solchen Reise kehre ich jetzt zurück." – „Gehen wir über den östlichen Hauran, oder halten wir uns links zur Mekkastraße hinüber?"

„Was wird das beste sein?" erkundigte sich der Kaufmann.

„Jedenfalls das zweite." – „Ich stimme bei. Waren Sie schon einmal hier?" – „Nein." – „Dann werde ich Sie führen. Vorwärts!"

Das vorherige Mißtrauen des Kaufmanns war verschwunden. Er zeigte ein offenes, redseliges Wesen, und bald erfuhr ich, daß er eine nicht unbedeutende Summe bei sich trage, die er aus seinen Waren gelöst hatte. Zwar war er von den Arabern meist mit Naturerzeugnissen bezahlt worden, hatte diese aber vorteilhaft verkaufen können. – „Auch mit Stambul stehe ich in lebhafter Verbindung", meinte er. „Gehen Sie auch dorthin?" – „Ja." – „Oh, dann können Sie mir dorthin einen Brief an meinen Bruder mitnehmen, wofür ich Ihnen sehr dankbar wäre!" – „Mit Vergnügen. Erlauben Sie also, daß ich Sie in Damaskus besuche!" – „Sie sind willkommen. Mein Bruder Maflei ist ebenfalls Kaufmann und hat weitreichende Verbindungen. Vielleicht kann er Ihnen nützlich sein." – „Maflei? Diesen Namen habe ich schon irgendwo gehört!" – „Wo?" – „Hm, lassen Sie mich nachsinnen! – Jetzt habe ich es! Ich traf in Ägypten den Sohn eines Stambuler Kaufmanns; er hieß Isla Ben Maflei."

„Wirklich? Oh, das ist ein seltsames Zusammentreffen! Isla ist nämlich mein Neffe, der Sohn meines Bruders." – „Wenn es wirklich der gleiche Isla ist!" – „Beschreiben Sie ihn mir!" – „Besser als eine jede Beschreibung wird wohl die Bemerkung sein, daß er dort am Nil seine Braut wiederfand, die ihren Eltern geraubt worden war."

„Das stimmt! Wie hieß das Mädchen?" – „Senitza." – „Es ist alles richtig. Wo haben Sie ihn getroffen? Wo hat er es Ihnen erzählt? In Kairo vielleicht?" – „Nein, sondern an Ort und Stelle selbst. Kennen Sie diese Begebenheit?" – „Ja. Isla kam später in geschäftlicher Angelegenheit zu mir nach Damaskus und erzählte es mir. Er hätte seine Braut nie wiedergefunden, wenn er nicht mit einem gewissen Kara Ben Nemsi zusammengetroffen wäre, einem Effendi aus – ah, dieser Effendi schrieb auch Bücher! Wie ist Ihr Name, Monsieur?"

„In Ägypten und dann auch weiter nannte man mich Kara Ben Nemsi." – „Hamdulillah, quel miracle! Sie sind es, Sie selbst!"

„Fragen Sie hier meinen Diener Hadschi Halef Omar, der geholfen hat, Senitza zu befreien!" – „Es geht nicht anders, Monsieur, Sie müssen in Damaskus bei mir wohnen, Sie und Ihre Leute. Mein Haus gehört Ihnen nebst allem, was ich besitze!" Der Kaufmann lud nun meine Begleiter mit herzlichen Worten ein, seine Gäste zu sein. Dem kleinen Hadschi mußte ich unsere französische Unterhaltung übersetzen. „Kannst du dich noch auf Isla Ben Maflei besinnen, Halef?" – „Ja", antwortete er. „Es war der Jüngling, dessen Braut wir aus dem Haus des Abraham Mamur holten."

„Dieser Mann hier ist der Oheim Islas." – „Allah sei Dank! Jetzt habe ich jemand, dem ich alles erzählen kann, was damals geschehen ist. Eine gute Tat darf nicht sterben; sie muß erzählt werden, um lebendig zu bleiben." – „Ja, erzähle!" bat der Damaszener in arabischer Sprache. Jetzt legte sich der kleine Hadschi ins Zeug, indem er die Begebenheit in den duftendsten Redeblumen des Morgenlandes berichtete. Ich war damals der berühmteste Hekim-Baschi der Erde, Halef selbst der tapferste Held der ganzen Welt, Isla der beste Jüngling Stambuls und Senitza die herrlichste Haura des Paradieses gewesen. Abraham Mamur aber wurde als wahrer Teufel geschildert, und wir hatten eine Tat verrichtet, die schon jetzt im Munde aller Völker des Morgenlandes lebte. Und als ich versuchte, seine Überschwenglichkeiten auf das richtige Maß zurückzuführen, da meinte der Kleine entschieden: „Sihdi, das verstehst du nicht! Ich muß es besser wissen, denn ich war ja damals dein Aga mit der Nilpferdpeitsche und habe alles für dich besorgen müssen."

Der Morgenländer ist in solchen Dingen unverbesserlich, und so fügte ich mich in das Unvermeidliche. Dem Damaszener aber schien diese Erzählungsweise zu gefallen. Halef stieg in seiner Achtung, und die Folge zeigte, daß er ihn in sein Herz geschlossen hatte.

Wir erreichten unbelästigt die Karawanenstraße und zogen durch das Bauwâbet Allah, das Gottestor, in die Vorstadt El Meidan ein, in der sich zur Zeit der Hadsch die große, nach Mekka bestimmte Pilgerkarawane versammelt. Die eigentliche Stadt wird vom Barada durchflossen, von dem viele Kanäle und Rinnsale abgezweigt sind. Eine große Volksmenge drängt sich durch die berühmten Basare oder genießt in den baumbeschatteten Kaffeehäusern den belebenden Trank. Die Wasserfülle der Stadtumgebung begünstigt die Anlage von großen Obsthainen. Dem Araber, der sich das Paradies als Baumgarten eingerichtet denkt, erscheint deshalb Damaskus als Abglanz der himmlischen Gärten. – Das Viertel der Christen liegt im Osten der Stadt und beginnt beim Thomastor am Ausgangspunkt des Palmyraner Karawanenweges. Südlich davon, jenseits der „geraden Straße" ist das Judenviertel, während die Westhälfte der Stadt den Arabern gehört. Hier sieht man die schönsten Bauwerke der Stadt: die Zitadelle, die prächtigen Basarhallen, den großen Han Assad Pascha und vor allen Dingen die Moschee der Omaijaden, in die leider kein Christ den Fuß setzen darf. Sie ist 131 Meter lang und 38 Meter breit und steht an der Stelle eines heidnischen Tempels, den Kaiser Theodosius zerstörte. Kaiser Arkadius erbaute an dieser Stelle eine christliche, dem heiligen Johannes geweihte Kirche. In ihr befand sich der Schrein, worin das abgeschlagene Haupt Johannes des Täufers aufbewahrt wurde, und das von Châlid Ibn Welîd, dem Eroberer von Damaskus, noch vorgefunden worden sein soll.

Dieser Châlid, den die Muslimin „das Schwert Gottes" nennen, machte die Hälfte der Johanneskirche zur Moschee, eine Seltsamkeit, die ihren besonderen Grund hatte. Die Belagerungsarmee bildete nämlich zwei Heerhaufen; der eine lag unter Châlid selbst vor dem Osttor und der andere unter dem milden Abu 'Ubaida vor dem Westtor. Über die Länge der Belagerung von Zorn entbrannt, schwur Châlid, keinen einzigen Bewohner zu schonen. Er stieg endlich zu Anfang des Jahres 635 siegreich über die Mauern beim Osttor und ließ das Würgen beginnen. Da beeilte sich der westliche Stadtteil, einen Vertrag mit Abu 'Ubaida abzuschließen und ihm das Tor unter der Bedingung freiwillig zu öffnen, daß er die Menschen schonen werde. Er ging darauf ein. Beide Heerhaufen bewegten sich nun auf der „geraden Straße" von entgegengesetzten Richtungen aufeinander zu und stießen bei und in der Johanneskirche zusammen. Auf Abu 'Ubaidas Vorstellung hielt Châlid mit dem Morden ein und bewilligte, daß den Christen die eine Hälfte der Kirche verbleiben solle. So beteten ungefähr 150 Jahre lang Christen und Mohammedaner im gleichen Gotteshaus, bis es Welîd dem Ersten einfiel, das Bauwerk ganz für seine Glaubensgenossen in Anspruch zu nehmen. Er bot den Christen zwar anderweitig Ersatz für den Verlust, aber sie trauten seinem Versprechen nicht und traten seinem Vorschlag entgegen. Es gab eine Weissagung, daß jener, der an dieses Gotteshaus die Hand legen werde, unrettbar dem Wahnsinn verfallen sei, und man glaubte, daß sich der Kalif durch diese Weissagung abschrecken lassen würde. Dies geschah aber nicht. Vielmehr soll Welîd der erste gewesen sein, der den Hammer ergriff, um das herrliche Altarbild zu zertrümmern. Dann wurde der Eingang der Christen vermauert. Die Kirche – nun völlig Moschee – erhielt geschlossene Hallen aus korinthischen Säulen und wurde mit Mosaik und sechshundert massiv goldenen Ampeln ausgeschmückt. Zu ihrer

Neugestaltung wurden gegen zwölfhundert griechische Baumeister und Künstler aus Konstantinopel herbeigerufen; man schleppte die schönsten Säulen Syriens nach Damaskus, und die Überlieferung berichtet, daß achtzehn Lasttiere die Rechnungen schleppten, als der Kalif diese berichtigen wollte. Welîd bezahlte und ließ dann die Rechnungen verbrennen, um den riesigen Betrag der Kosten zu einem ewigen Geheimnis zu machen. – Mokaddi, ein arabischer Schriftsteller, erzählt, daß die Wände der Moschee bis zu einer Höhe von vier Metern mit Marmor bekleidet und dann bis zur Decke mit Mosaiken von Glas in Gold und Farben geschmückt seien. Auch die Deckengewölbe der Seitenhallen, die von schwarzen Säulen mit goldenen Kapitellen getragen werden, und die Zinnen nach außen und über dem Hof, die auf weißen Marmorsäulen ruhten, waren mit reichem Mosaik ausgestattet. Auf der Kubbet en Nißr[1] ruhte eine goldene Zitrone und auf ihr ein ebensolcher Granatapfel. Die drei Minarehs der Moschee stammen aus verschiedenen Zeiten. Das ‚Brautminareh' im Norden wurde als einfacher Turm mit kegelartigem Aufsatz von Welîd gebaut. El Gharbije aber zeigt ägyptisch-arabischen Stil, nämlich ein zierliches Achteck mit drei Galerien, das sich von Galerie zu Galerie verjüngt und in einem Kugelknopf endet. Das dritte oder Iß-Minareh hat neben seinem viereckigen Turm noch einen schlanken Turm in türkischem Stil mit Spitzdach und zwei Rundsöllern für den Mueddin[2]. Auf dem höheren Söller wird Christus stehen, wenn er am Ende der Tage die Guten und Bösen voneinander scheidet.

Ganz in der Nähe dieser Moschee, auf der ‚geraden Straße', lag die Wohnung meines Reisegefährten. Der Eingang befand sich in einem engen Seitengäßchen, in das ich mit ihm einbog, da es mir unmöglich war, seine Gastfreundschaft zurückzuweisen. Wir hielten vor einer hohen Backsteinmauer, in der sich außer dem nicht sehr hohen und breiten Tor keine weitere Öffnung befand. Der Kaufmann stieg ab und schlug mit dem eisernen Klopfer an die Tür. In kurzer Zeit wurde sie von innen geöffnet und ein wie Ebenholz glänzendes Mohrengesicht erschien in der Öffnung. „Allah, der Herr!" rief der Neger und riß unter überschwenglichen Begrüßungen das Tor weit auf. Der Kaufmann antwortete ihm freundlich und winkte uns, ihm zu folgen. Ich tat es mit Halef, nachdem ich Bill und Fred bedeutet hatte, die Tiere hereinzuführen und bei ihnen zu bleiben.

Wir waren nun in einem langen, schmalen Hofraum und vor einer zweiten Mauer, deren Tür bereits offen stand. Als wir diese hinter uns hatten, sah ich vor mir einen großen quadratischen Platz, der mit Marmor gepflastert war. Von drei Seiten öffneten sich auf ihn Bogengänge, deren Öffnungen von zahlreichen in Kübeln gezogenen Zitronen, Orangen, Granaten und Feigen verdeckt wurden. Die vierte Seite, von der Mauer gebildet, durch die wir soeben getreten waren,

---

[1] Kuppel des Gebets   [2] Ausrufer, der die Gebetszeiten vom Minareh herab verkündigt

war von Jasmin, Damaszenerrosen und rotweiß geflammten syrischen Hibisch überzogen. Die Mitte des Platzes nahm ein granitenes Bekken ein, in dessen Wasser sich gold- und silberglänzende Fische tummelten, und an jeder Ecke war ein fließender Brunnen, um dieses Becken zu speisen. Über den Bogengängen zog sich ein buntbemaltes Stockwerk hin, zu dem eine breite, mit duftenden Blumen reich geschmückte Treppe emporführte. Es enthielt viele Gemächer und andere Räume, deren Fensteröffnungen teils mit seidenen Vorhängen, teils durch ein kunstvolles, hölzernes Gitterwerk verschlossen waren. Eine Gruppe von Frauen ruhte auf weichen Polstern am Becken. Bei unserem Anblick erhoben sie ein angstvolles Gekreisch und eilten schleunigst der Treppe zu, um in ihren Gemächern zu verschwinden. Nur eine einzige Gestalt war nicht geflohen. Auch sie hatte sich erhoben, kam aber auf den Kaufmann zu und küßte ihm mit Ehrerbietung die Hand. „Chosch geldin, baham – sei willkommen, Vater!" grüßte sie. Er drückte sie herzlich an sich und sagte: „Geh zur Mutter und verkünde ihr, daß Gott mein Haus mit lieben Gästen segnet. Ich werde sie in das Selamlik führen und dann zu euch kommen." Auch er sprach türkisch wie seine Tochter. Vielleicht war Stambul sein früherer Aufenthalt gewesen.

Die Tochter entfernte sich, und wir folgten ihm langsam die Treppe empor, wo wir in einen Gang kamen, von dem viele Türen abzweigten. Der Hausherr öffnete eine, und wir traten in ein großes Zimmer, das durch ein durchbrochenes Kuppeldach, dessen Öffnungen mit vielfarbigem Glas bedeckt waren, buntes Licht empfing. Hohe, breite Samtpolster zogen sich an den Wänden hin; in einer Nische tickte eine Standuhr ihre gleichmäßigen Schläge; von der Kuppel hing ein vielarmiger, vergoldeter Leuchter herab und zwischen den seidenen Behängen, die die Wände verdeckten, blickten aus kostbaren Rahmen zahlreiche Bilder auf uns nieder. Es waren Farbenklexereien, mit denen ‚tüchtige' Geschäftemacher die Welt beglückten: Napoleon im Kaiserornat, aber mit dicken, zinnoberrot gemalten Posaunenengelbacken; Friedrich der Große mit einem dünnen Spitzbart; die Schlacht bei Tscheschme mit holländischen Torfkähnen; ein Riesenstrauß von roten Helianthus, gelben Kornblumen und blauen Schneeglöckchen; Washington in einer ungeheuren Perücke; Lady Stanhope mit Schönheitspflästerchen; ein Herkules mit dem Lindwurm des heiligen Georg zwischen den Beinen, und endlich gar die Erstürmung von Sagunt, aus dessen Schießscharten Kanonenläufe schauten und über dessen eingeschossenen Mauern sich ein dichter, violetter Pulverrauch lagerte. Solche Kunstungeheuerlichkeiten können eben nur für das Morgenland bestimmt sein.

Vor den Polstern standen niedere Tischchen mit Metallplatte, schon mit gestopften Pfeifen und kleinen Kaffeetäßchen versehen; in der Mitte des Raumes aber prangte – ich wagte es kaum zu glauben, aber meine Augen konnten mich doch unmöglich täuschen – ein Klavier, offenbar noch in ganz leidlichem Zustand. Ich hätte es am liebsten sofort geöffnet, mußte jedoch die Würde bewahren, die ich dem Kara Ben Nemsi Effendi schuldete. – Wir waren kaum eingetreten und hatten uns gesetzt, so erschien ein hübscher Knabe mit einem Becken voll glühender Holzkohlen, um die Pfeifen in Brand zu stecken, und nur wenige Minuten später ein zweiter mit einer silbernen Dscheswa[1], aus der er uns die Tassen füllte. Nach dem ersten Zug, den der Hausherr aus seiner Pfeife tat, hieß er uns von neuem willkommen, und als er den kleinen Kopf nach wenigen Augenblicken ausgeraucht hatte, bat er uns um die Erlaubnis, sich für kurze Zeit entfernen zu dürfen, um die Seinen zu begrüßen. – Wir rauchten und tranken schweigend fort, bis unser Gastgeber zurückkehrte und uns aufforderte, ihm zu folgen. Er führte uns in ein nach morgenländischen Begriffen sehr reich ausgestattetes Zimmer, das ich bewohnen sollte, während unmittelbar daneben das für Halef bestimmte lag. Auch für Fred und Bill versprach er zu sorgen. Darauf mußten wir ihm die Treppe hinab in das Erdgeschoß folgen. Dort war uns inzwischen mit unbegreiflicher Schnelligkeit ein Bad bereitet worden, und da fanden wir auch zwei Anzüge liegen, vom roten Fes bis zum leichten Paputsch herab. Zwei Diener erwarteten uns, um uns zu bedienen. Das war echt morgenländische Gastfreundlichkeit, deren Wert ich dankbar anerkennen mußte. Als wir dem Bad entstiegen waren und uns umgekleidet hatten, kehrten wir als völlig neue Menschen in das Selamlik zurück. Der aufmerksame Hausherr hatte unsere Rückkehr jedenfalls beobachten lassen, denn kaum daß wir eingetreten waren, so stellte auch er sich wieder bei uns ein.

„Effendi, du hast große Freude über die Meinen gebracht", sagte er, mich, da er jetzt arabisch sprach, wieder du nennend. „Als ich ihnen sagte, wer du bist, haben sie gebeten, heute vor dir erscheinen zu dürfen. Wirst du es ihnen erlauben?" – „Gern, denn es wird mich beglücken, mit ihnen sprechen zu können." – „Sie werden erst am Nachmittag kommen, denn jetzt sind sie beschäftigt, das Mahl zu bereiten, dessen Zubereitung sie heute keiner Dienerin überlassen wollen. – Hast du schon solche Bilder gesehen?" fragte er dann, als er bemerkte, daß mein Auge unabsichtlich den Herkules musterte.

„Sie sind sehr selten", wich ich aus. – „Ja. Ich habe sie in Stambul gekauft und einen hohen Preis bezahlt. Kein Mann in Damaskus hat solch kostbare Gemälde. Weißt du auch, was sie vorstellen?"

„Ich möchte es beinahe bezweifeln!" – „Ich habe es mir erklären lassen. Das erste ist der Sultan el Keïr[2] und das zweite der kluge Emir der Alamanlar; dann kommt die Königin von England[3] mit dem Schah der Amerikaner; neben den Blumen ist ein Held aus Diarbekr[4] zu sehen, der einen Seehund tötet, daneben die Schlacht bei Tscheschme und dann die Erstürmung von Jerusalem[5] durch die Christen. Ist das nicht schön?" – „Prächtig! Aber was steht hier in der Mitte des Zimmers?" – „Oh, das ist mein kostbarster Besitz.

---

[1] Kaffeekanne [2] Der große Herrscher = Napoleon [3] Er meinte Lady Stanhope, die englische Abenteuerin [4] Herkules [5] Er meinte Sagunt

Es ist ein Tschalghy[1], das ich von einem Engländer kaufte, der hier wohnte und dann weiterzog. Darf ich es dir zeigen?" – „Ich bitte dich darum!" Wir traten hinzu und öffneten es. Über den Tasten stand „Edward Southey, Leadenhallstreet, London" zu lesen, und ein Blick in das Innere des Instruments zeigte mir, daß zwar einige Saiten gesprungen seien, es sich aber sonst in leidlichem Zustand befand.

„Ich werde dir zeigen, wie man es macht", sagte er. Mit diesen Worten begann der Mann einen Faustangriff auf die Tasten, der mir die Haare zu Berge trieb; aber ich zwang mich zu einer bewundernden Miene und erkundigte mich dann, ob sonst weiter nichts zu dem ‚Tschalghy' vorhanden sei. – „Der Engländer gab mir auch Tel[2] und einen Hammer zum Musikmachen, damit die Hände nicht schmerzen. Ich werde ihn dir zeigen." Er ging und brachte bald ein Kästchen, das Saitendraht verschiedener Stärke und einen Stimmschlüssel enthielt. Er nahm den letzteren und hämmerte damit auf den Tasten herum, daß es krachte. Der liebenswürdige Engländer hatte sich jedenfalls den Spaß gemacht, ihm den Gebrauch des Schlüssels in dieser Weise zu erklären. Übrigens war das Klavier schrecklich verstimmt und voller Staub und Schmutz. – „Willst du auch Musik machen?" fragte er mich. „Es darf kein Mensch das Tschalghy berühren, du aber bist mein Gast und sollst einmal klopfen dürfen."

Er reichte mir den Stimmschlüssel mit Gönnermiene entgegen.

„Du hast mir gezeigt, wie man in Damaskus Musik macht", meinte ich; „nun will ich dir auch zeigen, wie man auf diesem Instrument im Abendland spielt. Vorher aber erlaube mir, es auszubessern, da es sich nicht mehr in dem richtigen Zustand befindet." – „Effendi, du wirst es mir doch nicht verderben?" – „Nein; du kannst es mir ruhig anvertrauen." Ich suchte mir den geeigneten Draht hervor und zog die fehlenden Saiten auf. Dann baute ich mir aus mehreren Polstern einen hohen Sitz und begann zu stimmen. Als der Hausherr die Quinten und Oktaven hörte, rief er mit einer Gebärde des Entzückens:

„Oh, du kannst es ja noch viel besser als ich!" – „Das ist noch keine Musik", wehrte ich ab. „Jetzt gebe ich dem Draht erst den rechten Ton. Hat dir der Engländer denn nicht gezeigt, wie dieses Instrument gespielt werden muß?" – „Sein Weib hatte Musik gemacht, war aber gestorben. Er schlug das Instrument dann mit den Fäusten, und das gefiel ihm sehr, denn er lachte dazu." – „So sollst du bald sehen, wie es richtig gemacht wird." Ich hatte früher als armer Schüler oft Klaviere gestimmt, um mir ein kleines Taschengeld zu verdienen; es fiel mir also nicht schwer, das Instrument bald in einen halbwegs spielbaren Zustand zu bringen. Zu einem gründlichen Abstimmen fehlte mir die Zeit. – Während dieser Beschäftigung wurde die Tür geöffnet, und davor erschienen alle die Frauengestalten, die ich vorher im Hof gesehen hatte. Ich vernahm ein Flüstern der Bewunderung, und zuweilen entschlüpfte sogar einem Mund ein lauter Ausruf des

---

[1] Türkisch: Musikinstrument   [2] Draht

Entzückens. Wie anspruchslos sie waren! – Endlich war ich fertig und schloß das Klavier, worauf die Lauschenden verschwanden.

„Willst du nicht länger spielen?" fragte mich unser Gastgeber. „Du bist ein großer Ssanatkar[1], und die Frauen sind so erfreut über diese Musik, daß sie uns das Mahl verderben lassen werden."

„Ich muß dem Tschalghy jetzt Ruhe gönnen, aber nach dem Mahl, wenn die Glieder deiner Familie kommen, werde ich ihnen eine Musik zeigen, wie sie noch keine gehört haben." – „Es sind einige Frauen in meinem Harem zu Besuch. Dürfen sie die Musik auch hören?"

„Gern", erwiderte ich höflich. Ich war begierig, zu sehen, welche Wirkung ein flotter Walzer auf diese Damen ausüben würde, durfte sie aber um meiner selbst willen jetzt während ihrer kochkünstlerischen Beschäftigung nicht zerstreuen. Diese Vorsicht trug bald gute Früchte. Man hatte sich, wohl mit Rücksicht auf den zu erwartenden Musikgenuß jedenfalls mehr als gewöhnlich geputet, und es wurde ein reichhaltiges Mahl aufgetragen, das dem Haus alle Ehre machte. Kaum war es vorüber, so erkundigte sich der Hausherr, ob die Frauen nun erscheinen dürften. Ich gab meine Zustimmung, und der kleine Kaffee-Einschenker eilte fort, um sie zu holen. Nun kam die Frau mit zwei Töchtern und einem Sohn von vielleicht zwölf Jahren. Vier andere Frauen waren Freundinnen unserer Herrin. Alle waren tief verschleiert. Sie nahmen still auf den Polstern Platz. Da ich nun bemerkte, wie oft sie die verhüllten Köpfe, aus denen nur die Augen blickten, zum Klavier richteten, so erhob ich mich, um ihre Ungeduld zu befriedigen.

Es war erheiternd, den Eindruck des ersten, vollgriffigen Akkords, dem ich einen kräftigen Lauf folgen ließ, zu beobachten.

„Maschallah!" rief Halef erschrocken. – „Bana bak – schaut, schaut!" schrie der Hausherr, während er aufsprang und vor Verwunderung die Arme ausstreckte. Die Frauen zuckten vor Überraschung zusammen, schrien vor Erstaunen auf und streckten unbedachterweise die Hände aus, so daß sich die Schleier öffneten und ich für einen Augenblick sämtliche Gesichter zu sehen bekam.

Nach einem kurzen Vorspiel ließ ich einen feschesten Walzer los. Meine Zuhörer saßen zunächst ganz starr; bald aber begann der Rhythmus seine unwiderstehliche Wirkung zu äußern. Es kam Bewegung in die steifen Gestalten, die Hände zuckten, die Beine empörten sich gegen ihre eingebogene Lage, und die Körper begannen, sich nach dem Takt hin und her zu wiegen. Der Hausherr aber erhob sich und trat hinter mich, um mit aufgerissenen Augen meine Finger zu beobachten. Als ich geendet hatte, faßte er meine Hände und betrachtete sie.

„Effendi, was hast du für Finger. Das ging wie in einem Karyndscha juwaßy[2]. So etwas habe ich noch nicht gesehen!"

„Sihdi", meinte Halef, „solche Musik gibt es nur noch in El Dschennet, wo die Geister der Seligen wohnen." – Die Frauen wag-

---

[1] Künstler   [2] Ameisenhaufen

ten nicht, ihre Gefühle in Worten laut werden zu lassen; doch ihre lebhaften Bewegungen und der anerkennende Ton ihres Geflüsters überzeugten mich, daß sie sich nichts weniger als gelangweilt hatten.

Ich spielte weiter, und meine Zuhörer wurden nicht müde, den noch nie gehörten Klängen zu lauschen. – „Effendi, ich habe nicht gewußt, daß in diesem Tschalghy solche Stücke stecken", meinte der Hausherr, als ich ausruhte. – „Oh, es stecken noch viel herrlichere drinnen", entgegnete ich. „Man muß es nur verstehen, sie hervorzulocken. Bei uns im Abendland gibt es Tausende von Männern und Frauen, die das noch bedeutend besser können als ich." – „Auch Frauen?" fragte er verwundert. – „Ja." – „So soll mein Weib auch lernen, auf dem Tschalghy Musik zu machen, und sie muß es dann den Töchtern zeigen." Der gute Mann hatte keine Ahnung von den Schwierigkeiten, die sich diesem rasch gefaßten Entschluß in Damaskus entgegenstellten, und ich hielt es nicht für notwendig, ihn aufzuklären und fragte: „Man kann zu dieser Musik auch tanzen. Hast du einmal einen abendländischen Tanz gesehen?" – „Niemals."

„Laß unsere beiden Begleiter kommen." – „Die zwei Männer? Sollen etwa sie tanzen?" – „Ja. Die Sitte des Abendlandes erlaubt es, daß auch Männer tanzen, und du wirst sehen, wie hübsch das ist."

Ein allgemeines „Peh, peh!" der Erwartung tönte durch das Zimmer, als einer der Knaben den Raum verließ, um Fred und Bill zu holen. – „Könnt ihr tanzen?" fragte ich, als die beiden eintraten.

Auch sie hatten bequeme Hauskleidung angelegt und wirkten neugewaschen. Sie stießen sich freundschaftlich mit den Ellbogen und machten die Augen weit auf, als sie das Klavier sahen.

„Heigh-day, a music chest – heisa, ein Musikkasten!" lachte Bill mit breitem Gesicht. „Tanzen? Natürlich können wir tanzen! Sollen wir?" – „Ja." – „In diesen Kleidern?" – „Warum nicht? Welche Tänze könnt ihr?" – „Alle! Reel, Hornpipe, Hochländer, Stamp-man, Polka, Galopp, Walzer, kurz alles, was verlangt wird. Man hat das doch gelernt!" – „Na, so schiebt die Teppiche zusammen und legt einmal los! Einen Hochländer!" – Die beiden kräftigen Männer zeigten sich unermüdlich, und das beifällige Lachen der Frauen ermunterte sie zu immer neuen Leistungen. Ich glaube, diese Damaszenerinnen hätten sich am liebsten mitbeteiligt. Endlich glaubte ich, daß des Guten jetzt genug geschehen sei. Die Damen entfernten sich mit herzlichem Dank, und auch der Hausherr erklärte, daß er sich nach so langer Abwesenheit nun in seinem Geschäft umsehen müsse. Ich sagte ihm, daß ich indessen mit Halef ausgehen würde, um die Stadt in Augenschein zu nehmen, und sofort befahl er, daß man zwei Esel für uns sattle. Ein Diener sollte uns begleiten. – Im Hof fanden wir zwei weiße Bagdader Esel für uns und einen grauen für den Diener, der sich mit Tabak und Pfeifen reichlich versehen hatte. Wir brannten an, stiegen auf, verließen den Hof und lenkten durch die Seitengasse in die „gerade Straße" ein. Mit bloßen Füßen in Pantoffeln, mit herabhängenden Turbantüchern und dampfenden Tschibuks ritten wir würdevoll wie türkische Paschas die reich belebte Straße entlang, um in das Christenviertel zu kommen. Wir durchstreiften dieses gemächlich und bemerkten dabei, daß die meisten Leute zum Thomastor strebten. – „Dort muß etwas zu sehen sein", wandte ich mich an den Diener. – „Ja, Effendi, sehr viel", antwortete er. „Es ist heute das Fest Er-Rimâl[1], wo man mit dem Bogen schießt. Wer sich vergnügen will, geht vor die Stadt in die Zelte und Gärten, um zu sehen, welche Freude Allah ihm bereitet hat." – „Das können wir auch tun, denn es ist noch nicht spät am Tag. Kennst du den Ort?" – „Ja, Effendi." – „So führe uns!"

Wir ließen unsere Tiere traben und gelangten bald durch das Tor hinaus in die Ghuta, wo auf allen Wegen und Plätzen reges Leben herrschte. Ich sah, daß Er-Rimâl ein Fest ist, an dem sich die Anhänger aller Religionen beteiligen durften, ein Fest, ähnlich unserem deutschen Vogelschießen; doch konnte ich von unserem Begleiter nicht erfahren, welchen Ursprung es hatte. – Auf freien Plätzen waren Zelte errichtet, in denen Blumen, Früchte und allerlei Eßwaren verkauft wurden. Seiltänzer, indische Gaukler, Feuerfresser, Schlangenbeschwörer trieben überall ihr Wesen; bettelnde Derwische erschwerten das Vorwärtskommen; Kinder lärmten, Lastträger zankten, Kamele schrien, Pferde wieherten, Hunde bellten, und dazu in den Musikzelten ein Blasen, Kratzen, Schlagen und Zerren auf allen möglichen und unmöglichen Instrumenten – es war das reine Vogelschießtreiben, nur auf einem anderen Schauplatz und mit anderen Gestalten. Von einem regelrechten Pfeilschießen auf ein Ziel bemerkte ich nichts. Ich sah allerdings hier und da einen Mann oder Knaben einen buntbefiederten Stab vom Bogen schnellen, aber das geschah nur so beliebig, so nebenbei, und wen oder was dieser Pfeil traf, war gleichgültig. – So ritten wir an einer langen Reihe von Scherbet- oder Fruchtverkäufern hinab, als ich plötzlich meinen Esel anhielt und lauschte. Was war denn das? Hatte ich recht gehört? Vor einem großen Zelt waren viele Leute versammelt; aus dem Innern ertönten Violinen- und Harfenklänge und jetzt, richtig, fiel nach beendetem Zwischenspiel eine abgejagte Sopranstimme in der reinsten erzgebirgischen Mundart ein:

> *„Zum heil'gen Abend um Mitternacht*
> *da fließt statt Wasser Wein*
> *und wenn 'ch mich nur net färchten tät,*
> *da holt 'ch mir 'n Topp voll 'rein."*

„Sihdi, was ist das?" rief Halef. „Hier singt ein Weib! Ist das möglich?" – Ich nickte bejahend und hörte noch die nächste Strophe:

> *„Mer hab'n aach neunerlei Gericht,*
> *aach Würscht und Sauerkraut;*
> *das hat mei' Alte vorgericht't,*
> *die alte, gute Haut."*

---

[1] Fest des Pfeilschießens

Hier konnte ich unmöglich vorüberreiten; hier mußte ich einkehren, um zu sehen, ob ich recht vermutete. Ich stieg ab und winkte Halef, mir zu folgen, während der Diener bei den Tieren blieb. Wir drängten uns durch die Menge und traten ein. An der Tür saß ein grimmiger, schwarzbärtiger Türke und schnauzte uns entgegen:

„Her kischi bir Gurusch – für die Person einen Piaster!"

Ich zahlte das Eintrittsgeld und sah mich dann im Zelt um. In die Erde geschlagene Pfähle und darauf genagelte Latten bildeten Bänke und Tische, ganz nach schöner, deutscher Vogelwiesensitte. Auf diesen Bänken und an diesen Tischen hockten, eng aneinander gedrängt, weit mehr als hundert Araber, Türken, Kurden, Juden, Christen, Drusen, Maroniten, Baschi Bosuks, Arnauten und so weiter; sie tranken Scherbet oder Kaffee, rauchten oder kauten Gebäck und Früchte. Im Hintergrund war das Buffet und daneben saßen auf einem echten Podium zwei Violinspieler, zwei Harfenistinnen und eine Gitarrespielerin, alle in Tiroler Tracht. Ich schritt bis nahe an sie heran, schob einfach, ohne erst zu fragen, die elf Köpfe zählenden Inhaber einer Bank noch enger zusammen und setzte mich mit Halef nieder. Dieses kurze Verfahren mochte uns die Achtung des Kellners erworben haben, denn er eilte sofort herbei. – „Scherbet für zwei!" bestellte ich und mußte dafür fünf Piaster bezahlen. Das waren Hotelpreise! – Unterdessen war das Lied, von dem keiner der Anwesenden ein Wort verstand, von der Gitarristin zu Ende gesungen worden, und als sich reicher Beifall vernehmen ließ, gab sie noch einen Vers zum besten und ging dann mit dem Teller einsammeln. Ich wurde dabei rücksichtsvoll übersehen, da wir eben erst gekommen waren. – Das nächste Musikstück war ein Lied ohne Worte, worauf der eine Geiger hinter einem Vorhang verschwand. Nach kurzer Zeit begann ein Vorspiel und der Geiger kehrte zurück – als deutscher Handwerksbursche mit Wanderstab, zerrissenen Stiefeln, eingetriebenem Hut und dem unvermeidlichen ‚Berliner' auf dem Rücken. Im rauhesten Bierbaß hob er an:

„Wenn ich mich nach der Heimat sehn',
wenn mir im Aug' die Tränen stehn,
wenn's Herz mich drückt halt gar so sehr,
dann fühl ich's Alter um so mehr.
Und's wird nur leichter mir ums Herz,
fühl' weniger den stillen Schmerz,
wenn ich so off der Straße steh'
und mir mein kleines Geld beseh'."

Das war der Stoffel in der Fremde, wie er leibte und lebte. Und obgleich die Zuhörer weder einen Begriff von einem deutschen Handwerksburschen hatten, noch ein Wort des Vortrags verstanden, wurde der Komiker doch mit dankbarem Beifall belohnt. – Jedenfalls hatte ich hier eine Presnitzer Truppe vor mir, und um die Sprachgewandtheit dieser Leute auf die Probe zu stellen, fragte ich die

Sängerin: „Hangi lißanda türkü tschaghyry-jorßun – in welcher Sprache singst du?" – „Almandscha tschaghyry jorum – ich singe deutsch", erwiderte sie. – „You are consequently a german Lady – Sie sind folglich eine deutsche Dame?" – „My native country is German Austria – meine Heimat ist Deutsch-Österreich."

„Et comment s'appelle votre ville natale – und wie heißt Ihre Vaterstadt?" – „Elle est nommée Presnitz, située au nord de la Bohème – sie heißt Presnitz, das in Nord-Böhmen liegt."

„Ah, nicht weit von der sächsischen Grenze, nahe von Jöhstadt und Annaberg?" setzte ich in deutscher Sprache fort.

„Richtig!" rief sie. „Hurrjeh, Sie reden auch deutsch?"

„Wie Sie hören!" – „Hier in Damaskus?" – „Überall."

Da kamen auch die anderen Mitglieder der Truppe herbei. Die Freude, hier einen Deutschen zu treffen, war allgemein, und die Folge davon waren einerseits von mir einige Gläser Scherbet und andererseits von ihnen die Bitte, mein Lieblingslied zu nennen; sie wollten es singen. Ich bezeichnete es ihnen, und sofort begannen sie:

> „Wenn sich zwei Herzen scheiden,
> die sich dereinst geliebt,
> das ist ein großes Leiden,
> wie's größer keines gibt."

Ich freute mich, wieder einmal dem Klang dieser innigen Weise lauschen zu können; da gab Halef mir einen Stoß und winkte zum Eingang hin. Mein Auge folgte der angegebenen Richtung und sah einen Mann, von dem wir in den letzten Tagen oft gesprochen hatten, und den ich hier wohl nicht zu finden geglaubt hätte. Diese schönen, aber in ihrer Gegensätzlichkeit so unangenehmen Züge, dieses forschend stechende Auge mit dem kalten, durchbohrenden Blick, diese dunklen Schatten, die Haß, Liebe, Rache und unbefriedigter Ehrgeiz über das Gesicht geworfen hatten, sie waren mir zu bekannt, als daß mich der dichte Vollbart, den der Mann jetzt trug, hätte täuschen können. Es war Dawuhd Arafim, der sich in seinem Haus am Nil Abrahim Mamur hatte nennen lassen! Er musterte die Anwesenden, und ich konnte es nicht verhindern, daß sein Blick auch auf mich fiel. Ich sah ihn zusammenzucken, dann drehte er sich schnell um und verließ mit hastigen Schritten das Zelt. – „Halef, ihm nach! Wir müssen wissen, wo er hier wohnt." – Ich sprang auf, und der Hadschi folgte mir. Vor dem Zelt angekommen, sah ich Abrahim auf einem Esel fortgaloppieren, während der Treiber, der sich am Schwanz des Tieres hielt, hinter ihm drein sprang; unser Diener aber war nirgends zu sehen, und als wir ihn nach hastigem Suchen bei einem Märchenerzähler fanden, war es zu spät, den Flüchtigen zu erreichen. Die Ghuta bot ihm mehr als genug Weg und Deckung, uns zu entgehen. – Das machte mich so mißmutig, daß ich heimzukehren beschloß. Ich hatte beim Erscheinen dieses Mannes sofort das Gefühl gehabt, daß ich auf irgendeine Weise wieder mit ihm zusammengeraten müsse, und nun war mir die Gelegenheit entgangen, etwas Näheres über seinen hiesigen Aufenthalt zu erfahren. Auch Halef murmelte verschiedene arabische Kraftworte in seinen dünnen Bart und meinte dann, daß es am besten sei, nach Hause zu gehen und noch ein wenig Musik zu machen. – Wir ritten den Weg zurück, den wir gekommen waren. Auf der ‚geraden Straße' wurden wir angerufen. Es war unser Hausherr, der mit einem jungen Mann am Eingang eines Schmuck- und Geschmeideladens stand. Auch er hatte einen Diener mit einem Reitesel bei sich. – „Willst du nicht hier eintreten, Effendi?" fragte er. „Wir kehren dann miteinander nach Hause zurück." – Wir stiegen ab, traten in das Gewölbe und wurden von dem jungen Mann mit größter Herzlichkeit begrüßt. – „Das ist mein Sohn Schafei Ibn Jakub Afarah", stellte ihn unser Hausherr vor.

Also erst jetzt erfuhr ich den Namen unseres Gastgebers, Jakub Afarah. So etwas ist im Morgenland keine Seltenheit. Er nannte dem Sohn auch unsere Namen und fuhr dann fort: „Hier ist mein Juwelenladen, den Schafei mit einem Gehilfen verwaltet. Verzeih, daß er uns jetzt nicht begleiten kann! Er muß bleiben, weil der Gehilfe gegangen ist, um sich das Fest Er-Rimâl anzusehen." – Ich blickte im Laden umher. Er war klein und ziemlich finster, barg aber eine solche Menge von Kostbarkeiten, daß mir armem Teufel angst und bange wurde. Ich ließ einige darauf bezügliche Worte fallen und bekam zu hören, daß Jakub auf anderen Basaren noch mehrere Gewölbe für Spezereisachen, Teppiche und kostbare Rauchgeräte besitze. – Nachdem wir auch hier eine Tasse Kaffee getrunken hatten, brachen wir auf. Die Zeit der Dämmerung nahte, und wir waren nicht lange zu Hause angekommen, so brach der Abend herein. – Man hatte mir während meiner Abwesenheit die Stube geschmückt. Von der Decke hingen Ampeln voll duftender Blumen herab, und auch in jeder Ecke stand eine hohe Vase, gefüllt mit liebenswürdigen Kindern Floras. Schade, daß ich mich so gar nicht auf die Blumensprache verstand, sonst hätte ich vielleicht einen rührenden Dank für das Konzert herauslesen können. – Ich legte mich auf das Polster, um ein wenig nichts zu tun, aber ich tat doch etwas, ich dachte nämlich an diesen Abraham Mamur, der mir gar nicht wieder aus dem Sinn kommen wollte. Was trieb er hier in Damaskus? Hatte er wieder eine seiner Schandtaten vor? Warum floh er vor mir, da ich doch eigentlich nichts mehr mit ihm zu tun hatte? Auf welche Weise war es wohl möglich, seine Wohnung zu ermitteln? – So sann und grübelte ich, dabei immer auf das rege Leben horchend, das draußen auf dem Gang zu herrschen begann. Da, nach langer Zeit, wurde an meine Tür geklopft, und Jakub trat ein.

„Effendi, bist du fertig zum Abendmahl?" – „Wie du befiehlst."
„So komm! Halef, dein Begleiter, ist schon drüben."

Er führte mich nicht in das Selamlik, wie ich erwartet hatte, sondern über zwei Gänge zur vorderen Seite des Hauses und öffnete dort eine Tür. Es war ein großes, fast saalähnliches Zimmer, das ich betrat. Von vielen Kerzen hell bestrahlt, glänzten ringsum schwarz eingestickte Koransprüche von den seidenen Wänden. Ein Teil des

Raumes wurde durch einen eisernen Stab abgeschnitten, von dem quer über das Zimmer ein schwerer Samtvorhang niederhing. In ihm befanden sich einen Meter über dem Boden zahlreiche Gucklöcher, was mich zu der Annahme veranlaßte, daß sich dahinter die Frauen niederlassen würden. – Es waren gegen zwanzig Herren anwesend, die sich bei unserem Eintritt erhoben, um mich zu begrüßen, während Jakub mir ihre Namen nannte. Zwei Söhne und drei Gehilfen Jakubs waren dabei, auch Halef war bereits zugegen. Er schien sich überhaupt mit würdiger Gewandtheit in seine gegenwärtige Lage zu finden, wobei ihm auch die Kenntnisse im Türkischen zustatten kamen, die er sich in Ägypten, in Mossul und im Umgang mit mir fleißig erworben hatte. – Während der anfangs noch stockenden Unterhaltung wurden wohlriechende Liköre getrunken, wobei die unvermeidliche Pfeife dampfte. Dann aber wurde ein Mahl aufgetragen, bei dessen Anblick sich mein guter Halef nicht ganz beherrschen konnte, sondern sich die sechzehn Haare seines Schnurrbarts unwillkürlich mit beiden Händen aus dem Mund strich. Es gab da außer den mir bereits bekannten Gerichten auch noch ein Mus von Tobba und Habb el As[1], Salat von Sübbh el Belad, einer roten Wurzel, die unserer Möhre ähnlich ist, gebratene Schürsch el Mahrut[2], eine scharf gebratene Eidechsenart, die Jakub Afarah Dobb nannte und deren Fleisch mir recht gut mundete. Auf weiten Reisen lernt man am leichtesten Vorurteile ablegen. – Nach dem Essen wurden die Platten und Gefäße entfernt, und dann – wurde das Klavier hereingetragen. Ein bittender Blick Jakub Afarahs sagte mir, was nun von mir gewünscht wurde, und ich kam meiner Pflicht auch ohne Zögern nach. Nur eine Bedingung machte ich, auf deren Erfüllung ich streng bestand. Ich bat nämlich, den Vorhang zu entfernen. Jakub sah mich erschrocken an. – „Warum, Effendi?" – „Weil dieser Samt den Schall meiner Töne so einsaugt, daß ihr nicht viel Schönes hören werdet." – „Aber es sitzen Frauen dahinter!" – „Sie haben ihre Schleier!" – Erst nach einer längeren Verhandlung mit seinen Gästen wagte er es, den Vorhang zurückzuschieben, und nun sah ich etliche dreißig weibliche Gestalten, die auf weichen Matten am Boden hockten. Ich tat mein möglichstes, sie zu unterhalten, und sang ihnen auch eine Anzahl Lieder vor, deren Worte ich während des Gesangs, so gut ich es vermochte, ins Arabische übertrug.

Als ich aufhörte, führte Jakub mich an das kleine Gitterfenster, das auf die ‚gerade Straße' hinausging. Da unten stand, so breit die Gasse war, eine Kopf an Kopf gedrängte Zuhörerschar. Was werden diese Damaszener gedacht haben, als sie mich singen hörten? Die Gäste meines Wirtes aber hielten mich keineswegs für verrückt, daß ich ihnen den ‚Ton meiner Kehle' preisgab, was kein Altgläubiger tut; sie waren bereits aufgeklärt genug, um sich den Genuß nicht mit engherzigen Bedenken zu verderben, und verließen gegen Mitternacht das Haus mit dem Vorsatz, es bald wieder zu besuchen. Was die

---

[1] Indische Feige und Szalheïaner Myrte   [2] Knoblauchpflanze

Damen betrifft, so hatte ich einige sechzig Augen gesehen, sonst aber nichts. – Jakub führte mich in mein Zimmer zurück und freute sich, als ich seinem Sohn Schafei erlaubte, mitzukommen. Dieser bedauerte, daß sein Gehilfe aus dem Juwelengeschäft nicht auch dagewesen sei. – „Du hättest ihm eine große Freude bereitet", bemerkte der Hausherr zu mir. „Er liebt die Musik und ist ein kluger Mann. Er kann in der Sprache der Italiener, Franzosen und Engländer mit dir sprechen." – „Ist er aus Damaskus?" fragte ich, um den Gesprächsgegenstand höflich aufzunehmen. – „Nein", entgegnete Jakub. „Er ist aus Adrianopel und der Enkel meines Oheims. Sein Name ist Afrak Ben Hulam. Wir hatten ihn noch nie gesehen; er kam mit einem Brief seines Vaters und mit einem Schreiben meines Bruders Maflei in Stambul bei mir an, um sein Geschäft noch weiter kennenzulernen." – „Warum war er heute abend nicht zugegen?" – „Afrak war müde und fühlte sich nicht wohl", antwortete Schafei. „Als er vom Fest zurückkehrte, sagte ich ihm, daß Kara Ben Nemsi Effendi angekommen sei und heute abend Musik machen werde; er wollte gern kommen, aber er war krank und sah blaß aus wie der Tod. Die Musik hat er aber doch gehört, denn er schläft nahe bei dem Zimmer, in dem wir versammelt waren." – Nach kurzem Aufenthalt bei mir verließen mich die beiden, und ich legte mich zur Ruhe. Wie anders schlief es sich auf diesen Polstern, als da draußen im Sand der Wüste!

Als ich am Morgen erwachte, hörte ich die Bülbül[1] locken, die da draußen vor meiner Fensteröffnung auf einem Zweig saß. Auch Halef war schon munter, als ich in sein Gemach trat, trank Kaffee und aß Zuckergebäck dazu. Ich leistete ihm Gesellschaft, und dann gingen wir hinunter in den Hof, um an dem Wasserbecken eine Pfeife zu rauchen. Vorher aber sah ich zu den Pferden. Sie standen auf Marmor und Weizenstroh und fraßen Datteln; ich stellte fest, daß sie ebensogut versorgt waren wie wir selbst.

Am Brunnen trat Schafei zu uns, um sich zu verabschieden und uns zu einem Besuch im Basar einzuladen. Er mußte den ganzen Tag dort verbringen, denn das Unwohlsein seines Vetters und Gehilfen hatte sich gesteigert, so daß dieser das Zimmer hüten mußte.

„Effendi, ich weiß, daß du ein Hekim bist –", sagte er.

„Wer sagte das?" unterbrach ich ihn. – „Du hast damals am Nil vielen Kranken geholfen; Isla hat es uns erzählt. Daher bat ich vorhin meinen Vetter, mit dir zu sprechen, aber er will es nicht tun. Er erklärte, diese Krankheit erscheine öfters, gehe aber stets nach zwei Tagen wieder vorüber. Willst du ihn nicht besuchen?"

„Nein. Afrak wünscht es nicht, und ich bin auch kein wirklicher Hekim." – Als sich der junge Mann entfernt hatte, hörte ich einzelne Töne des Klaviers erklingen; es war eine leis forschende Hand, die die Tasten niederdrückte, und bald kam der Tschibuktschi und bat mich, hinaufzukommen. Droben stand eine der beiden Töchter; sie kam mir mit bittender Gebärde entgegen.

---

[1] Nachtigall

„Effendi, ich sehne mich, das Lied noch einmal zu hören, das du gestern zuletzt gespielt hast." – „Du sollst es hören."

Sie setzte sich in einem Winkel nieder und lehnte den Kopf an die Wand. Ich aber spielte. Es war Michael Haydns herrliches Kirchenlied. „Hier liegt vor deiner Majestät im Staub die Christenschar". Ich spielte diese Weise einigemal und sang dazu auch mehrere Strophen des Liedes. Das Mädchen hielt die Augen geschlossen und die Lippen geöffnet. – „Soll ich noch etwas spielen?" fragte ich am Schluß. – Sie erhob sich wieder und trat herzu.

„Nein, Effendi. Diese Musik soll durch keine andere beeinträchtigt werden. Wer ist es bei euch, der solche Worte und Töne singt?"

„Sie werden von Männern, Frauen und Kindern in jedem Gotteshaus der Christen gesungen. Und wer ein frommer Hausvater ist, singt sie mit den Seinen auch daheim." – „Effendi, bei euch muß es schön sein! Ihr gewährt euren Lieben Freiheit. Eure Priester, die mit euch solche Lieder singen, müssen besser und freundlicher sein als die unsrigen, die behaupten, daß Allah dem Weib keine Seele gegeben hat. Allah strafe sie und den Propheten für diese Lüge! Dir aber, Effendi, danke ich!" – Sie ging hinaus, und ich blickte ihr schweigend nach. Ja, das Morgenland schmachtet nach Erlösung aus schweren, tausendjährigen Banden. Wann wird sie ihm werden? – Ich schloß das Klavier; ich konnte jetzt nicht spielen, denn jeder Ton, der zu dem Mädchen drang, mußte den Eindruck des frommen Liedes verwischen, den es sich bewahren wollte. Ich ging hinunter und ließ drei Esel satteln, um mit Halef einige kleine Einkäufe zu machen. – Da wir nichts zu versäumen hatten, so beeilten wir uns nicht, machten aus Wißbegierde einen Ritt durch die Gassen und drangen sogar in das enge, schmutzige Judenviertel ein. Da gab es genug Trümmer und Elend. Zwischen den Resten ehemaliger Prachtbauten klebten halbverfallene Hütten. Die Männer gingen in abgeschabten, aus den Nähten gerissenen Kaftanen und die Kinder in Fetzen und Lumpen; die Frauen aber trugen über ihren verschossenen Prachtgewändern all ihren echten oder unechten Schmuck zur Schau.

Als wir auf dem Rückweg am Basar der Juwelenhändler und Goldarbeiter vorbeiritten, wollte ich be. Schafei absteigen, fand aber zu meinem Erstaunen das Gewölbe verschlossen. Zwei Saptijeler[1] hielten dabei Wache. Ich erkundigte mich bei ihnen nach dem Grund, erhielt aber eine so grobe Antwort, daß ich schleunigst fortritt. Zu Hause fand ich sämtliche Bewohner in höchster Aufregung. Schon unter dem Tor kam Schafei mir entgegen. Er wollte das Haus in größter Eile verlassen, hielt aber an, als er mich sah.

„Effendi, weißt du es schon?" rief der Jüngling mir aufgeregt zu. – „Was?" – „Wir sind entsetzlich bestohlen und betrogen worden!" – „Kein Wort habe ich gehört!" – „So laß es dir vom Vater erzählen! Ich muß fort." – „Wohin?" – „Allah, ich weiß es selbst

---

[1] Mehrzahl von Saptije = Polizist, Polizei

noch nicht." – Schafei wollte an mir vorbei, ich aber streckte die Hand aus und hielt ihn fest. Das Ereignis hatte ihm die Ruhe des Urteils genommen; darum mußte einem unvorsichtigen Handeln vorgebeugt werden. – „Bleib noch!" bat ich. – „Laß mich! Ich muß ihm nach!" – „Wem? Dem Dieb? Wer ist es?" – „Frage den Vater!"

Der Jüngling wollte sich mir entwinden, ich aber rutschte von meinem Esel herunter, nahm den Arm des Widerstrebenden kräftig unter den meinen und zwang ihn, mit mir zu gehen. Er fügte sich der Gewalt und führte mich die Treppe hinauf in die Wohnung seines Vaters. Jakub stand, zum Ausgehen gerüstet, mitten im Raum und lud ein Paar riesige Pistolen. Als er seinen Sohn erblickte, fuhr er zornig auf: „Was willst du noch? Man darf keine Zeit verlieren. Eile! Auch ich werde gehen und diesen Menschen erschießen, wo ich ihn nur immer finde!" – Um ihn standen die anderen Glieder der Familie, mit ihren Klagen die Lage nur noch verschlimmernd. Ich hatte Mühe, sie zu beruhigen und Jakub dazu zu bringen, mir die Sache zu erklären. Afrak Ben Hulam, der kranke Gehilfe und Vetter aus Adrianopel, hatte, nachdem wir fortgeritten waren, das Haus verlassen, und war mit der Botschaft in den Laden getreten, Schafei solle augenblicklich wegen eines großen Kaufs zu seinem Vater kommen, der sich im Han Assad Pascha befinde. Schafei war auch wirklich gegangen, hatte aber nach langem Suchen und Warten seinen Vater nicht getroffen. Darauf war er endlich nach Haus geeilt und hatte zu seinem Erstaunen dort den Gesuchten unter den Bogengängen ruhend gefunden. Jakub hatte erklärt, Afrak keine Botschaft aufgetragen zu haben. Darum kehrte Schafei zum Basar zurück und fand den Laden verschlossen. Er öffnete mit dem zweiten Schlüssel, den er stets bei sich trug, und sah beim ersten Blick, daß eine Menge Kostbarkeiten, unter ihnen just die wertvollsten, verschwunden waren, mit ihnen Afrak Ben Hulam, der Gehilfe. Schafei beeilte sich, den Vater zu benachrichtigen, hatte aber trotz seines Schreckens noch so viel Besonnenheit, die Tür wieder zu verschließen und zwei Polizisten davor aufzustellen. Seine Nachricht hatte das ganze Haus in Aufruhr gebracht, und als ich mit Halef kam, war Schafei im Begriff gewesen, wieder fortzueilen; aber wohin zunächst, das wußte er selbst noch nicht. Auch Jakub wollte fort, um den Dieb zu erschießen; aber wo er Afrak finden werde, das hatte er allerdings noch nicht gefragt.

„Ihr werdet euch mit eurer unbesonnenen Eile mehr schaden als nützen", meinte ich beschwichtigend. „Setzt euch nieder, und laßt uns ruhig beraten! Ein hastiger Renner ist nicht immer das schnellste Pferd!" Ich hatte einige Mühe, diese Ansicht durchzubringen; endlich gelang es mir. „Wie groß ist der Wert, der entwendet wurde?" erkundigte ich mich. – „Das weiß ich noch nicht genau", erwiderte Schafei, „aber es werden viele Beutel[1] sein."

„Und du glaubst, daß nur Afrak der Dieb sein kann?"

[1] Ein Beutel beträgt in Silber 500, in Gold 30 000 Piaster

„Er allein. Die Botschaft, die er mir brachte, war erlogen, und nur er hatte die Schlüssel und wußte, wo das Wertvollste zu finden war."

„Gut, so haben wir es nur mit ihm zu tun! War er wirklich nur ein Verwandter von euch?" – „Ja. Wir hatten Afrak zwar niemals gesehen, aber wir wußten, daß er kommen würde, und die Briefe, die er brachte, waren echt." – „War er ein Juwelier, ein Goldarbeiter?"

„Ein sehr geschickter sogar." – „Kennt Afrak Ben Hulam eure Familien und alle ihre Verhältnisse?" – „Ja, obgleich er sich öfters irrte." – „Er war gestern auf dem Fest, und du sagtest, daß er bleich gewesen sei. War er schon bleich, als er kam, oder erbleichte Afrak erst, als er hörte, daß Kara Ben Nemsi Euer Gast sei?"

Schafei blickte überrascht auf. „Bei Allah, was willst du damit sagen, Effendi? Ich glaube, er ist erst bleich geworden, als ich ihm von dir erzählte." – „Das bringt mich vielleicht auf seine Spur."

„Effendi, wenn das wahr wäre!" – „Afrak erschrak, als er von mir hörte", fuhr ich fort. „Er kam nicht, als ich Klavier spielte; er schützte eine Krankheit vor, denn er konnte nicht fort, weil ich im Hof saß und ihn gesehen hätte, und als ich mich dann entfernt hatte, ging auch er. Halef, weißt du, wer dieser Afrak Ben Hulam ist?" – „Wie kann ich das wissen!" antwortete der Hadschi, der uns bisher so leidlich gefolgt war. – „Kein anderer als Dawuhd Arafim, der sich auch Abraham Mamur genannt hat. Schon gestern abend kam mir dieser Verdacht, doch war er so unwahrscheinlich, daß ich es nicht glauben mochte. Jetzt aber bin ich davon überzeugt, daß es Abraham gewesen ist." – Meine Zuhörer waren stumm vor Schreck, und erst nach einer längeren Pause sagte Jakub mit Nachdruck: „Das ist unmöglich, Effendi. Mein Verwandter hat sich niemals Dawuhd Arafim oder Abraham Mamur genannt und ist auch niemals in Ägypten gewesen. Du hast gestern diesen Abraham Mamur hier wiedergesehen?" – „Ja. Ich vergaß, es zu erzählen, weil ich zuviel an die Musik denken mußte. Beschreibe mir deinen Verwandten und die Kleider, die er getragen hat, als er gestern zum Fest ritt." – Dieser Aufforderung wurde nachgekommen. Es stimmte. Afrak Ben Hulam war Abraham Mamur. Aber die beiden Kaufleute wollten das nicht glauben. „Afrak ist doch niemals in Ägypten gewesen", behaupteten sie wiederholt, „und wie käme ein Fremder zu den Briefen, die er brachte?" – „Das sind die beiden einzigen unklaren Punkte. Aber wie nun, wenn dieser Abraham dem wirklichen Afrak die Briefe abgenommen hätte?" – „Allah kerihm, dann hätte er ihn ja töten müssen, um sicher zu sein!"

„Das ist noch aufzuklären. Ich traue diesem Menschen alles zu. Wir müssen ihn finden! Aber nun seht ihr, daß die ruhige Überlegung doch besser ist als eine unbesonnene Hast. Der Dieb hält sich entweder noch in Damaskus auf oder hat die Stadt schleunigst verlassen. Ihr müßt für den zweiten Fall gerüstet sein. Was würdest du tun, Jakub Afrah, wenn er bereits entwichen wäre?"

„Wüßte ich die Richtung, so würde ich ihn verfolgen, bis ich ihn fände, und wenn ich bis ans Ende der Welt gehen müßte."

„So sende Schafei schnell zur Polizei. Er mag Anzeige erstatten, damit sofort die Tore besetzt werden und außerdem Streifwachen durch die Gutha gesendet werden. Er mag ferner für dich einen Paß besorgen, der für das ganze Reich des Großherrn Geltung hat und eine Begleitung berittener Saptijeler, auf deren Hilfe du dich verlassen kannst."

„Effendi, deine Rede ist besser als vorhin mein Zorn. Dein Auge ist schärfer als das meinige. Willst du mir auch ferner beistehen?"

„Ja. Führe mich jetzt in die Stube, die der Dieb bewohnt hat!"

Schafei eilte fort, und wir andern suchten die Wohnung des falschen Afrak auf. Da zeigte es sich, daß er mit dem Vorsatz fortgegangen war, nicht wieder zurückzukehren; aber es ließ sich sonst nichts entdecken, was uns irgendeinen Fingerzeig geben konnte.

„Das war umsonst", überlegte ich. „Wir müssen versuchen, andere Spuren zu entdecken. Wir drei wollen uns teilen, um zu sehen, ob wir an den Stadttoren und bei den Führern und Tierverleihern eine Nachricht erhalten können." — Dieser Vorschlag wurde von Jakub Afarah und Halef angenommen und schon zwei Minuten später ritt ich auf dem Esel zum ‚Gottestor'. Rih hatte ich nicht nehmen wollen, da ich nicht wußte, ob seine Kräfte mir später nötiger sein würden. Meine Bemühungen waren übrigens ohne Erfolg. Ich fragte und forschte an allen Orten, wo ich eine Auskunft vermuten konnte; ich durchstreifte die Ghuta und traf da auch auf die bereits ausgesandten Polizisten, fand aber keine Spur und kehrte drei Stunden nach Mittag schweißtriefend wieder heim. Jakub war bereits einigemal dagewesen, aber wieder fortgeritten. Auch Halef hatte nichts Sicheres erfahren, doch brachte er mir wenigstens eine Hoffnung mit. Er hatte die nördliche Seite der Stadt übernommen gehabt und war da an dem Zelt vorbeigekommen, in dem wir gestern gesessen hatten. Am Eingang des Zeltes stand die Sängerin, die ihn wiedererkannte und zu sich winkte. Sie hatte gestern bemerkt, daß wir wegen Abraham Mamur so plötzlich aufgebrochen waren, und sagte nun Halef, daß ich zu ihr kommen möge, wenn ich etwas über den Mann wissen wolle.

„Aber warum hat sie es nicht gleich dir gesagt, Halef?" fragte ich.

„Sihdi, sie kann nicht Arabisch und ich noch nicht viel Türkisch. Sie spricht es so, daß ich es kaum verstehe. Selbst das, was sie mir heute sagte, habe mehr ich erraten müssen."

„So reiten wir sofort zu ihr hinaus und nehmen unsere Pferde, weil die Esel müde sind." — Es war der letzte Tag des Festes, das im ganzen fünf Tage dauerte. Als wir nach schnellem Ritt das Zelt der Presnitzer erreichten, zeigte es sich nicht so überfüllt wie am Tag vorher. Die Musik machte eine Pause, und so kam es, daß ich sogleich mit dem Mädchen sprechen konnte. Vor Zuhörern brauchte ich keine Sorge zu haben, da unsere Unterhaltung in deutscher Sprache geführt wurde. – „Warum rissen Sie gestern so schnell aus?" fragte mich die Sängerin. – „Weil ich dem Mann folgen wollte, der gleich nach seinem Eintritt das Zelt wieder ver-

ließ. Ich wollte wissen, wo er wohnt." – „Das sagt er niemandem."
„Ah, das wissen Sie?" – „Ja. Er kam gestern schon zum drittenmal in das Zelt. Dort, dicht neben uns saß er neben einem Engländer, dem er auch nicht sagte, wo seine Wohnung sei."

„Sprach er englisch oder redete der Engländer arabisch?"

„Sie sprachen englisch, und ich verstand jedes Wort. Der Gentleman hat ihn als Dolmetscher aufgenommen."

„Nicht möglich! Für hier oder für eine Reise?" – „Für eine Reise."

„Wohin?" – „Das weiß ich nicht; ich hörte nur, daß der Name Es Salehije ist." – „Und wann wollten sie aufbrechen?"

„Sobald der Dolmetscher mit einem Handel fertig war, dessentwegen er nach Damaskus kam. Ich glaube, er sprach von einem Olivengeschäft nach Beirut." Sonst wußte sie nichts. Ich dankte und gab ihr ein Geschenk. – Damit Jakub nicht ohne Nachricht bleibe, sandte ich Halef zu ihm; ich aber umritt die Stadt, um nach Es Salehije zu gelangen, das nördlich der Stadt liegt und eigentlich als Vorort von Damaskus betrachtet werden muß. Hier beginnt die Handelsstraße nach Beirut am Mittelländischen Meer.

Als ich dort ankam, war schon der Abend nahe. Es schien mir ungewiß, ob ich eine befriedigende Auskunft erlangen werde, da nach der dortigen, nach innen gerichteten Bauart der Häuser die Straßen nicht so unter Beobachtung stehen wie bei uns im Abendland. Da aber sah ich einige jener Unglücklichen, die, von der menschlichen Gesellschaft ausgeschlossen, doch nur vom Mitleid der anderen leben können: Aussätzige. Sie lagen, in Lumpen gehüllt, unweit der Straße und riefen mich schon von weitem an, ihnen eine Gabe zu reichen. Ich ritt auf die Kranken zu, die aber sofort entflohen, da es ihnen verboten ist, einen Gesunden in ihre Nähe zu lassen. Nur auf meine wiederholte Versicherung, daß ich ein Abendländer sei und mich vor ihrer Krankheit nicht fürchte, blieben sie endlich stehen. Aber sie ließen mich nur auf höchstens zwanzig Schritt heran. „Was willst du von uns, Herr?" fragte der eine. „Leg deine Gabe nur auf den Boden nieder und entferne dich schnell!"

„Was ist euch am liebsten? Wollt ihr Geld?" – „Nein. Wir können uns doch nichts dafür kaufen, denn niemand würde das Geld von uns annehmen. Gib uns anderes: ein wenig Tabak, Brot, Fleisch oder sonst etwas zu essen!" – „Warum seid ihr hier im Freien?" erkundigte ich mich mitleidig. „Es gibt doch Spitäler für Aussätzige in Damaskus." – „Sie sind überfüllt. Wir müssen warten, bis der Tod Platz für uns macht." – „Könnt ihr mir Auskunft über einige Leute geben, so sollt ihr morgen früh Tabak für mehrere Wochen und auch noch anderes haben, was ihr brauchen könnt. Jetzt habe ich nichts bei mir." – „Was sollen wir sagen?"

„Ihr habt wohl alle Leute gesehen, die hier vorübergekommen sind. Waren es viele?" – „In die Stadt kamen viele des Festes wegen. Aus der Stadt aber kamen nur ein Maultierzug nach Rascheja, mehrere Leute, die nach Hasbeja wollten, einige Arbeiter aus Es

Sebedani und knapp vor Mittag ein Inglis mit zwei Männern, die ihn begleiteten." – „Woher wißt ihr, daß es ein Inglis war?"

„Oh, einen Inglis erkennt man sofort. Er war grau gekleidet, hatte einen hohen Hut auf, eine große Nase und zwei blaue Gläser darauf. Einer seiner Begleiter mußte ihm erklären, was wir wollten, und dann gab der uns ein wenig Tabak, einige kleine Brote und auch noch viele kleine Hölzchen, mit denen man Feuer machen kann."

„Beschreibt mir den Mann, der ihm als Dolmetscher diente!"

Es geschah, und die Beschreibung stimmte auf den Gesuchten.

„Wohin ritten sie?" – „Wir wissen es nicht. Sie ritten auf der Beiruter Straße. Aber die Kinder der alten Abu Medschach werden dir Auskunft geben können, denn er war ihr Führer. Er wohnt in dem Haus neben der großen Palme, die du dort siehst." – „Ich danke euch. Ich werde morgen in aller Frühe vorbeikommen und euch mitbringen, was ich euch versprochen habe." – „O Herr, deine Barmherzigkeit wird Gnade finden vor den Augen Allahs. Könntest du uns nicht auch einige Pfeifen mitbringen, wie sie für wenige Para zu kaufen sind?" – „Ihr sollt sie haben. Ich verspreche es euch."

Nun ritt ich in Es Salehije ein und erfuhr im Hause des Führers, daß der Inglis in das Tal von Es Sebedani gewollt habe. Der alte Abu Medschach war nur bis dahin gemietet worden. Das war jedenfalls eine Vorsicht des Dolmetschers, der dadurch eine etwaige Nachforschung erschweren wollte. Doch wußte ich nun genug und kehrte nach Damaskus zurück. – Ich fand den Gastfreund in höchster Spannung meiner wartend. Zwar waren seine Erkundigungen ohne Ergebnis geblieben, aber Halefs Bericht hatte ihm Hoffnung gebracht. Jakub Afarah besaß bereits einen Paß nebst einem zweiten Schreiben an sämtliche Polizeibehörden des ganzen Ejâlet Damaskus, und überdies harrten zehn berittene und wohlbewaffnete Saptijeler nur des Befehls, mit ihm aufzubrechen.

Ich berichtete alles, was ich erfahren hatte. Da der Abend bereits hereingebrochen war, hielt ich es für besser, den Morgen abzuwarten, aber das gab die Ungeduld des Bestohlenen nicht zu. Jakub schickte um einen Führer, der imstande war, auch in der Nacht den Weg zu finden. In seiner fieberhaften Unruhe konnte ihm nichts schnell genug getan werden und ich hatte kaum meines Versprechens an die Aussätzigen gedacht, als er auch schon selbst für dessen Erfüllung sorgte. – So vergingen seit meiner Rückkehr doch noch einige Stunden, ehe wir reisefertig waren. Jakub hatte vorgezogen, Mietpferde zu nehmen, zwei für sich und einen Diener und ein drittes für das notwendige Gepäck. Da er nicht sagen konnte, wohin der Ritt uns führen und wie lange er dauern werde, so hatte er sich auch mit einer größeren Geldsumme versehen.

Unser Abschied nahm nicht viel Zeit in Anspruch. Der Vollmond war aufgegangen, als wir die ‚gerade Straße' hinabritten: voran der Führer mit dem Besitzer der Mietpferde, dann wir, nämlich Jakub und dessen Diener, Halef, Bill, Fred und ich; hinter uns die Polizisten.

12. In den Ruinen von Baalbek

Die Torwache ließ uns wegen unserer Begleitung unbeachtet, und wir ritten rasch an ihr vorüber. Draußen vor Es Salehije bog ich zur Seite, wo ich die Aussätzigen liegen sah. Unser Kommen weckte sie aus dem Schlaf, und sie freuten sich über das umfangreiche Paket, das ich für sie auf den Boden niedergleiten ließ. Dann ging es weiter. Es Salehije lag hinter uns, und nun trabten wir entlang des Barada-Flusses dahin. Bevor wir zwischen die Berge einritten, wandte ich mich um und warf noch einen Blick auf Damaskus. Da lag die Stadt, im Mondschein glänzend wie eine Wohnung von Geistern, umgeben von dem dunklen Ring der Ghuta. Ich hatte nicht geahnt, daß mein Aufenthalt in Damaskus so kurz sein würde.

Wir erreichten Dummar, ein großes Dorf, wo wir zum erstenmal haltmachten. Mit Hilfe der Polizisten wurde der Ortsvorsteher geweckt. Wir zogen Erkundigungen ein. Seinen Nachforschungen verdankten wir die Nachricht, daß am späten Nachmittag vier Reiter im Galopp durch das Dorf geritten seien, unter ihnen ein grau gekleideter Inglis mit blauen Gläsern vor den Augen. Sie hatten den Weg nach Es Suk eingeschlagen, den auch wir ohne Verzug verfolgten.

Der Tag brach an, als wir über die Hochebene von El Dschedide ritten. Dann kamen wir links von der Stelle vorüber, wo einst die Hauptstadt des alten Abilene lag; auf der anderen Seite sahen wir den Berg, wo angeblich Abels Grabstätte sein soll. Nun folgten mehrere kleine Dörfer, deren Namen ich vergessen habe. In einem davon mußten wir anhalten, um unseren angegriffenen Pferden Ruhe zu gönnen. – Wir hatten jetzt eine Strecke zurückgelegt, die eigentlich einen vollen Tagesritt in Anspruch nahm. Wenn wir den Tieren auch fernerhin eine solche Anstrengung zumuteten, so war es sicher, daß sie uns nicht sehr weit tragen würden. Übrigens erfuhren wir von den Leuten, die herbeikamen, um uns freundlich mit Früchten zu beschenken, daß am späten Abend ein kleiner Trupp durch den Ort geritten war. – Nachdem sich die Pferde leidlich erholt hatten, brachen wir nach Es Suk auf, konnten aber auch da nichts Gewisses erfahren. Hinter dem Ort kam uns ein einzelner Reiter entgegen. Es war ein alter, weißbärtiger Araber, den unser Führer freudig begrüßte und uns dann mit den Worten vorstellte: „Das ist Abu Medschach, der Chabir[1], der den Inglis geleitet hat."

---

[1] Führer

„Das trifft sich gut!" rief Jakub Afarah. „Wo hast du ihn gelassen?" – „In Es Sebedani, Herr." – „Wie viele Männer waren bei ihm?" „Zwei, ein Dragoman und ein Diener." – „Wer ist der Dragoman?" „Er sagt, daß er ein Mann aus Konia sei, aber das ist nicht wahr. Seine Sprache ist nicht die der Leute von Konia. Er ist ein Lügner und Betrüger." – „Wie kommst du zu dieser Behauptung?" – „Er betrügt den Engländer. Ich habe das wohl bemerkt, obgleich ich mit dem Inglis nicht reden konnte." – „Hat der Trupp viel Gepäck bei sich?"

„Nur der Engländer. Ihm gehören die Packpferde, der Dragoman hat nur einige große Schachteln dabei, die ihm sehr wert sein mögen."

„In welchem Haus sind sie geblieben?" – „In keinem. Ich wurde in Es Sebedani bezahlt und konnte umkehren. Sie aber ritten weiter, obgleich ihre Pferde fast zusammenbrachen. Ich blieb bei einem Bekannten, um auszuruhen, und reite nun wieder nach Damaskus zurück." – Es war mir darum zu tun, das Äußere des Engländers kennenzulernen, und da ich in dem Gesangszelt vor Damaskus eine diesbezügliche Frage unbegreiflicherweise vergessen hatte, so holte ich sie jetzt nach: „Hast du nicht den Namen des Engländers gehört?" – „Der Dragoman sagt immer ‚Sörr' zu ihm." – „Das ist kein Name, sondern heißt ‚Herr'. Besinne dich!" – „Er sagte zuweilen zu diesem Sörr noch ein Wort, aber ich weiß nicht genau, wie es lautet, ‚Liseh' oder ‚Linseh'." – Ich horchte auf. Sollte es möglich sein? Nein, das war ja undenkbar. Dennoch fragte ich: „Lindsay vielleicht?" – „Ja, ja, so lautete das Wort." – „Beschreibe mir den Mann!" – „Er hatte graue Kleider, und sein Hut war auch grau und so hoch wie bis herauf zu meinem Knie. Er hatte blaue Gläser vor den Augen und ständig seine Hacke in der Hand, auch wenn er zu Pferd saß." – „Ah! Und seine Nase?" – „Die war sehr groß und rot. Er hatte die Aleppobeule daran. Auch sein Mund war groß und breit. An seiner linken Hand fehlten zwei Finger." – „Er ist's! Halef, hast du gehört? Sir David Lindsay reitet vor uns!" – „Hamdulillah!" jubelte der kleine Hadschi. „Allah ist groß und ihm ist alles möglich. Er macht tot und lebendig, wie es ihm gefällt." – Jakub konnte sich unsere Freude nicht erklären; darum erzählte ich ihm das Nötige und bat dann, unseren Weg rasch fortzusetzen. Es beunruhigte mich, den so unverhofft vom Tode Erstandenen in der Gewalt eines Schurken zu wissen. – Der alte Führer ritt weiter, und wir trabten durch einige Dörfer, die einen freundlichen Anblick boten. Bald jedoch hörte das liebliche Grün der Gartenterrassen auf. Wir ritten über eine Brücke über den Barada auf dessen linkes Ufer und gelangten in einen Engpaß, dessen Sohle nur Raum für unseren Weg und das Bett des Flusses hatte. Die Wände der Schlucht stiegen steil auf und besonders in der nördlichen Wand waren zahlreiche Felsengräber eingehauen, zu denen früher wohl Stiegen geführt hatten, die aber jetzt eingestürzt waren. Dieser Paß hieß Suk el Barada, und durch ihn gelangt man zur Ebene von Es Sebedani, auf der das gleichnamige Dorf liegt. – Als wir den Paß hinter uns und damit den südlichen Teil der Ebene erreicht hatten, kamen wir noch durch einige kleine Dörfer und erreichten nach einem beschwerlichen Ritt Es Sebedani in einem Zustand, der uns die Fortsetzung der Verfolgung unmöglich machte. Mein Rappe und auch Halefs Pferd waren ermüdet, aber die anderen Tiere brachen fast zusammen. Das hatte ich vorher befürchtet. – Es Sebedani ist ein schön gebautes Dorf mit stattlichen Häusern und fruchtbaren Gärten, obwohl es 1180 Meter über dem Meer liegt. Seine Bewohner sind zur Hälfte Maroniten. Die Saptijeler hatten für sich und uns schnell eine Unterkunft besorgt.

Hier erfuhren wir nur, daß der Führer Abu Medschach da übernachtet hatte. Aber der Ortsvorsteher sandte einen Boten in das nächste Dorf, namens Schijit, um Erkundigungen einzuziehen, und als dieser am Abend zurückkehrte, berichtete er, daß der Inglis in Schijit übernachtet habe und dann mit einem dortigen Einwohner und mit dem Diener und Dolmetscher nach Soheïr aufgebrochen sei. Ob er dann noch weiterreiten werde, das wußte niemand zu sagen.

Kaum graute der Morgen des nächsten Tages, so saßen wir wieder auf. Wir ließen die Weinstöcke und Maulbeerbäume Es Sebedanis hinter uns, um Schijit zu erreichen. Der Dolmetscher hatte, wie mir die Sängerin berichtete, von einem Olivengeschäft mit Beirut gesprochen. Das Geschäft war eine Lüge, aber Beirut mußte doch sein Ziel gewesen sein, da er wegen des Endpunktes der Reise dem Briten die Wahrheit sagen mußte. Warum er aber diesen Weg hier eingeschlagen und die Straße von Damaskus nach Beirut vermieden hatte, das ließ sich leicht erklären. Seine Sicherheit erforderte es.

Mit dem Dorf Schijit erreichten wir das Wadi Jahfufe. In dem Ort fanden wir die Aussage des sebedanischen Boten bestätigt, und so hielten wir auf Soheïr zu. Der Weg führte abwärts, und dabei zeigte sich, daß unsere Saptijeler schlecht beritten waren. Ihre Pferde hatten zwar die Anstrengung des gestrigen Tags ausgehalten, wären aber zu einem zweiten solchen Ritt unfähig gewesen. Auch die Mietpferde Jakubs taugten nichts, und so wurde unser Ritt jede Viertelstunde langsamer. Das war keine Art und Weise, Leute einzuholen, die acht bis neun Stunden Vorsprung hatten. – Ich machte Jakub Afarah den Vorschlag, mit Halef vorauszureiten, aber er gab dies nicht zu; er behauptete, uns ganz notwendig zu brauchen, da er sich trotz der Polizisten ohne uns verlassen fühle. Ich mußte also diesen Gedanken aufgeben, und tröstete mich schließlich mit der Überzeugung, daß Lindsay sich bei seiner Leidenschaft für Ausgrabungen nicht sehr schnell aus der Gegend von Baalbek fortlocken lassen werde. – Wie aber war der Engländer eigentlich nach Damaskus gekommen? Wie war es ihm geglückt, da unten am Euphrat dem Tod zu entgehen? Ich war begierig, das zu erfahren, und darum ärgerte mich unser jetziger schneckenartiger Ritt doppelt. – Soheïr liegt an einem Bergstrom, der sich in den Jahfufe ergießt, sehr hübsch unter Gruppen von Pappeln und ist trotz seines Namens, der „Die Kleine" bedeutet, ein ansehnliches Dorf. Wir hielten Rast, und die Polizisten verteilten sich, um Erkundigungen einzuziehen. Wir hörten bald, daß die Gesuchten vorübergekommen seien und den

Weg zum Übergangspaß des Antilibanon eingehalten hätten. Nach kurzer Erholung folgten wir ihnen. – Es war zunächst eine weite Ebene zu überwinden, und dann gelangten wir in ein Tal, in dem wir über eine Stunde lang zum erwähnten Paß emporklimmen mußten, links steile Felsen und rechts einen tiefen Abgrund. Oben auf dem Paß angekommen, sahen wir, daß der westliche Abhang des Antilibanon, auf dem wir uns befanden, weit steiler abfiel als der östliche. Unser Führer teilte uns mit, daß Baalbek in gerader Linie fünf Stunden von hier zu suchen sei, daß wir aber bei den Krümmungen des Weges und dem schlechten Zustand der Pferde bedeutend längere Zeit brauchen würden. Er hatte recht. Wir mußten zahlreiche Quer- und Seitentäler durchreiten, und als wir endlich die gewaltigen Ruinen der Sonnenstadt zu uns emporschauen sahen, lag immer noch eine mehrere Stunden lange Strecke zwischen uns und ihnen. Einer der Polizisten erklärte sogar, daß sein Pferd nicht weiterkönne, und ihr Anführer befahl infolgedessen, haltzumachen. Keine Bitte und keine Versprechung half, und da Jakub Afarah meinte, die Polizisten seien ihm anvertraut und er könne sich deshalb nicht von ihnen trennen, so blieb uns nichts anderes übrig, als uns zu fügen.

Glücklicherweise gelang es mir, den Anführer zu bewegen, nach kurzer Rast wenigstens eines der kleinen, malerisch unter uns liegenden Dörfchen zu erreichen, wozu ihn aber auch nur ein Bakschisch bestimmen konnte. Als wir dort anlangten, erfuhren wir, daß ein grauer Engländer durchgekommen sei, der sich mit dem Dragoman gezankt habe, und kurze Zeit später ritt ein Mann durch das Dorf, den ich sofort ansprach. Er war der Führer Lindsays. Er kehrte nach Schijit zurück und erzählte, daß er gar nicht mit nach Baalbek gekommen, sondern im letzten Dorf verabschiedet worden sei.

Seiner Meinung nach sei eine Art Zwiespalt zwischen dem Inglis und seinem Dragoman entstanden. Der Inglis sei ein sehr vorsichtiger Mann, der die Hände immer an seinen kleinen Pistolen liegen habe, die zwar nur einen Lauf besäßen, aus denen man aber mehrmals schießen könne, ohne zu laden. – Die Besorgnis um meinen alten Freund David Lindsay wuchs während der Nacht immer mehr in mir. Ich hatte keine Ruhe, und der Schlaf floh mich. Als sich das erste Licht des Morgens zeigte, weckte ich die Begleiter und mahnte zum Aufbruch, eine Weisung, der sich die Polizisten nur nach einem abermaligen Bakschisch fügten. Überhaupt schien es mir, als ob sie die Absicht hegten, Jakub Afarah nur nach dem Maßstab seiner Freigebigkeit behilflich zu sein; ich machte ihn darauf aufmerksam und bat ihn, diesen Leuten zu zeigen, daß sie ihn wohl zu unterstützen, nicht aber seine Kasse auszubeuten hätten. – Wir kamen abermals durch einige kleine Dörfer, und als sich die Vorhöhen des Antilibanon, hinter denen wir ritten und die uns immer wieder die Aussicht verdeckten, endlich öffneten, sahen wir das berühmte Tal von Baalbek vor uns liegen. Die großartigen Massen dieser Ruinen nehmen einen weiten Flächenraum ein, und es gibt wohl keine zweite Ruinenstadt, deren Überreste einen so gewaltigen Eindruck machen wie diese Mauer- und Gebäudereste. – Gleich beim Eintritt in das Trümmerfeld sahen wir seitwärts einen Steinbruch, in dem ein Kalksteinblock von riesenhafter Größe lag. Er hatte einundzwanzig Meter Länge, vier Meter Breite und eine gleiche Höhe. Solche Blöcke bildeten den Baustoff zu den Riesenbauten von Baalbek. Ein einziger von ihnen hat ein Gewicht von sicher zwanzigtausend Zentnern. Wie konnten mit den damaligen Hilfsmitteln solche Massen bewegt werden? – Die riesigen Tempelbauten waren einst dem Baal oder Moloch geweiht. Die noch erhaltenen Überreste haben aber römischen Ursprung. Man weiß, daß Antoninus Pius dem Sonnengott Jupiter hier einen Tempel errichtet hat, der ein Weltwunder gewesen sein soll. Es scheint, als sei in dem größeren der beiden Tempel die Schar der syrischen Götter, in dem kleineren aber nur Baal-Jupiter verehrt worden. – Um diesen Tempel zu errichten, baute man zunächst einen Unterbau, der die Erde um dreizehneinhalb Meter überragte. Darauf kamen drei Lagen jener Riesenblöcke, und erst auf ihnen ruhten die gewaltigen Säulen, die die mächtigen Architrave trugen. Die sechs übriggebliebenen Säulen des einstigen Sonnentempels haben eine Höhe von neunzehn Metern und am Unterbau einen Durchmesser von über zwei Metern. – Auch die Stadt Baalbek an und für sich war im Altertum bedeutend, da sie auf dem Weg von Palmyra nach Sidon lag. Abu 'Ubaida, der gegen die Christen von Damaskus so menschlich gesinnte Mitkämpe Châlîds, eroberte auch Baalbek. Man machte aus der Akropolis eine Festung, und aus den Steinen der zerstörten Tempel errichtete man Befestigungsmauern. Später kamen die Mongolen, dann die Tataren, und was diese übrigließen, wurde im Jahre 1759 durch ein Erdbeben verwüstet. Was noch vorhanden ist, gewährt nur eine schwache Vorstellung von der einstigen Pracht und Herrlichkeit. – Jetzt liegt auf der Stätte der alten Sonnenstadt ein elendes Nest, das von fanatischen und diebischen Metawile-Arabern bewohnt wird, und die Soldaten der Besatzung tragen bestenfalls nur dazu bei, die Gegend noch unsicherer zu machen. – Ich setzte das Fernrohr ans Auge und überblickte die weite Stätte. Kein Mensch war zu sehen! Wie ich später hörte, waren die Soldaten aus eigener Machtvollkommenheit auf Urlaub gegangen, und die Metawile hatten keine Zeit und Lust, uns festlich zu empfangen. Der einzelne Mensch verschwand in diesen Trümmern wie eine Ameise. Um Lindsay leichter entdecken zu können, bat ich den Anführer der Polizisten, der den Rang eines Tschausch[1] bekleidete, die Ruinenstätte von seinen Leuten umreiten und nötigenfalls dann durchsuchen zu lassen, wobei wir ihm helfen wollten. Er weigerte sich indessen und erklärte, Menschen und Tiere müßten erst ausruhen und essen. Das geschah, aber noch immer machten die Herren keine Anstalt, ans Werk zu gehen. Jakub bat und wurde grob; auch ich bat und wurde grob, doch ohne Erfolg. Endlich erklärte der Tschausch ganz offen, daß er nur dann bereit

---

[1] Feldwebel

sei, seine Leute auszusenden, wenn er ein angemessenes Bakschisch erhalte. Schon wollte Jakub abermals in die Tasche greifen; ich aber hielt seine Hand zurück. – „Nicht wahr, du hast diese Männer mitbekommen, damit sie dir helfen sollen?" fragte ich ihn.

„Ja", antwortete der Juwelenhändler. – „Was mußt du ihnen dafür bezahlen?" – „Nahrung für Mann und Pferd und jedem drei, dem Tschausch aber fünf Piaster täglich." – „Schön. Das bekommen diese Leute, weil sie dir dienen; tun sie es jedoch nicht, so erhalten sie nichts. Dabei bleibt es, sonst gehe ich meiner Wege. Du aber wirst bei deiner Rückkehr in Damaskus dem Pascha erzählen, was für Faulenzer er dir mitgegeben hat!" – „Was geht denn dich diese Sache an?" fuhr der Tschausch auf. – „Rede anständiger mit mir! Ich bin kein Asker oder Saptije", entgegnete ich ihm. „Willst du jetzt aufbrechen lassen oder nicht? Dort im Westen an der großen Mauer werden wir uns zusammenfinden." – Der Tschausch erhob sich mürrisch und bestieg sein Pferd; die anderen taten das gleiche, und als er mit leiser Stimme seine Befehle erteilt hatte, ritten sie in Streuung auseinander. – Ein Bach schlängelte sich durch das weite Feld. Ich sagte mir, daß ein Fremder, der Pferde bei sich hat, jedenfalls die Nähe des Wassers suchen werde. Darum teilten wir uns, um den Bach abzusuchen. Halef war bei Jakub, und ich nahm Bill und Fred mit mir. – Wir ritten, nachdem wir ausgemacht hatten, uns durch Schüsse zu verständigen, langsam am Ufer hinauf. Wir hatten Glück. Um einen abgebrochenen Säulenschaft biegend, gewahrte ich eine Mauer, in der sich ein Loch befand. Davor lag ein Mann, der eine Flinte in der Hand hielt. Weiter aufwärts, vielleicht hundert Schritte entfernt, sah ich einen hohen, grauen Zylinderhut, der sich, im Takt auf und nieder nickend, über einer frisch aufgeworfenen Grube bewegte.

Ich huschte schnell hinter die Säule zurück, übergab meinen beiden Begleitern mein Pferd und wies sie an, hier verborgen zu bleiben, bis ich rufen würde. Dann trat ich wieder vor und schritt auf den Liegenden zu. Er lag so, daß er mich nicht sehen konnte; sobald er aber meine Schritte hörte, sprang er auf und hielt mir seine Flinte entgegen. Er trug türkische Kleidung, rief mich aber doch englisch an: „Stop! Hierher darf niemand!" – „Warum?" fragte ich in der gleichen Sprache. – „Ah, Ihr redet englisch! Seid Ihr ein Dolmetscher?" „Nein. Aber tut die Flinte weg. Ist der Mann dort in der Grube Sir David Lindsay?" – „Yes!" – „Seid Ihr sein Diener?" – „Yes!" „Gut. Ich bin ein Bekannter von ihm und möchte ihn gern überraschen." – „Geht zu ihm! Ich soll zwar wachen und ihm das Nahen eines jeden Menschen melden, aber mit Euch will ich eine Ausnahme machen, denn ich denke, daß Ihr die Wahrheit redet." – Je näher ich dem grauen Hut kam, desto leiser trat ich auf. Es gelang mir, bis an den Rand des Loches zu gelangen, ohne bemerkt zu werden, und eben, als der Engländer sich wieder aufrichtete, langte ich zu und nahm ihm den Hut vom Kopf. – „Lack-a-day! Wer ist..." – Er wandte sich um, brachte aber nichts weiter aus dem sperrangelweit geöffneten Mund. Ja, das war die Nase mit dem bekannten Karbunkel, der sich jetzt sträubte, die herabgleitende Brille vollends zur Erde fallen zu lassen. – „Nun, Sir David", fragte ich, „warum habt Ihr am Kanal bei Anane nicht auf mich gewartet?" – „Alle guten Geister!" schrie Lindsay auf. „Wer ist denn das? Ihr seid ja tot!" – „Ja, aber ich erscheine Euch als Gespenst. Ihr fürchtet Euch doch nicht vor dem Geist eines alten Bekannten?" – „Nein, nein!" Mit diesen Worten sprang Lindsay aus der Grube. Er hatte sich gefaßt und warf die beiden Arme um mich. – „Ihr lebt, alter Freund. Ihr lebt! Und Halef?" – „Ist auch hier. Und noch zwei andere Bekannte." – „Wer?"

„Bill und Fred, die ich von den Haddedihn geholt habe."

„Ah! Ah! Nicht möglich! Ihr wart doch bei den Haddedihn?"

„Über zwei Monate." – „Und ich – well, habe sie nicht gefunden!"

„Wer ist der Mann dort an der Mauer?" – „Mein Diener. Habe ihn in Damaskus angeworben. Kommt, Sir, wir müssen erzählen."

Er führte mich zur Maueröffnung, trat hinein und kehrte mit einer Flasche und einem Glas zurück. Es war echter, guter Sherry.

„Halt, da müssen die beiden auch mittrinken!" – Ich rief die beiden Diener und hatte nun ein Bild vor mir, das sich nicht beschreiben läßt. Bill und Fred weinten fast vor Freude, und Sir David schnitt die unglaublichsten Gesichter, um seine Rührung männlich zu verbergen. – „Und wo ist Euer Dolmetscher?" fragte ich endlich.

„Dolmetscher? Ah, Ihr wißt, daß ich einen habe?" – „Ja. Ihr habt ihn auf dem Fest Er-Rimâl in einer Sängerbude angeworben."

„Wunderbar! Unbegreiflich! Seid allwissend! Trefft Ihr mich durch Zufall oder aus Absicht?" – „Aus Absicht. Wir sind Euch aus Damaskus auf dem Fuß gefolgt. Also, Euer Dolmetscher?" – „Fort."

„O weh! Mit seinen Sachen?" – „No! Die sind hier." Lindsay deutete dabei mit der Hand in die Maueröffnung. – „Wirklich? Oh, das ist prächtig! Erzählt!" – „Was? Wovon? Alles?" – „Nur von Eurem Dolmetscher, den wir verfolgen. Zu allem anderen ist später Zeit." – „Verfolgen? Ah! Warum?"

„Er ist ein Dieb und außerdem ein alter Feind von mir."

„Dieb? Hm! Wohl Juwelendieb?" – „Allerdings. Habt Ihr sie gesehen?" – „Yes! Werde es euch sagen. Traf den Mann im Sängerzelt. Er hatte gesehen, daß ich ein Englishman bin, und sprach mich englisch an. Beabsichtigte einen Handel mit Olivenöl, wollte dann nach Beirut. Ich wollte nach Jerusalem und nahm ihn als Dolmetscher. Er versprach, mit nach Jerusalem zu gehen, dann von Jaffa zur See nach Beirut. Den Führer wollte er auch besorgen. Ich war fertig in Damaskus, wartete. Da kam er und holte mich ab. Einen Führer nahm er in Es Salehije..." – „Ich weiß es, habe mit ihm gesprochen."

„Well! Muß Euch begegnet sein. Ritten also Antilibanon aufwärts. Merkte am Morgen – falsche Richtung; paßte weiter auf, zankte. Dolmetscher leugnete erst; sagte dann, er wolle zunächst nach Baalbek: Fowlingbulls dort. War mir recht, blieb aber doch mißtrauisch: Bursche ritt so unsinnig wie auf der Flucht. Kannte sich hier aus, ritt grad auf diese Mauer zu, meinte, Loch sei gut zum Nachtlager. Im Schlaf Geräusch, Pferdeschnauben; fühle fremde

Hand in meiner Tasche, fahre auf – Brieftasche weg! Schon halber Morgen; sehe Dolmetscher fortreiten, greife zum Gewehr; schieße – Pferd stürzt, Mann nestelt am Sattelpack, bringt ihn nicht los, flieht. Nehme den Pack an mich, mache auf: Gold, Geschmeide, Juwelen. Yes!" – „Was war in Eurer Brieftasche?" – „Ah! Oh! Lauter Kostbarkeiten: Heftpflaster, Zwirn, Nähnadeln und solches Zeug. Geld habe ich woanders. Well!" – „Hört, Sir David, das ist eine glückliche Fügung. Der Mann, dem diese Juwelen gestohlen wurden, ist bei mir."
„Ruft ihn! Soll sie wiederhaben!" – „Wo sind die Schmuckstücke?"
„Da, hier!" Lindsay trat in das Loch und kehrte mit einem Paket zurück, das er öffnete. Es enthielt außer einem arabischen Hemd und einem Turbantuch nur kleine Schachteln. Ich deckte die Sachen zu und drückte zweimal den Bärentöter ab. Gleich darauf antwortete aus nicht allzugroßer Entfernung ein Schuß. Jetzt schob ich Lindsay und die drei anderen in das Loch zurück, um mir die Überraschung nicht zu verderben. Bald kam Halef mit Jakub Afarah herbei. Beide erblickten nur mich mit dem Paket auf der Erde.

„Hast du etwas gefunden, Sihdi?" fragte Halef. – „Allerdings. Jakub Afarah, willst du nicht das Turbantuch von diesen Sachen wegnehmen?" – Er tat es und rief mit einem Freudenschrei empor.

„Maschallah, meine Sachen!" – „Ja, sie sind es. Zähle nach, ob vielleicht etwas fehlt!" – „O Effendi, sag doch schnell, wo du sie gefunden hast!" – „Nicht mir hast du sie zu verdanken, sondern dem Mann, der dort in der Höhle ist. Hol ihn heraus, Halef!"

Der kleine Hadschi trat hinein und stieß einen Freudenruf aus: „Allah akbar, der Engländer!" – Jetzt gab es zunächst das Allernotwendigste zu erklären, und dann ging ich in das Loch, um mir die Höhle anzusehen. Ich bemerkte einen mächtigen Bogengang, der nach innen zu verschüttet und dessen eine Seite so eingefallen war, daß man nach Beseitigung der Trümmer einen ziemlich großen Raum erhalten hatte. Da standen die vier Pferde Lindsays, und da lagen auch seine Habseligkeiten. Das erschossene Pferd draußen war mit Schutt bedeckt worden, damit es nicht die ekelhaften Aasgeier in die Nähe lockte; darum hatte ich es nicht bemerkt. – Jakub Afarah war glücklich, seine Sachen wieder zu haben, aber es ärgerte ihn gewaltig, daß der Dieb entkommen war. – „Ich gäbe viel darum, wenn ich ihn fangen könnte. Ist das nicht möglich, Effendi?" fragte er mich.

„Ich an deiner Stelle würde glücklich sein, die gestohlenen Gegenstände wieder zu besitzen." – „Aber ebenso glücklich wäre ich, wenn ich den Dieb hätte!" – „Hm! Es könnte vielleicht gelingen, seiner habhaft zu werden." – „Wie?" – „Glaubst du, daß er einen so reichen Raub im Stich lassen wird, ohne wenigstens den Versuch zu machen, ihn wiederzuholen?" – „Der Schurke wird sich hüten, zu uns zu kommen!" – „Weiß er, daß wir anwesend sind? Er hat jedenfalls Baalbek sofort verlassen und also nicht gesehen, daß wir hier sind. Der Dieb wird wahrscheinlich zurückkehren, weil er glaubt, mit Sir David und dem Diener leicht fertig zu werden, falls er sie überraschen kann. Dabei könnte er gefaßt werden."

„Das wollen wir tun. Wir bleiben hier, bis wir ihn haben!"

„So dürfen wir uns und unsere Pferde nicht blicken lassen. Die Saptijeler müssen verschwinden. Am besten ist es, sie gehen in die Kaserne; es wird sie freuen, sich pflegen zu dürfen. Auch unsere Pferde, die uns hier im Weg sind, könnten wir in das Dorf geben und jemand dazu, der sie bewacht." – „Ich werde das besorgen. Ich gehe zum Vorsteher oder vielmehr zum Beledije reïßi[1], denn Baalbek ist eine Stadt, und werde das Nötige mit ihm verabreden."

Jakub stieg auf und ritt davon. Er befand sich im Besitz von Papieren, die jeder Beamte achten mußte. – Als ich jetzt vor das Loch trat und zur Mauer blickte, die ich als Stelldichein bezeichnet hatte, war kein einziger der Polizisten dort zu sehen. Ich vermutete, daß sie gar nicht ans Suchen gedacht hatten, sondern in die Stadt geritten waren, um es sich im Kaffeehaus bequem zu machen und dabei zu prahlen, daß sie ausgezogen seien, einen Spitzbuben zu fangen.

Jetzt erst war es möglich, über Früheres zu sprechen, und ich begann damit, Lindsay unsere Schicksale zu erzählen.

„Hielt Euch für tot", sagte er, als ich geendet hatte.

„Warum?" fragte ich. – „Die Spitzbuben sagten es, die mich fingen." – „Also gefangen seid Ihr gewesen, Sir David?"

„Sehr, well!" – „Von wem denn?" – „Ging mit den Arbeitern fort um zu graben; einer von ihnen leidlicher Dragoman. Wir fanden nichts, aber Euer Blatt fand ich, als wir zurückkehrten. Folgten Euch und suchten den Kanal bei Anane auf; war riesengroße Dummheit! Yes!" – „Weil Ihr gefangen wurdet?" – „Yes. Lagen dort und schliefen..." – „Ah, es war am Abend?" – „Nein, es war noch am Tag, sonst hätte einer gewacht. Also, schliefen. Ehe wir es ahnten und uns wehren konnten, waren wir gebunden, Taschen ausgeleert."

„Hattet Ihr viel Geld bei Euch?" – „Nicht sehr. Wollten ja nach Bagdad zurück." – „Wer waren die Räuber?" – „Araber. Sie sagten, vom Stamm der Schat." – „So waren es wohl jene, die später vor unserer Krankheit flohen." – „Wird wohl so sein. Blieben einige Tage in den Ruinen versteckt, ließen uns hungern; dann brachten sie uns fort." – „Wohin?" – „Weiß nicht. War lauter Sumpf und Schilf. Schufte wollten uns nichts tun, wollten nur Geld. Mußte einen Brief schreiben, den wollten sie nach Bagdad tragen, Geld holen, zwanzigtausend Piaster. Yes! Schrieb an John Logman, aber so, daß die Räuber nichts bekamen. Logman sagte, sie sollten in drei Wochen wiederkommen; hätte nicht soviel Geld da." – „Aber das konnte für Euch gefährlich werden, Sir David!" – „Im Gegenteil! Wurde gut! Schafften uns näher an Bagdad. Dort Zusammenstoß mit feindlichem Stamm; Gefecht, Räuber siegten wohl, hatten die Übermacht, aber unterdessen wir fort nach Bagdad. Werde Euch das einmal ausführlich erzählen, wenn wir Zeit haben."

„Suchtet Ihr in Bagdad unsere Wohnung auf?"

„Yes! Ihr wart zu den Haddedihn gegangen. Was konnte ich tun?

---

[1] Bürgermeister

Mußte zu Euch und zu Bill und Fred. Verkaufte Yacht, und nahm einen Mann, der das Englische verstand, schloß mich dem Postreiter an. Bei Tekrit über den Tigris, um Euch aufzusuchen, fanden aber keine Haddedihn. Waren fortgezogen und Ihr wart tot."

„Wer sagte das?" – „Abu-Salman-Araber hatten fremde Reisende geplündert und getötet. Beschreibung paßte auf Euch. Schnaubte vor Grimm und Kümmernis; half mir aber nichts. Wollte mich nicht auch totschlagen lassen, ging nach Damaskus. Von da schickte ich Dolmetscher wieder zurück und blieb drei volle Wochen. Bin von früh bis abend auf den Straßen gewesen. Hättet Ihr im Christenviertel bei Europäern gewohnt, so hätten wir uns getroffen. Das andere habt Ihr schon gehört. Wollt Ihr es ausführlicher, Sir?"

„Danke, es genügt, Sir David! Es war sehr gewagt von Euch, den Ritt von Bagdad nach Damaskus in dieser Weise zu unternehmen..." – „Pshaw! Habt Ihr es anders getan?" – In diesem Augenblick sahen wir durch den Eingang des Loches weit drüben einen Trupp Männer vorüberreiten. Sie hielten auf den Weg zu, den wir gekommen waren, und als ich schärfer hinschaute, erkannte ich, daß es – die Polizisten waren. Was hatten die Leute vor? Warum kamen sie nicht zu der Zyklopenmauer, wohin ich sie bestellt hatte? Diese Frage sollte mir in kurzer Zeit beantwortet werden, denn der Juwelier kehrte zu Fuß aus der Stadt zurück und brachte den Beledije reïßi mit. Dieser war ein ehrwürdiger Mann, dessen Äußeres Vertrauen erweckte. „Ssabahinis chajir olßun – Guten Morgen!" grüßte er, als er eintrat. – „Ssabahinis chajir olßun!" antworteten wir.

„Ich bin Mustafa Effendi, der Beledije reïßi von Baalbek, und komme, um euch zu sehen und eine Pfeife mit euch zu rauchen."

Das Stadtoberhaupt zog den Tschibuk hervor. Lindsay schob ihm augenblicklich den Tabak hin und gab ihm dann auch Feuer.

„Chosch geldin – sei willkommen, Effendi!" sagte ich. „Wirst du uns erlauben, eine kurze Zeit auf dem Gebiet zu verweilen, das du verwaltest?" – „Bleibt hier, solange es euch beliebt. Ich habe gehört, daß ihr Franken seid; ich habe auch das Schreiben meines Vorgesetzten gelesen, und deshalb komme ich selbst, um euch mitzuteilen, daß ich alles tun werde, um eure Wünsche zu erfüllen. Ist es euch recht, daß ich die Polizisten nach Damaskus zurückgesandt habe?" – „Du hast sie zurückgeschickt?"

„Ja. Ich hörte, daß die Leute im Kaffeehaus saßen und eure Angelegenheiten ausplauderten. Könnt ihr den Dieb fangen, wenn es so bekannt wird, daß ihr ihn fangen wollt? Und dann hat mir auch Jakub Afarah aus Esch Scham gesagt, daß sie ihm ungehorsam waren und euch Bakschisch abverlangten bei allem, was sie tun sollten. Darum habe ich sie fortgejagt und dem Tschausch einen Brief mitgegeben an seinen Kaimmakam[1], damit sie bestraft werden. Der Großherr, den Allah segne, will, daß Ordnung sei in seinem Reiche, und auch wir müssen das wollen." – Das war ein ehrlicher

---

[1] Kreishauptmann in der Zivilverwaltung. Beim türkischen Militär: Oberstleutnant

Beamter, eine Seltenheit in der damaligen Türkei. Im weiteren Verlauf der Unterhaltung tat es ihm leid, daß er uns keinen unmittelbaren Nutzen bringen könne, da wir ihn baten, für Verschwiegenheit zu sorgen und uns im übrigen gewähren zu lassen. – „Seid froh, daß ihr zu keinem anderen Beledije reïßi gekommen seid!" sagte Mustafa Effendi. „Wißt ihr, was ein anderer täte? Er würde euch das Gold und die Steine abverlangen, um zu entscheiden, wem es gehören soll. Es muß doch bewiesen werden, daß wirklich ein Diebstahl vorliegt, daß die Sachen wirklich die gestohlenen sind und die beiden Parteien in Wahrheit der Dieb und der Bestohlene sind. Darüber vergehen Wochen und während so langer Zeit kann sich vieles verändern, auch Gold und Steine." – Mustafa Effendi hatte recht. Jakub konnte sich beglückwünschen, an einen so ehrlichen Mann gekommen zu sein. Der Bürgermeister bat uns, ihm unsere Pferde anzuvertrauen, sie aber einzeln zu bringen, damit alles Auffällige vermieden werde, und dann entfernte er sich, nachdem er uns vorher noch vor den unterirdischen Gängen und Gewölben gewarnt hatte, in denen man leicht verunglücken könne. Diese Gänge hatten zur Zeit des ägyptischen Einfalls verschiedenem Gesindel zum Schlupfwinkel gedient, und heute kam es wohl noch vor, daß sich einer dort verbarg, der Ursache hatte, sich nicht erblicken zu lassen.

Jakub hatte sein Pferd bereits bei dem Beledije reïßi zurückgelassen. Wir schafften nun auch unsere Tiere einzeln zur Stadt. Diese wirkte klein, um so mehr als die Ruinen, bei denen sie steht, solch große Ausmaße besitzen. Die Bewohner treiben ein wenig Seidenzucht und sind außerdem wegen ihrer schönen Pferde und Maultiere bekannt. – Das Haus des Bürgermeisters war eines der besten Gebäude, und der Stall, in den wir die Pferde führten, befriedigte unsere Ansprüche vollkommen. Wir saßen einige Zeit beisammen, und dann kehrte ich zum Ruinenfeld zurück, aber nicht auf dem Weg, den ich gekommen war. Ein einzelner Mann konnte dem Dieb, falls er aus einem Versteck Ausschau hielt, nicht auffällig sein, und darum wanderte ich langsam durch die Ruinen, mich dem Eindruck überlassend, den sie auf mich machten.

Welch ein Unterschied zwischen dem Geschlecht, das solche gewaltige Massen zu bewältigen verstand, und dem, dessen armselige Hütten hinter mir an den Trümmern lehnten!

Ich sah Schlangen zwischen den Säulen dahinhuschen, ein Chamäleon blickte mich neugierig an, und hoch droben in den Lüften schwebte ein Turmfalke, der sich in einer Schneckenlinie auf einer der aufrechtstehenden Säulen niederließ. Er horstete da.

Halt, war da drüben nicht eine Gestalt vorübergehuscht, schnell und geschmeidig wie der Schatten einer Wolke? Es war jedenfalls Täuschung, aber ich schritt trotzdem langsam der Stelle zu, an der ich den Schatten erblickt hatte. Hinter einer Doppelsäule öffnete sich eine tunnelartige Aushöhlung, die in mir eine gewisse Neugierde weckte. Wie mochte es in einem dieser Gänge aussehen, in denen einst beim Glanz lodernder Fackeln die Opfer Baals hingeschlachtet wurden? Es konnte nicht schaden, einige Schritte in den Gang zu tun. Wenn ich nur soweit ging, wie das Tageslicht reichte, so konnte mir kein Unglück geschehen. – Ich trat in die Öffnung und tat einige Schritte weiter. Der Gang war so breit, daß vier Personen nebeneinander Platz hatten. Die Decke wurde von mächtigen Bogen getragen, und die Luft war rein und trocken. Ich schaute und horchte in die Finsternis hinein und malte mir den Schreck aus, den ich empfinden würde, wenn da hinten plötzlich Lichter auftauchten und Sonnendiener hervorbrächen, um mich zu packen und als Opfer Molochs fortzuschleppen. – Ich kehrte mich wieder dem Eingang zu. Wie anders da draußen das helle, warme Tageslicht! Im Glanz der Sonne muß – – – halt, knisterte es nicht hinter mir? Ich wollte mich umwenden, erhielt aber in diesem Augenblick einen fürchterlichen Schlag auf den Kopf. Ich weiß noch, daß ich taumelte, herumfuhr und die Arme nach dem Mann ausstreckte, der den Hieb geführt hatte; dann wurde es schwarz um mich. – Wie lange ich ohne Besinnung gewesen bin, weiß ich nicht. Sie kehrte mir nur langsam zurück, und es dauerte einige Zeit, bis ich mich erinnerte, was mit mir geschehen war. Ich lag auf der Erde; meine Füße und meine Hände waren zusammengebunden. Wo befand ich mich? Dunkel und Schweigen herrschten um mich her; aber da, grad vor mir, sah ich zwei kleine runde Stellen, die einen eigentümlichen Schimmer hatten, der ab und zu verschwand und wieder erschien. Das waren zwei scharf auf mich gerichtete Augen, deren Lider sich öffneten und schlossen. – Wer war das? Jedenfalls doch der Mann, der mir den Schlag versetzt hatte. Warum aber er mich so feindlich behandelt? Eben wollte ich eine Frage aussprechen, als ich daran gehindert wurde; der Mann redete selbst. „Ah, endlich bist du wieder wach! Nun kann ich mit dir sprechen." – Himmel! Diese Stimme kannte ich! Wer sie einmal gehört hatte, der vergaß ihren kalten, scharfen Ton sicher nicht wieder. Der mir hier gegenübersaß, war kein anderer als Abraham Mamur, den wir fangen wollten. Sollte ich ihm antworten? Warum nicht? Hier im Finstern wäre es ja nicht möglich gewesen, ihm durch eine Miene zu zeigen, daß ich nicht aus Furcht, sondern aus Verachtung schwieg. Daß mich nichts Gutes erwartete, wußte ich. Aber ich verzagte nicht und beschloß, ihm kein gutes Wort zu sagen. „Nun kann ich mit dir sprechen!" hatte er begonnen, und ich ahnte, daß er jetzt alles aufbieten werde, um mich zu quälen. Er sollte sich täuschen! „Sprich!" sagte ich kurz. – „Kennst du mich?" „Ja." – „Das glaube ich nicht. Woher solltest du wissen, wer ich bin?" – „Meine Ohren sagen es mir, Abraham Mamur."

„Ah, wirklich, du kennst mich! Aber du sollst mich besser kennenlernen! Denkst du noch an Ägypten?" – „Oft." – „An Senitza, die du mir geraubt hast?" – „Ja." – „Der Schellâl hat mich damals nicht verschlungen, als ich in seine tosenden Fluten stürzte. Allah will also, daß ich mich rächen soll." – „Ich selber war es, der dir das Leben rettete. Allah will also, daß ich deine Rache nicht fürchte."

„Meinst du?" zischte er. „Dennoch ist es nicht gut für dich, daß er dich in meine Hand gegeben hat. Ich habe damals in Kahira nach dir geforscht und habe dich nicht entdeckt. In Damaskus aber, wo ich nicht an dich dachte, sah ich dich..." – „Und bist vor mir geflohen! Abrahim Mamur, oder vielmehr Dawuhd Arafim, du bist ein Feigling!" – „Stich nur, Skorpion! Ich bin der Löwe, der dich fressen wird. Ich wußte, daß du mich verraten würdest. Daher ging ich, denn ich wollte mir meine Pläne nicht von dir durchkreuzen lassen. Ihr habt mich verfolgt und mir alles wieder abgenommen; aber ich werde mir die Steine wieder holen, darauf kannst du dich verlassen!" – „Tu es!" – „Ja. Ich werde sie dir bringen und zeigen; darum habe ich dich nicht getötet. Aber sterben wirst du doch, denn du bist schuld an tausend Qualen, die ich erlitten habe. Du nahmst mir Senitza, durch die ich ein anderer Mensch geworden wäre. Du hast mich wieder zurückgeschleudert in die Tiefe, aus der ich mich erheben wollte; nun sollst du deine Strafe haben. Sterben sollst du, aber nicht schnell durch das Messer oder die Kugel! Nein, langsam und unter Millionen Schmerzen. Der Hunger soll deine Eingeweide zerreißen und der Durst deine Seele auflecken, daß sie vor Qualen zischt wie der Wassertropfen, an dem das Feuer frißt!"

„Das traue ich dir zu!" – „Spotte nicht und glaube ja nicht, daß du mir entkommen kannst! Wüßtest du, wer ich bin, so würdest du versteinern vor Schreck." – „Ich brauche es nicht zu wissen!"

„Nicht? Oh, du sollst es doch erfahren, damit du jede Hoffnung aufgibst und damit die Hand der Verzweiflung dein Herz erfaßt. Ja, du sollst alles wissen, damit du hilflos deine Zähne zusammenknirschst. Weißt du, was ein Tschuwaldar[1] ist?" – „Ich weiß es", erwiderte ich, denn ich hatte mir viel von den Tschuwaldarlar[2] erzählen lassen, einer Bande, die vor gar nicht langer Zeit Konstantinopel unsicher gemacht hatte. – „Weißt du auch, daß die Tschuwaldarlar eine Familie bilden, die von einem Oberhaupt geleitet wird?"

„Nein." – „Nun, so wisse, daß ich dieses Oberhaupt bin."

Bei diesen Worten kam mir ein Gedanke. Dank ausgezeichneter Beziehungen zu guten Freunden in Stambul, deren ich schon früher Erwähnung getan habe[3], wußte ich aus ihren Erzählungen, daß nicht nur die Hauptstadt des türkischen Reiches sondern auch dessen europäische Teile, die Balkanländer, von einer geheimen Bande in Schrecken versetzt wurden, deren Macht bis hinauf in die Schwarzen Berge und bis zur albanischen Küste reichte. Man erzählte sich märchenhafte Dinge von dieser Vereinigung, deren Treiben dunkel blieb, deren Ziele niemand kannte, deren unerbittliche Rücksichtslosigkeit jedoch gefürchtet war. Die einen sprachen von gemeinen Verbrechern, die anderen glaubten mehr an eine politische Verschwörung. Gemeinsam war allen die Scheu vor einem Zusammenstoß mit diesem Geheimbund. Sollte Dawuhd Arafim, der sich jetzt rühmte, das Oberhaupt der Tschuwaldarlar zu sein, den Bund meinen,

---

[1] Wörtlich: Sackmann. Einer, der seine gemordeten Opfer im Sack ins Wasser wirft
[2] Mehrzahl von Tschuwaldar
[3] Vgl. den Band „Durch die Wüste"

von dem ich gehört hatte? Dann war er, wenn er mit der Angabe über die Führerschaft nicht übertrieb, allerdings ein Mann, vor dem man sich noch mehr in acht nehmen mußte. – „Prahler!" entgegnete ich auf seine letzten Worte mit verächtlichem Lachen.

„Höhne immerhin! Hast du nicht in Ägypten gesehen, wie reich ich bin? Woher sollte ich den Reichtum haben, ich, der ausgepeitschte Beamte? Die Macht unseres Bundes wächst von Tag zu Tag. Und wehe dem, der mit uns zusammengerät! Er stirbt eines jämmerlichen Todes, und sein Besitz ist uns verfallen.

Auch Afrak Ben Hulam aus Adrianopel wurde gesäckt, denn einer meiner Leute hatte viel Geld bei ihm gesehen. Man brachte mir die Briefe, die er bei sich trug. Ich öffnete sie vorsichtig, und als ich den Inhalt geprüft hatte, beschloß ich, an seiner Stelle nach Damaskus zu gehen und den Laden der ehrenwerten Verwandten auszuplündern, sobald sich Gelegenheit bot. Da aber kamst du, Giaur, und ich mußte mich mit wenigem begnügen. Der Scheïtan öffne dir dafür den heißesten Pfuhl der Dschehenna!" – „Du hast selbst das wenige wieder verloren!" – „Ich bekomme es wieder; du wirst es sehen. Aber das soll auch das letzte sein, was du auf Erden erblickst. Ich werde dich dann an einen Ort schaffen, von wo keine Wiederkehr ist. Ich kenne diese Gegend, denn wisse, daß ich in Soheïr geboren wurde. Mein Vater lebte in diesen Gängen, als der Pascha von Ägypten nach Syrien kam und Männer und Söhne in die Reihen seiner Krieger steckte. Ich war damals noch ein Knabe. Ich befand mich beim Vater; wir durchschlichen die Finsternis und durchforschten das Dunkel; wir lernten jeden Winkel dieser Tiefe kennen, und ich weiß den Ort, wo deine Leiche faulen wird, wenn du nach langer Qual verschmachtet bist." – „Allah allein kennt ihn!" – „Aber Allah wird dir nicht helfen, Giaur! So fest, wie dich jetzt die Fesseln halten, so fest wird dich das Verderben packen, dem ich dich bestimmt habe. Dein Tod ist besiegelt!" – „So sag mir zu dem allen noch, wo sich jener Barud el Amasat befindet, der Senitza als Sklavin an dich verkaufte!" – „Das wirst du nicht erfahren." – „Siehst du, Feigling! Wüßtest du gewiß, daß ich hier sterben würde, so könntest du mir auch das ruhig sagen!"

„Nicht deshalb schweige ich; du sollst keinen Wunsch mehr haben, der Erfüllung findet. – Und nun sei still! Ich werde schlafen, weil die Nacht neue Kräfte von mir fordern wird." – „Du wirst nicht schlafen können, denn dein Gewissen läßt dich nicht ruhen."

„Ein Giaur mag ein Gewissen haben; ein Mitglied unseres Bundes verachtet dergleichen!" – Ich hörte am Rascheln der Kleider, daß Dawuhd Arafim sich zum Liegen ausstreckte. Wollte er wirklich schlafen? Schwerlich! Oder sollte das eine neue Qual für mich bedeuten? Wollte er mit mir spielen, wie der Knabe mit dem Käfer an der Schnur?

Ich strengte meine Augen an. Nein, der Bandenführer wollte nicht schlafen. Er schloß zwar die Augen, er öffnete sie aber von Zeit zu Zeit, um nach mir zu sehen, und das geschah nicht müd und schläfrig, sondern ich sah die runden Stellen funkelnd auf mich gerichtet. Er hätte ja nicht schlafen können, sobald er nur daran dachte, wie er mich gefesselt hatte. Er hatte mir etwas um die beiden Fußknöchel und etwas um die Handgelenke gebunden, und da ich die Arme vorn hatte, so konnte ich ohne Mühe bis zu den Füßen langen.

Hätte ich nur ein Messer gehabt! Aber Dawuhd Arafim hatte mir die Taschen geleert. Welch ein Glück übrigens, daß ich nur das Messer und die zwei Revolver bei mir getragen hatte! Mußte ich wirklich hier elend umkommen, so erbte doch wenigstens Halef die Gewehre, anstatt daß sie diesem Verbrecher in die Hände fielen.

Aber umkommen? War es denn wirklich soweit? Vermochte ich mich nicht zu wehren? Da ich die Arme ein wenig rühren konnte, war es doch nicht unmöglich, ihm ein Messer zu entreißen. Wenn ich das fertigbrachte und es mir dann gelang, nur fünf Sekunden lang von ihm frei zu machen, so war ich gerettet. Oder nein, noch nicht ganz. Ich steckte ja hier unten in den Gängen und wußte nicht, wohin mich der Bandit in meiner Bewußtlosigkeit geschleppt hatte. Vielleicht war es mir, selbst wenn ich jetzt loskam, gar nicht möglich, aus eigener Kraft den Weg in die Freiheit zurückzufinden.

Doch das waren die Sorgen für später. Erst mußte ich trachten, meinen Todfeind irgendwie zu überrumpeln. Und das mußte bald geschehen. Es war seit meinem Eintritt in den Gang gewiß eine lange Zeit verstrichen, und wie leicht konnte es ihm einfallen, mich doch noch zu erschießen, um meines Todes gewiß zu sein! Und das war Dawuhd Arafim nicht, wenn er mich, obgleich gebunden, hier zurücklassen mußte. Er kannte mich ja einigermaßen. Nur mein Tod bot ihm völlige Sicherheit. Also mußte ich versuchen, mich rasch zu befreien. – Ich überlegte. Konnte ich mich nicht sacht zu ihm beugen und mit den Fingerspitzen möglichst leise in seinem Gürtel den Griff des Messers suchen? Das war unmöglich. Oder mich auf ihn werfen und ihn mit den Händen erwürgen? Ich konnte ja meine Hände nicht so weit auseinanderbringen, wie es nötig ist, einen starken Männerhals zu umfassen. Oder sollte ich meine Füße als Angriffswaffe benützen? Vielleicht mit ihnen seine Schläfe zu treffen suchen? Auch das ging nicht, denn wenn ich die rechte Stelle nicht traf, war alles verloren. Gleich der erste Griff mußte mich zu einem Messer bringen, sonst war jede Mühe, jedes Wagnis vergebens. – Darum versuchte ich, mich ganz leise zunächst in sitzende Stellung zu erheben. Kein Fältchen meines Gewandes durfte knistern oder rauschen, und ich mußte meine Augen schließen, damit der Bandit aus ihrer Stellung nicht auch die Lage meines Körpers erraten konnte. Denn gradso wie ich seine Augen sehen konnte, vermochte er auch die meinigen zu erkennen. – Es gelang, und nach langer, langer Anstrengung kam ich auch auf die Füße zu kauern. Ich schloß die Augen jetzt nur halb, um einen der Blicke meines Feindes zu erhaschen. Jetzt sah er wieder herüber – und kaum hatte er die Lider wieder geschlossen, so stieß er einen Schrei aus: mein rechtes Knie lag auf seiner Kehle und mein linkes auf seiner Brust. Dawuhd Arafim fuhr in jäher Angst mit den beiden Händen zum Hals, um diesen frei zu machen, und das gab mir Gelegenheit, mit den zusammengebundenen

Händen an seinen Gürtel zu kommen. Ich ertastete den Griff eines Messers und zog es heraus. Der Verbrecher fühlte das und erkannte die Gefahr. Mit einem gewaltigen Ruck warf er mich ab und sprang auf. Mit dem Ruf: „Hundesohn, du entkommst mir nicht!" griff er nach mir. Aber nur seine Fingerspitzen streiften mich. Ich wußte jetzt, daß mein Gegner einen Augenblick später genau dahin greifen werde, wo er mich gefühlt hatte. Ich bückte mich, schnellte zur Seite und dann hinter ihm hinweg. – „Ah, fort! Giaur, wo bist du?"

Jetzt, da er mich auf der anderen Seite vermutete, konnte ich den Schnitt tun, der meine Füße frei machte; dann schlich ich mehrere Schritte weiter fort. Es war gelungen, und ich holte tief Atem. Aber was nun? Zunächst nur aus Arafims Nähe, um zu überlegen!

Ich huschte eine Strecke weiter fort und lehnte mich dann an die Mauer. Was sollte ich jetzt anfangen? Immer tiefer in den Gang hineinlaufen? Mustafa Effendi hatte von der großen Gefährlichkeit dieser Gänge gesprochen. Oder kurzweg mit dem Verbrecher ringen, um ihn zu überwältigen und zu zwingen, mir den richtigen Weg zu zeigen? Nein. Er hatte Schußwaffen, und er würde sich durch keinen Zwang dazu bestimmen lassen, mich ans Tageslicht zurückzugeleiten. Außerdem hätte ich ihn nicht überwältigen können, ohne ihn zu töten; und seine Leiche konnte mir nicht mehr als Führer dienen. – Es waren unheimliche Minuten. Auch mein Todfeind verhielt sich völlig geräuschlos. Blieb er stehen? Kam er auf mich zu oder von mir ab? Er konnte jeden Augenblick auf mich stoßen. Ach was, diese unterirdischen Gänge konnten ja nicht von einer gar so großen Ausdehnung sein. Ich tastete mich also in der bisher eingehaltenen Richtung weiter fort, den Boden erst mit der Spitze der weichen arabischen Schuhe prüfend, ehe ich den ganzen Fuß aufsetzte. So mochte ich etwa zweihundert kleine Schritte vorwärtsgekommen sein, als die Luft feuchter und kühler zu werden schien. Jetzt galt es doppelte Vorsicht. Und wirklich, kaum fünf Schritte weiter hörte der Fußboden auf. Ich ließ mich nieder und tastete umher. Der Rand des Bodens bildete ein großes, rundes Loch, das die ganze Breite des Ganges einnahm. Hier war jedenfalls ein Brunnen. Noch zur Stunde befand sich Wasser darin, wie die Feuchtigkeit der Luft bewies. Wer weiß, welche Tiefe er besaß! Wer da hinunterstürzte, kam nie wieder empor. – Dem Kreisausschnitt nach mußte die Brunnenöffnung einen Durchmesser von etwa anderthalb Metern haben. Ich hätte sie wohl überspringen können, aber ich kannte die Beschaffenheit des gegenüberliegenden Randes nicht. Vielleicht war der Brunnen hart am Ende des Ganges und drüben war Mauer. Dann mußte der Sprung mein Verderben werden. – In dieser Richtung gab es also keine Rettung für mich; ich mußte umkehren. Das war nun freilich schlimm! Der Feind schwieg. Lag er noch dort, wo ich ihn verlassen hatte, auf der Lauer, weil er wußte, daß ich gezwungen sei, zurückzukommen? Oder glaubte er noch immer, ich sei in der anderen Richtung entflohen? Oder war der Bandit einfach, um ganz sicher zu gehen, zum Ausgang geeilt, um diesen zu besetzen? Wie dem auch sein mochte, stehenbleiben konnte ich nicht. Ich nahm also das Messer zwischen die Zähne, legte mich nieder und kroch auf den Knien und Handballen wieder zurück. – Gehen durfte ich nicht, aber beim Kriechen konnte ich mit den langsam und leise vorantastenden Fingerspitzen den Raum vor mir erst vorsichtig abfühlen, ehe ich den Körper folgen ließ. – So schob ich mich fort, langsam, sehr langsam zwar, aber doch immer weiter und weiter. Ich hatte die Knie nun bereits über zweihundertmal vorwärtsgeschoben und mußte also schon über die Stelle hinaus sein, wo ich als Gefangener Dawuhd Arafims gelegen hatte. Aber zu diesen zweihundert Schritten hatte ich sicher weit über eine Stunde gebraucht. Noch eine halbe Stunde verging, da hörte ich die Mauer auf, sowohl an der rechten wie an der linken Seite; der Fußboden jedoch lief fort. – Was war das? Rechts und links gab es eine Ecke, folglich stieß hier der Gang, in dem ich bisher gewesen war, auf einen anderen, und zwar im rechten Winkel. Setzte er sich drüben wieder fort? In diesem Fall bildeten die beiden Gänge hier einen Kreuzungspunkt, auf dem sicher mein Gegner auf mich lauerte. Ich lauschte angestrengt, konnte aber nicht das leiseste Geräusch vernehmen. Zunächst mußte ich wissen, ob sich mein bisheriger Gang drüben fortsetzte. Ich schob mich also in dieser Richtung weiter. Mein Atem ging ruhig, und mein Puls klopfte nicht schneller als gewöhnlich. Hier war die kälteste Ruhe und Besonnenheit nötig. – Ich kam glücklich drüben an und überzeugte mich, daß eine Fortsetzung des Ganges vorhanden sei. Welche Richtung sollte ich nun einschlagen? Geradeaus, nach rechts oder nach links? Die Luft war nach allen drei Richtungen unbeweglich und von gleicher Feuchtigkeit; auch die Finsternis war gleich dicht und undurchdringlich. Ich überlegte. Befand sich Dawuhd Arafim hier, so stand er gewiß an der Seite, die ins Freie führte. Stand er aber nicht hier, so hatte er den Ausgang besetzt. – Vor dem neu aufgefundenen Gang befand er sich nicht, denn dort hatte ich die Ecken der Seitenwände mit den Händen befühlt. Es blieben also nur noch die beiden Seiten übrig. Ich wandte mich zunächst nach links. Millimeter um Millimeter rückte ich vor. Nach beiläufig zehn Minuten wußte ich, daß Arafim auch hier nicht war. Nun gab es nur noch die letzte Richtung, rechts, und ich schob mich dort hinüber. – Wohl bis an den Mittelpunkt der Kreuzung mochte ich gekommen sein, da war mir, als vernähme ich ein ganz leises, anhaltendes Geräusch. Ich strengte mein Gehör noch mehr an und rückte noch eine Handlänge weiter. Richtig! Das war das Ticken einer Taschenuhr, jedenfalls der meinigen, die mir der Verbrecher abgenommen hatte. Hier also fand ich ihn endlich, und hier war folglich die Richtung ins Freie. Wie aber hinausgelangen? Konnte ich an ihm vorüber? – Um das zu wissen, mußte ich zu erfahren suchen, welche Stellung mein Gegner eingenommen hatte: ob er lag, saß oder stand. Ich wagte jetzt das Äußerste und näherte mich immer mehr. Ihn zu packen, um mit ihm zu ringen, konnte ich nicht wagen, denn er hielt sicher eine Schußwaffe bereit. – Meine Hände schoben sich so vorsichtig und leise vor wie die

Fühlhörner einer Schnecke. Das Ticken wurde vernehmlicher und jetzt – Achtung! – jetzt war ich mit der Spitze des Mittelfingers an ein Stück Tuch gestoßen. Dawuhd Arafim war also unmittelbar vor mir; er durfte nur die Hand ausstrecken, so hatte er mich. Und in dieser gefährlichen Nähe vergingen wohl abermals zehn Minuten, bis ich wußte, daß er quer über den Gang lag. – Sollte ich über den Menschen hinwegsteigen? Sollte ich ihn durch eine List fortlocken? Ich wählte das erstere. Es war zwar das Gefährlichere, aber dafür das Sichere. Ein sorgfältiges Ausfühlen mit den Fingerspitzen verriet mir, daß Dawuhd Arafim die Beine übereinandergeschlagen hatte. Das war mir lieber, als wenn er sie weit auseinandergespreizt gehabt hätte. Ich erhob mich langsam, trat ganz nahe an ihn heran und hob das eine Bein. Wenn mein Gegner jetzt seine Stellung veränderte! Es war ein höchst bedenklicher Augenblick. Aber ich brachte das Bein glücklich hinüber und zog das andere nach. – Nun war das Schwierigste überstanden. Ich brauchte mich nicht mehr niederlegen, sondern konnte mich aufrecht fortbewegen. Je mehr ich mich von meinem Feind entfernte, desto sicherer konnte ich auftreten und desto schneller kam ich vorwärts. Nach einiger Zeit tappte ich mich schon im gewöhnlichen Gehschritt weiter und merkte auch, daß sich die Luft veränderte. Endlich fühlte ich Stufen unter den Füßen. Ich stieg empor, es wurde immer heller, ich kam an eine kleine Öffnung, über der ein dichtes Wacholdergebüsch seine Zweige ausbreitete und zwängte mich hinaus. – Gott sei Dank! Ich war frei! Aber ich befand mich auf einer ganz anderen Seite des Sonnentempels. Jetzt war Eile geboten, wenn wir den Verbrecher fassen wollten, denn die Sonne stand schon tief am Himmel. Ich eilte also um den Tempel herum dem Ort zu, wo ich die Freunde wußte. – Dort wurde ich mit stürmischen Fragen begrüßt. Man hatte mich vermißt und gesucht, aber nicht gefunden. Jetzt war sogar Mustafa Effendi gekommen, um seinen Beistand anzubieten, wenn man mich suchen wollte.

Ich erzählte mein seltsames Erlebnis und erregte dadurch Bestürzung und Freude zugleich. – „Allah sei Dank!" strahlte Jakub. „Auf, laßt uns in den Gang eindringen, ihn zu fangen!" – Die Anwesenden griffen alle zu den Waffen. – „Halt!" warnte Mustafa Effendi. „Wartet, bis ich in die Stadt gegangen bin, um mehr Männer zu holen." – „Wir sind Männer genug!" widersprach Halef.

„Nein", antwortete der Beledije reïßi. „Diese tiefen Stollen haben ihre Geheimnisse. Da gibt es Ein- und Ausgänge, die ihr nicht kennt. Wir brauchen wenigstens fünfzig Mann, um die Ruinen zu umstellen."

„Wir sind neun Männer; das ist genug", behauptete Jakub. „Was sagst du dazu?" – Diese Frage war an mich gerichtet. Auch ich hielt es für das beste, schnell zu handeln, ebenso auch Lindsay, dem ich die Lage der Dinge erklärte. Und so wurde beschlossen, sofort ans Werk zu gehen. – „Aber wie steht es mit der Beleuchtung?" fragte ich.

„Ich hole Licht", sagte der Bürgermeister. – „In der Stadt? Das dauert zu lange!" – „Nein, ganz in der Nähe. Da drüben in den Ruinen wohnt ein Ssabbâgh[1], der mehrere Lampen hat." – Mustafa Effendi eilte fort, während wir den Feldzugsplan verabredeten.

Sowohl der Eingang, durch den ich in die Unterwelt getreten war, als auch der Ausgang, durch den ich flüchten konnte, mußten besetzt werden. Bei den Sachen mußte auch jemand bleiben; das erforderte wenigstens drei Personen. Am Ausgang genügte einer, da wir dort in die Tiefe steigen und dem Gesuchten in dieser Richtung die Flucht unmöglich machten. An der Doppelsäule aber, bei der ich eingetreten war, hielten wir zwei Mann für nötig. Das waren mit den zweien, die bei unseren Sachen bleiben mußten, fünf Personen. Es waren also die übrigen vier, die hinabsteigen und den Juwelendieb überwältigen sollten. – Wie nun diese Rollen verteilen? Ich mußte jedenfalls hinab. Da Halef ein guter Anschleicher war, so wählte ich ihn zum Begleiter, dazu seiner amtlichen Eigenschaft wegen Mustafa Effendi. Als vierter bot sich Lindsay an. Ich wies ihn ab, da ich wünschte, daß er bei den Sachen bleiben solle. Es galt ja, die Kostbarkeiten zu bewachen, um derentwillen wir das unternommen hatten. Aber der Englishman gab nicht nach, und die anderen redeten mir zu, so daß ich einwilligen mußte. – Zurückbleiben mußte Jakub Afarah, weil die Wertgegenstände ihm gehörten, und Lindsays jetziger Diener. An der Doppelsäule sollten sich Bill und Fred und an den Ausgang der Diener Jakubs stellen. Den Besitzer von Jakub Afarahs Mietpferden konnten wir nicht verwenden, weil er in der Stadt bei den Tieren war. – So war die Einteilung getroffen. Ich steckte einen von Lindsay geliehenen Revolver zu mir, als einzige Waffe, die ich neben dem Messer zu mir nahm. Bill erhielt den Henrystutzen und Fred den Bärentöter, dann wurde jedem sein Posten übergeben. Seit meiner Rückkehr war immerhin eine halbe Stunde vergangen, als ich wieder vor dem Wacholdergebüsch stand. Mustafa Effendi und Lindsay trugen die Lampen, allerdings noch unangezündet, und ich stieg mit Halef voran. Unten an den Stufen ließen wir unsere Fußbekleidung zurück; dann schlichen wir vorwärts.

Ich führte Halef an der Hand. Er streifte drüben mit seiner ausgestreckten Rechten und ich hüben mit meiner Linken die Wand, so daß uns nichts entgehen konnte. Unangenehm war es, daß sich bei dem Beledije reïßi hinter uns zuweilen ein leises Knacken seiner Fußknöchel hören ließ. – Wir erreichten die Kreuzung der zwei Gänge. Dort gab ich den Nachfolgenden durch einen leisen Stoß ein Zeichen, daß sie stehenbleiben sollten, und legte mich dann mit Halef auf den Boden, um zur Stelle zu kriechen, wo ich den Gesuchten gelassen hatte. Wir hatten es so ausgemacht, daß jeder von uns eine seiner Hände ergreifen sollte, worauf die anderen herbeieilen müßten, ihn zu binden. – Langsam erreichten wir die betreffende Stelle, aber – der Verbrecher war nicht mehr da. Was nun? Hatte er sich vor einen der drei anderen Gänge gelegt? Wir untersuchten auch das und fanden, daß er nicht da war. Er mußte aber in einem der drei Gänge

[1] Färber

sein, nur weiter hinten. Wir gingen zu unseren zwei Begleitern zurück, die mit Spannung unseren Ruf erwartet hatten. – "Er ist nicht mehr hier", flüsterte ich. "Geht eine Strecke zurück und brennt die Lampen an! Stellt euch aber davor, daß ihr Schein ja nicht in die anderen Gänge leuchtet." – "Was tut Ihr nun, Sir?" fragte Lindsay.

"Wir durchsuchen die drei Gänge." – "Ohne Lampe?" – "Ja. Das Licht würde uns gefährlich werden, da Dawuhd Arafim dann ein leichtes Zielen auf uns hätte, gar nicht gerechnet, daß er uns schon von weitem bemerken müßte." – "Aber wenn Ihr ihn trefft, und wir sind nicht da?" – "So werden wir uns behelfen müssen." – Nun ging es vorwärts, zunächst in den Gang hinein, in dem ich den Brunnen gefunden hatte. Die ganze Breite des Ganges einnehmend, taten wir etwas über zweihundert Schritte, ohne einen Widerstand zu finden; dann mußten wir vorsichtig sein. Wir erreichten das Loch, ohne Dawuhd Arafim angetroffen zu haben, und kehrten wieder um.

Nun schlichen Halef und ich in den zweiten Gang. Hier mußten wir uns besonders in acht nehmen, um nicht in eine unbekannte Gefahr zu geraten. Wir schlichen also nur ganz langsam vorwärts, und es verging über eine Viertelstunde, bis wir das Ende des Ganges erreichten. Wir standen vor der Grundmauer des Tempels und mußten abermals unverrichteterdinge umkehren. – Im letzten Gang, der uns übrigblieb, war die gleiche Vorsicht geboten. Er war viel länger als der vorige und endete in einem tiefen Loch, das so breit war wie der Gang. Zum drittenmal kehrten wir um. – Die Gefährten vernahmen unseren Bericht mit Verwunderung. – "War er da, folglich ist er noch da!" behauptete Lindsay. "Yes!" – "Dawuhd Arafim kann den Gang während der Zeit, da ich nicht hier war, verlassen haben. Nehmt die Lampen! Wir wollen zunächst in den Brunnen sehen!" – Wir schritten links hinüber und kamen an das Ende des Gangs. Der Brunnen war sehr tief. Sein dunkler Schlund zeigte uns nichts als Finsternis. Hier hinab konnte der Juwelendieb nicht entwichen sein. Darum suchten wir nun den zuletzt durchforschten Gang auf. Als wir an das Loch kamen, sahen wir, daß es eine Treppenöffnung bildete, deren erste Stufe aber so tief lag, daß man sie von oben nicht mit der Hand erfassen konnte. – "Wollen wir hinab?" fragte Mustafa Effendi mit gelindem Schauer. – "Natürlich. Es ist der einzige Weg, auf dem der Verbrecher entwischt sein kann." – "Aber wenn er von unten her auf uns schießt?" – "Du wirst hinter uns gehen. Gib mir dein Licht!"

Wir stiegen hinunter. Ich zählte wohl zwanzig Stufen. Unten gab es einen langen Gang, der weit unter der Erde hinführte und dann an einer Treppe endete, auf der wir emporstiegen. Droben standen wir wieder in einem Gang. Wir verfolgten ihn. Er führte zu einem Kreuzungspunkt, wie die vier bisher erforschten Bogengewölbe, und nun war guter Rat teuer. Sollten wir uns teilen oder beisammenbleiben? Wir entschieden uns für die Trennung. – Lindsay und der Bürgermeister bewachten mit dem einen Licht den Kreuzungspunkt, während ich nebst Halef mit der zweiten Lampe den nächsten Gang hinunterschritt. Auch er war sehr lang und wurde je länger desto breiter, zuletzt auch heller. Wir eilten vorwärts und erreichten das Tageslicht bei den beiden Doppelsäulen, hinter denen ich in diese Gänge eingedrungen war.

Aber wo waren Bill und Fred, die ich hierhergestellt hatte?

„Sihdi, Abrahim Mamur ist hier durchgekommen, und sie haben ihn", meinte Halef. – „Dann wären sie zum anderen Ausgang geeilt, um es uns zu melden Komm, wir wollen nachsehen!"

Wir eilten hinüber. Auch dieser Ausgang war unbewacht. Der Diener Jakubs hatte seinen Posten ebenfalls verlassen.

„Sie haben den Menschen zum Loch gebracht, in dem wir lagern, Sihdi", erklärte Halef. „Komm, laß uns hingehen!"

„Vorher holen wir den Inglis und den Beledije reïßi."

Wir rannten zurück, dorthin, wo wir hinter der Doppelsäule unsere brennende Lampe gelassen hatten und stiegen wieder in den Gang hinein, um die Zurückgebliebenen zu holen. Als wir mit ihnen draußen angekommen waren, löschten wir die Lampen aus und eilten dem Lagerplatz zu. Vor dem Loch sahen wir schon von weitem Lindsays neuen Diener unter lebhaften Gebärden mit Bill und Fred sprechen. Der arabische Diener Jakubs aber stand dabei und konnte sie nicht verstehen. Als die Leute uns bemerkten, kamen sie auf uns zugesprungen. – „Sir, er ist fort!" rief Bill schon von weitem.

„Wer?" – „Mr. Jakub Afarah." – „Wohin denn?" – „Wo der andere hin ist." – „Welcher andere?" – „Den wir fangen wollten."

„Ich verstehe euch nicht. Ich denke, ihr habt ihn!"

„Wir? Nein. Zu uns ist er nicht gekommen. Aber wir dachten, Mr. Jakub hätte ihn, weil wir ihn schießen hörten, und darum eilten wir ihm zu Hilfe." – „Warum hat er denn geschossen?" – „Fragt den da!" – Bill deutete auf Lindsays Diener, der bei Jakub Afarah zurückgeblieben war, und dieser berichtete uns ein ebenso wunderbares wie ärgerliches Erlebnis. Er hatte mit Jakub am Eingang des Loches gesessen und daran gedacht, daß wir den Juwelendieb nun bald bringen würden. Da begann es plötzlich hinter ihnen zu prasseln, und als sie sich umwandten, hatten sie gesehen, daß der zugeschüttete Hintergrund des Raumes im Zusammenstürzen war. Sie hatten nichts anderes geglaubt, als daß die ganze riesige Ruine niederbrechen werde und waren schleunigst davongelaufen. Da aber der gefürchtete Einsturz nicht erfolgte, kehrten sie langsam zurück und wollten eben in die Höhle eintreten, um den Schaden zu prüfen, als ihnen aus dem Loch ein Reiter entgegenkam. Es war der falsche Afrak Ben Hulam. Sie wichen entsetzt zurück, das benützte der Verbrecher und sprengte im Galopp davon. Jakub aber hatte sich rasch wieder gesammelt, raffte die erste beste Flinte auf, zog ein zweites Pferd Lindsays aus dem Loch und folgte dem Flüchtling, nachdem er ihm erfolglos zwei Kugeln nachgeschickt hatte. Das war erstaunlich anzuhören. Ich wollte es kaum glauben. Als wir aber in das Loch traten, wurde uns der Beweis, daß der Erzähler die Wahrheit gesprochen hatte. Mein erster Blick fiel auf die Stelle, wo das Paket mit den Schmucksachen gelegen hatte, es war verschwunden. Zwei Pferde Lindsays fehlten, darunter sein gutes Reitpferd. – "Ah! Oh! Weg!" zürnte der Englishman. "Ihm nach! Schnell! Yes!" Er wollte zum dritten Pferd, aber ich faßte seinen Arm. – "Aber wohin, Sir David?" – "Dem Verbrecher nach." – "Wißt Ihr denn, wohin er ist?" – "No."

"Dann seid so gut und bleibt hier, bis Jakub zurückkehrt! Von ihm werden wir das Nähere erfahren." – "Sihdi, was ist das?" rief Halef und hielt mir ein kleines, viereckiges Stück Papier entgegen. "Wo lag es?" – "Es klebte an dem Pferd." – Wirklich, das Papier war noch naß. Es war dem Pferd mit Speichel auf die Stirn geklebt worden und enthielt die türkischen Worte: "Dinledim we hep ischitelim"[1]. Das war stark! Hier in dem Loch hatte Dawuhd Arafim sicher keine Zeit gefunden, diese Worte zu schreiben; er mußte es schon früher getan haben. So sicher war er seiner Sache gewesen, als er den Plan, der dann so trefflich gelang, erst nur entwarf.

Nun traten wir zur Hinterwand, wo uns sofort alles klar wurde. Dieser Gang war nämlich nicht von selbst eingebrochen gewesen, sondern mit Absicht verschüttet worden. Man hatte über seine ganze Breite Bretter aufgerichtet und daran den Schutt so natürlich wie möglich aufgetürmt. Unten am Boden war die Masse wohl drei Meter, oben in der Nähe der Decke aber kaum einen Viertelmeter dick gewesen, und dort mochten sich auch einige Lücken befunden haben, durch die man das ganze Loch überblicken und die darin Befindlichen belauschen konnte. – Von dieser Vorrichtung hatte Dawuhd Arafim Kenntnis gehabt, vielleicht von seinem Vater her. Er hatte wohl bald bemerkt, daß ich ihm entkommen sei, und war dann in diesen Gang geeilt, um uns zu belauschen. Sobald nun die beiden Wächter der Schätze allein waren, hatte er die obere dünne Schicht der Verschüttung durchbrochen. Die hastige Flucht der beiden Männer hatte es ihm ermöglicht, ohne Kampf mit den Kostbarkeiten und dem Pferd zu entkommen. Dieser Mensch war wirklich ein ganz gerissener Verbrecher! – Der Engländer stand bei seinen beiden letzten Pferden und sattelte hastig. – "Diese Arbeit ist überflüssig", bemerkte ich. – "O no, sehr notwendig sogar!"

"Ihr könnt Eurem früheren Dolmetscher heute ja gar nicht folgen!" "Werde ihm aber folgen!" beharrte Lindsay eigensinnig.

"Bei Nacht? Seht Ihr denn nicht, daß es dunkel wird?"

"Ah! Hm! Yes! Aber er wird entkommen!" – "Das wollen wir abwarten." – Da trat der Beledije reïßi herbei.

"Kara Ben Nemsi Effendi, erlaubst du mir, euch einen Vorschlag zu machen?" – "Sprich!" – "Dieser Mensch ist sicher ins Gebirge entwischt, wohin ihr ihm nun nicht folgen könnt. Ich aber habe Leute, die jeden Pfad zwischen hier und dem Meer kennen. Soll ich Boten senden?" – "Ja, Mustafa Effendi, tu das! Es wird dir reichlich belohnt werden." – "Wohin soll ich schicken?" – "In die Hafenstädte, von wo er zu Schiff entfliehen könnte." – "Also nach Tripolis, Beirut, Saida, Es Sur und Akka?" – "Ja, nach diesen fünf Orten, denn der

---

[1] "Ich habe gehorcht und alles gehört"

Dieb wird nicht im Land bleiben. Mußt du diesen Boten Briefe mitgeben?" – „Ja." – „So eile, sie zu schreiben, und sende dann die Leute her, damit sie Reisegeld erhalten!" – „Sie werden von mir bekommen, was sie brauchen; ihr mögt es mir dann wiedererstatten. Sie würden von euch zu viel verlangen." – Der ehrliche Mann ging schleunigst in die Stadt. Wir konnten nichts Besseres tun, als den Gang besichtigen, durch den der Juwelendieb ausgebrochen war. Darum brannten wir die Lampen abermals an, ließen die Diener bei unseren Sachen zurück und kletterten über das Geröll.

Dieser Gang war von gleicher Länge wie der, den wir zuletzt durchforscht hatten, und führte auf die Kreuzung, von der aus ich dann mit Halef zur Doppelsäule gekommen war. Die Sache war höchst einfach, für uns aber recht ärgerlich. – Nach kaum einer Stunde erschien Mustafa Effendi wieder und brachte fünf Reiter mit. Er hatte sie schon mit Lebensmitteln und Geld versehen, doch erhielt jeder von Lindsay noch ein Backschisch, mit dem sie zufrieden sein konnten. Dann ritten sie ab. – Erst am späten Abend hörten wir draußen den Schritt eines müden Pferdes, und als wir vor den Eingang traten, erkannten wir Jakub Afarah, der von der Verfolgung zurückkam. Er stieg ab, ließ das Pferd laufen, trat ein und setzte sich stumm. Wir richteten auch keine Frage an ihn, bis er von selbst begann: „Allah hat mich verlassen! Er hat meinen Verstand verwirrt!" – „Allah verläßt keinen braven Mann", tröstete ich ihn. „Wir werden den Dieb wieder fangen. Wir haben schon Boten nach Tripolis, Beirut, Saida, Es Sur und Akka geschickt."

„Ich danke euch. Aber das wäre nicht notwendig gewesen, wenn Allah mich nicht verlassen hätte. Ich hatte ihn ja bereits."

„Wo?" – „Droben, jenseits des Dorfs Dschead. Mein falscher Neffe hatte hier in der Hast ein schlechtes Pferd genommen, ich aber bestieg das Tier des englischen Effendi. Das war besser als das seinige, und so kam ich ihm immer näher, obgleich er einen großen Vorsprung hatte. Wir jagten im Galopp nach Norden und brausten durch Schead. Ich war dem Schurken schon so nah, daß ich ihn fast mit der Hand erreichen konnte..." – „Hast du nicht geschossen?"

„Ich konnte nicht, weil ich die beiden Läufe schon vorher abgefeuert hatte. Ich fühlte mich doppelt stark in meinem Zorn; ich wollte den Betrüger im Galopp ergreifen und vom Pferd reißen. Da kamen wir an viele Nußbäume, die am Weg standen. Er glitt aus dem Sattel, warf sich das Paket über die Schulter und floh unter die Bäume. Zu Pferd konnte ich ihm nicht folgen, darum sprang ich auch ab. Ich jagte ihn weit, aber er war ein schnellerer Läufer als ich. Der Dieb schlug einen Bogen und kehrte zu der Stelle zurück, wo die Tiere standen. Er erreichte sie eher als ich und stieg auf das gute Pferd des Engländers, mir aber ließ er das schlechte."

„Das ist bös! Nun konntest du ihn nicht einholen."

„Ich versuchte es, aber es gelang nicht, und es wurde Nacht. Ich kehrte also um, fragte im Dorf nach dem Namen des Ortes und bin nun hier. Allah lasse einen jeden Stein, den Dawuhd Arafim mir gestohlen hat, zu einem Felsen der Trübsal für ihn werden!"

Der brave Mann war wirklich zu beklagen. Sein Eigentum zum zweitenmal zu verlieren! Und ich gab auch schon jede Hoffnung auf, die heutige Scharte auswetzen zu können. Ich hielt es für ziemlich sicher, daß der Juwelendieb nach Tripolis reiten werde, weil er die Richtung über Dschead eingeschlagen hatte. Da wir ihm erst in der Frühe folgen konnten, war es unmöglich, ihn zu erreichen, bevor er dort anlangte. – Zorniger vielleicht noch als Jakub war Lindsay. Daß dieser Spitzbube just sein bestes Pferd genommen hatte, erboste ihn im höchsten Grad. – "Lasse ihn hängen, well!" grollte er.

"Den, der Euer Pferd genommen hat?" – "Yes! Wen sonst?"

"So müßt Ihr unseren guten Jakub Afarah hängen lassen."

"Jakub Afarah? Den? Warum?" – "Er hat es genommen gehabt, aber dieser Spitzbube war so klug, es ihm abzujagen."

"Ah! Oh! Wieso? Erzählt!" – Ich berichtete dem Englishman den Sachverhalt. Anstatt aber ihn zu beruhigen, hatte ich Öl ins Feuer gegossen. Er schnitt ein Gesicht, wie ich es noch niemals bei ihm gesehen hatte, und rief im höchsten Zorn: "So ist es gewesen? Schrecklich! Entsetzlich! Hat das gute Pferd und kriegt ihn nicht! Läßt sich um dieses Pferd betrügen! Yes! Well!"

Jakub bemerkte an Lindsays Blicken, daß von ihm die Rede war, und konnte sich denken, wovon wir sprachen. – "Ich werde ihm ein anderes Pferd kaufen", erklärte er. – "Was will er?" fragte der Engländer. – "Jakub will Euch ein anderes Pferd kaufen."

"Er! Mir! David Lindsay? Ein Pferd? Ah, immer besser! Erst ärgerte mich, daß Spitzbube gerade das beste hatte; nachher ärgerte mich, daß er's nicht gehabt hat, und nun ärgert mich, daß man David Lindsay ein Pferd schenken will. Armseliges Land! Gehe fort, fahre nach Altengland! Hier gibt es keine klugen Menschen mehr!"

Das schien mir allerdings auch so, und ich riet, man solle sich niederlegen, um morgen in der Frühe zum Aufbruch gerüstet zu sein.

Lindsay bat Mustafa Effendi, ihm einen Mann mit zwei Mietpferden zu besorgen, was dieser auch zusagte; dann suchten wir die Ruhe.

Es war nach Mitternacht, als wir durch einen Ruf geweckt wurden. Draußen stand der Beledije reïßi mit dem bestellten Mann und mit den Tieren. Wir erhoben uns. Jakub Afarah belohnte den braven Beamten für seine Auslagen und Mühen, und dann brachen wir auf. Ich kann nicht sagen, daß wir ein freundliches Andenken an Baalbek mitnahmen. – Während unserer kurzen Vorbereitungen war es doch schon ziemlich licht geworden, so daß wir bereits sehen konnten. Sobald wir die grüne Ebene Baalbeks hinter uns hatten, mußten wir durch eine weite, unfruchtbare Landschaft, wo es aber einige hübsche Weinberge gab. Von der Einfriedung dieser Weinberge blickten uns weiße Heckenrosen und ‚Blutstropfen Christi' entgegen. Dann erreichten wir das Dorf Dschead. – Hier erkundigten wir uns und hörten, daß gestern kein Fremder übernachtet habe, daß aber ein von Aïn Ata kommender Bewohner einem einsamen Reiter begegnet sei, der jedenfalls nach Aïn Ata gewollt habe. In Aïn Ata erfuhren wir dann, daß dieser Reiter wirklich dort durchgeritten sei und sich einen Mann gemietet habe, der den kürzesten Weg nach Tripolis wisse. Wir nahmen uns auch einen solchen Führer und folgten sofort. So ritten wir unter steten Erkundigungen nach dem Verfolgten den Westabhang des Libanon hinab, ohne Aufenthalt, nur des Nachts ein wenig rastend. Ich hatte mir diese Reise über den Libanon ganz anders gedacht. Nicht einmal den berühmten Zedernwald konnte ich besuchen. — Endlich sahen wir das Mittelmeer in herrlichem Blau uns entgegenschimmern, und unten am Fuß des Gebirges und am Gestade des Meeres lag Tripolis, das die Araber Tarabulus nennen. Die Stadt zieht sich etwas in das Land zurück, und nur die Vor- oder Hafenstadt El Mina wird unmittelbar vom Meer bespült. Zwischen beiden aber duften die herrlichsten Gärten und befestigen den angenehmen Eindruck, den auch das Innere der Stadt auf den Beschauer macht. — Als wir der Stadt näher kamen, sahen wir einen zierlichen Segler den Hafen verlassen. Sollte es schon zu spät sein? Sollte sich der Verfolgte an Bord befinden? Wir strengten unsere Tiere an und brausten hinab, hinaus nach El Mina. Dort nahm ich mein Fernrohr und richtete es auf das Schiff. Es war noch nahe genug, um die Gesichtszüge der Männer zu erkennen, die zum Land zurückschauten. Ja, dort stand er an der Reling! Ich sah Dawuhd Arafim genau und stampfte zornig den Boden. — Neben mir stand ein türkischer Matrose.

„Was ist das für ein Schiff?" fragte ich. — „Maschallah! Ein Segelschiff!" antwortete er, mir mit seemännischer Verachtung den Rücken kehrend. — Etwas abseits stand der alte Reïs el-mîna[1], den ich an seinem Abzeichen erkannte. Ihm legte ich die gleiche Frage vor und erfuhr, daß es die ‚Bouteuse' aus Marseille war.

„Wohin unterwegs?" — „Nach Stambul." — „Geht bald ein anderes Schiff dorthin?" — „Es ist keines da. — Da hatten wir es. Wir hielten am Strand. Was tun? Der Engländer schimpfte englisch, und seine Diener halfen, Jakub schimpfte türkisch, und ich hätte ihm helfen mögen. Aber das konnte keinen Nutzen bringen. — „Wir müssen nach Beirut. Dort finden wir sicher ein Fahrzeug nach Stambul", schlug ich vor. — „Glaubst du wirklich, Effendi", fragte Jakub Afarah.

„Ich bin überzeugt davon." — „Aber du wolltest doch nach Jerusalem!" — „Dazu ist auch später Zeit. Ich habe nicht eher Ruhe, als bis ich weiß, ob die Juwelen für dich verloren sind oder nicht."

Mein kleiner Hadschi Halef Omar fragte, ob ich ihn mitnehmen wolle. Konnte ich diesen treuen Gefährten abweisen? Und daß Lindsay uns nicht allein reisen lassen werde, war ebenso klar. Jakub Afarah lohnte seinen Führer und den Pferdeverleiher ab; dies tat auch der Engländer. Es wurden andere Führer und Tiere genommen, und am nächsten Morgen setzte sich der Zug in Bewegung.

[1] Hafenmeister

In Beirut angekommen, erfuhren wir, daß ein amerikanischer Schoner dalag, der nach Stambul fahren wollte. Wir sahen ihn uns an. Er war scharf auf dem Kiel gebaut und hatte Klippertakelung, war also ein guter Segler, dem man sich anvertrauen konnte, wenn man keine Scheu vor ein wenig Sturzsee hatte. Wir sprachen mit dem Kapitän und wurden mit ihm einig. Lebwohl, du stolzer Libanon! Diesesmal bin ich achtlos an dir vorübergegangen! Doch auf Wiedersehn ein andermal!

13. Bei den Tanzenden Derwischen

Saßen da zwei Männer in einem Zimmer des Hotel de Pest in Pera, tranken den ausgezeichneten Ruster, den ihnen der Wirt, Herr Totfaluschi, eingeschenkt hatte, und rauchten dazu mit nachdenklichen Gesichtern. – Sie sahen nicht gerade „geschniegelt und gebügelt" aus. Das Äußere des einen bestand in langen, starken Juchtenstiefeln, einer braunen Hose, braunen Jacke, sonnverbranntem Gesicht und braunen Beduinenhänden. Die Außenseite des anderen war ‚grau in grau' gemalt, die Nase ausgenommen, die sich in einem andauernden Erröten darstellte. – Plötzlich öffnete der Graue seinen Mund, schüttelte die Nase und schloß die Augen. Er konnte es nicht länger verhindern; einer seiner großen Gedanken befreite sich und riß sich los in den siegreich aufklingenden Worten: „Sir, was haltet Ihr von der orientalischen Frage?"

„Daß sie nicht mit einem Frage-, sondern mit einem Ausrufzeichen zu versehen ist", lautete die Antwort des Braunen.

Der Graue tat seinen Mund wieder zu, riß die Augen auf und machte ein Gesicht, als habe er soeben einen Band von Keladis ‚Sprüche eines Weisen' verschlingen müssen. – Der Graue war Sir David Lindsay, und der Braune war ich. Ich habe mich niemals leidenschaftlich mit Politik beschäftigt, und die orientalische Frage ist mir vollends ein Greuel. Wer den Begriff erst erklären kann, der mag danach die Frage lösen. Sie und der sogenannte ‚kranke Mann' haben mich selbst in der lebhaftesten Gesellschaft sofort zum Schweigen gebracht. Ich habe nicht politische Medizin studiert und kann also nicht sagen, an welcher Krankheit dieser Mann leidet; aber ich meine, daß auch in seiner Nähe Zustände herrschen, die ich nicht gesund nennen möchte. – Der Türke ist ein Mensch, und einen Menschen macht man nicht damit gesund, daß die Nachbarn sich um sein Lager stellen und mit Säbeln ein Stück nach dem anderen von seinem Leib hacken, sie, die doch Christen sind. Einen kranken Mann macht man nicht tot, sondern man macht ihn gesund, denn er hat ein ebenso heiliges Recht zu leben wie jeder andere. Man entzieht seinem Körper die Krankheitsstoffe, die ihm schädlich sind, reicht ihm dafür das Mittel, das ihn heilt und wieder zu einem leistungsfähigen Menschen macht. Der Türke war einst ein zwar rauher, aber wackerer Nomade, ein ehrlicher, gutmütiger Geselle, der gern einem jeden gönnte, was ihm gehörte, sich aber auch etwas. Da wurde seine einfache Seele umsponnen von dem gefährlichen

Gewebe islamitischer Schwärmereien und Eroberungsgelüste; er verlor die Klarheit seines ohnedies ungeübten Urteils, wollte sich gern zurechtfinden und wickelte sich nur um so tiefer in Irrungen hinein. Da wurde der bärbeißige Geselle zornig, zornig gegen sich und andere; er wollte sich Gewißheit verschaffen, wollte sehen, ob es wahr sei, daß das Wort des Propheten auf der Spitze der Schwerter über den Erdkreis schreiten könne. Er hängte sich den Köcher um, griff zu Speer und Bogen, bestieg ein zottiges Pferd und nahm den ersten besten Nachbarn beim Schopf. Der Türke siegte und siegte wieder; das begann ihm zu gefallen. Er fühlte mit den Siegen seine Kräfte und sein Selbstvertrauen wachsen, darum ging er mit kühnen Schritten weiter. Es lagen ihm Tausende zu Füßen; er konnte in Gold und Perlen wühlen, aber er aß nach wie vor seinen trockenen Schafkäse zu hartem Haferbrot, denn das gab ein festes Knochengerüst und eiserne Muskeln.

Das blieb so, bis er gezwungen wurde, bis an den Leib im Sumpf byzantinischer Heuchelei zu waten. Man schmeichelte ihm, man machte ihn zum Halbgott; man zerstreute ihn durch hundert Aufmerksamkeiten; man erfand tausend lockende Laster, um Einfluß auf ihn zu gewinnen, und lehrte ihn Bedürfnisse, die ihn zugrunde richten mußten. Seine Natur widerstand lange; aber als er einmal zu siechen begann, ging es mit Riesenschritten bergab, und nun liegt er da, umringt von eigennützigen Ratgebern, die sich nicht scheuen, noch bei seinen Lebzeiten sein Erbe an sich zu reißen.

Warum diese Einleitung? Einfach darum: Ich hasse den Türken nicht, sondern er dauert mich, weil ich ein Christ bin, und es tut mir immer weh, wenn ich einen Türkenfresser behaupten höre, dem Osmanen sei nicht zu helfen. Das ist Pharisäerhochmut, aber kein Christensinn!

Drunten im Goldenen Horn lag die „Bouteuse". Sie hatte die Flügel eingezogen und sich an die Kette legen lassen. Vorher aber war sie eine gute Seglerin und zeigte sich unserem amerikanischen Klipper gewachsen, denn sie war einen vollen Tag früher als wir in Stambul.

Als wir an Land stiegen, war mein erster Weg zur „Bouteuse". Der Kapitän empfing mich mit der liebenswürdigen Höflichkeit, die den Franzosen im gesellschaftlichen Leben eigentümlich ist.

„Sie wünschen, mein Schiff zu besehen?" fragte er mich. – „Nein, Herr Kapitän. Ich möchte mich bei Ihnen nach einem ihrer letzten Fahrgäste erkundigen." – „Ich stehe zu ihren Diensten." – „Es ist in Tripolis ein Mann bei Ihnen an Bord gegangen..." – „Ein einziger, ja." – „Darf ich fragen, unter welchem Namen?" – „Ah, Sie sind Polizist?" – „Nein, ich bin ein einfacher Deutscher. Der Mann, nach dem ich frage, hat in Damaskus einem Freund von mir wertvolle Schmucksachen gestohlen. Wir folgten ihm, kamen aber in Tripolis erst an, als Sie im Begriff standen, die See zu gewinnen. Wir konnten nur in Beirut Gelegenheit finden, Ihrem Kurs zu folgen. Das sind die Gründe meines Besuches auf Ihrem Fahrzeug." – Der Kapitän strich sich nachdenklich das Kinn. „Ich bedaure Ihren

Freund von Herzen, weiß aber nicht, ob ich Ihnen von Nutzen sein kann, so gern ich das auch möchte." – „Der Mann ist sofort von Bord gegangen?" – „Sofort. Ah, da fällt mir ein, daß er einen Hammâl[1] an Bord winkte, um sich seine Sachen tragen zu lassen. Sie waren nicht bedeutend, er hatte nur ein Paket. Ich würde diesen Hammâl wieder erkennen. Der Fahrgast nannte sich Afrak Ben Hulam."

„Das ist ein falscher Name." – „Wahrscheinlich. Kommen Sie wieder an Bord! Ich will Ihnen gern versprechen, jenen Hammâl anzureden, wenn er mir begegnen sollte." – Ich ging. Die anderen erwarteten mich am Kai. Jakub Afarah stellte sich an unsere Spitze, um uns zum Haus seines Bruders zu führen. Weder Lindsay noch ich hatten die Absicht, dessen Gastfreundschaft zu benützen. Wir wollten uns ihm lediglich vorstellen. – Maflei, der Großhändler, wohnte in der Nähe der Jeni Dschami, der neuen Moschee. Das Äußere seines Hauses ließ keinen Schluß auf die Größe seines Reichtums zu. Wir wurden, ohne daß wir unsere Namen nannten, in das Selamlik geführt, wo wir nicht lang auf das Erscheinen des Hausherrn zu warten brauchten. – Er schien über den zahlreichen Besuch erstaunt zu sein: als er jedoch seinen Bruder erkannte, vergaß er ganz die dem Muslim sonst selbstverständliche Zurückhaltung und eilte auf ihn zu, um ihn zu umarmen. – „Maschallah, mein Bruder! Begnadigt Allah meine Augen mit wahrem Licht?" – „Du siehst richtig, mein Bruder!"

„So segne Allah deinen Eintritt und den deiner Freunde!"

„Ja, es sind Freunde, die ich dir bringe." – „Kommst du in Geschäften nach Stambul?" – „Nein. Doch davon sprechen wir später. Ist Isla, der Sohn deines Herzens, in Stambul oder auf Reisen?"

„Er ist hier. Seine Seele wird sich freuen, dein Angesicht zu sehen."

„Dein Sohn wird wird auch noch andere Freude empfinden. Rufe ihn!" – Es vergingen einige Minuten, ehe Maflei zurückkehrte. Er brachte Isla mit, und ich trat bei seinem Eintritt ein wenig zur Seite. Der junge Mann umarmte seinen Oheim und sah sich dann im Kreis um. Sein Blick fiel auf Halef, und sofort erkannte er ihn.

„Allah! Hadschi Halef Omar Aga, du hier? Du bist in Stambul?" rief er erstaunt. „Sei mir gegrüßt, Gefährte meines Freundes! Hast du dich von ihm getrennt?" – „Nein." – „So ist er auch in Stambul?" „Ja." – „Warum kommt er nicht mit dir?" – „Sieh dich um!"

Isla wandte sich um und lag mir im nächsten Augenblick in den Armen. „Effendi, du weißt nicht, welche Freude du mir bereitest! Vater, sieh dir diesen Mann an! Das ist Kara Ben Nemsi Effendi, von dem ich dir erzählt habe, und das ist Hadschi Halef Omar Aga, sein Begleiter." – Jetzt gab es ein Willkommen, bei dem selbst das Auge des Engländers leuchtete. Diener mußten springen, um Pfeifen und Kaffee zu holen. Maflei und Isla schlossen sofort ihr Geschäft, um sich uns widmen zu können, und bald saßen wir erzählend auf den Polstern. – „Aber wie kommst du mit dem Effendi zusammen, Oheim?" fragte Isla Ben Maflei. – „Er war mein Gast in Damaskus.

---

[1] Lastträger

Wir trafen uns in der Steppe und sind Freunde geworden." – „Warum bringst du uns nicht Grüße von Afrak Ben Hulam, dem Sohn meines Oheims?" – „Grüße kann ich dir nicht bringen, aber Nachricht habe ich für dich." – „Nachricht, aber keine Grüße? Ich verstehe dich nicht." – „Es ist ein Afrak Ben Hulam bei mir angekommen, aber er war der richtige nicht." – „Allah! Wie ist das möglich? Wir gaben ihm einen Brief mit. Hat er ihn dir nicht überbracht?" – „Doch. Ich nahm den Mann auf, wie ihr es begehrtet, ich gab ihm einen Platz in meinem Haus und in meinem Herzen, aber er war undankbar, indem er mir für viele Beutel Juwelen stahl."

Die Verwandten vermochten bei dieser Kunde kein Wort zu sagen, so erschraken sie. Dann aber fuhr der Vater auf und rief: „Du irrst! Das tut kein Mensch, der das Blut unserer Väter in seinen Adern hat." – „Ich stimme dir bei", erwiderte Jakub Afarah ernst. „Denn der mir deinen Brief brachte und sich Afrak Ben Hulam nannte, war ein Fremder." – „Glaubst du, daß ich einem Fremden solche Briefe anvertraue?" – „Es war ein Fremder. Früher hieß er Dawuhd Arafim, dann nannte er sich Abraham Mamur und jetzt . . ." – Da sprang Isla auf. „Abraham Mamur? Was sagst du von ihm? Wo ist er? Wo hast du ihn gesehen?" – „In meinem Haus war er, unter meinem Dach hat er gewohnt und geschlafen. Ich habe ihm Schätze im Wert von Millionen anvertraut, ohne zu ahnen, daß es Abraham Mamur ist, euer Todfeind!" – „Allah kerihm! Meine Seele wird zu Stein!" klagte der Alte. „Welch ein Unglück hat mein Brief angerichtet! Aber wie ist er in seine Hand gekommen?"

„Der Verbrecher hat unseren Neffen Afrak Ben Hulam, den ich ja nicht kannte, ermordet und ihm den Brief abgenommen. Nachdem er diesen gelesen hatte, entschloß er sich, als mein Verwandter zu mir zu gehen und meinen Laden auszuplündern. Nur Kara Ben Nemsi Effendi verdanke ich es, daß es nicht geschehen ist." – „Was hast du mit Abraham Mamur getan?" – „Der Verbrecher entfloh uns, und wir sind ihm nachgejagt. Er ist gestern mit einem französischen Schiff hier angekommen. Wir aber kamen erst heute an."

„So werde ich mich gleich bei dem Franzosen erkundigen", meinte Isla, sich erhebend. – „Du kannst bleiben", wehrte ich seinen Eifer. „Ich war dort. Der Dieb hatte das Schiff schon verlassen, aber der Kapitän versprach, uns behilflich zu sein. Er hat mich eingeladen, wieder zu ihm zu kommen." – „So martert unsere Seelen nicht und erzählt die Begebenheit, wie sie geschah", bat Maflei.

Sein Bruder kam dieser Aufforderung nach, berichtete ausführlich die ganze Begebenheit und rief damit die größte Bestürzung hervor. Maflei wollte sofort zum Kadi laufen und ganz Stambul nach dem Verbrecher durchsuchen lassen. Er schritt im Selamlik umher wie ein Löwe, der seinen Feind erwartet. – Auch sein Sohn Isla war im höchsten Grad erregt. Erst als das zornige Blut ruhiger durch die Adern floß, kam auch die ruhige Überlegung zurück, die notwendig war, über einen solchen Gegenstand einen Beschluß zu fassen.

Ich riet von jeder Herbeiziehung der Polizei für jetzt ab; ich wollte sehen, ob es mir oder einem anderen von uns gelänge, eine Spur des Verbrechers zu entdecken. Diese Ansicht kam zur Geltung.

Als ich mit Lindsay und Halef aufbrechen wollte, gaben es Maflei und Isla um keinen Preis zu. Sie verlangten unbedingt, daß wir während unseres Aufenthaltes in Stambul ihre Gäste sein sollten. Damit wir ungestört wohnen könnten, boten sie uns ein abgesondert gelegenes Gartenhaus an, und wir waren gezwungen, ihnen zu willfahren, wenn wir sie nicht beleidigen wollten.

Dieses Haus stand im hintersten Teil des Gartens; seine Räumlichkeiten waren nach türkischen Begriffen sehr gut ausgestattet, und wir konnten in unserer Abgeschlossenheit nach unserem Belieben leben, ohne unsere Freiheit durch die Gebräuche des Landes beeinträchtigt zu sehen. Wir hatten Zeit, uns auszuruhen und die Art und Weise zu besprechen, wie wir die Spur unseres Feindes entdecken könnten. Das war für Konstantinopel, in dessen Gedränge der einzelne so leicht verschwinden kann, eine sehr schwierige Aufgabe. Es blieb uns nicht viel anderes übrig, als uns auf das gute Glück zu verlassen und daneben die Stadt in allen ihren Teilen fleißig zu durchsuchen. Vor allem besuchte ich schleunigst den Kapitän der ‚Bouteuse' und gab ihm meine Wohnung beim Großkaufmann Maflei an. Dies zeitigte bald einen Erfolg, denn schon am dritten Tag unserer Ankunft kam ein Hammâl zu uns, der vom Kapitän zu uns geschickt worden war. – Ich fragte ihn nach dem Fahrgast, dessen Gepäck er von der ‚Bouteuse' getragen habe, und hörte, daß der Mann in ein Haus der großen Perastraße gegangen sei. Der Lastträger behauptete, sich dieses Hauses genau erinnern zu können, und erbot sich, mich hinzuführen. Natürlich machte ich von diesem Anerbieten sofort Gebrauch. – In dem Hause wohnte ein Kitak[1], der sich besinnen konnte, daß zur angegebenen Zeit ein Mann bei ihm gewesen war, der ihn nach einer zu vermietenden Wohnung gefragt habe. Er sei darauf mit ihm gegangen, um ihm verschiedene Häuser zu zeigen, doch habe dem Fremden keine dieser Wohnungen gepaßt. Sie waren dann auseinandergegangen, ohne sich weiter um einander zu kümmern. – Das war alles, was ich erfahren konnte. Dafür aber hatte ich auf dem Heimweg eine bedeutsame Begegnung, die mich für den Mißerfolg entschädigen zu wollen schien. Ich trat nämlich in ein Kaffeehaus, um mir ein Schälchen Mokka nebst einer Pfeife geben zu lassen, und hatte mich kaum auf mein Polster gesetzt, als ich seitwärts von mir eine Stimme in deutscher Sprache rufen hörte: „Hurrjeh, is et möchlich oder nich? Sind Sie det wirklich, oder is et en andrer?" – Ich drehte mich zum Sprecher um und erblickte ein dicht behaartes Gesicht, das mir bekannt vorkam, ohne daß ich mich sofort besinnen konnte, wo ich es gesehen hatte.

„Meinen Sie mich?" fragte ich den Mann. – „Ja, wen denn sonst? Kennen Sie mir nich mehr?" – „Freilich müßte ich Sie kennen, doch bitte ich Sie, meinem Gedächtnis ein wenig zu Hilfe zu kommen!"

[1] Agent

„Haben Sie den Hamsad el Dscherbaja vajessen, der Ihnen am Nil dat schöne Lied von Kutschke vorjesungen hat und nachher mit..." – Ich unterbrach ihn schnell: „Ah, richtig! Ihr großer Bart machte mich irre. Grüß Gott, Landsmann! Setzen Sie sich an meine Seite! Sie haben doch Zeit?" – „Mehr als jenug, wenn Sie so jut sein wollen, meinen Kaffee zu bezahlen. Ich bin nämlich, so was man sacht, een bißken abjebrannt." Er nahm an meiner Seite Platz, und wir konnten uns unterhalten, ohne besorgt sein zu müssen, daß unser Deutsch von den anwesenden Türken verstanden würde.

„Also Sie sind ein bißchen abgebrannt! Wie kommt das?" fragte ich. „Erzählen Sie, wie es Ihnen ergangen ist, seit wir uns nicht gesehen haben!" – „Wie soll es mich jegangen sind? Schlecht! Damit ist alles jesacht. Dieser Isla Ben Maflei, dem ich bediente, hat mir fortjejacht, weil er meinte, daß er mir nicht mehr brauchte. So kam ich nach Alexandrien und jing mit einem Griechen nach Kandia und von da aus als halber Matrose nach Stambul, wo ick mir selbständig jemacht habe." – „Als was?" – „Als Vermittler von vieles, als Führer durch die Stadt, als Jelegenheitsdiener und Aushilfe für allens, womit ick mich Jeld vadienen kann. Aber et jibt kenen, dem ich vamitteln soll, so loofen alle ohne mir durch die Stadt. Ick finde keene Jelegenheit, jemand auszuhelfen, und so jehe ick spazieren und hungere, daß der Magen pfeift. Ick hoffe, daß Sie sich meiner annehmen werden, Herr Landsmann, denn Sie wissen ja, wie jut ick Ihnen bei dem damalijen Abenteuer an die Hand jejangen bin!" – „Wir werden sehen!" erwiderte ich. „Warum haben Sie sich nicht an Isla Ben Maflei gewandt? Er ist doch in Stambul." – „Danke sehr! Von ihm mach ick nischt wissen. Er hat mir jekränkt; er hat mir bei meiner Ehre anjejriffen und valetzt; er soll nie nich dat Vajnüjen haben, mir bei sich zu sehen." – „Ich wohne bei ihm", bemerkte ich. – „Oh, dat is unanjenehm, denn da kann ick Ihnen nich besuchen!" – „Sie besuchen ja nicht ihn, sondern mich."

„Wenn ooch! Ick werde sein Haus unter keenem Umstand betreten. Aber lieb wäre es mich, wenn ick Ihnen off irjendeene Weise dienen könnte." – „Das können Sie. Erinnern Sie sich jenes Abraham Mamur, dem wir das Mädchen entführten?" – „Sehr jenau. Er hieß eejentlich Dawuhd Arafim und is uns ausjerissen." – „Er ist hier in Konstantinopel, und ich suche ihn." – „Daß er hier is, weeß ick jenau, denn ick habe ihm jesehen." – „Ah! Wo?"

„Droben in Dimitri, wo ick ihm bejejnet bin, ohne daß er mir erkannt hat." – Ich wußte, daß Sankt Dimitri nebst Tatawla, Jeni Mahalle und Feriköj zu den verrufensten Stadtteilen gehörte und fragte daher: „Sind Sie oft in Dimitri?" – „Sehr oft. Ick wohne da."

Nun wußte ich genug. Dieser Barbier aus Jüterbog hatte sich bei dem griechischen Gesindel in Dimitri eingebürgert, das den verkommensten Teil der Bevölkerung Stambuls bildet. Dort ist das Verbrechen ebenso zu Hause wie in der berüchtigten Wasserstraße New Yorks oder in den Blackfriarsgäßchen Londons. Des Abends ist es gefährlich, sich dort sehen zu lassen, und selbst am Tag öffnen sich bei jedem Schritt rechts und links die Höhlen, in denen das Laster seine wüsten Feste feiert oder unter ekelhaften Krankheiten sein Dasein verjammert. – „In St. Dimitri wohnen Sie?" fragte ich deshalb. „Gab es keinen anderen Ort, wo Sie eine Wohnung finden konnten?"

„Jenug Orte, aber in Dimitri is et janz schön, besonders wenn man Jeld hat, um diese Schönheit zu jenießen." – „Haben Sie Abraham Mamur beobachtet, als Sie ihm begegneten? Es kommt mir sehr darauf an, seinen Aufenthaltsort zu erfahren." – „Ick habe ihm loofen lassen, denn ick war nur froh, daß er mir nich bemerkte, aber ich kenne dat Haus, aus dem er kam, und ick werde mir dort mal erkundigen." – „Haben Sie nicht Lust, mir dieses Haus jetzt gleich zu zeigen?" – „Ja. Ick bin einverstanden." – Ich bezahlte für uns beide; dann nahmen wir zwei Pferde, die in der Nähe zu vermieten waren, und ritten durch Pera und Tepe Baschi hinauf nach St. Dimitri. – Man sagt, Kopenhagen, Dresden, Neapel und Konstantinopel seien die vier schönsten Städte Europas. Ich habe keine Veranlassung, dieser Behauptung entgegenzutreten. Aber in Beziehung auf Konstantinopel muß ich doch bemerken, daß man diese Stadt nur dann schön zu finden vermag, wenn man sie von außen, vom Goldenen Horn aus, betrachtet; sobald man dagegen ihr Inneres betritt, wird die Enttäuschung nicht ausbleiben. Ich erinnere mich dabei jenes Lords, von dem erzählt wird, daß er zwar mit seiner Dampfjacht Konstantinopel besucht, aber dabei sein Fahrzeug nicht verlassen habe. Er fuhr von Rodosto am Nordufer des Marmarameers bis Stambul, lenkte in das Goldene Horn ein, wo er hinauf bis nach Ejub und Südlüdsche dampfte, kehrte um und segelte im Bosporus bis an dessen Mündung ins Schwarze Meer; dann fuhr er wieder zurück, im Bewußtsein, sich den Gesamteindruck Konstantinopels nicht durch Eingehen auf die garstigen Einzelheiten verdorben zu haben. – Betritt man hingegen die Stadt, so kommt man in enge, krumme, winklige Gäßchen und Gassen. Pflaster gibt es nur selten. Die Häuser sind meist aus Holz gebaut und kehren der Gasse eine öde, fensterlose Vorderseite zu. Bei jedem Schritt stößt man auf einen der häßlichen, struppigen Hunde, die hier die Wohlfahrtspolizei versehen, und wegen der Enge der Gassen muß man jeden Augenblick gewärtig sein, von Lastträgern, Pferden, Eseln und anderen Tieren oder auch Menschen in den Kot gerannt zu werden.

So war es auch auf unserem Weg nach St. Dimitri. Die Gassen waren von den Überresten, die Fisch-, Fleisch-, Obst- und Gemüsehändler weggeworfen hatten, verunreinigt. Melonenschalen faulten in Mengen am Boden. Neben den Fleischereien stank das Blut in breiten Lachen; Kadaver von Hunden, Katzen und Ratten, abgerissene Stücke von gefallenen Pferden hauchten einen fürchterlichen Geruch aus. Geier und Hunde waren die einzigen Wesen, die für die Milderung dieses unerträglichen Zustandes sorgten. Wir konnten kaum den Hammâlen ausweichen, die große Steine, Bretter und Balken durch die verwahrlosten Gassen schleppten. Begegnete uns einmal ein bepackter Esel, ein dicker, berittener Türke, oder gar ein mit Ochsen bespannter Frauenwagen, so war es geradezu eine Kunst, vorüberzukommen, ohne zerquetscht zu werden.

So gelangten wir endlich nach St. Dimitri. Hier stiegen wir ab und gaben unseren Atdschis[1] ihre Pferde zurück. Zunächst zeigte mir der Jüterboger seine Wohnung; sie lag im Hinterteil einer halb verfallenen Hütte und war einem Ziegenstall ähnlicher als einer menschlichen Behausung. Die Tür wurde von einigen zusammengeklebten Papierbogen gebildet; das Fenster war einfach ein durch die Wand gestoßenes Loch, und an Geschirr und Gerät hatte er nichts aufzuweisen als einen henkellosen Wasserkrug, über dessen Öffnung eine Kreuzspinne ihr Netz gewoben hatte, und ein Stück von einem zerfetzten Segel, das als Sofa und Schlafgelegenheit diente.

Ich sah mir diese traurige Einrichtung wortlos an und folgte dem Barbier dann wieder hinaus auf die Straße. Er führte mich in ein Haus, dessen Äußeres nichts Gutes verhieß, und dessen Inneres diese Ahnung bestätigte. Es war eines jener griechischen Wein- und Kaffeehäuser, in denen der Wert eines Menschenlebens gleich Null ist, und deren Bewohner und Besucher in ihrem Leben und Treiben unmöglich beschrieben werden können. – Ohne sich in dem vorderen Raum aufzuhalten, geleitete mich der Barbier in ein hinteres Gemach, wo man Karten spielte und – Opium rauchte. Die Raucher lagen in den verschiedensten Zuständen auf langen, schmalen Strohpolstern, die sich an zwei Wänden des Zimmers hinzogen. Da war ein alter Mann eben beschäftigt, das Gift in Brand zu setzen. Seine skelettartige Gestalt hatte sich vor Begierde aufgerichtet; seine Augen, sonst erloschen, funkelten vor Verlangen, und seine Hände zitterten. Er machte einen abscheulichen Eindruck auf mich. Daneben lag ein junger, kaum zwanzigjähriger Bursche im Betäubungstraum; er lächelte, als befände er sich im siebenten Himmel Mohammeds. Auch er war bereits dem Teufel des Opiums verfallen, der so leicht keinen losläßt. In seiner Nähe wand sich ein langer, hagerer Dalmatiner in der höchsten Steigerung des Rausches, und unweit davon grinste die widerliche Fratze eines verkommenen Derwischs, der sein Kloster verlassen und diese Höhle aufgesucht hatte, um den Rest seiner Lebenskraft den wahnwitzigen Bildern der trügerischen Betäubung zu opfern.

„Rauchen Sie etwa auch?" fragte ich ahnungsvoll meinen Landsmann. – „Ja", antwortete er, „aber et is noch nich lang her." – „Um Gottes willen, dann ist es vielleicht noch Zeit, davon zu lassen! Wissen Sie denn noch nicht, wie teuflisch dieses Gift wirkt?"

„Teuflisch? Hm, dat scheinen Sie doch nich zu vastehen! Es wirkt im Jejenteil janz himmlisch. Wollen Sie's mal versuchen?"

„Fällt mir nicht ein. – Was kann man hier trinken?" – „Wein. Ick werde man bestellen, dat andere is Ihnen Ihre Sache!" – Wir

---

[1] Pferdeverleiher

erhielten einen dicken, roten, griechischen Wein, dessen schlechten Geschmack man nicht begreifen kann, wenn man weiß, wie köstlich die großbeerigen griechischen Trauben sind. Das also war das Haus, in dem Abrahim Mamur verkehrte. Ich erkundigte mich bei dem Wirt nach ihm; da ich aber aus Vorsicht keinen Namen nennen durfte und auch nicht wußte, welchen Namen er sich jetzt beigelegt hatte, war diese Nachforschung vergeblich.

Deshalb trug ich dem Barbier auf, die Augen offenzuhalten und es mich wissen zu lassen, wenn er den Gesuchten fände. Ich versah ihn mit einer kleinen Geldsumme und verabschiedete mich, hatte aber die traurige Spelunke noch nicht verlassen, so saß er schon bei den Spielern, um das Geld im Glücksspiel zu verlieren und den Rest wohl in Opium zu verrauchen. Ich gab den Mann an Leib und Seele verloren, nahm mir aber dennoch vor, ihn womöglich von der schiefen Bahn wieder abzulenken. – Der nächste Tag war ein Freitag, und Isla lud mich ein, ihn auf einem Spaziergang nach Pera zu begleiten. Wir gelangten auf dem Rückweg an ein moscheeartiges Gebäude, das in der Nähe der russischen Gesandtschaft lag und von der Straße durch ein Gitter getrennt wurde. Isla blieb stehen und fragte: „Effendi, hast du einmal die Chora-tepenler[1] gesehen?" – „Ja, doch nicht hier in Konstantinopel."

„Das ist ihr Tekke[2], und jetzt ist die Stunde ihrer Andachten. Willst du mit mir eintreten?" – Ich bejahte und wir traten durch den weit geöffneten Torflügel in den mit breiten Marmorplatten gepflasterten Hofraum. Seine linke Seite wurde durch einen ebenfalls vergitterten Friedhof begrenzt. Zwischen dem Gitter erblickte man im Schatten hoher, dunkler Zypressen eine Menge weißer Leichensteine, die oben mit einem turbanähnlichen Aufsatz verziert waren. Die eine Seite der Steine trug den Namen des Toten und einen Spruch aus dem Koran eingemeißelt. Türkische Frauen hatten sich diesen Friedhof zur Nachmittagszusammenkunft ausersehen, und wohin man nur sah, schimmerten weiße Schleier und farbige Mäntel zwischen den Bäumen. Der Türke liebt es, die Orte zu besuchen, wo seine Toten ihren ewigen ‚Kef' halten. – Den Hintergrund des Hofes nahm ein runder Bau ein, der mit einer Kuppel bedeckt war, und die rechte Seite wurde vom Kloster gebildet, einem einstöckigen, auch mit einem Kuppeldach versehenen Gebäude, dessen Rückseite der Straße zugekehrt war. – In der Mitte des Hofes stand eine hohe, bis zur Spitze mit Efeu umrankte Zypresse. Der Hof selbst war voll von Menschen, die alle zu dem Rundbau drängten. Isla führte mich jedoch zunächst in das Kloster, um mir das Innere eines türkischen Derwischhauses zu zeigen. – Derwisch ist ein persisches Wort und bedeutet: ‚Armer'; das arabische Wort dafür ist ‚Fakir'. Derwisch wird jeder Angehörige eines religiösen islamitischen Ordens genannt. Dieser Orden gibt es viele, doch legen ihre Angehörigen kein Gelübde ab. Das Gelöbnis der Armut und Keuschheit

---

[1] ‚Die Tanzenden' = tanzende Derwische [2] Kloster

und des Gehorsams kennen sie nicht. Die Tekke und Changah[1] sind oft sehr reich an Grundstücken, Vermögen und Einkünften, wie überhaupt die türkische Geistlichkeit keineswegs in Dürftigkeit lebt. Die Mönche sind meist verheiratet und beschäftigen sich, abgesehen von den gemeinsamen Andachten, mit Essen, Trinken, Schlafen, Spielen, Rauchen und Nichtstun. Früher hatten die Derwische eine große religiöse und politische Bedeutung; jetzt aber ist ihr Ansehen gesunken, und nur vom niederen Volk wird ihnen noch eine gewisse Achtung gezollt. Darum sind sie auf Künste bedacht, durch die sie sich den Anstrich von Gottbegeisterten oder Wundertätern geben möchten. Sie verrichten allerlei Kunststückchen und geben Vorstellungen, in denen sie sich in eigentümlichen Tänzen oder heulenden Gesängen sehen lassen. – Hinter der Klosterpforte traten wir in einen hohen, kühlen Querraum, der die ganze Breite des Gebäudes einnahm. Von hier zweigte zur linken Hand ein Gang im rechten Winkel ab, mit der Langseite des Klosters gleichlaufend. Auf diesen Gang öffneten sich die Zellen der Derwische; die Fenster der kleinen Einzelräume gingen auf den Hof hinaus. Türen gab es nicht, und so konnte man vom Gang in jede der offenen Zellen blicken. Ihre Einrichtung war einfach; sie bestand nur aus schmalen Kissen, die an den Wänden lagen. Auf diesen Diwanen saßen die Derwische, auf dem Kopf zuckerhutartige Filzmützen, ähnlich den in unseren Zirkusvorstellungen von den Clowns getragenen. Einige rauchten, andere bereiteten sich auf den bevorstehenden Tanz vor, und noch andere saßen ohne Bewegung in sich versunken da.

Von hier aus begaben wir uns zum Rundbau, wo wir zunächst einen viereckigen Vorsaal betraten, aus dem man in den großen, achteckigen Hauptsaal gelangte. Eine von schlanken Säulen getragene Kuppelwölbung bildete das Dach, und eine Reihe großer, offenstehender Fenster nahm die Rückseite ein. Der Boden war spiegelglatt getäfelt. Zwei Reihen von Logen – die eine zur ebenen Erde und die andere in halber Saalhöhe – liefen um acht Wände des Saals; einige der oberen Logen waren mit vergoldeten Stäben vergittert und für weibliche Zuschauer bestimmt. Eine andere Loge, auch in der oberen Reihe, bildeten den Aufenthaltsort des Musikchors. Diese Logen waren alle besetzt. Darum nahmen wir in einer der unteren Platz. – Die Vorführung, die als gottesdienstliche Handlung gelten sollte, nahm ihren Anfang. Durch die Haupttür zogen gegen dreißig Derwische ein; voran ging der Vorsteher. Er war ein alter, graubärtiger Mann und trug einen langen, schwarzen Mantel; die anderen waren in braune Kutten gekleidet, alle aber hatten die hohe, kegelförmige Filzmütze auf dem Kopf. Sie schritten langsam und in würdevoller Haltung dreimal um den Saal herum, dann hockten sie sich nieder: der Anführer dem Eingang gegenüber, die übrigen rechts und links von ihm in zwei Halbkreisen. Nun begann eine Musik, deren Mißklang mir die Ohren zerreißen wollte,

---

[1] Derwischklöster

und dazu ertönte ein Gesang der ‚Steine erweichen und Menschen rasend machen' konnte. – Nach diesen Klängen machten die Derwische allerlei Verbeugungen und sonderbare Bewegungen teils gegeneinander, teils gegen den Vorsteher. Sie wiegten sich mit untergeschlagenen Beinen von rechts nach links, von hinten nach vorn, schraubten den Oberkörper im Kreis auf den Hüften, verdrehten die Köpfe, schwenkten die Arme, rangen die Hände, klatschten sie zusammen, warfen sich platt auf den Boden und schlugen ihn mit ihren tütenförmigen Filzmützen, daß man es klatschen hörte.

Das war der erste Teil der sonderbaren Feierlichkeit und währte wohl eine halbe Stunde. Dann verstummten Musik und Gesang. Die Derwische blieben ruhig auf ihren Plätzen hocken. Die Türken hatten dieser Vorführung mit Andacht und Staunen zugeschaut und schienen sehr erbaut zu sein. – Jetzt begann die Musik von neuem, und zwar im rascheren Zeitmaß. Die Derwische sprangen auf, warfen ihre braunen Kutten ab, und erschienen nun in weißen Gewändern. Sie verbeugten sich von neuem gegen den Vorsteher und gegeneinander und begannen nun den Tanz, von dem sie den Namen ‚Die Tanzenden' erhalten haben. Das heißt, eigentlich war es kein Tanz, sondern nur ein Drehen. Jeder blieb am Platz stehen und drehte sich langsam um die eigene Achse, und zwar immer nur auf einem Fuß. Dabei hatten die Derwische bisweilen die Arme auf die Brust gekreuzt, bisweilen streckten sie die Hände weit von sich, bald nach vorn, bald nach rechts und links. Die Musik ging in einen immer schnelleren Takt über, und dadurch wurde die Kreiselbewegung der Derwische auch immer schneller; endlich war sie so schnell, daß ich die Augen schloß, um nicht vom bloßen Zuschauen schwindlig zu werden. Das dauerte wieder gegen eine halbe Stunde, dann sank einer nach dem anderen um, und die Vorführung war zu Ende. Ihre Wirkung auf mich war so, daß ich genug hatte, die anderen Zuschauer aber gingen sichtlich befriedigt davon. – Isla sah mich an und fragte: „Wie gefiel es dir, Effendi?"

„Mir ist beinahe übel geworden", erwiderte ich aufrichtig.

„Du hast recht. Ich weiß nicht, ob der Prophet solche Übungen geboten hat. Und ich weiß nicht, ob überhaupt seine Lehre für das Land und das Volk der Osmanen gut ist." – „Das sagst du, ein Muslim!" – „Effendi", flüsterte er mir zu, „Senitza, mein Weib, ist ja eine Christin!" – Damit hatte er mir gestanden, was er nicht offen in Worte kleiden wollte. Ein braves Weib ist als die ‚Seele des Hauses' eine gar erfolgreiche Trägerin der Gesittung und der wahren Gotteserkenntnis. – Als wir über den Hof zum Ausgang schritten, fühlte ich eine Hand auf meiner Schulter. Ich blieb stehen und sah mich um; ein junger Mann, der mir eiligst nachgesprungen war, stand vor mir, und ich erkannte ihn sofort. „Omar Ben Sadek! Du hier? Ist es möglich?" – „Preis sei Gott, daß er mir die Freude sendet, die Sonne deines Angesichts zu schauen! Meine Seele hat sich nach dir gesehnt viele hundertmal, seit ich so schnell von dir scheiden mußte." – Es war Omar, der Sohn jenes Sadek, der Halef und mich über den Schott Dscherid geführt hatte und dabei von Abu en Naßr erschossen worden war. – "Wie kommst du nach Stambul, und was tust du hier?" fragte ich ihn. – "Siehst du nicht, daß ich Hammâl bin? Komm in ein Kaffeehaus! Dort werde ich dir alles erzählen!" – Isla Ben Maflei hatte unser tunesisches Abenteuer schon damals in Ägypten gehört und kannte also Omars Namen. Er freute sich, den jungen Mann zu sehen, und ging gern mit uns in das erste beste Kaffeehaus. Hier erfuhr ich, daß das Reitkamel, das der Wekil von Kbilli damals so verräterisch an Abu en Naßr überlassen hatte, dem Tier, das Omar von seinen Freunden erhielt, überlegen war. Trotzdem hatte er den Verfolgten bis Derna an der Küste des Mittelländischen Meeres nicht aus den Augen verloren; dort aber hatte sich sein Kamel erst erholen müssen, und als er dann auf der Spur des Mörders nach Bomba kam, war es diesem bereits gelungen, sich einer Eilkarawane nach Siwah anzuschließen. Omar mußte bis zur nächsten Gelegenheit warten und überdies sein Kamel gegen ein schlechtes vertauschen, um durch das Sümmchen, das er herausbekam, sein Leben fristen zu können. Erst drei Wochen später hatte er sich einem Zug angeschlossen, der durch die nördliche Wüste Barka und durch das Wadi Dscharabub zur Oase Siwah ging. Dort hatte er erst nach vielem Suchen und Fragen erfahren, daß Abu en Naßr über Omm Sogheir und Moghara zum Birekt[1] el Kerun gegangen sei. Als Omar diesen See erreichte, war all sein Nachforschen vergebens gewesen, und er hatte daraus geschlossen, daß Abu en Naßr einen anderen Weg eingeschlagen habe und auf einer der südlicheren Karawanenstraßen vielleicht über die Oasen Baharieh und Farafrah zur Oase Dachel geritten sei. Infolgedessen suchte er die drei Oasen auf, konnte indes nichts erfahren, erst in Tachtah, wohin er sich nun begab, erriet er aus einigen Andeutungen, die ihm gemacht wurden, daß der Gesuchte unter einem anderen Namen auf einem Nilschiff stromabwärts gefahren sei. Omar suchte nun alle Städte und Dörfer an den Ufern des Nils ab und kam schließlich ganz abgerissen und erschöpft in Kairo an. – Dort endlich war es ihm unerwartet geglückt, Abu en Naßr am Platz Mehemed Ali zu erblicken. Er hatte ihn durch den ganzen Boulevard Mehemed Ali bis zur Esbekije verfolgt, ihn dann abermals aus den Augen verloren. Nun war er Tag und Nacht ruhelos in der Stadt herumgestrichen, und es war ihm endlich doch gelungen, Abu en Naßr im Hafen von Bulak wiederzutreffen, doch gerade in dem Augenblick, als der Verfolgte das Schiff betrat, um die Stadt zu verlassen. Omar selbst war von dem Reïs zurückgewiesen worden, weil er kein Geld hatte, die Fahrt zu bezahlen, und man ihn auch nicht gegen Schiffsarbeit mitnehmen wollte. – Brennend vor Zorn und Racheverlangen hatte er zusehen müssen, daß ihm der Todfeind abermals entging. Schließlich hatte ihm ein arabischer Scheik, dem er seine Lage schilderte,

---

[1] See

ein Pferd geschenkt, um dem Schiff auf dem Landweg folgen zu können. So war er über die Nilbrücke bei Giseh nach Terraneh, weiter über Negileh den Rosette-Arm des Nils entlang geritten, aber südlich in Ramanieh zur Erkenntnis gekommen, daß das gesuchte Schiff den Damiette-Arm benutzt haben müsse. Omar ritt nun über Kafr el Madschar und Mehallet el Kebûr quer durch das Delta und erfuhr in Samanud, daß das Schiff wirklich hier angelegt habe und dann weiter stromabwärts gefahren sei. So folgte er der sicheren Spur bis Damiette, wo er zu spät in Erfahrung brachte, daß der Gesuchte mit einem Kornschiff nach Adalia an der Südküste Kleinasiens gefahren sei. – Omar war nun völlig mittellos und mußte sich durch Hafenarbeit erst so viel verdienen, um dem Mörder seines Vaters folgen zu können, denn das, was er für sein Pferd löste, reichte nicht hin. Endlich gelang es ihm, unentgeltlich nach Cypern zu kommen, und von hier aus nahm ihn ein Fischer mit ans Festland. Er erreichte es gegenüber Cypern in Anamur und kam dann zu Fuß über Selindi und Alaja endlich nach Adalia. Hier aber blieben seine Nachforschungen vergebens. Es war schon eine zu lange Zeit vergangen, und Omar besaß nicht Mittel und Erfahrung genug, um seine Nachforschungen in der rechten Weise zu betreiben. – Trotzdem verlor der junge Araber die Ausdauer nicht, die ihm vom Gesetz der Blutrache vorgeschrieben war. Er schloß aus der Richtung, die Abu en Naßr eingeschlagen hatte, daß dieser beabsichtige, nach Konstantinopel zu gehen, und bettelte sich quer durch Anatolien durch. Das ging sehr langsam, und in Kuthaia wurde er krank; die Entbehrungen der rastlosen Jagd warfen ihn auf mehrere Monate nieder, und es war ein Glück für ihn, daß er in einem Derwischkloster Pflege fand.

So langte Omar erst nach vielen Monaten, nach einer Zeit, in der ich eine weit größere Reise gemacht hatte, in Stambul an. Er hatte noch keine sichere Spur des Verfolgten gefunden, gab aber die Hoffnung nicht auf. Um leben und sich etwas sparen zu können, war er Lastträger geworden, gewiß eine große Überwindung für einen freien Araber. Als ich ihn fragte, wie lang er noch so aussichtslos in Konstantinopel bleiben wolle, antwortete er: „Vielleicht verlasse ich die Stadt sehr bald. Allah hat es mir vergönnt, einen wichtigen Namen zu entdecken." – „Welchen?" – „Sagtest du nicht damals am Schott Dscherid, daß dieser Abu en Naßr eigentlich Hamd el Amasat heiße?" – „Allerdings." – „Ich habe hier einen Mann entdeckt, der sich Ali Manach Ben Barud el Amasat nennt."

„Ah! Wer ist das?" – „Ein junger Derwisch des Klosters, das du soeben besucht hast. Ich war dort, um in seiner Zelle mit ihm zu sprechen und ihn auszuforschen. Da erblickte ich dich und hatte keine Zeit mehr für ihn." – „Ali Manach Ben Barud el Amasat!" rief Isla so eifrig, daß ich ihn warnend auf die übrigen Besucher des Kaffeehauses aufmerksam machen mußte. „Er ist also der Sohn jenes Barud el Amasat, der mein Weib verkauft hat? Ich werde sofort in das Kloster gehen, um mit ihm zu sprechen!"

„Das wirst du nicht", wehrte ich ab. „Amasat ist kein seltener Name. Vielleicht steht dieser Derwisch in keiner Beziehung zu diesem Mann, den du meinst. Und wenn es wirklich so ist, wie du denkst, so muß man vorsichtig sein. Willst du mir erlauben, an deiner Stelle hinzugehen?" – „Ja, geh, Effendi! Aber gleich! Wir werden dich hier erwarten."

Ich erkundigte mich weiter bei Omar: „Wie hast du erfahren, daß der Derwisch den Namen Amasat führt?"

„Ich fuhr gestern mit ihm und einem zweiten Derwisch im Kaik[1] nach Baharije Köj. Sie sprachen miteinander, und da hörte ich seinen Namen. Es war bereits dunkel, und ich ging ihnen nach; sie blieben vor einem Haus stehen. Als geöffnet wurde, fragte eine Stimme, wer eintreten wolle, und sie entgegneten: ‚En Naßr'. Ich mußte mehrere Stunden warten, bis sie wiederkamen. Es gingen viele Männer dort aus und ein, und alle sagten, wenn sie gefragt wurden, dieses Wort. Kannst du das begreifen, Effendi?"

„Hm. – Hatten sie Laternen bei sich?" – „Nein, obwohl hier des Nachts niemand ohne Laterne gehen darf. Es war kein Saptije in der Gegend. Ich bin den beiden dann nachgefahren und ihnen bis zum Kloster der tanzenden Derwische gefolgt."

„Hast du das Wort ‚En Naßr' richtig verstanden?"

„Ganz genau." – Omars Bericht gab mir zu denken. Mir fielen unwillkürlich die Worte ein, die Dawuhd Arafim zu mir sagte, als er mich in den Ruinen von Baalbek überwältigt hatte. Er hielt mich damals für vollkommen unschädlich und erklärte mir prahlerisch, um mich zu peinigen, daß er das Haupt einer Mörderbande sei. Wenn das auf Wahrheit beruhte, so mußte diese Bande über einen großen Teil der Türkei verbreitet sein, wie seine Beziehungen zu Ägypten und Damaskus bewiesen. Konstantinopel ist niemals frei von Verbrecherverbindungen gewesen, und gerade jetzt hatte die Unsicherheit wieder einmal den höchsten Grad erreicht. Man fand ganze Wohnungen vollständig ausgeräumt und den Besitzer ermordet oder verschwunden; man sah im Goldenen Horn oder im Bosporus Leichen von Personen schwimmen, die allem Anschein nach eines gewaltsamen Todes gestorben waren. Es entstanden des Nachts gleichzeitig an verschiedenen, weit voneinander gelegenen Orten der Stadt Feuer, bei denen geraubt und gestohlen wurde, und die miteinander in Zusammenhang zu stehen schienen. Man begegnete des Nachts verdächtigen Gestalten, die nicht mit Laternen versehen waren und, wenn sie von einer Streifwache angehalten wurden, den Saptijelern förmliche Gefechte lieferten. Und unglaublich klingt es, wie die Gerechtigkeit mit solchen Menschen verfuhr. Einst wurde eine ganze Bande der gefährlichsten Menschen ausgehoben, und der Sultan verbannte sie nach Tripolis. Nach einiger Zeit kehrte der Kapitän des Transportschiffes zurück und berichtete, daß er an der Küste von Tripolis Schiffbruch erlitten habe; alle

---

[1] Boot

Verbrecher, die sich an Bord befanden, seien ertrunken. Damit war die Sache abgetan. Einige Tage später konnte man den ‚ertrunkenen' Spitzbuben in den Straßen der Stadt wieder begegnen und keinen Menschen schien das zu befremden. – Ich teilte den beiden anderen von meinen Gedanken noch nichts mit und erfuhr von Omar, daß der Derwisch Ali Manach in der fünften Zelle, vom Eingang an gerechnet, wohne. Dann ging ich zum Kloster zurück. Ohne mich um die Anwesenden zu kümmern, schritt ich durch den Hof auf die Klosterpforte zu und trat in den Vorraum. Die Tür zum Gang stand offen. Die Derwische befanden sich wieder in ihren Zellen. Ich schritt langsam den langen Gang hinab und wieder zurück, um mir die Gemächer und deren Insassen anzusehen, und kein Mensch beachtete mich. In der fünften Zelle saß ein junger Derwisch, der vielleicht zwanzig und einige Jahre zählen mochte. Er sah starr zum Fenster empor und ließ die dreiundreißig Kugeln seines Rosenkranzes[1] durch die Finger gleiten.

„Es-ßelâm 'aleïkum!" grüßte ich mit tiefer Stimme und würdevoller Haltung. – „We 'aleïkum es-ßelâm!" erwiderte er. „Was willst du?" – „Ich komme aus Bagdad und bin mit den Gebräuchen dieses Hauses unbekannt. Ich habe euren Tanz gesehen und möchte euch für die Erbauung danken, die ihr mir bereitet habt. Darfst du eine Gabe nehmen?"

„Ich darf. Gib her!"

„Wie groß muß sie sein?"

„Es wird jeder Para genommen." – „So nimm!" Ich gab ihm nach meinen nicht bedeutenden Mitteln. Der Derwisch aber schien zufrieden zu sein, denn er sagte: „Ich danke dir. Soll dies für mich oder für den Orden sein?" – „Habe die Güte und nimm es für dich!"

„So sage mir deinen Namen, damit ich weiß, wem ich danken soll."

„Der Prophet sagt, daß die Gabe aus einer verschwiegenen Hand einst doppelt angerechnet wird. Erlaube mir darum, daß ich schweige, und sage mir dagegen deinen Namen, damit ich weiß, mit welchem frommen Bekenner des Islam ich gesprochen habe." – „Mein Name ist Ali Manach Ben Barud el Amasat." – „Und welches ist der Ort, der deine Geburt gesehen hat?" – „Iskenderije[2] ist meine Vaterstadt."

Das stimmte ja! Isla hatte mir schon in Ägypten erzählt, daß Barud el Amasat, der Senitza verkauft hatte, in Skutari gewohnt habe. Ich fragte weiter: „Leben die Angehörigen deiner frommen Familie noch dort?" – „Nein", erwiderte der Derwisch.

Weiter durfte ich nicht fragen, sonst hätte ich seinen Verdacht erweckt, darum sprach ich noch eine Höflichkeitsformel aus und entfernte mich. Beim Kahwedschi hatten mich Isla und Omar mit Ungeduld erwartet. – „Was hast du erfahren?" fragte Isla.

---

[1] Die Mohammedaner haben 33 Kugeln auf ihrem Rosenkranz. Zu jeder Kugel wird eine Bezeichnung Allahs (wie „Allerbarmer, Allweiser, Allbeherrschender" usw.) gebetet. Da es 99 Beinamen Allahs gibt, so muß die Kette dreimal im Kreis gehen.   [2] Skutari in Albanien

„Ali Manach ist der Sohn jenes Barud el Amasat. Er stammt aus Skutari, und wenn mich nicht alles trügt, so ist Hamd el Amasat, der sich Abu en Naßr nannte, sein Oheim." – „Effendi, er muß uns sagen, wo sich sein Vater jetzt befindet." – „Er muß? Wie willst du ihn zwingen?"

„Durch den Kadi."

„So wird Ali Manach einen falschen Ort nennen oder, wenn er den richtigen sagt, seinen Vater verständigen. Nein, wir müssen vorsichtig sein. Zunächst will ich mir das Haus ansehen, in dem Ali Manach gestern gewesen ist. Ich werde gleich mit Omar nach Baharije Köj fahren und dir dann vielleicht raten können, was zu tun ist." – „Du sollst deinen Willen haben, Effendi. Wir werden uns jetzt trennen, dann aber bringst du Omar Ben Sadek mit, denn er soll bei mir wohnen und nicht mehr Hammâl sein!"

Isla ging heim, und ich begab mich mit Omar ans Wasser, wo wir ein Kaik nahmen und im Goldenen Horn aufwärts fuhren, um in Ejub zu landen. Von hier aus gingen wir zu Fuß nach Baharije Köj, das der nordwestliche Stadtteil von Konstantinopel ist. Es war ein beschwerlicher Weg durch Schmutz und Häusertrümmer, bis wir in eine Art Sackgäßchen kamen. Omar zeigte mir das betreffende Haus nur im Vorübergehen, damit unser Verhalten nicht auffalle. Es war ein schmales, doch, wie es schien, sehr tiefes Gebäude mit vorspringendem Oberstock. Die Tür war mit starkem Eisenblech beschlagen, und die ganze Vorderseite zeigte außer einem kleinen, viereckigen Loch neben dem Eingang die kahle, fest geschlossene Wand. Diese Beobachtungen machte ich im Vorbeischreiten. Das Nachbargebäude hatte auch ein Oberstockwerk und war ebenso schmal. An der Tür klebte ein schmutziger Papierfetzen, auf dem die Worte: „Bir kiradschhy ararym – ich suche einen Mietsmann" geschrieben standen.

Kurz entschlossen öffnete ich sofort und trat ein. Omar folgte mir, erstaunt über mein Beginnen. Wir befanden uns in einem engen, finsteren Flur, in dem wir forttappten, bis ich eine dem Eingang gegenüberliegende Tür fand. Ich öffnete sie und trat in einen Hof, der, wie das ganze Haus, vielleicht fünf Meter Breite besaß, dafür aber eine wohl zehnfache Länge hatte. Die beiden Langseiten und die hintere Breitseite wurden von drei holzschuppenähnlichen Gebäuden gebildet, die sich im letzten Stadium des Verfalls befanden. Rechts und links von der Hoftür führte je ein Eingang in die zwei Erdgeschoßseiten, die aber nur schmale Löcher sein konnten. Zum Oberstock kam man auf einer morschen Holztreppe, der von dreizehn Stufen, die sie ursprünglich besessen hatte, sechs verlorengegangen waren.

Der Hofraum bildete eine einzige große Schlammpfütze, die aber zur Zeit von der Sonne ausgetrocknet und in eine feste, brüchige Masse verwandelt worden war. Darin klebte ein unförmlicher Holzklotz, dessen Bestimmung unmöglich zu erraten war, und auf diesem rätselhaften Klotz saß ein Ding, das mir noch viel rätselhafter gewesen wäre, wenn es nicht einen alten, schmierigen Tschibuk geraucht hätte. Das Ding hatte nämlich Kugelform und war in einen arg zerrissenen Kaftan gewickelt. Auf dieser Kugel lag ein früher vielleicht blau oder meinetwegen auch rot gewesener Turban. Zwischen Turban und Kugel stahlen sich eine, wie es schien, menschliche Nase und der soeben erwähnte Tschibuk hervor. Bei unserem Anblick stieß das igelartig zusammengerollte Wesen ein Grunzen aus, das halb behaglich, halb aber auch feindselig klang, und traf Anstalten, sich aus dem Kaftan zu wickeln. – „Sselâm!" grüßte ich.

„Ssss – – – hmmm!" zischte und brummte es als Antwort.

„Dieses Haus ist zu vermieten?" – Im Nu kollerte die Gestalt vom Klotz herunter und richtete sich nach menschlicher Weise auf.

„Ja, jawohl, allerdings, sofort zu vermieten! Schönes Haus, herrliches Haus, prächtige Wohnung, fast für einen Pascha zu gut, alles beinahe ganz neu! Wollt Ihr Euch das Haus ansehen, Hoheit?"

Das alles kam jetzt auf einmal so schnell und hastig heraus wie aus dem Speiteufel einer Schrotmühle. Man sah, als Mieter waren wir dem Mann ebenso willkommen, wie wir ihn in jeder anderen Beziehung gestört hätten. Er war ein Jude, der jetzt in seiner ganzen erzväterlichen Herrlichkeit vor uns stand, alles an ihm schien auf einige Tausend Jahre zurückzuweisen. Er war sehr klein, aber um so dicker. Man sah an ihm nichts als ein Paar vertretene Pantoffel, den Kaftan, den Turban, die Nase und die Pfeife, aber das alles, außer der Nase, schien schon zu Methusalems Zeiten in Gebrauch gewesen zu sein. Aus den Pantoffeln blickten alle zehn Zehen in rührender Eintracht hervor; der Kaftan war kein Stoff mehr, sondern nur noch Schmutz; der Turban hatte das Aussehen einer ungeheuren, runzligen Backpflaume, und die Pfeife war nach und nach vorn so abgebissen worden, daß nur noch der Kopf übriggeblieben war, in den der glückliche Besitzer anstatt des Rohrs einen hohlen Geierknochen gesteckt hatte; der war doch nicht so leicht durchzubeißen. Übrigens hatte der Kaftan keine Ärmel mehr, und die Ängstlichkeit, mit der ihn der Mann zusammengeschlagen und den Kragen emporgezogen hielt, ließ vermuten, daß er die einzige Bedeckung des Besitzers bildete. Der Mann hatte mich ‚Ihr' genannt; ich gab ihm höflich die gleiche Anrede: „Seid Ihr der Besitzer dieses Hauses?"

„Nein, aber Hoheit können versichert sein, daß ich trotzdem nicht zu den armen, verkommenen –"

„Bitte", unterbrach ich ihn, „beantwortet meine Fragen so kurz als möglich! Wem gehört das Haus?" – „Dem reichen Furundschi[1] Mehmed in Kassim Pascha; er hat es geerbt."

„Und was tut Ihr hier?" – „Ich muß es bewachen und soll warten, ob ein Mieter kommt." – „Was bekommt Ihr dafür?" erkundigte ich mich. – „Täglich einen Piaster und für einen halben Piaster Brot."

[1] Bäcker

„Das Haus ist unbewohnt?"
„Ja, ich wohne hier nebenan."
„Wieviel Mietzins verlangt der Bäcker?" — „Für die Woche zehn Piaster, die vorausbezahlt werden müssen." — „Zeigt uns die Räume!"

Er öffnete zuerst die beiden Pforten des Erdgeschosses. Wir erblickten zwei kellerartige Höhlen, worin sich nichts als Ungeziefer und Schmutz fanden. Dann kletterten wir die Treppe empor und gelangten in drei Stuben, von denen ich die erste einen Taubenschlag, die zweite einen Hühnerstall und die dritte eine Kaninchenhöhle nennen möchte. — „Hier ist der Selamlik, hier die Wohnstube und hier der Harem", erklärte der Alte mit einer solchen Würde, als hätte er einen fürstlichen Palast zu zeigen.

„Gut! Was enthalten die Gebäude im Hof?" — „Nichts. Sie sind für die Pferde und die Dienerschaft." — „Und wie ist Euer Name?"

„Ich bin Baruch Schebet Ben Baruch Chereb Ben Rabbi Baruch Mizchah. Ich kaufe und verkaufe Brillanten, Schmuck und Altertümer, und wenn Ihr einen Diener braucht, so bin ich bereit, Euch täglich diese Zimmer auszufegen, die Kleider zu reinigen und alle Wege zu gehen." — „Ihr habt einen recht kriegerischen Namen. Wo ist das Lager Eurer Brillanten, Schmucksachen und Altertümer?" — „Hoheit, ich habe grad jetzt alles verkauft."

„So geht zu dem reichen Bäcker und sagt ihm, daß ich das Haus mieten werde. Hier sind zehn Piaster, die er wöchentlich bekommen soll, und hier sind noch zehn für Euch, damit Ihr Euch Tabak kaufen könnt." — „Hoheit, ich danke Euch", rief der Jude erfreut. „Ihr versteht es, mit einem Mann zu verkehren, der nur in Brillanten und Altertümern Geschäfte macht! Aber Mehmed wird mich fragen, wer Ihr seid. Was soll ich ihm antworten?" — „Zunächst nennt mich nicht Hoheit! Mein Kleid ist zwar neu und ganz, doch ist es mein einziges. Ich bin ein armer Jasydschy[1], der froh ist, wenn er jemand findet, für den er schreiben darf. Und mein Freund hier ist ein Hammâl, der auch nur wenig Geld verdient. Wir werden hier gemeinschaftlich wohnen, und vielleicht findet sich noch einer dazu, damit der Mietzins dem einzelnen nicht zu teuer kommt. Ob Ihr bei uns Beschäftigung findet, werden wir uns erst überlegen, denn wir müssen sparsam sein." Ich sagte das, weil wir wegen unserer gefährlichen Nachbarschaft so unscheinbar wie möglich erscheinen mußten. Der Jude antwortete: „Oh, Effendi, ich brauche nicht viel. Wenn Ihr mir täglich zwei Piaster gebt, werde ich alles für Euch tun und Euch alles besorgen."

„Ich werde sehen, ob ich mir so viel verdiene, daß ich zwei Piaster geben kann. Wann können wir einziehen?" — „Sogleich, Effendi."

„Wir werden heute noch kommen, und ich hoffe, daß wir das Haus dann nicht verschlossen finden!" — „Ich werde sofort zu dem Bäcker eilen und Euch dann hier erwarten." — Somit war dieses Geschäft

---

[1] Schreiber

abgemacht, und wir verabschiedeten uns von unserem guten Baruch ‚Wurfspieß', Sohn des Baruch ‚Säbel', Sohn des Rabbi Baruch ‚Beinschiene'. – Wieder bei Isla angekommen, erzählte ich ihm, seinem Vater und seinem Oheim unser Erlebnis, und als ich ihnen meine Vermutung mitgeteilt hatte, willigten sie ein, daß ich mit Halef und Omar das Haus des Bäckers beziehe. Auch Lindsay wollte mitgehen, aber ich mußte ihn zurückweisen, da sein auffallendes Äußeres uns nur schaden konnte. Er war darüber so erzürnt, daß er erklärte, allein und ohne mich nicht bei Maflei bleiben zu können. Der verärgerte Engländer zog auch wirklich am Nachmittag nach Pera.

14. Im dunkelsten Stambul

Nachdem alles Nötige besprochen worden war, packten wir unsere Waffen zusammen und fuhren nach Baharije Köj. Mein Pferd ließ ich bei Maflei zurück. – Der Jude erwartete uns in unserer neuen Wohnung. Er hatte sie von seinem Weib nach Kräften reinigen lassen und freute sich königlich, als ich ihm meine Zufriedenheit darüber äußerte. Ich beauftragte ihn, Brot, Kaffee, Mehl, Eier, Tabak, einiges Geschirr und von einem Trödler drei gebrauchte Decken für uns zu besorgen. Als er sich entfernt hatte, konnten wir unbeobachtet unsere Gewehre auspacken. Sie kamen in das Zimmer, das außer uns niemand betreten sollte.

Baruch kehrte bald zurück; sein Weib hatte ihm geholfen. Die Alte glich einer lebend gewordenen Mumie und lud mich ein, heute zu ihr zum Abendessen zu kommen. Ich nahm diese Einladung an, da mir die beiden Alten nützlich sein konnten und ich sie deshalb bei guter Laune erhalten wollte. Daß mir das einigermaßen gelungen war, sollte ich schon vor meinem Besuch sehen, denn sie brachten uns freiwillig einige Strohsäcke angeschleppt, die uns als Diwan dienen sollten. Diese Säcke schienen zwar aus lauter Löchern und Rissen zusammengesetzt zu sein, aber Baruch war ja arm; er hielt uns für mittellos und meinte es gut. – Als sich die beiden entfernt hatten, zündeten wir unsere Pfeifen an und machten Licht, denn es war unterdessen dunkel geworden. Isla hatte uns eine kleine Blendlaterne mitgegeben, die uns gute Dienste leisten sollte. Wir vereinbarten, daß Omar während meiner Abwesenheit an der leicht geöffneten Haustür die Besucher des Nachbarhauses möglichst beobachten sollte. Halef mußte in den Hof gehen. Die beiden Häuser waren durch eine dünne Bretterwand voneinander getrennt, wenigstens auf der Hofseite, und wenn der kleine Hadschi sich im Schuppen aufhielt, war zu vermuten, daß er vielleicht etwas erlauschen könne.

Ich sah Baruch, der auf der anderen Seite des Hauses wohnte, auf mich warten. Die beiden Leute hatten ganz allein eine herrenlose Hütte inne, ein Fall, der in Stambul nicht selten ist. Man konnte vermuten, daß unsere Einkäufe ihnen einen kleinen Gewinn abgeworfen hatten. Sie befanden sich in ausgezeichneter Stimmung und empfingen mich mit unterwürfiger Herzlichkeit. Mit unserem Erscheinen war vielleicht eine kleine Hoffnung über ihrem Elend aufgegangen. Die alte Jüdin zeigte sich sauberer, als ich vermutet hatte, so daß ich das wenige, das mir vorgesetzt wurde, ohne Bedenken genießen konnte, und als ich ihr ein wenig Kaffee und ihrem Gemahl einen kleinen Vorrat von Tabak schenkte, waren sie so entzückt, als hätten sie die wertvollste Gabe erhalten.

Jetzt beobachtete ich, daß der Kaftan fast das einzige Kleidungsstück Baruchs war. Die Hose bekam ich gar nicht zu sehen, und der Jackenärmel, der heute abend aus dem Ärmelloch des Kaftans hervorblickte, war auch schon aus ‚Rand und Band' gegangen. Hier konnte mit wenigem geholfen werden, und ich beschloß, es zu tun. Natürlich hatte Baruch mit seinem Juwelen- und Altertumsgeschäft nur geflunkert, doch das war nicht in böser Absicht geschehen. Diese armen Menschen hatten von einem Piaster und ein wenig Brot täglich leben müssen, und ich machte sie ganz glücklich, als ich ihnen erklärte, daß sie die Aufwartung bei uns übernehmen und dafür täglich fünf Piaster erhalten sollten.

Im Laufe des Gespräches konnte ich mich unauffällig nach meiner anderen Nachbarschaft erkundigen. – „Effendi", sagte Baruch, „es wohnen lauter arme Leute hier in dieser Gasse. Manche sind gut und ehrlich, manche aber auch falsch und böse. Ihr seid ein Schreiber und werdet in dieser Gegend keine Arbeit finden. Ihr habt also mit diesen Leuten nichts zu tun. Dennoch bitte ich Euch, sich ganz besonders vor dem anderen Nachbarhaus in acht zu nehmen." – „Warum?" – „Es ist gefährlich, davon zu sprechen."

„Ich bin verschwiegen." – „Das glaube ich Euch, aber Ihr würdet Eure neue Wohnung vielleicht sogleich wieder verlassen, wenn ich plaudere, und das würde mir leid tun." – „Ich verspreche Euch, meine Wohnung trotzdem zu behalten, ich hoffe, daß wir Freunde sind, und da denke ich, daß Ihr ehrlich und aufrichtig gegen mich sein dürft. Ich bin nicht reich, aber auch ein armer Mann kann dankbar sein." – „Ich habe Eure Güte bereits kennengelernt und will Eurem Versprechen glauben. Alle Bewohner dieser Gasse wissen, daß in Eurem Nachbarhaus nichts Gutes vorgeht, aber sie bekümmern sich nicht darum. Es hat sich einmal einer in das andere, nebenan liegende Haus geschlichen, um zu lauschen. Er war am anderen Morgen noch nicht zurückgekehrt, und als die Seinen ihn suchten, fanden sie ihn an einem Balken aufgehängt. Es war sicherlich kein Selbstmord!" – „So meint Ihr, daß meine Nachbarn Verbrecher sind?" – „Ja. Ihr müßt Euch vor ihnen hüten."

„Aber man darf doch wenigstens wissen, wer das Haus bewohnt?"

„Es wohnt ein Grieche da, der ein Weib und einen Sohn hat. Sie haben Wein zu trinken und halten viele Knaben und Mädchen, die man aber niemals auf der Gasse zu sehen bekommt. Mehrere Männer gehen von früh bis abends durch die Stadt, um Gäste herbeizubringen. Da kommen vornehme Herren und gewöhnliche Leute, Einwohner von Stambul und Fremde; es wird gespielt und Musik gemacht, und ich glaube nicht, daß alle wieder fortgehen, die gekommen sind. Man hört manchmal des Nachts einen Hilferuf oder ein Waffengeklirr, und dann sieht man gewöhnlich des Morgens eine Leiche auf dem Wasser schwimmen. Auch kommen des Nachts oft ganze Trupps von Männern, die keine Laternen haben, dafür aber mit allerlei Dingen bepackt sind, die in das Haus geschafft werden. Dann wird geteilt." – „Ihr sagt, daß sich niemand um dieses Haus kümmern mag, und doch wißt Ihr alles so genau? Habt Ihr vielleicht auch einmal gelauscht?" – „Effendi, das darf ich keinem Menschen sagen; ich wäre verloren!" – „Auch mir nicht, Baruch Schebet?" – „Euch schon gar nicht, denn Ihr wärt imstande, das zu tun, was ich getan habe, und dabei könnte es Euch ganz so gehen wie dem Mann, der tot aufgefunden wurde."

„Ach was! Es wird nicht so schlimm sein." – „Effendi, ich lüge nicht!" – „Das denke ich wohl auch, aber vielleicht habt Ihr nur geträumt." Das half. Der Alte wollte weder für einen Lügner noch für einen Träumer gehalten werden und meinte deshalb:

„Ich will gar nichts sagen, aber ich bitte Euch nur, das Brett nicht anzurühren." – „Welches Brett?"

„In der rechten Wand Eures Selamlik ist ein Brett locker. Es hängt nur noch am obersten Nagel. Deshalb kann man es unten zur Seite schieben. Dann kommt ein kleiner Zwischenraum, hinter dem sich die Bretterwand des Nachbarhauses befindet. Auch da ist ein Nagel los; ich habe ihn herausgezogen. Schiebt man das Brett zur Seite, so sieht man in das Gemach, in dem die Opiumraucher liegen, und daneben hört man die Gläser klingen und die Knaben und Mädchen lachen." – „Da seid Ihr sehr unvorsichtig gewesen. Wenn man nun auch drüben einmal bemerkt, daß die Bretter locker sind!" – „Ich wollte doch beobachten, was man drüben treibt, und so mußte ich den Nagel entfernen. Anders ging es nicht."

„Es wäre auch anders und besser gegangen. Ihr brauchtet nur in das Brett des Nachbarhauses ein Loch zu bohren, so klein, daß es drüben nicht auffällt." – „Da hätte ich zu wenig sehen können."

„Aber wie kommt es, daß Ihr keine Anzeige erstattet habt? Das wäre doch Eure Pflicht gewesen!" – „Effendi, meine erste Pflicht ist, mir das Leben zu erhalten. Ich will nicht auch ermordet werden."

„Ihr wärt aber von der Polizei ja doch nicht verraten worden!"

„Tschelebim – mein Herr, Ihr wohnt wohl noch nicht lange in Stambul, daß Ihr so sprecht? Als ich durch die Bretterlücke blickte, habe ich vornehme Herren gesehen. Ich habe auch Derwische und Saptijeler erkannt. Es gibt manchen hohen Mamur[1], dem der Großherr kein Gehalt zahlt und der deshalb nur vom Bakschisch lebt, das er überall herauszupressen sucht. Und was soll ein solcher Mann tun, wenn auch das Bakschisch nicht hinreichend ist? Wer Euren Nachbar anzeigt, der kommt wohl grade zu einem Karawulder[2] oder Kadi, der da drüben in der Kammer gesessen hat, und es ist um ihn geschehen. Nein, ich weiß nun, was in jenem Haus vorgeht, und ich werde mich nicht weiter darum kümmern. Nur Euch allein habe ich es mitgeteilt und Euch gewarnt."

Ich hatte nun genug erfahren und hütete mich, noch weiter in

---

[1] Beamter   [2] Polizeiwachtmeister

Baruch zu dringen. Ich hegte jetzt die Überzeugung, daß ich mich mit meinen Gefährten in Gefahr befand. Der Grieche erfuhr jedenfalls, daß er neue Nachbarschaft bekommen hatte; er erkundigte sich auf alle Fälle nach uns und ließ uns aufmerksam beobachten. Das war ihm sehr leicht und konnte geschehen, ohne daß wir es merkten, da er nur durch eine Bretterwand von uns getrennt war. Am Tag durften wir uns nur vorsichtig in den Hof begeben, denn es war möglich, daß uns jemand sah, der uns von früher kannte. Deshalb war es gut, daß ich Baruch unsere Bedienung übertragen hatte. Auf diese Weise konnten wir ruhig in der Wohnung bleiben.

Meine Gefährten hatten vielleicht das Licht brennen lassen. Das konnte durch irgendeine Ritze hinüber in das Nachbarhaus scheinen. Sie unterhielten sich vielleicht an einem Ort, wo sie von drüben gehört werden konnten. Darum litt es mich nicht länger bei dem Juden, und ich kehrte rasch in unsere jetzige Behausung zurück. Vorher unterrichtete ich Baruch noch, wie er sich verhalten müsse, falls er nach uns gefragt würde. Er sollte sagen, ein armer Schreiber, ein Hammâl und ein noch ärmerer Araber hätten die Wohnung inne, also drei Männer, die genug mit sich selbst zu tun hätten. Da die Wohnungen zusammenstießen, brauchte ich, wenn ich des Juden bedurfte, nur an die Wand zu pochen; er mußte es hören.

Als ich unsere Vordertür erreichte, war sie nur angelehnt, und Omar stand auf seinem Posten. Er sagte mir, daß schon mehrere Personen das Nachbarhaus betreten hätten. Sie seien durch das Loch neben dem Eingang nach ihrem Begehr gefragt worden und hätten einfach „En Naßr" geantwortet. Ich bat ihn, das Haus zu verschließen und mir in die Wohnung zu folgen. Halef war im Hof; er hatte nichts gesehen und gehört und kam mit uns. In unserem dürftigen Zimmer brannte kein Licht, und ich zog es vor, im Dunkeln zu bleiben.

Nachdem ich den Gefährten meine Unterhaltung mit Baruch erzählt hatte, untersuchte ich die rechte Wand des Selamlik und fand leicht das verschiebbare Brett. Ich zog es beiseite und langte mit der Hand dahinter. In der Entfernung einer Balkenbreite fühlte ich die Bretterwand des Nebenhauses und zugleich das lockere Brett darin. Auch das schob ich leise fort und bemerkte, daß der dahinterliegende Raum völlig dunkel war. Nachdem ich die Luke wieder in Ordnung gebracht hatte, zogen wir uns die Strohsäcke und Decken herbei, um im Finstern zu warten, ob wir vielleicht etwas erlauschen könnten.

So mochten wir wohl über eine Stunde gesessen haben, wobei wir uns nur flüsternd unterhielten, als sich drüben ein Geräusch vernehmen ließ. Ich saß dicht vor dem Brett und schob es zur Seite. Ich hörte schwere Schritte von mehreren Männern und ein Ächzen; dann erklang eine Stimme: „Hierher! So! Hassan mag sich zum Gehen fertig machen!" Und nach einer Pause fuhr die Stimme fort: „Kerl, du kannst doch schreiben?" – „Ja", hörten wir antworten.

„Hast du Geld in deinem Haus?" – „Du verlangst Geld! Was habe ich euch getan, daß ihr mich hierher lockt und dann bindet?"

„Getan? Nichts! Deinen Geldbeutel, Uhr und Ringe, auch deine Waffen haben wir, aber das ist noch nicht genug. Wenn du nicht geben kannst, was wir verlangen, findet man dich morgen früh im Wasser." – „Allah kerihm! Wieviel verlangt ihr?" – „Du bist reich. Fünftausend Piaster ist nicht zuviel." – „Es ist zuviel, denn ich habe sie nicht." – „Wieviel hast du daheim?" – „Kaum dreitausend."

„Wird man sie dir schicken, wenn du einen Boten sendest? Belüge uns nicht, denn ich schwöre dir, daß es deine letzte Stunde ist, wenn wir das Geld nicht erhalten!" – „Allah! Man wird es euch senden, wenn ich einen Brief schreibe und mit meinem Ring untersiegle."

„Den Ring werde ich dir leihen. Bindet ihm die Hände los! Er mag schreiben." – Von jetzt an war eine Weile nichts zu hören. Ich legte mich auf den Strohsack und langte in die Wand hinein. So leise und vorsichtig wie möglich schob ich auch das zweite Brett zur Seite, bis ein schmaler Spalt entstand, durch den ich blicken konnte. Grad vor dem Spalt saß, mit dem Rücken zu uns, ein Mann. Sein Kopf war unbedeckt und die Kleidung zerrissen, als sei sie bei seiner Gegenwehr zu Schaden gekommen. Vor ihm standen drei bewaffnete Männer: der eine in griechischer Tracht, jedenfalls der Wirt, die beiden anderen in gewöhnlicher türkischer Kleidung. Sie sahen zu, wie der Überwältigte jetzt auf seinem Knie das Schreiben siegelte.

Ich schob das Brett in seine vorige Lage zurück und horchte weiter. Nach kurzer Zeit hörte ich den Griechen sagen: „So! Bindet ihn wieder und schafft ihn in den Nebenraum. Wenn er sich da nicht ruhig verhält, wird er einfach erstochen. Du hast es gehört, merke es dir!"

Ich vernahm, daß man eine Tür öffnete und sich dann entfernte.

Es wurde drüben wieder still, und ich raunte meinen beiden Gefährten zu, was ich gesehen und gehört hatte. – „Das sind Diebe", meinte Halef. „Was tun wir?" – „Das sind nicht nur Diebe, sondern Mörder", flüsterte ich. „Glaubst du denn, daß sie den Mann wieder freigeben? Sie wären ja sogleich verloren. Sie werden warten, bis sie die dreitausend Piaster erhalten haben, und ihn dann unschädlich machen." – „So müssen wir ihm helfen!" – „Ohne Zweifel! Aber wie?"

„Wir werden die Bretter zerschlagen und ihn befreien."

„Das macht Lärm und ist gegen unseren ursprünglichen Zweck. Es kann einen Kampf geben, der uns gefährlich ist, und selbst wenn wir Sieger bleiben, werden die Verbrecher das Haus verlassen, und wir haben das Nachsehen. Besser wäre es, wenn wir die Polizei herbeiholten. Aber wer weiß, wann wir sie finden; bis dahin kann viel geschehen sein. Wer weiß auch, ob die Polizei sogleich bereit ist, sich in das Haus zu wagen? Am besten ist es, wir machen behutsam hüben und drüben noch ein Brett los. Dann entsteht eine Öffnung, durch die wir kriechen können. Wir holen den Mann herüber, bringen die Bretter wieder in Ordnung und werden dann wohl erfahren, was weiter zu tun ist." – „Wir haben aber keine Zange für die Nägel."

„Nicht nötig. Ich habe mein Messer. Die Hauptsache ist, daß die Verbrecher nichts von unserer Arbeit hören. Ich werde sofort anfangen."

„Weißt du auch, wo sich der Mann befindet?" – „Ja. Durch das Zimmer, in dem nach Baruchs Erzählung die Knaben und Mädchen sind, haben sie ihn gebracht; es scheint jetzt leer zu sein. Unserer Wand gegenüber gibt es einen zweiten Raum, dessen Tür ich gesehen habe; darin steckt er jedenfalls." Ich untersuchte die Wand mit Hilfe des Tastgefühls und bemerkte, daß jedes Brett oben und unten durch einen Nagel befestigt war. Der auf unserer Seite schien locker zu sitzen, ich brauchte nur ein Messer zwischen Brett und Balken zu stecken, um das Brett vorsichtig loszusprengen. Es gelang, leider aber merkte ich, daß die Öffnung doch für die Gestalt eines Mannes zu schmal war. Ich mußte noch ein drittes Brett lockern und wurde auch damit glücklich fertig, ohne daß ein Geräusch zu hören war. Die Bretter waren um die oberen Nägel leicht zu bewegen; ich drehte sie seitwärts empor, und Omar mußte sie halten. Nun betastete ich die gegenüberliegende Holzwand und fühlte, daß die Nägel dort an den Spitzen umgeschlagen waren. Das erschwerte meine Arbeit bedeutend. Ich mußte die Nägel behutsam umbiegen, und das konnte nicht ohne ein verräterisches Geräusch geschehen. Die Hände ermüdeten so, daß ich öfters wechseln mußte. – So verging eine lange Zeit, und eben hatte ich die Arbeit glücklich beendet, als ich Schritte vernahm, die sich näherten. Es war der Grieche mit einem Licht. Er öffnete die unserer Wand gegenüberliegende Tür, ohne jedoch einzutreten. – „Habt ihr das Geld?" hörte ich den Türken fragen.

„Ja", antwortete der Wirt mit einem kurzen Lachen. – „So laßt mich los!" – „Noch nicht. Frei wirst du erst am frühen Morgen. Ich will dir nur sagen, daß bald Leute kommen werden, die nicht wissen dürfen, daß du hier bist. Zu dir ins Zimmer treten werden sie allerdings nicht, aber sie sollen dich auch nicht hören. Deshalb werde ich dich jetzt an einen Balken binden und dir einen Knebel geben. Wenn du dich völlig ruhig verhältst, wirst du freigelassen. Machst du aber Lärm, so kommst du nur als Leiche aus diesem Haus!"

Der Gefangene bat, ihn doch freizulassen; er gelobte, von dem heutigen Ereignis zu keinem Menschen zu sprechen. Es war vergebens. Aus dem ängstlichen Klang seiner Stimme war zu schließen, daß er die eigentliche Absicht des Griechen ahnte. Er wurde angebunden und geknebelt. Dann entfernte sich der Wirt, nachdem er die Tür von außen zugeriegelt hatte. – Jetzt galt es, schnell zu handeln, ehe die Leute kamen, von denen der Wirt gesprochen hatte. Es war ein Glück, daß ich bereit war. Ich steckte die Revolver und das Messer zu mir, Waffen, die ich mir inzwischen in Stambul neu gekauft hatte, und kroch hinüber, nachdem die Bretter zur Seite geschoben waren. Die Gefährten folgten mir nicht, hielten sich aber bereit, mir beizuspringen, falls ich angegriffen werden sollte.

Ich zog den Riegel zurück und trat ein. „Gib keinen Laut von dir! Ich will dich befreien", flüsterte ich dem Gefangenen zu und betastete zugleich seine Fesseln. Es waren Stricke; ich zerschnitt sie und steckte sie ein. Der Knebel bestand aus einem Tuch, das ihm vor den Mund und die Nase gebunden war. Ich knüpfte es auf und steckte es ebenfalls ein. – „Maschallah", meinte der Mann, der sich schnell aufrichtete, „wer bist du, und wie..." – „Still!" unterbrach ich ihn. „Folge mir!" Ich zog den Befreiten hinaus, verriegelte die Tür wieder und schob ihn dann durch die Öffnung in unsere Wohnung hinüber. – „Hamdulillah – Gott sei Dank!" flüsterte Halef. „Ich hatte große Sorge um dich. Aber es ist schneller gegangen, als ich dachte." – Ich schraubte den an meinem Taschenmesser befindlichen Korkzieher in das mittlere der drei jenseitigen Bretter, stieß das große Dolchmesser in den Balken und hängte die beiden Griffe aneinander. Auf diese Weise waren die Bretter so befestigt, daß man drüben nicht merken konnte, daß sie geöffnet worden waren.

Jetzt hörten wir von nebenan abermals Schritte. Man brachte einen Betrunkenen, der einfach auf die Diele gelegt wurde, damit er da seinen Rausch ausschlafe. Nun war ich sicher, daß man die Kammer vorläufig nicht mehr betreten würde, und ging mit den dreien in unsere andere Stube hinüber. Dort machten wir Licht und betrachteten unseren unfreiwilligen Gast. Er war von mittlerer Größe, mochte das fünfzigste Jahr noch nicht erreicht haben und besaß kluge Gesichtszüge. – „Chosch geldin – sei willkommen!" begrüßte ich ihn. „Wir waren glücklicherweise Zeugen des Vorfalls im Nachbarhaus und hielten es für unsere Pflicht, dir beizustehen." – „So gehört ihr nicht zu jenen Schurken?" fragte der Mann mißtrauisch. – „Nein."

„Ich wußte, daß man mir das Leben nehmen wollte und dachte, du holtest mich, weil der Augenblick dazu gekommen sei. Wer seid ihr?" – „Ich bin ein Deutscher, und das sind meine Freunde, freie Araber aus der Sahara. Dieser Mann, Omar Ben Sadek, hat eine Blutrache gegen einen Feind, der in diesem Haus zu verkehren scheint; darum haben wir uns nebenan eingemietet, um kundschaften zu können." Von Abraham und dem Juwelendiebstahl sagte ich absichtlich nichts. Davon brauchte der Fremde nichts zu wissen. Ich fuhr vielmehr fort: „Wir wohnen erst seit heute hier, und Allah hat es gewollt, daß wir gleich am ersten Abend Gelegenheit finden, eine böse Tat zu verhindern. Dürfen wir erfahren, wer du bist?"

Der Türke blickte finster vor sich nieder; dann schüttelte er den Kopf und antwortete: „Laßt mich schweigen! Ich will meinen Namen, den viele kennen, in dieser Angelegenheit nicht öffentlich nennen lassen. Du bist ein Fremder, und ich werde dir danken können, auch wenn du meinen Namen nicht erfährst."

„Ich achte deinen Willen und bitte dich zugleich, nicht von Dank zu sprechen. Hast du einen der Männer erkannt, die da drüben sind?" – „Nein. Es sind viele Gäste da und auch viele, die nicht bloß Gäste zu sein scheinen. Ich werde diese Höhle noch in dieser Stunde durchsuchen lassen." – „Wird dir das gelingen? Zwar bin ich überzeugt, daß dieser Grieche vor dem Morgen nicht erfährt, daß du entkommen bist. Er wird also von der Polizei völlig überrascht werden, wenn er nicht auch für gewöhnlich Wächter ausstellt. Aber ich habe erfahren, daß viele Polizisten und Beamte dieses Haus besuchen, und darum ist es zweifelhaft, ob du deinen Zweck erreichen wirst."

„Polizei?" fragte er geringschätzig. „Ich habe allerdings in eine Stube geblickt, wo Saptijeler saßen. Nein, zur Polizei werde ich nicht gehen. Wisse, daß ich ein Sabyt[1] bin – der Rang ist Nebensache. Ich werde meine Askerler[2] holen und mit dieser Spelunke kurzen Prozeß machen." – Das war mir lieb und unlieb zugleich. Wenn der Offizier die Gesellschaft aushob, so war es wahrscheinlich, daß just die von uns Gesuchten nicht anwesend waren, und dann mußten wir sie von neuem suchen. Aber der Stein war einmal in Bewegung; ich mußte ihn rollen lassen. – „So erfülle mir die Bitte, mir die Gefangenen zu zeigen, die du machen wirst", erwiderte ich. „Wir möchten wissen, ob die Männer dabei sind, die wir suchen." – „Du sollst alle sehen." – „Und erlaube mir noch eine Bemerkung! Wer dieses Haus betreten will, der wird nach seinem Begehr gefragt und nur auf das Wort ‚En Naßr' eingelassen. Vielleicht wird dir das von Nutzen sein." – „Ah, also dies war das Wort, das mein Führer in das Loch neben der Tür hineinflüsterte. Aber", fuhr er mißtrauisch fort, „wie kommst du dazu, dieses Wort zu wissen?"

„Omar Ben Sadek hat es erlauscht", erklärte ich ihm und fügte hinzu, was er sonst noch zu wissen brauchte. Dann fuhr ich fort: „Es wird geraten sein, deine Truppen zu teilen. Die eine Hälfte kann sich mittels jenes Wortes Eingang durch die Tür verschaffen und die andere Hälfte mag durch die Öffnung eindringen, durch die du entwichen bist. Das Eindringen von der Straße aus darf jedoch nicht eher geschehen, als bis ihr euch bereits vor der Öffnung befindet, denn es ist zu vermuten, daß der Wächter, der die Tür öffnet, beim Anblick der Soldaten einen Warnungsruf ausstößt, um seinen Kumpanen Zeit zur Flucht zu schaffen." – „Ich sehe, daß du es ehrlich meinst, und werde deinen Rat befolgen. Habt ihr keinen Fes bei euch? Diese Schurken haben das Haupt eines Gläubigen entblößt. Das soll ihnen vergolten werden." – „Ich werde dir den meinigen geben. Auch diese Pistolen will ich dir leihen, damit du nicht unbewaffnet bist." – „Ich danke dir, Franke! Du sollst alles wiederhaben. Seid wachsam! Spätestens in einer Stunde kehre ich zurück." – Ich begleitete den Offizier bis vor die Tür, und er entfernte sich eilig, wobei er sich auf der entgegengesetzten Seite der Gasse hielt. – „Effendi", fragte Omar mich, als ich wieder zurückkehrte, „wird man Abu en Naßr, wenn er drüben ist, mir überlassen?"

„Ich weiß es nicht." – „Meine Rache geht doch vor!"

„Der Offizier wird vielleicht wenig danach fragen." – „So weiß ich, was ich zu tun habe. Erinnerst du dich des Schwurs, den ich auf dem Schott Dscherid an der Stelle ablegte, an der mein Vater verschwunden war? Sieh, ich habe das Haar und den Bart wachsen lassen bis zur jetzigen Stunde, und nun soll mir der Feind, den ich heute so nahe habe, nicht entgehen!" – Omar ging hinüber in das ‚Selamlik' und setzte sich vor das lose Brett. Wehe Abu en Naßr, wenn er heute abend vom Rächer gefunden wurde! – Ich löschte das Licht aus und

---

[1] Offizier [2] Mehrzahl von Asker — Soldat

folgte Omar mit Halef. Drüben mußten sich jetzt mehrere Personen befinden. Ich hörte ein vielfaches Schnarchen und Stöhnen, wie es beim Beginn der Opiumbetäubung ausgestoßen wird. Wir verhielten uns schweigsam, und als drei Viertelstunden vergangen waren, ging ich hinunter zur Haustür, um den Offizier zu erwarten.

Es war weit über eine Stunde vergangen, als ich trotz der Dunkelheit eine lange Reihe von Gestalten erkannte, die sich auf der anderen Seite der Gasse lautlos näherten. Gewiß hatten sie schon vorher ihre Anweisungen erhalten, denn während die hintere Abteilung stehenblieb, wurde die vordere auf den Eingang unseres Hauses zugeführt. An ihrer Spitze schritt der Offizier, noch immer in seiner vorigen Kleidung, aber mehr als hinreichend bewaffnet.

„Ah, du erwartest uns!" flüsterte er. „Hier hast du deine Pistolen und hier auch deinen Fes." – Er nahm beides aus den Händen des ihm Folgenden, der ein Hauptmann war. Während ich die Leute führte – es mochten gegen dreißig sein –, blieb er an der Tür stehen. Meine drei Stuben waren voll, als er als letzter eintrat. Trotz der schlechten Treppe war alles ohne auffälliges Geräusch verlaufen.

„Mach Licht!" sagte der Anführer. – „Hast du die Tür unten verschlossen?" fragte ich ihn. – „Der Riegel ist vorgeschoben." – „Und eine Wache hingestellt?" – „Eine Wache?" lachte der Offizier. „Wozu?" – „Ich sagte dir schon, daß ich erst seit heute hier wohne. Ich kenne also den Platz noch nicht genau und muß daher auch den Fall im Auge behalten, daß die Männer, die du fangen willst, hier in den Hof einbrechen und sich durch meine Tür entfernen."

„Das laß nur meine Sorge sein", antwortete er überlegen. „Ich weiß, was ich will." – Als das Licht brannte, setzte der türkische Offizier es neben die Bretterwand, dann gab er den Befehl zu beginnen. Die vordersten Soldaten erhoben die Gewehre, um die Wand mit dem Kolben einzuschlagen. Das war eine Dummheit, denn ehe der erste hinübergelangte, waren die Insassen des Hauses gewarnt. Ein einziger kam auf klügere Weise hinüber; kaum war der erste Schlag gefallen, so schob er die Bretter zur Seite, riß meine beiden Messer aus dem Holz und kroch hindurch. Er war längst verschwunden, als der Offizier an der Spitze der Soldaten durch die Bresche drang. – Ich folgte dem Offizier und dem Hauptmann. In dem Gemach lagen sechs oder sieben Betrunkene und vom Opium Berauschte. Wir sprangen über sie hinweg zum Nebenzimmer und sahen eben die letzte Gestalt hinter einer anderen Tür verschwinden. Wir eilten hinterdrein. – Von unten tönte schon wüster Lärm herauf; die Soldaten waren auch da eingedrungen. Die Stube, in die wir kamen, hatte noch zwei Türen. Wir öffneten die eine und sahen einen Raum vor uns, der keinen anderen Ausgang hatte; er war voll von Knaben und Mädchen, die flehend am Boden knieten.

„Eine Wache an die Tür!" brüllte der Offizier. – Er hastete zur anderen Tür, ich ihm nach. Da rannten wir mit Omar zusammen, der uns entgegenkam. – „Er ist nicht oben!" schnaubte er. „Ich muß hinunter!" – Die Blutrache hatte ihn, uns allen voran, bis an das äußerste Ende des obern Stockwerks getrieben. – „Wer ist oben?" fragte ihn der Offizier. – „Mehr als zwanzig Leute, ganz hinten. Ich kenne keinen einzigen." – Omar stieß uns beiseite und eilte hinab. Wir aber rannten durch mehrere Räume, die alle erleuchtet waren. Der Überfall war so plötzlich gekommen, daß man vor Schreck vergessen hatte, die Lichter auszulöschen. Später hörte ich, daß der Türwächter unten, als er die Soldaten erblickte, sofort seine Pistole abgeschossen hatte und im Dunkel des Hausgangs verschwunden war. Wir nebenan hatten bei dem Krachen der Kolbenschläge diesen Schuß nicht gehört, wohl aber war er von den Bewohnern und den Besuchern des Hauses gehört worden. Da der Schuß jedenfalls als ein Zeichen höchster Gefahr verabredet war, hatten sie schleunigst die Flucht ergriffen. Das war der Grund dafür, daß wir bei unserer Ankunft die vorderen Zimmer schon leer fanden. – Endlich kamen wir an die Tür des letzten Raums. Sie war aber von innen verrammelt. Während die Soldaten sich abmühten, sie mit ihren Kolben zu zertrümmern, vernahm man auch drinnen lautes Krachen. Die Tür war stark. Sie widerstand zu lange, darum rannte ich zurück in unsere Wohnung, um meinen Bärentöter zu holen, denn ich hatte nur die Revolver bei mir. Die Messer hatte Omar an sich genommen.

Als ich mit dem Gewehr zurückkam, hatte die Tür erst einen kleinen Riß. Sie war sehr dauerhaft gearbeitet, jedenfalls weil der dahinterliegende Raum als letzter Zufluchtsort galt und infolgedessen besser verwahrt war. Auch die Mauer war nicht von Holz, sondern aus Ziegeln aufgeführt. – „Weg!" gebot ich den Soldaten. „Laßt mich machen!" – Mein schwerer Bärentöter war allerdings ein anderer Mauerbrecher als die leichten Tüfenkler[1] der großherrlichen Vaterlandsverteidiger. Schon der erste Stoß mit dem stark mit Eisen beschlagenen Kolben gab eine Bresche. Noch drei wuchtige Hiebe, und die Tür lag in Trümmern. Uns jedoch empfing im selben Augenblick eine Salve von mehr als zehn Schußwaffen. Mehrere Soldaten stürzten nieder, ich aber, der ich, um zuschlagen zu können, seitlich an der Mauer gestanden war, blieb unversehrt. Eben sah ich, daß der Offizier mit erhobener Waffe in den Raum drang, und wollte ihm schon folgen, als ich horchend stehenblieb. – „Sihdi, Hilfe, schnell, schnell!" hörte ich trotz des Lärms die Stimme Halefs vom Hof herauf. Das zeigte mir, daß der brave Hadschi sich in einer außergewöhnlichen Gefahr befand. Da mußte ich zu ihm. Wieder durch die Zimmerreihe in unsere Wohnung und die Treppe hinab in den Hof? Dieser Weg war zu lang; da konnten die flüchtenden Verbrecher inzwischen den guten Halef erschlagen. Schon hörte ich seinen Ruf zum zweitenmal und zwar dringender. Ich sprang also an die Holzwand, die an der Seite unseres Hofs stand und stieß mit dem Kolben gleich einige Bretter hinaus. – „Halte aus, Halef! Ich komme!" rief ich hinab. – „Schnell, Sihdi, ich habe ihn!" tönte es wieder herauf. – Die alten, morschen Bretter flogen hinab. Unten

---

[1] Mehrzahl von Tüfenk — Flinte

herrschte tiefe Finsternis, aber Schüsse blitzten, und wilde Flüche erschollen. Da gab es kein Zaudern. Ich holte aus, sprang hinab, in das Dunkel hinein und kam recht unsanft auf dem Boden an. Hurtig raffte ich mich auf. „Halef, wo bist du?" rief ich.

„Hier an der Tür!" – Wahrhaftig. Der tapfere Hadschi hatte sich meine an den Offizier gerichteten Worte zu Herzen genommen, und statt uns in das Nachbarhaus zu folgen, war er hinunter an unsere Tür geeilt. Die im hintersten Zimmer zusammengedrängten Männer hatten auch wirklich die dünne Wand hinausgeschlagen und waren in unseren Hof hinuntergesprungen. Die Hälfte hatte sich schon unten befunden, als es mir oben gelang die Tür zu zerschlagen. Sie hatten durch unser Haus fliehen wollen, waren aber auf Halef getroffen, der, anstatt sich hinter die Tür in den Flur zu stellen, sie kühn vor dem Ausgang empfing. Die Schüsse, die ich gehört hatte, waren auf ihn gerichtet gewesen. Ob ihn einer getroffen hatte, konnte ich nicht sehen. Jedenfalls stand Halef noch aufrecht da und verteidigte sich mit dem Kolben seiner langen Flinte.

Es ist etwas Eigenes um so einen nächtlichen Nahkampf. Die Sinne schärfen sich dabei um das Doppelte. Man sieht, was man sonst nicht sehen würde, und ein gewisser Instinkt, nach dem man in solchen Augenblicken der Gefahr handelt, besitzt die Überlegenheit eines wohldurchdachten Entschlusses. Mein Kolben brachte den Hadschi schnell außer Gefahr. Ich sah, daß seine Angreifer unter seinen Schlägen stürzten oder zur Seite flohen, aber ich durfte nur an eins denken: „Wen hast du denn, Halef?" fragte ich ihn mitten im Kampf. – „Abrahim Mamur!" – „Ihn? Ah! Wo?"

„Zu meinen Füßen. Ich habe ihn niedergeschlagen."

„Endlich! Bravo!" – Die wenigen Männer, die uns noch belästigten, waren bald auseinandergestoben. Ich kümmerte mich nicht um sie und bückte mich nieder, um den Bandenführer in Augenschein zu nehmen. Es herrschte noch großes Getümmel im Hof, denn es sprangen noch immer Leute von oben herab, die vor den Soldaten flohen. Ich achtete nicht auf sie, denn Dawuhd Arafim war mir wertvoller als alle anderen. Ich zog ein Zündholz hervor, strich es an und leuchtete den Daliegenden ins Gesicht.

„O weh, Halef, er ist es nicht!" – „Nicht, Sihdi? Unmöglich! Ich habe ihm beim Blitz eines Schusses deutlich erkannt!"

„So hast du versehentlich einen anderen hingestreckt. Der Verbrecher aber ist leider entkommen. Wo ist er hin?"

Ich erhob mich und blickte wieder im Hof umher. Da sah ich die Flüchtigen über die niederen Planken klettern, die eine Lücke zwischen dem Haus und dem Schuppen ausfüllten. Die Lücke führte zum Hof Baruchs. Auch Halef hatte das sofort bemerkt.

„Ihnen nach, Sihdi!" rief er. „Abrahim ist da hinüber!"

„Sicher. Aber so bekommen wir ihn nicht. Er muß ja an unserer Vordertür vorbei. Komm!" – Ich sprang durch den Flur zur Haustür und öffnete sie. Es eilten vier Gestalten vorüber, die aus Baruchs Haus kamen. Ein fünfter, der ihnen folgte und uns nicht bemerkte, rief: „Halt! Bleibt beisammen!" Das war die Stimme des Gesuchten. Auch Halef erkannte sie und rief unklugerweise laut: „Er ist's, Sihdi! Ihm nach!" – Abraham hörte den Ruf und rannte davon; wir hasteten hinter ihm her. Er bog, um uns zu entkommen, um mehrere Ecken und tauchte in verschiedene dunkle, winklige Gäßchen; aber ich war stets höchstens fünfzehn Schritte hinter ihm, und Halef hielt sich neben mir. Mein Sprung in den Hof war doch nicht ohne Folgen geblieben, sonst hätte ich den Flüchtling sicher eingeholt. Er war ein guter Läufer, und Halef wollte der Atem ausgehen. „Bleib stehen und schieß ihn nieder, Sihdi!" keuchte er.

Das wäre mir freilich ein Leichtes gewesen, aber ich tat es nicht. Andere hatten ein größeres Recht auf den Menschen als ich, und ich wollte ihn lebendig haben. Vor allem dachte ich auch an die Juwelen. Gewiß hatte er sie irgendwo versteckt. Tötete ich ihn jetzt, und das konnte in der Dunkelheit selbst ohne Absicht, durch einen Fehlschuß geschehen, so erfuhren wir gewiß nie mehr etwas über den Verbleib der Kostbarkeiten. Die Jagd dauerte also fort. Da öffnete sich die Gasse, durch die wir jetzt gelaufen waren, und das Wasser des Goldenen Horns lag vor uns. Nicht weit vom Ufer erkannte man trotz des nächtlichen Dunkels die Inselreihe, die zwischen Baharije Köj und Südlüdsche im Wasser liegt.

„Rechts, Halef!" gebot ich. – Er gehorchte, und ich sprang links hinüber. So hatten wir den Flüchtling zwischen uns und dem Wasser. Er blieb einen Augenblick stehen, um sich nach uns umzusehen; dann nahm er einen Anlauf gegen das Ufer und sprang ins Wasser, in dessen Fluten er verschwand. – „Waj!" zürnte Halef. „Aber dieser Abraham soll uns doch nicht entkommen!" – Der Hadschi legte seine Flinte an, um zu schießen. – „Schieß nicht!" riet ich ihm. „Du zitterst vom Laufen! Ich werde ihm nachspringen." – „Sihdi, wenn es diesem Bösewicht gilt, so zittere ich nicht!" war die Antwort.

Da tauchte der Kopf des Schwimmers aus der Flut empor – der Schuß krachte – ein Schrei erscholl, und der Kopf verschwand unter lautem Gurgeln wieder in den Wellen. – „Ich habe ihn getroffen!" jubelte der Hadschi. „Er ist tot. Siehst du, Sihdi, daß ich nicht gezittert habe!" – Wir warteten noch eine Weile, aber Dawuhd Arafim kam nicht wieder zum Vorschein, und wir beide waren überzeugt, daß der Schuß wohlgezielt gewesen sei. Nun kehrten wir wieder zum Kampfplatz zurück. – Zwar hatte ich während unseres Dauerlaufs auf die Richtung geachtet und mir auch möglichst die Zahl und Lage der Gäßchen gemerkt, durch die wir eilten, aber es fiel uns dennoch nicht leicht, uns zurechtzufinden, und es dauerte eine geraume Weile, ehe wir unsere Wohnung erreichten. – Dort hatte sich indessen vieles verändert. In der Gasse war es ziemlich hell geworden, denn ihre Bewohner und auch Leute aus den Nachbargassen standen mit Papierlaternen da. Ein Teil der Soldaten bildete eine Sperrkette vor den drei Häusern, und der andere Teil suchte entweder nach versteckten Flüchtlingen in den Höfen, oder er bewachte die Gefangenen, die man gemacht hatte. Gefangene aber nannte man jede Person, die heute im

Haus des Griechen gewesen war. Dieser selbst war tot. Der Hauptmann hatte ihm mit einem Säbelhieb den Kopf gespalten. Sein Weib aber stand bei den Mädchen und Knaben, die man zusammengetrieben und gebunden hatte. Auch die Berauschten hatte man herbeigeschafft. Im Tumult des Kampflärmes war ihnen die Besinnung leidlich zurückgekehrt. Einige Soldaten waren tot, mehrere verwundet, und es stellte sich leider heraus, daß auch mein wackerer Halef einen Streifschuß in den Vorderarm und einen glücklicherweise ungefährlichen Stich gleich daneben erhalten hatte. Von den Gefangenen schienen nur vier Männer Mitglieder der Gaunergesellschaft zu sein. Sechs waren getötet worden, und den übrigen war es geglückt zu entkommen. Omar, der sich am meisten vorgewagt hatte, lehnte verdrießlich an der Treppe. Er hatte Abu en Naßr nicht gefunden und sich dann um das Weitere nicht gekümmert.

Endlich hatte man alle Gefangenen zum Abschub zusammengekoppelt, und nun gab der Offizier seinen Soldaten die Erlaubnis, das Haus des Griechen zu plündern. Das ließen sie sich nicht zweimal sagen; in der Zeit von zehn Minuten war alles Wertvolle fortgenommen. – Während dieser Zeit suchte ich den Hauptmann auf, den ich nach seinem Vorgesetzten fragte. „Er steht draußen vor dem Haus", lautete die abweisende Antwort. Das wußte ich bereits, aber es lag mir daran, etwas über diesen Mann zu erfahren. Erst hatte ich sein Schweigen geachtet. Dann aber war er mir nicht so begegnet, wie ich es von ihm erwarten konnte. Jetzt nach beendigtem Kampf kümmerte er sich gar nicht um mich, und ich hielt es daher nicht mehr für nötig, rücksichtsvoll zu sein. – „Welchen Rang bekleidet er?" fragte ich. – „Frage nicht", erklang es barsch. „Er hat verboten, es zu verraten." – Eben deswegen mußte ich es erfahren. Einer der Soldaten war noch im Hof Baruchs mit Suchen beschäftigt gewesen, als die anderen plünderten. Er war also schlechter weggekommen als sie und wollte soeben fluchend durch das Haus auf die Gasse gehen. Dort fing ich ihn ab. – „Du hast nichts bekommen können?" forschte ich. – „Nichts!" brummte er ärgerlich. – „So sollst du bei mir etwas verdienen, wenn du mir eine Frage beantwortest. Welchen Rang bekleidet der Offizier, der euch heute angeführt hat?

„Wir sollen eigentlich nicht von ihm sprechen, aber er hat auch nicht an mich gedacht. Gibst du mir zwanzig Piaster, wenn ich es dir sage?" – „Du sollst sie haben." – „Er ist Miralai[1] und heißt –"

Er nannte mir den Namen des Mannes, der später in Stambul eine bedeutende Rolle spielte und noch heute als hoher Würdenträger bekannt ist. Er ist kein geborener Türke und hat sich vom Lieblingsdiener seines einstigen Herrn durch nichts weniger als geistige Verdienste zu seiner jetzigen Stellung emporgearbeitet.

Ich bezahlte die ausbedungene Summe und warf dann einen Blick hinaus auf die Gasse. Der Miralai stand grad vor der Tür und konnte mich unmöglich übersehen. Wie ich es erwartet hatte, trat er

[1] Oberst

herbei und fragte: „Sind alle Franken so furchtsam wie du? Wo warst du, als wir anderen kämpften?" – War das eine Frage! Ich hätte ihm am liebsten eine Ohrfeige gegeben. – „Auch wir kämpften", antwortete ich gleichgültig, „und zwar mit denen, die du unnötigerweise entschlüpfen ließest. Ein weiser Mann ist stets darauf bedacht, die Fehler anderer gutzumachen." – „Wen habe ich entkommen lassen?" fuhr er auf. – „Die Mehrzahl von denen, die du fangen wolltest. Da du nicht auf meinen Rat hörtest, den Ausgang dieses Hauses zu besetzen, war ich mit meinem Diener nicht imstande, die Hauptschar der Schurken festzuhalten, während ihr euch mit einigen wenigen beschäftigtet. Was wird mit den Gefangenen geschehen?" – „Allah weiß es! Sage mir lieber, wo du morgen wohnen wirst?" – „Jedenfalls hier." – „Du wirst nicht mehr hier wohnen."
„Warum?" – „Das wirst du bald merken. Also wo wirst du morgen zu treffen sein?" – „Bei dem Basirgian[1] Maflei, der in der Nähe der Jeni Dschami wohnt." – „Ich werde zu dir senden."

Er wandte sich ohne Gruß ab und gab ein Zeichen. Die Gefangenen wurden in die Mitte genommen, dann setzte der Zug sich in Bewegung. Ich kehrte in den Hof zurück, und da bemerkte ich allerdings sogleich, weshalb ich morgen nicht mehr hier wohnen würde. Der freundliche Offizier hatte Feuer an das Haus des Griechen legen lassen, und die Flammen leckten bereits zu den Stubendecken empor. Das war eine bequeme Art und Weise, mit einer nicht sehr ehrenvollen Erinnerung schnell fertig zu werden.

Ich sprang, ohne Lärm zu schlagen in unsere Wohnung hinauf, um unsere Gewehre, die wir nicht gebraucht hatten, und das wenige Gerät, mit dem wir eingezogen waren, zusammenzuraffen. Ich trug es in den Hof hinunter, und nun schlug auch die Flamme so hoch empor, daß man sie auf der Gasse bemerken mußte. Der Tumult, der sich nun erhob, ist unmöglich zu beschreiben. Man muß Augenzeuge einer Feuersbrunst in Konstantinopel gewesen sein, um sich einen Begriff von dem unendlichen Wirrwarr machen zu können, der hier durch einen Brand entsteht. Man denkt gar nicht ans Löschen; man denkt nur an die Flucht, und da die Häuser meist nur hölzern sind, so legt ein solches Feuer oft ganz beträchtliche Stadtteile in Asche. – Mein alter Baruch war sprachlos vor Schreck, und seine Frau konnte sich nicht rühren. Wir trösteten beide so gut wie möglich, packten ihre wenigen Habseligkeiten zusammen und versprachen ihnen eine freundliche Aufnahme bei Maflei. Einige Lastträger waren bald zur Stelle, und so verließen wir eine Wohnung, die wir nicht ganz einen Tag bewohnt hatten. Der reiche Bäcker hatte an dem alten Haus jedenfalls keine Million verloren. – Wir fanden zu so später Stunde Mafleis Haus verschlossen, doch wurde uns auf unser Klopfen bald geöffnet. Sämtliche Glieder der Familie versammelten sich. Sie waren arg enttäuscht, als sie hörten, daß unser Unternehmen auf diese Weise geendet hatte. Lieber hätten sie den Mörder

---

[1] Kaufmann

ihres Verwandten in ihrer Gewalt gehabt, doch gaben sie sich schließlich mit der Überzeugung zufrieden, daß er in den Fluten seinen Lohn gefunden habe. – Baruch wurde mit seinem Weib willkommen geheißen, und der Hausherr versicherte ihm, daß er für ihn sorgen werde. – Schließlich, als uns gesagt wurde, daß wir unser Gartenhaus wieder bereit finden würden, bemerkte Isla mit freudiger Miene: „Effendi, wir haben heute, als du abwesend warst, einen unerwarteten, sehr lieben Gast erhalten. Du hast ihn noch nicht gesehen, aber ich habe dir von ihm erzählt. Ich werde ihn rufen, und dann sollst du raten, wer es ist." – Ich war ein wenig gespannt auf diesen Gast, denn er mußte mit unseren Erlebnissen in Beziehung stehen. Nach kurzer Zeit trat Isla mit einem ältlichen Mann ein. Er trug die gewöhnliche türkische Kleidung und hatte nichts an sich, was mich auf die richtige Spur hätte bringen können. Seine sonnverbrannten Züge waren kühn und scharf geschnitten; die Falten, die sein Gesicht durchfurchten, und der lange, schneeweiße Bart gaben ihm das Aussehen, als trage er an einem schweren Kummer.

„Das ist der Mann, Effendi!" meinte Isla. „Nun rate!"

„Ich kenne ihn nicht." – „Und doch wirst du seinen Namen erraten!" Und sich an den Fremden wendend, bat er: „Rede ihn in deiner Muttersprache an!" – Der Mann machte eine Verbeugung gegen mich und sagte: „Ssluga pokoran, wißoko poschtowani gospodine – Ihr ergebener Diener, mein hochgeehrter Herr!"

Dieser höfliche Gruß in serbischer Sprache brachte mich sofort auf die richtige Fährte. Ich streckte dem Manne beide Hände entgegen und antwortete: „Vidi, otatz Osko! Dobro doschao – sieh da, Vater Osko! Willkommen!" – Es war wirklich Osko, der Vater von Senitza, und ich richtete große Freude damit an, daß ich ihn an seinem Gruß erkannt hatte. Natürlich war jetzt von Schlaf noch keine Rede, denn ich mußte zunächst wissen, wie es ihm ergangen war.

Seit dem Verschwinden seiner Tochter, außer der er kein Kind besaß, war er ruhelos umhergewandert. Der Montenegriner hatte hie und da geglaubt, eine Spur von ihr gefunden zu haben, war aber immer bald zur Einsicht gelangt, daß er sich getäuscht habe. Not hatte er während dieser Irrfahrten, die sich meist über Kleinasien und Armenien erstreckten, nicht gelitten, denn er war mit reichlichen Mitteln versehen gewesen. In echt morgenländischer Weise hatte Osko den Schwur getan, die Heimat und sein Weib nicht eher wiederzusehen, als bis er sein Kind gefunden habe, und war schließlich durch die Erfolglosigkeit seiner Bemühungen gezwungen worden, nach Konstantinopel zu gehen. Eine solche Odyssee ist nur im Morgenland möglich. Bei den geordneten Zuständen des Abendlandes wäre sie ein Wahnsinn zu nennen. Man kann sich vorstellen, welche Freude der Montenegriner gehabt hatte, da er seine Tochter als das Weib des Mannes fand, für den sie es hatte suchen wollen. Und nicht nur seine Tochter hatte er gefunden, sondern auch sein Weib, das der Tochter nach Stambul gefolgt war.

Osko hatte den ganzen Zusammenhang erfahren und strebte jetzt nach Rache. Er war nunmehr entschlossen, den Derwisch Ali Manach aufzusuchen, um ihn zu zwingen, Auskunft über den Aufenthaltsort seines Vaters zu erteilen, und ich hatte Mühe, ihn zu bestimmen, diesen Besuch mir zu überlassen. – Nun erst legten wir uns schlafen. Nach der überstandenen Anstrengung fiel ich sofort in Schlummer und wäre am Morgen vielleicht noch nicht so bald aufgewacht, wenn ich nicht geweckt worden wäre. Maflei ließ mir sagen, daß ein Mann da sei, der mich dringend zu sprechen wünsche. Da man im Orient in den Kleidern schläft, so war ich sofort bereit, dem Ruf Folge zu leisten. Ich traf einen Boten, der mich nach meinem Namen fragte und mir dann sagte, daß ich zum Haus in Sankt Dimitri kommen solle, wo ich mit dem Jüterboger Barbier gewesen sei. Dieser wolle eilig mit mir sprechen.

„Was will er?" erkundigte ich mich. – „Ich weiß es nicht", lautete die Antwort. „Ich wohne in der Nähe, und der Wirt kam zu mir, um mich zu bitten, zu dir zu gehen." – „So sage ihm, daß ich gleich kommen werde." – Ich bezahlte dem Mann den Gang, und er verschwand. Fünf Minuten später war ich mit Omar unterwegs. Bei der Unsicherheit eines Weinhauses in einem verrufenen Stadtteil hielt ich es für geraten, nicht allein zu gehen, und Halef wollte ich nicht belästigen, da er verwundet war. Auf unseren kleinen Mietpferden, hinter denen die Besitzer hertrabten, sich am Schweif der Tiere festhaltend, ging es ziemlich schnell durch die Gassen. Als wir anlangten, kam uns der Wirt an die Tür entgegen. Er grüßte demütig und fragte: „Effendi, du bist der Deutsche, der kürzlich mit Hamsad el Dscherbaja bei mir gewesen ist?" – „Ja."

„Er will mit dir sprechen." – „Wo ist Hamsad?" – „Er liegt oben. Dein Begleiter mag einstweilen unten einkehren." – Die Worte: ‚Er liegt oben' ließen mich auf Krankheit oder gar auf einen Unfall schließen. Während Omar in die untere Stube trat, stieg ich mit dem Wirt die Treppe empor. Oben blieb er stehen und sagte: „Erschrick nicht, Effendi, wenn du ihn krank findest!" – „Was ist mit ihm?" – „Oh, weiter nichts! Er hat nur einen kleinen Stich."

„Ah! Wer hat ihn gestochen?" – „Ein Fremder, der noch nie bei mir war." – „Weshalb?" forschte ich. – „Sie saßen erst beisammen und redeten eifrig miteinander; dann spielten sie, und als dein Bekannter bezahlen sollte, hatte er kein Geld. Darüber wurden sie uneinig und zogen die Messer. Hamsad war betrunken und erhielt den Stich."

„Ist es gefährlich?" – „Nein, denn er lebt noch."

Also nach der Meinung dieses guten Mannes war ein Stich nur dann gefährlich, wenn sogleich der Tod eintrat. „Du hast doch den anderen festgehalten?" – „Wie konnte ich das?" meinte der Wirt verlegen. „Dein Freund hatte kein Geld und zog das Messer zuerst."

„Aber du kennst wenigstens den Täter?" – „Nein. Ich sagte dir bereits, daß er noch nie bei mir war." – „Hast du um einen Arzt geschickt?" – „Ja. Ich ließ sogleich einen berühmten Hekim holen, der den Verletzten verbunden hat. Du wirst mir doch bezahlen, was Hamsad mir dafür und für seine Zeche schuldig ist? Ich habe dem Fremden auch das geben müssen, was er von ihm gewonnen hat."

„Ich werde mir das ein wenig überlegen. Führe mich zu Hamsad."
„Tritt durch die hintere Tür. Ich habe unten viel zu tun."

Als ich in die bezeichnete Stube trat, die nichts als eine Art Matratze enthielt, sah ich den Barbier todesbleich und mit eingefallenem Gesicht darauf liegen. Ich war sogleich überzeugt, daß der Stich gefährlich sei, und beugte mich zu ihm nieder. – „Ich danke Ihnen, daß Sie kommen!" sagte er mit Mühe. – „Dürfen Sie sprechen?" erkundigte ich mich teilnehmend. – „Es wird mir nichts mehr schaden! Es ist aus mit mir!" – „Fassen Sie Mut! Hat Ihnen der Arzt keine Hoffnung gelassen?"

„Es ist ein Quacksalber."

„Ich werde Sie nach Pera bringen lassen. Sind Sie im Besitz eines Schutzscheines vom preußischen Gesandten?" – „Nein. Ich wollte nicht für einen Franken gelten." – „Woher war der Mann, mit dem Sie stritten?" – „Der? Oh, wissen Sie das nicht? Ich soll ihn ja für Sie suchen. Es war Abraham Mamur!" – Ich fuhr zurück, als ich diesen Namen hörte. „Das ist unmöglich; er ist ja tot!"

„Tot? Ich wollte, er wäre es!" – Es war eigentümlich: jetzt auf dem Kranken- oder Sterbelager redete der Barbier auf einmal nicht mehr seine märkische Mundart, sondern das reinste Hochdeutsch! Das mußte mir auffallen.

„Erzählen Sie!" bat ich ihn.

„Ich war noch spät hier. Da kam Abraham Mamur, ganz naß, als wäre er im Wasser gewesen. Ich erkannte ihn gleich, er mich aber nicht. Ich machte mich an ihn, und wir zechten. Dann spielten wir, und ich verlor. Ich war betrunken und mag wohl verraten haben, daß ich ihn kenne und aushorchen wollte. Ich hatte kein Geld, und deshalb kamen wir in Streit. Ich wollte Ihnen einen Gefallen tun und Abraham erstechen, er war aber rascher als ich. Das ist alles!" – „Ich will Sie nicht tadeln. Das führt zu nichts, und Sie sind krank. Haben Sie nicht bemerkt, ob Abraham Mamur mit dem Wirt bekannt ist?" – „Sie schienen sich gut zu kennen. Der Wirt gab ihm trockene Kleider, ohne daß er darum gebeten wurde."

„Seien Sie aufrichtig! Sie sind nicht aus Jüterbog?"

„Sie erraten es. Ich weiß, daß der Stich tödlich ist, und darum will ich es gestehen: ich bin ein Thüringer. Ich habe keine Verwandten und durfte nicht in die Heimat zurück. Lassen Sie das genug sein! Wollen Sie mich wirklich nach Pera schaffen?"

„Ja. Vorher will ich Ihnen jedoch einen verständigen Arzt senden, der untersuchen soll, ob Sie die Überführung aushalten. Haben Sie einen Wunsch?" – „Lassen Sie mir Scherbet geben und vergessen Sie mich nicht!" Der Verwundete hatte mir mit Mühe und mit vielen Unterbrechungen geantwortet. Jetzt schloß er die Augen; die Besinnung schwand ihm. Ich ging hinunter zum Wirt, gab ihm die geeigneten Anweisungen und versprach ihm, seine berechtigten

Auslagen ehrlich zu bezahlen. Dann ritten wir schleunigst nach Pera. Hier begab ich mich zunächst in die preußische Gesandtschaft, deren Kanzler, der ein Perote war, meine kurze Darstellung schweigend anhörte und sich sodann in liebenswürdigster Weise bereit erklärte, sich um den Verwundeten zu kümmern. Auch die Sorge um den Arzt nahm er auf sich und ersuchte mich nur, ihm Omar als Führer dazulassen. Zwar fühlte ich mich der Sorge für den Landsmann nicht enthoben, doch konnte ich ruhig heimkehren, da ich ihn in guter Obhut wußte.

15. Am Turm von Galata

Sofort nach meiner Rückkehr suchte ich Isla auf, um ihm zu sagen, daß Abrahim Mamur noch lebe. Der junge Kaufmann befand sich in einem mit Büchern und allerhand Warenproben angefüllten Gemach, das sein Geschäftszimmer zu sein schien. Er war wenig erbaut von meiner Botschaft, beruhigte sich aber durch den Gedanken, daß es uns nun doch gelingen könne, den Menschen lebend zu fangen. Mit dem Barbier hatte Isla kein Mitleid und teilte mir mit, daß er ihn fortgejagt habe, weil er von ihm mehrfach bestohlen worden war. – Während dieser Unterredung haftete mein Auge wiederholt auf dem aufgeschlagenen Buch, das er vor sich liegen hatte. Es schien ein Kontobuch zu sein, dessen Inhalt mich nichts anging. Im Laufe des Gesprächs irrten Islas Finger wie spielend durch die Blätter, die dabei hin- und hergewendet wurden, und jetzt fiel mein Auge auf eine Zeile, die mich veranlaßte, meine Hand schnell auf das Blatt zu legen. Ich hatte den Namen ‚Henri Galingré, Ischkodra'[1] entdeckt. – „Galingré in Ischkodra?" fragte ich. „Du stehst mit einem Galingré in Skutari in Verbindung?"

„Ja. Es ist ein Franzose aus Marßilia[2] von dem ich Waren beziehe."

„Aus Marseille? Das stimmt ja ganz auffällig! Hast du ihn vielleicht gesehen und gesprochen?" – „Öfters. Er ist bei mir gewesen, und ich war auch bei ihm." – „Weißt du nichts von seinen Schicksalen und von seiner Familie?" – „Ich erkundigte mich nach Galingré, bevor ich das erste Geschäft mit ihm machte, und später hat er mir auch manches erzählt. Er hatte anfangs nur ein kleines Geschäft in Marßilia, und das genügte ihm nicht. Darum ging er nach Stambul, dann nach Edirne[3]; dort lernte ich ihn kennen. Seit einem Jahr aber wohnt er in Ischkodra, wo er einer der wohlhabendsten Männer ist." – „Und seine Verwandten?"

„Henri Galingré hatte einen Bruder, dem es auch nicht in Marßilia gefiel. Der Bruder ging erst nach Algier und dann nach Blida, wo er solches Glück hatte, daß ihm der Bruder in Edirne seinen Sohn sandte, der im Geschäft in Blida seine Kenntnisse verwerten sollte. Dieser Sohn heiratete ein Mädchen aus Marßilia und kehrte dann zu seinem Vater zurück, wo er nach Jahren das Geschäft übernahm. Einst mußte er nach Blida zu seinem Oheim, um ein

---

[1] Skutari, auch in türkischer Sprache. Albanisch: Schkodër. Südslawisch: Schkodra
[2] Marseille in Frankreich   [3] Adrianopel

größeres Geschäft mit ihm zu besprechen, und grad als er sich dort befand, wurde der Oheim ermordet und seiner ganzen Kasse beraubt. Man hatte einen armenischen Händler in Verdacht, und der jüngere Galingré zog aus, um nach ihm zu forschen, da er meinte, die Polizei suche nicht fleißig genug. Er ist niemals zurückgekehrt. Sein Vater ist Erbe des Oheims geworden und hat dadurch sein Vermögen verdoppelt, aber er trauert noch heute um den Sohn und würde viel darum geben, wenn er eine Spur von ihm fände."

„Nun, ich kann ihn auf diese Spur bringen." – „Du?" staunte Isla. „Gewiß. Wie konntest du nur über diese Dinge so lange schweigen! Ich habe dir ja schon in Ägypten erzählt, daß Abu en Naßr, den Omar sucht, im Wadi Tarfaui einen Franzosen erschlagen hat, dessen Sachen ich an mich nahm. Habe ich dir nicht auch mitgeteilt, daß dieser Franzose Paul Galingré hieß?" – „Den Namen hast du nicht genannt." – „Ich habe noch heute den Trauring, der ihm gehörte, hier an meinem Finger. Die anderen Gegenstände gingen leider mit der Satteltasche verloren, als mein Pferd im Schott Dscherid versank." – „Effendi, du wirst dem alten Mann doch Nachricht geben?" – „Versteht sich!" – „Schreibst du ihm?"

„Ich werde sehen. Durch einen Brief käme die Nachricht zu plötzlich über ihn. Der Weg in meine Heimat führt mich vielleicht in jene Gegend. Man muß sich die Angelegenheit überlegen."

Nach diesem Gespräch suchte ich Halef auf, der es zuerst gar nicht glauben wollte, daß sein Schuß fehlgegangen sei. Endlich gab er die Möglichkeit eines Fehlschusses zu. „Sihdi, so hat mein Arm also doch gezittert", meinte der Hadschi kleinlaut. – „Jedenfalls." – „Aber der Mann im Wasser stieß doch einen Schrei aus und versank. Wir haben seinen Kopf nicht wieder gesehen."

„Das hat er mit kluger Absicht getan. Er muß ein guter Schwimmer sein. Im übrigen, mein lieber Halef, sind wir rechte Toren gewesen. Glaubst du wirklich, daß ein Mensch, der eine Kugel mitten durch den Kopf bekommt, noch schreien kann?" – „Ich weiß es nicht, Sihdi", brummte er, „denn ich habe noch keine Kugel durch den Kopf erhalten. Wenn man mich einmal durch den Kopf schießt, was Allah um meiner Hanneh willen verhüten möge, so werde ich versuchen, ob es mir möglich ist, zu schreien. Aber sag, Sihdi, glaubst du, daß wir die Spur dieses Hundesohnes wiederfinden?"

„Ich hoffe es." – „Durch den Wirt?" – „Entweder durch ihn oder durch den Derwisch, denn ich vermute, daß Ali Manach und Abraham miteinander bekannt sind. Ich werde noch heute mit dem Derwisch reden." – Auch den Juden, der mit seinem Weib ein kleines Gelaß unseres Gartenhauses bewohnte, besuchte ich. Baruch hatte sich in die Veränderung ergeben und klagte nicht mehr über die kleinen Verluste, die ihm das gestrige Feuer verursacht hatte. Er wußte ja, daß der reiche Maflei sein Versprechen, für ihn zu sorgen, halten werde. Während meiner Abwesenheit in Sankt Dimitri und Pera war Baruch schon in Baharije Köj gewesen. Er berichtete mir, daß viele Häuser vom Feuer verzehrt worden seien. – Wir sprachen noch miteinander, als ein schwarzer Diener Mafleis kam, um mir zu melden, daß ein Offizier da sei, der mit mir reden wolle.

„Was ist er?" fragte ich ihn. – „Ein Jüsbaschi[1]." – „Er mag warten." – Ich hielt es nicht für angezeigt, dieses Mannes wegen Umstände zu machen, und begab mich deshalb, anstatt das Hauptgebäude aufzusuchen, in mein Zimmer, wo ich Halef fand. Ich sagte ihm, welchen Besuch ich zu erwarten habe. – „Sihdi", meinte er, „dieser Jüsbaschi war grob gegen dich. Wirst du höflich sein?" – „Ja."

„Du meinst, dann muß er sich vor uns schämen? Wohlan, so werde auch ich sehr höflich gegen ihn sein. Erlaube, daß ich ihn als dein Hismetkjâr[2] empfange." Halef trat vor die Tür hinaus, und ich setzte mich auf meinen Diwan und brannte mir eine Pfeife an. Nach wenigen Minuten hörte ich Schritte und gleich darauf die Stimme des kleinen Hadschi, der den Schwarzen fragte: „Wohin willst du?"

„Ich soll diesen Aga zum fremden Effendi bringen."

„Zu dem Effendi aus Almanja meinst du! Gut, daß du vorher auf mich triffst, denn du scheinst nicht zu wissen, daß man bei einem solchen Herrn nicht so eintreten darf wie bei einem Kunduradschy oder Tersi[3]. Der Effendi, den Allah mir als Herrn gegeben hat, ist gewohnt, daß man nur mit der größten Höflichkeit mit ihm verkehrt." – „Wo ist dein Effendi?" hörte ich die herrische Stimme des Hauptmanns fragen. – „Erlaube mir, Hasret[4], dich erst zu fragen, wer du bist!" erwiderte Halef artig. – „Das wird dein Effendi wohl sehen." – „Aber ich weiß ja nicht, ob es dem Effendi beliebt, es zu sehen. Er ist ein sehr strenger Herr, und ich darf es nicht wagen, jemand zu ihm zu lassen, ohne ihn zuvor um Erlaubnis zu fragen." – Ich sah im Geist mit Vergnügen das demütig freundliche Gesicht des kleinen Schlaukopfs gegenüber den grimmigen Zügen des barschen Offiziers, der den Befehl seines Vorgesetzten ausführen mußte und nicht umkehren durfte, obwohl er das jedenfalls am liebsten getan hätte. – „Ist dein Effendi wirklich so groß und vornehm? Solche Leute wohnen anders, als wir es gestern bemerkten."

„Das tat der Effendi nur zu seinem Vergnügen. Er langweilte sich und beschloß zuzuschauen, wie unterhaltend es ist, wenn sechzig tapfere Soldaten zwanzig Knaben und Mädchen fangen, die Erwachsenen aber entwischen lassen. Das hat dem Effendi sehr gefallen, und nun ruht er auf seinem Diwan und hält seinen Kef, wobei ich ihn nicht stören möchte." – „Du bist verwundet. Warst du nicht gestern auch dabei?" – „Ja. Ich war es, der unten an der Tür stand, wo eigentlich eine Wache hingehörte. Aber ich sehe, daß du dich gern mit mir hier unterhalten willst. Erlaube, Hasret, dir einen Sitz zu bringen." – „Halt, ich glaube gar, du sprichst im Ernst! Sag deinem Effendi, daß ich mit ihm reden möchte!"

„Und wenn er mich fragt, wer du bist?" – „So melde, ich sei der Jüsbaschi von gestern abend." – „Gut, ich werde ihn bitten, seine

---

[1] Hauptmann   [2] Diener   [3] Schuster oder Schneider   [4] Hoheit

Güte über dir leuchten und dich eintreten zu lassen, denn ich weiß, was man für einen Mann von deiner Würde wagen darf."

Halef trat ein und zog die Tür hinter sich zu. Sein Gesicht strahlte vor Vergnügen. „Soll er sich neben dich setzen?" fragte er leise.

„Nein. Leg ihm den Polster gerade mir gegenüber nahe an die Tür, aber mit der größten Höflichkeit. Dann bringst du ihm eine Pfeife und Kaffee." – „Dir auch Kaffee?" – „Nein. Ich trinke nicht mit ihm." – Der Hadschi öffnete jetzt und ließ unter einem demütigen ‚der Effendi erlaubt es' den Wartenden eintreten. Der Fremde grüßte nur mit einem leisen Neigen seines Hauptes und begann: „Ich komme, um das Versprechen von gestern –"

Eine rasche Handbewegung meinerseits hatte dem Offizier auf unzweideutige Weise Schweigen geboten. Ein höflicher Gruß einem Franken gegenüber schien ihm wohl nicht nötig, und darum hatte ich große Lust, ihm zu zeigen, daß auch ein Christ an Achtung gewöhnt sein kann. Der Jüsbaschi stand noch an der Tür. Halef brachte den Polster und legte ihn dem Mann gerade vor die Füße, dann verließ er den Raum. Es war wirklich ein Schauspiel, das Gesicht des Hauptmanns zu beobachten, in dem Empörung, Erstaunen und Scham um die Herrschaft rangen. Er fügte sich aber in das Unvermeidliche und ließ sich nieder. Es mußte den Türken eine bedeutende Überwindung kosten, bei einem Christen nur an der Tür Platz zu nehmen. – Bei der morgenländischen Sitte, stets kochendes Wasser für den Kaffee über dem Feuer zu haben, dauerte es nur sehr kurze Zeit, bis Halef ihm eine Tasse des Getränks und Feuer brachte. Er trank den Kaffee und ließ sich die Pfeife anbrennen. Halef blieb hinter ihm stehen, und nun konnte die Unterhaltung beginnen. – „Mein Sohn", begann ich in väterlich-freundlichem Ton, obwohl das Wort eigentümlich klingen mußte, da ich auch nicht älter als mein Besucher war. „Mein Sohn, ich ersuche dich, einiges zu merken, was mein Mund dir zu sagen hat. Wenn man die Wohnung eines Adam bilir[1] betritt, so sagt man ihm einen Gruß, sonst wird man entweder für stumm oder für unwissend gehalten. Auch darf man die Rede nie zuerst beginnen, sondern muß warten, bis man angesprochen wird, denn der Hausherr hat das Recht, das Zeichen zum Beginn zu geben. Wer einen anderen beurteilt, ohne ihn vorher kennengelernt zu haben, der wird sich häufig irren, und vom Irrtum ist oft nur ein kleiner Schritt zur Demütigung. Du wirst meine gutgemeinten Worte dankbar beherzigen, denn die Erfahrung hat die Pflicht, die Jugend zu belehren. Und nun magst du mir sagen, welche Bitte du mir aussprechen möchtest!"

Der Mann hatte die Pfeife sinken lassen und öffnete den Mund vor Erstaunen über mein Verhalten. Dann aber platzte er los:

„Es ist keine Bitte, sondern ein Befehl, den ich dir bringe!"

„Ein Befehl? Mein Sohn, es ist stets von Vorteil, langsam zu sprechen, denn nur auf diese Weise vermeidet man es, Dinge zu

---

[1] Gebildeter Mann, Mann von Erfahrung

sagen, die man nicht überlegt hat. Ich kenne in Stambul keinen Menschen, der mir zu gebieten hätte. Du meinst wohl, daß du selbst einen Befehl erhalten hast und infolgedessen zu mir kommst, denn du bist ein Untergebener, ich aber bin ein freier Mann. Wer sendet dich zu mir?"

„Der Mann, der uns gestern befehligte."

„Du meinst den Miralai –?" Ich fügte den Namen hinzu, den ich gestern von dem Soldaten erfahren hatte. Der Jüsbaschi machte eine Bewegung der Bestürzung und rief erstaunt: „Du kennst seinen Namen?" – „Wie du hörst. Hat er einen Wunsch an mich?"

„Ich soll dir befehlen, nicht nach ihm zu forschen und von der gestrigen Begebenheit zu keinem Menschen zu sprechen."

„Ich habe dir schon gesagt, daß mir niemand etwas befehlen darf. Sag dem Miralai, daß die Begebenheit in der nächsten Nummer der ‚Baßiret' erscheinen wird! Da ich keine Befehle entgegennehme, so ist unsere Unterredung beendet. – Allah sei mit dir."

Ich erhob mich und ging ins Nebenzimmer. Der Jüsbaschi aber vergaß vor Erstaunen sowohl das Sprechen als auch das Aufstehen, und erst nach einer Weile kam Halef, um mir zu melden, daß der Besuch mit einigen kräftigen Flüchen verschwunden sei.

Es war fast sicher, daß der Miralei sofort wieder einen Boten schicken werde. Ich fühlte aber kein Verlangen, darauf zu warten, und rüstete mich zum Ausgehen. Ich wollte zum Derwischkloster, um mit Ali Manach zu sprechen. – Der Derwisch saß, als ich ankam, in seiner Zelle und betete. Als er seine Andacht beendet hatte, blickte er auf, und seiner Miene nach schien mein Besuch ihm nicht unangenehm zu sein. Ali Manach erwiderte meinen Gruß höflich und erkundigte sich: „Bringst du vielleicht wieder eine Gabe?"

„Ich weiß es noch nicht. Sag mir vor allem, wie ich dich nennen soll. Ali Manach Ben Barud el Amasat oder ‚En Naßr'?"

Mit einem schnellen Sprung war er vom Diwan auf und stand ganz nah vor mir. „Pst! Schweige hier!" raunte er mir ängstlich zu. „Geh hinaus auf den Friedhof. Ich werde in kurzer Zeit nachkommen." – Ich ahnte, daß ich gewonnenes Spiel hatte. Freilich mußte ich mir auch eingestehen, daß ich mich auf einige listige Redensarten einrichten müsse, wenn ich mich nicht verraten wollte. Ich verließ das Klostergebäude, schritt über den Hof und trat durch die Gitterpforte in den Gottesacker. – Da ruhten sie, die Hunderte von Derwischen. Sie hatten ausgetanzt, und nun standen turbangeschmückte Grabsteine zu ihren Häuptern und andere zu ihren Füßen. Ihre Spielzeit war zu Ende. Wie werden sie über die ‚Brücke der Prüfung' gelangen? – Ich hatte mich noch nicht weit zwischen die Gräber verloren, als ich den Derwisch kommen sah. Er schritt, scheinbar in frommer Betrachtung versunken, einem abgelegenen Winkel zu, und ich folgte ihm. Dort trafen wir zusammen.

„Was hast du mir zu sagen?" fragte Ali Manach. – Ich mußte vorsichtig sein, darum hielt ich mich zurück. – „Erst muß ich dich kennenlernen. Kann man sich auf dich verlassen?"

„Frage den Usta[1]; er kennt mich genau!" – „Wo ist er zu finden?" „In Dimitri bei dem Junan[2] Koletis. Bis gestern waren wir in Baharije Köj, aber man hat uns dort entdeckt und vertrieben. Der Usta wäre beinahe erschossen worden. Nur durch Schwimmen konnte er sich retten." – Diese Worte sagten mir, daß Dawuhd Arafim der Anführer der Freibeuter sei; er hatte mich also in Baalbek belogen. Doch der Derwisch hatte einen Mann genannt, der mich an ein früheres Erlebnis erinnerte. Hatte nicht jener Grieche, der während des Kampfes im ‚Tal der Stufen' in meine Hände fiel, Alexandros Koletis geheißen? Ich erkundigte mich weiter: „Sind wir bei Koletis sicher?" – „Vollständig. Weißt du, wo er wohnt?" „Nein. Ich bin erst seit kurzer Zeit in Stambul." – „Woher kommst du?" erkundigte sich Ali Manach. – „Aus Esch Scham, wo ich den Usta getroffen habe." – „Ja, er war dort, aber das Werk ist ihm nicht gelungen. Ein Franke hat ihn erkannt, und er mußte fliehen."

„Ich weiß es; er hat dem reichen Schafei Ibn Jakub Afarah nur einen Teil seines Geschmeide abnehmen können. Ist die Beute verkauft?" – „Nein." – „Weißt du das genau?"

„Ganz genau, denn mein Vater und ich sind seine Vertrauten."

„Ich komme, um wegen dieser Sachen mit ihm zu sprechen. Ich weiß einen sicheren Mann, der alles kauft. Hat er die Schmuckstücke sofort bei der Hand?" – „Sie stecken im Turm von Galata an einem sicheren Platz. Vielleicht kommst du schon zu spät, denn der Bruder des Koletis hat auch einen Käufer gefunden, der heute kommen will." – Das machte mir Sorge, doch ließ ich mir selbstverständlich nichts merken. – „Wo ist Barud el Amasat, dein Vater? Ich habe eine wichtige Botschaft an ihn." – „Er ist in Edirne bei dem Kaufmann Hulam zu finden." – Jetzt erschrak ich, denn hier war gewiß wieder eine Heimtücke im Spiel. Aber ich faßte mich schnell.

„Ich ahnte es", bemerkte ich scheinbar zuversichtlich. „Dieser Hulam ist ein Verwandter jenes Jakub Afarah in Damaskus und auch des Händlers Maflei hier in Stambul." – „Ich sehe, du weißt alles. Ich kann dir vertrauen." – „So sag mir noch, wo sich dein Oheim Hamd el Amasat befindet!" – „Auch diesen kennst du?" fragte er verwundert. – „Sehr genau sogar. Er war in der Sahara und in Ägypten." – Sein Erstaunen wuchs. Ali Manach schien mich für ein bedeutendes Mitglied seiner sauberen Verbrüderung zu halten, denn er erkundigte sich: „So bist du wohl gar der Basch[3] in Esch Scham?" – „Frage jetzt nicht, sondern antworte mir!"

„Hamd el Amasat ist zur Zeit in Skutari. Er wohnt bei einem fränkischen Kaufmann, der Galino oder Galineh heißt."

„Galingré willst du sagen." – „Herr, du weißt wahrhaftig alles."

„Ja. Aber eines weiß ich noch nicht. Wie nennt sich der Usta jetzt?" – „Er ist aus Konia und heißt Abd el Myrhatta."

„Ich danke dir. Du wirst bald mehr von mir hören."

Ali Manach antwortete auf meinen Abschiedsgruß mit einer

---

[1] Meister, Gebieter   [2] Grieche   [3] Anführer

Unterwürfigkeit, die mir bewies, daß es mir gelungen war, ihn zu täuschen. Nun galt es, keinen Augenblick zu versäumen, sonst konnte der soeben errungene Vorteil schnell wieder verlorengehen. Ohne mich erst zu Maflei zurückzubegeben, ritt ich nach Sankt Dimitri, um mich im Weinhaus nach Koletis zu erkundigen. Ich fand den Wirt nicht anwesend, aber sein Weib war da. Meine erste Frage galt dem Barbier, und ich erfuhr, daß ein Arzt gekommen sei und ihn frisch verbunden habe. Später, vor noch nicht langer Zeit, sei er abgeholt worden. Nun fragte ich nach Koletis. Die Frau sah mich erstaunt an. „Koletis? So heißt ja mein Mann!"

„Ah! Das wußte ich nicht. Ist hier ein Mann aus Konia, der Abd el Myrhatta heißt?" – „Er wohnt bei uns." – „Wo ist er jetzt?"

„Er ist zum Turm von Galata lustwandeln gegangen." – „Allein?"

„Mit dem Bruder meines Mannes." – Das traf sich ja außerordentlich günstig. Wollten die beiden Verschworenen die Schmucksachen holen? Ich mußte ihnen nach. In aller Eile hörte ich noch, daß sie erst vor kurzem fortgegangen seien, und daß Omar noch dagewesen war, als sie gingen. Er hatte gleich hinter ihnen das Haus verlassen. Ich stieg zu Pferd und trabte nach Galata hinab. In den finsteren Straßen dieses Stadtteils wimmelte es von Matrosen, Soldaten, schmutzigen Töpfern, Hammâls, zudringlichen Schiffern, spanischen Juden und anderen eilfertigen Menschen, so daß nicht leicht durch das Gedränge zu kommen war. Am größten wurde das Gedränge, als ich den Turm erreichte. – Es mußte irgend etwas Außerordentliches geschehen sein, denn ich bemerkte ein Schieben und Stoßen, das beinahe lebensgefährlich zu werden drohte. Ich bezahlte den Besitzer meines Mietgauls und trat hinzu, um mich zu erkundigen. Ein aus dem Gewühl sich herausarbeitender Kaikdschi[1] gab mir Auskunft: „Es sind zwei auf die Plattform des Turmes gestiegen und über das Geländer gestürzt, sie liegen zerschlagen auf der Erde."

Da wurde mir angst. Omar war den beiden nachgegangen. War ihm vielleicht ein Unglück zugestoßen? – Ich drängte mich rücksichtslos durch und sah nun innerhalb eines engen, von der Menge umschlossenen Kreises zwei menschliche Körper liegen, deren Anblick entsetzlich wirkte. Die Plattform des Genueserturmes in Galata hat eine Höhe von 44,5 Meter. Man kann sich also denken, wie die Leichen aussahen. Omar war nicht dabei. Das sah ich an den Kleidern. Das Gesicht des einen war unverletzt, und ich erkannte augenblicklich jenen Alexandros Koletis, der den Haddedihn wieder entkommen war. Aber wer war der andere? Er war schlechterdings unmöglich zu erkennen. Er hatte einen fürchterlichen Tod gehabt, wie mir einer der Nahestehenden erzählte, der das Unglück mit angesehen hatte. Es war ihm nämlich noch während des Sturzes gelungen, mit der Hand den unteren Teil eines Gitterstabes zu erfassen, aber er hatte sich kaum eine Minute lang festhalten können, dann war er doch noch abgestürzt. – Unwillkürlich warf ich einen Blick

[1] Bootsführer

auf seine Hände. Ah, er hatte quer über der rechten Hand einen Schnitt. Das war jedenfalls die, mit der er sich festgehalten hatte. - Er war also nicht verunglückt, sondern herabgeworfen worden. - Wo war Omar? - Ich drängte mich dem Turm zu und trat ein. Ein Bakschisch erwarb mir die Erlaubnis, ihn zu besteigen. Ich eilte auf fünf Steintreppen durch die fünf untersten Stockwerke, dann die nächsten drei Holztreppen bis in den Kaffeeschank hinauf. Nur der Kahwedschi war hier zu sehen, kein Gast. Bis hierher sind 143 Stufen zu steigen. Nun kletterte ich noch 45 Stufen bis zum Glockenstuhl empor, der mit Blech gedeckt und sehr abschüssig ist. Von hier aus schwang ich mich hinaus auf die Galerie. Ich suchte den etwa fünfzig Schritt langen Umkreis ab und fand auf der Seite, wo unten die Toten lagen, mehrere Blutflecken. Es hatte also ein Kampf stattgefunden, ehe sie hinabgeworfen worden waren. Ein Kampf in dieser Höhe auf glattem, abschüssigem Boden, und zwar, wie ich vermutete, einer gegen zwei. Es war grausig!

Ich stieg, ohne in der Kaffeestube zu verweilen, eilig wieder hinunter und eilte nach Haus. Der erste, der mir im Selamlik entgegentrat, war Jakub Afarah. Sein Gesicht glänzte vor Freude. Er umarmte mich und rief: „Effendi, freue dich mit mir! Ich habe meine Juwelen wieder!" - „Wie ist das möglich?" staunte ich. - „Dein Freund Omar Ben Sadek hat sie mir gebracht." - „Woher hat er sie?"

„Ich weiß es nicht, Effendi. Er gab mir das Paket und ging sofort hinüber in das Gartenhaus, wo er sich in seiner Stube eingeschlossen hat. Er will keinem Menschen öffnen." - „Ich werde sehen, ob er mit mir eine Ausnahme macht." - An der Tür des Gartenhauses stand Halef. Er trat auf mich zu und sagte halblaut: „Sihdi, was ist geschehen? Omar Ben Sadek kam nach Hause und blutete. Jetzt wäscht er sich die Wunde aus." - „Er hat Abraham Mamur in Galata getroffen und ihn vom Turm gestürzt." - „Maschallah! Ist es wahr?" - „Ich vermute es nur, doch wird es nicht viel anders sein. Natürlich dürfen nur wir davon wissen. Schweig also!" - Ich ging an Omars Tür und nannte laut meinen Namen. Er öffnete sofort und ließ auch Halef eintreten. Er erzählte uns unaufgefordert, was geschehen war. - Omar war erst mit dem Arzt, den er zurückbegleitete, und dann wieder mit den Trägern, die den Barbier holen sollten, in Koletis' Wohnung gekommen und hatte dort Dawuhd Arafim und Alexandros Koletis, die er nicht kannte, in leisem Gespräch sitzen gesehen. Er hatte einige Worte ihres Gesprächs vernommen und war aufmerksam geworden. Da stand Omar auf und verließ das Zimmer, kehrte aber durch die zweite Tür des Flurs in die leere Nebenstube zurück, wo er das Gespräch der beiden anhören konnte, da sie sich unbeachtet glaubten und jetzt lauter redeten. Sie hatten von den Kleinodien aus Damaskus gesprochen, die sie aus dem Turm holen wollten, wo einer der Wächter zur Verbrecherbande gehörte. Omar kannte die Geschichte von dem Diebstahl in Damaskus; er hatte sie von Halef gehört und merkte nun, daß er Dawuhd Arafim oder Abraham Mamur, den wir anderen suchten, vor sich hatte. Der weitere Verlauf des Gesprächs überzeugte ihn, daß seine Vermutung richtig war, denn Abrahim erzählte von seiner gestrigen Flucht über das Goldene Horn.

Der Lauscher kehrte nun in die Stube zurück und beschloß, den beiden zum Turm zu folgen. Er hatte sie so unbeobachtet belauschen können, weil die Wirtin draußen im Hof beschäftigt gewesen war. Als die beiden Verbrecher gingen, schlich er ihnen nach. Sie waren mit einem der Wächter lange Zeit im schmutzigen Erdgeschoß des Turmes geblieben, das als Hühnerstall benützt wird, und dann die Treppen emporgestiegen. Omar folgte auch hier. In der Kaffeestube hatte jeder eine Tasse getrunken. Dann waren Abrahim und der Grieche noch weiter hinaufgestiegen, während der Wächter zurückkehrte. Abermals folgte Omar. Als er die Glockenstube betrat, standen die Verschworenen draußen auf der Plattform und kehrten ihm den Rücken zu, im Glockenstuhl aber lag das Paket mit den Kostbarkeiten. Omar trat ihnen näher und stieg auch auf die Plattform hinaus. Jetzt mußten sie ihn bemerken.

„Was willst du?" fragte Abrahim. „Warst du nicht soeben bei Koletis?" – „Was geht das dich an?" antwortete Omar grob.

„Willst du uns vielleicht belauschen, du Hundesohn?"

Da erinnerte Omar sich, daß er ein Sohn der freien und tapferen Uëlad Merasig war, und es kam wie der Stolz und der Mut des Löwen über ihn. – „Ja, ich habe euch belauscht", erklärte er freimütig. „Du bist Abrahim Mamur, der Mädchenräuber und Dawuhd Arafim, der Juwelendieb, dessen Höhle gestern von uns ausgeräuchert wurde. Die Rache ist dir nahe. Ich grüße dich von dem Effendi aus Almanja, der dir Senitza wieder nahm und dich aus Damaskus vertrieb. Deine Stunde ist gekommen!" – Abrahim Mamur stand wie versteinert; das benutzte Omar, ergriff ihn blitzschnell und schwang ihn über das Geländer. Koletis stieß einen Schrei aus und griff zum Dolch. Nur einen Augenblick dauerte der Ringkampf. Omar wurde im Nacken etwas tief geritzt, und der Schmerz verdoppelte seine Kraft. Auch der zweite flog über das Geländer hinab. Da bemerkte Omar, daß Abrahim sich mit einer Hand festhielt. Er nahm sein Messer und versetzte dem Gegner einen Schnitt über die Hand, die nun ausließ. – Das war schneller geschehen, als man es erzählen kann. Omar kehrte wieder in die Glockenstube zurück, nahm das Paket und entfernte sich. Es gelang ihm, unten unbemerkt zu entschlüpfen, obwohl sich schon viele Menschen um die beiden Leichen versammelt hatten.

Das erzählte der junge Araber so gleichgültig, als habe er etwas Alltägliches getan. Auch ich machte nicht viele Worte und verband ihm seine ungefährliche Schramme. Dann mußte Omar uns ins Vorderhaus folgen, wo sein Bericht einen ganz anderen Erfolg hatte. Maflei, sein Bruder und Isla sprangen auf und rannten fort, um sich die Toten anzusehen. Sie kehrten erst nach längerer Zeit zurück und berichteten, daß man die Leichen einstweilen in das Erdgeschoß des Turmes geschafft habe. Niemand kenne die Toten, und auch sie hätten mit keiner Miene verraten, daß sie Auskunft geben könnten. – Ich fragte Halef, ob er seinen alten Bekannten, den griechischen Dolmetscher Koletis, nicht ansehen wolle; er aber erwiderte verächtlich: „Wenn es Kara Ben Nemsi oder Hadschi Halef Omar wäre, würde ich hingehen. Dieser Grieche aber ist eine Kröte, die ich nicht sehen mag." – Es dauerte lange, bis sich Maflei mit seinen Verwandten in Ruhe über das Ende des Bandenführers äußern konnten. – „Es ist keine hinreichende Strafe für Abrahin Mamur", sagte Isla. „Ein kurzer Augenblick der Todesangst genügte nicht als Strafe für alles, was er getan hat. Man hätte ihn lebendig fangen müssen." – „Nun bleiben noch die beiden Amasat", fügte sein Vater hinzu. „Ob wir wohl je einen von ihnen in die Hände bekommen werden?" – „Für euch genügt der eine: Barud el Amasat; der andere hat euch nichts getan", erklärte ich. „Wenn ihr mir versprecht, nicht gewalttätig gegen ihn zu verfahren, sondern ihn dem Richter zu überliefern, sollt ihr ihn haben." – Diese Worte riefen eine neue Aufregung hervor. Ich wurde mit Fragen und Bitten bestürmt, doch ich blieb fest und sagte nichts, bis ich das verlangte Versprechen erhalten hatte. Dann erzählte ich ihnen meine heutige Unterredung mit dem Derwisch. – Ich hatte kaum geendet, so rief Jakub: „Allah kerihm! Ich errate, was diese Menschen wollen. Sie haben es auf unsere ganze Familie abgesehen, weil Isla diesem Abrahim Mamur Senitza abgenommen hat. Afrak Ben Hulam, unser Verwandter, wurde ermordet. Danach sollte ich arm werden; das ist nicht gelungen. Nun gehen sie nach Edirne, und dann kommt auch Maflei dran. Bei seinem Geschäftsfreund beginnen sie schon. Wir müssen sofort schreiben, damit Hulam und Galingré gewarnt werden!"

„Schreiben?" entgegnete Isla. „Das ist nichts! Wir selbst müssen nach Adrianopel reisen, um diesen Barud el Amasat zu fangen. Effendi, kommst du mit?" – „Ja", erklärte ich. „Es ist das beste, was getan werden kann, und ich begleite euch, weil Edirne auf dem Weg in meine Heimat liegt." – „Du willst heimkehren, Effendi?"

„Ja. Ich bin nun schon viel länger in der Ferne, als ich eigentlich beabsichtigte." – Ich kann sagen, daß dieser Entschluß nur Gegner fand. Doch als ich ihnen meine Gründe näher auseinandersetzte, gestanden sie zu, daß ich recht habe. Während dieses Freundschaftsstreites sagte nur einer kein Wort, nämlich Halef. Aber es war seiner zuckenden Miene anzusehen, daß er eigentlich mehr zu sagen hatte als alle anderen. – „Und wann reisen wir ab?" fragte Isla, der es sehr eilig hatte. – „Sogleich!" erwiderte Osko. „Ich mag keinen Augenblick verlieren, bis ich diesen Barud el Amasat in meine Fäuste bekomme." – „Ich glaube, daß wir einiger Vorbereitungen bedürfen", bemerkte ich. „Wenn wir morgen mit dem frühesten aufbrechen, so ist es nicht zu spät, und wir haben den ganzen Tag vor uns. Fahren oder reiten wir?" – „Wir reiten!" entschied Maflei. – „Und wer geht mit?" – „Ich, ich, ich, ich!" rief es rund im Kreis. Es stellte sich heraus, daß alle mitreiten wollten. Nach einer längeren Beratung wurde beschlossen, daß sich folgende beteiligen sollten: Jakub Afarah, der mit Barud eigentlich nichts auszugleichen hatte, aber diese Gelegenheit, seinen Verwandten zu besuchen, benützen wollte; Isla, der es sich nicht nehmen ließ, den Peiniger seines Weibes fest zu fassen; Osko, der die Entführung seiner Tochter rächen wollte; Omar, der von Adrianopel nach Skutari mußte, um mit Hamd el Amasat abzurechnen, und endlich ich, der in die Heimat strebte. Maflei hatte sich nur mit Mühe bestimmen lassen, zurückzubleiben. Allein es war notwendig, daß er in seinem Geschäft blieb. – Halef hatte kein Wort verloren. Als ich ihn um seine Meinung fragte, erwiderte der treue, kleine Mann: „Denkst du etwa, daß ich dich allein ziehen lasse, Sihdi? Allah hat uns zusammengeführt, und ich werde bei dir bleiben."

„Aber denke an Hanneh, die Blume der Frauen! Du entfernst dich immer weiter von ihr." – „Sei still! Du weißt, daß ich stets tue, was ich mir einmal vorgenommen habe. Ich reise mit!"

„Aber einmal müssen wir uns leider doch trennen!"

„Sihdi, diese Zeit wird bald genug kommen, und wer weiß, ob wir uns dann im Leben noch einmal wiedersehen. Ich werde mich wenigstens jetzt nicht eher von dir trennen als die anderen und bis ich weiß, daß du das Land des Padischah verläßt!"

Der Hadschi stand auf und ging hinaus, um jeden weiteren Einwand abzuschneiden. Ich war also gezwungen, den treuen Diener, der mir zum Freund geworden war, noch weiter von Frau und Kind fortzuführen. – Meine Reisevorbereitungen bereiteten mir wenig Mühe; ich brauchte mit Halef nur die Pferde zu satteln, so waren wir fertig. Eine Pflicht aber mußte ich vorher erfüllen: Lindsay aufsuchen, um ihm das Geschehene und unser Vorhaben mitzuteilen. Als ich in sein Hotel kam, war er soeben von einem Ausflug nach Büjükdere zurückgekehrt. Er bewillkommnete mich, halb erfreut und halb schmollend, und meinte: „Welcome! Schlechter Kerl! Zieht da hinauf nach Baharije Köj, ohne mich mitzunehmen! Was wollt Ihr bei mir, he?" – „Sir David, ich muß Euch melden, daß ich nicht mehr in Baharije Köj wohne." – „Nicht mehr? Ah! Schön! Zieht bald her zu mir, Sir!" – „Danke. Ich werde morgen Konstantinopel verlassen. Wollt Ihr mit oder nicht?"

„Verlassen? Ah! Oh! Schlechter Spaß! Yes!" – „Es ist Ernst; das versichere ich Euch!" – „Also wirklich? Warum so schnell? Habt ja dieses Nest kaum erst betreten!" – „Ich kenne es genugsam, und wenn diese Abreise auch schneller kommt, als ich dachte, so mache ich mir nichts daraus." – Ich erzählte ihm nun umständlich, was geschehen war. – Als ich mit meinem Bericht zu Ende war, nickte Lindsay befriedigt und meinte: „Schön! Prächtig, daß dieser Verbrecher seinen Lohn erhalten hat! Werdet auch die beiden anderen noch bekommen. Well! Möchte gern dabei sein, kann aber nicht. Bin gebunden. Yes!" – „Wodurch?" – „War auf dem Konsulat, dort einen Vetter getroffen. Will nach Jerusalem – versteht das Reisen nicht – bat mich, mitzugehen. Schade, daß Ihr nicht auch mitkönnt! Yes! Werde heute abend Maflei besuchen – Abschied nehmen!" – „Das ist es, was ich von Euch erbitten möchte, Sir David. Wir haben im Verlauf einiger Monate miteinander durchgemacht, was andere während der ganzen Zeit ihres Daseins nicht erleben, und das kettet zusammen. Ich habe Euch liebgewonnen, und das Scheiden tut mir weh, aber man muß sich ins Unvermeidliche fügen. Es bleibt ja doch die Hoffnung auf ein Wiedersehen!"

„Yes! Oh! Ah! Well! Wiedersehen! Scheiden! Gefällt mir ganz und gar nicht!" meinte der brave Englishman mit unsicherer Stimme, während er mit der einen Hand seine Nase beruhigte und mit der anderen zu den Augen langte. „Aber da fällt mir ein: Was wird mit dem Pferd? Mit Rih?" – „Was soll da werden? Ich reite den Rappen." „Hm? Immer? Nehmt Ihr ihn nach Deutschland mit?" – „Das weiß ich noch nicht." – „Verkauft ihn, Sir! Das bringt ein schönes Geld. Überlegt es Euch! Wenn Ihr den Hengst auch jetzt noch braucht, so schafft ihn später nach Old England. Ich handle nicht, sondern bezahle, was Ihr verlangt. Yes! Well!" – Dieser Gesprächsgegenstand war mir nicht sehr angenehm. Was sollte ich als armer Schriftsteller mit einem solchen Pferd anfangen? In der Heimat trat ich ja in Verhältnisse, die es mir verboten, ein Reitpferd zu halten. Aber verkaufen? Das wertvolle Geschenk des Scheiks der Haddedihn? Ich konnte Rih nicht behalten, das war richtig, aber verkauft wurde er ebensowenig. Ich wußte, was ich zu tun hatte! Ich war dem herrlichen Tier, das mich durch so manche Gefahr getragen hatte, schuldig, ihm einen Herrn zu geben, der es zu behandeln verstand. Es sollte nicht im kalten Norden verkommen. Es sollte die Weiden des Südens, es sollte sein Geburtsland, die Lagerplätze der Haddedihn wiedersehen. – Lindsay bestellte eine Flasche Wein, und ich leistete ihm noch Gesellschaft, wobei wir uns beschaulich über die ‚orientalische Frage' unterhielten. Da Sir David am Abend zu Maflei kommen wollte, nahm ich dann Abschied. Ich ging noch zur Gesandtschaft, wo ich wieder den Kanzler traf. Er erzählte mir, daß der angebliche Barbier aus Jüterbog uns keine Mühe mehr mache, da er gestorben sei. Man war mit ihm nicht sehr rücksichtsvoll verfahren. Er hatte gestehen müssen, wer er war, und so hatte man erfahren, daß er aus einer der kleinen Hauptstädte Thüringens stamme und ein entwichener Verbrecher war. Ich bemitleidete den jungen Mann, der bei seinen ungewöhnlichen Fähigkeiten ganz andere Aussichten gehabt hätte, als in dem fremden Land so elendiglich ums Leben zu kommen. Der Kanzler begleitete mich bis an die Tür. Noch standen wir dort, einige höfliche Worte wechselnd, als zwei Reiter an uns vorüberkamen. Ich beachtete sie nicht, aber der eine hielt sein Pferd an, und dadurch wurde der andere gezwungen, ein gleiches zu tun. Der Kanzler trat mit einem Abschiedsgruß ins Haus zurück, und ich schickte mich an, den Platz zu verlassen, als ich den einen der Reiter rufen hörte: „Maschallah! Ist es wahr? Effendi!"

Galt das mir? Ich drehte mich um. Die beiden Reiter waren Offiziere, der eine von ihnen war – jener Miralai, dessen Boten ich heute so höflich empfangen hatte, und der andere, der im gleichen Rang stand, war jener Adjutant, den ich bei den Jesidi in den Büschen am Fluß erwischt hatte, und der sich mir dann so dankbar zeigte.

Ich war herzlich erfreut, Nassyr Aga wiederzusehen, und reichte ihm die Hand, die er mir nach abendländischer Sitte freundlich schüttelte. – „Akschamlarynis chair olßun – dein Abend sei gesegnet, o Miralai!" grüßte ich. „Erinnerst du dich noch der Worte, die ich sprach, als wir schieden?" – „Was sagtest du?" fragte Nassyr, nachdem er meinen Gruß höflich erwidert hatte. – „Ich sagte: ,Vielleicht sehe ich dich einmal als Miralai!' Und Allah hat meinen Wunsch erfüllt. Aus Nassyr Aga ist der Befehlshaber eines Regiments geworden." – „Und weißt du, wem ich das verdanke? Dir, Effendi! Die Jesidi hatten sich bei dem Großherrn beschwert, und der Statthalter von Mossul wurde nebst vielen anderen bestraft. Der Heeresrichter von Anatolien kam und untersuchte die Angelegenheit. Sein Urteil war gerecht, und da ich mich der Jesidi um deinetwillen ein wenig angenommen hatte, wurde ich befördert. Erlaubst du mir, dich zu besuchen?" – „Du sollst mir von Herzen willkommen sein! Aber leider ist heute der letzte Tag, den ich in Stambul verbringe. Morgen früh reise ich ab." – „Wohin?"

„In das Abendland. Ich habe das Morgenland besucht, um seine Sitten und Gebräuche kennenzulernen, und werde daheim viel erzählen können, was man nicht für möglich halten würde."

Diese Worte waren mit einer kleinen Bosheit gegen seinen Begleiter gesprochen. Er mochte den Stich fühlen, denn er sagte: „Ich habe heute nochmals zu dir geschickt, aber du warst ausgegangen. Erlaubst du, daß ich zu dir komme?" – Ah, der Umstand, daß Nassyr so freundlich und achtungsvoll mit mir sprach, schien seine Wirkung zu äußern. – „Ich werde dich empfangen", erwiderte ich kalt, „obwohl die Zeit mir karg bemessen ist." – „Wann?"

„In einer Stunde, später nicht." – „Allah akbar, auch ihr kennt euch!" wunderte sich Nassyr. „Gut, so kommen wir zusammen!"

Er reichte mir die Hand zum Abschied, worauf wir uns trennten. Auf dem Heimweg kaufte ich mir noch einiges für die bevorstehende Reise ein. Ich war zwar überzeugt, daß mein Gastfreund alle bei dem Ritt entstehenden Kosten tragen werde, aber ich wollte mich doch nicht ganz von seiner Dankbarkeit abhängig machen.

Als ich Halef erzählte, daß ich Nassyr Aga begegnet sei und daß er mich als Miralai besuchen werde, begann er sofort, die Pfeifen zu reinigen und noch manches andere vorzubereiten, was gar nicht notwendig war. Er gab mir sogar ernsthaft zu verstehen, daß der Miralai, dessen Jüsbaschi wir heute an der Tür hatten sitzen lassen, nun höflich zu behandeln sei, da er mit einem Freund von uns käme. – Die Stunde war noch nicht vergangen, so traten die beiden Offiziere bei mir ein. Sie wurden freundlich empfangen und bewirtet. Ich merkte, daß sie von mir gesprochen hatten, denn das Benehmen des älteren war jetzt verbindlich. Das Gespräch drehte sich meist um unsere Erlebnisse bei den Teufelsanbetern. Ich erzählte auch mein

Zusammentreffen mit dem Machredsch von Mossul und erfuhr, daß die Soldaten ihn wohlbehalten nach Mossul zurückgebracht hätten, worauf er dann verschwunden sei. Der Heeresrichter von Anatolien wußte sicher, in welchem Gefängnis der abgesetzte Richter sich befand. – Als wir nahe am Scheiden waren, erinnerte sich der ältere Oberst daran, daß es nun an der Zeit sei, seine Angelegenheit zu regeln. „Effendi", fragte er, „ich habe gehört, daß man morgen etwas in der ‚Baßiret' lesen wird. Kann dies nicht rückgängig gemacht werden?" – Ich antwortete langsam und nachdrücklich:

„Du bist mein Gast, o Miralai, und ich bin gewöhnt, allen Menschen, also auch meinen Gästen, die gebührende Ehre zu erweisen. Aber erlaube mir, aufrichtig mit dir zu sein! Wenn ich nicht gewesen wäre, lebtest du heute nicht mehr. Was ich tat, das tat ich als Mensch und Christ, und ich fordere keine Belohnung dafür. Du aber behandeltest mich gestern wie einen deiner Soldaten, und heute schickst du mir sogar diesen Jüsbaschi zu, der es wagt, mir befehlen zu wollen. Du darfst mir nicht zürnen, daß ich das gerügt habe. Ich lasse mit mir nicht umspringen wie ein Mann, der griechische Weinhäuser besucht, um sich ein Vergnügen zu machen. Ich denke, daß ich gestern mehr als meine Schuldigkeit getan habe, und wenn du bereit bist, mir einen Wunsch zu erfüllen, mag die ganze Angelegenheit vergessen sein." – „Nenne diesen Wunsch!" – „Deine Rettung hast du eigentlich einem alten Juden zu verdanken. Er wohnte neben mir und hat mich auf die Öffnung aufmerksam gemacht, durch die ich dich aus der Spelunke entführte. Du hast das ganze Stadtviertel in Brand stecken lassen, und Baruch hat durch das Feuer sein ganzes Besitztum verloren. Wolltest du jenem Armen eine kleine Entschädigung geben, so würdest du ihn glücklich machen, und ich würde dich für einen Mann halten, dem ich ein freundliches Andenken widmen kann." – „Ein Jude ist er? Weißt du nicht, Effendi, daß ein Muslim diese Ungläubigen verachtet?" – „Miralai", unterbrach ich ihn ernst, „bedenke, daß auch ich kein Muslim bin! Du selber bist ein Inselgrieche und erst vor kurzer Zeit zur Lehre Mohammeds übergetreten. Wenn du den Christen verachtest, so bedauert er dich dafür. Ich an deiner Stelle würde niemals das verachten und verleugnen, was ich so lange gewesen bin!" – „Effendi, ich meinte ja nicht dich! Wo ist der Jude?" – „Baruch genießt die Gastfreundschaft dieses Hauses." – „Willst du ihn rufen lassen?"

„Sofort!" Ich schickte Halef, und gleich darauf trat der Alte ein. Der Miralai maß ihn mit kaltem Blick und fragte, nur halb zu ihm gewendet: „Deine Sachen sind dir gestern verbrannt?"

„Ja, o Miralai", erwiderte Baruch demütig. – „Hier, nimm das dafür, kaufe dir andere!" – Der Offizier griff in seine Börse und reichte dem Juden etwas, das ich nicht erkennen konnte. An der Stellung seiner Finger merkte ich jedoch, daß es nicht viel sein konnte. Der Jude bedankte sich und wollte sich entfernen, ich aber hielt ihn zurück. – „Halt, Baruch Schebet Ben Baruch Chereb! Zeige mir, was du empfangen hast! Der Miralai wird mir meine Neugier verzeihen, denn ich will es ja nur sehen, um ihm mit dir danken zu können." – Es waren zwei Goldstücke zu fünfzig und fünfundzwanzig Piaster, also fünfundsiebzig Piaster oder zwölf bis vierzehn Mark nach deutschem Geld. Das war mehr als sparsam, das war lumpig. Ich konnte mir denken, daß der Miralai gestern, bevor er die Erlaubnis zum Plündern gab, alles in jenem Haus vorgefundene Geld an sich genommen und jedenfalls auch die Taschen der Toten und Gefangenen durchsucht hatte. Zwar wurde das von mir nicht beobachtet, aber ich kannte die Art und Weise dieser Herren zur Genüge. Deshalb fragte ich ihn jetzt: „Du hast deine dreitausend Piaster wiedererlangt, Miralai?" – „Ja." – „Und diesem Mann, dem du sie verdankst und dein Leben dazu, gibst du fünfundsiebzig für sein verbranntes Eigentum? Schenke ihm tausend, so scheiden wir als Freunde, und in der ‚Baßiret' wird dein Name nicht genannt!"

„Tausend, Effendi? Wo denkst du hin?" – „Ganz wie du willst! Baruch, gib ihm die fünfundsiebzig Piaster wieder! Wir werden nachher zum Kadi gehen, du als Kläger und ich als Zeuge. Wer dir dein Eigentum verbrannt hat, der muß es dir ersetzen, selbst wenn er ein Regiment befehligt. Ich werde mich ferner durch den Gesandten meines Herrschers beim Diwan erkundigen lassen, ob der Padischah seinen Offizieren erlaubt, die Häuser Stambuls niederzubrennen." Ich stand auf und gab das Verabschiedungszeichen. Auch die beiden Gäste erhoben sich, und Baruch näherte sich dem Miralai, um ihm sein Geld zurückzugeben; der aber wehrte ihn von sich ab und sagte mit unterdrücktem Grimm: „Behalte es! Ich werde dir das Fehlende senden!" – „Tu das bald, o Miralai", bemerkte ich, „denn in einer Stunde gehen wir zum Richter!" – Das war kein angenehmer Auftritt, aber ich mache mir noch heute keine Vorwürfe darüber, daß ich den Weg der Nötigung betrat, um den Offizier für seine Anmaßung zu bestrafen und dem armen Juden zu einer Entschädigung zu verhelfen. Tausend Piaster! Das klingt wie eine große Summe, aber es sind doch nur etwa zweihundert Mark. Damit war dem alten Baruch geholfen, wenn es auch zu wenig war, um einen Handel mit ‚Juwelen und Altertümern' zu begründen.

Der Miralai verließ mit einem stolzen Kopfnicken das Zimmer. Nassyr aber nahm freundlich Abschied von mir. „Effendi, ich weiß, wie schwer es dir fällt, mit einem Gast so scharf zu sprechen, aber ich hätte es an deiner Stelle wenigstens ebenso gemacht. Er ist ein Günstling des Ferik-Pascha, weiter nichts. Lebe wohl und gedenke meiner, wie ich auch deiner gedenken werde!" – Noch vor Ablauf einer Stunde brachte ein Onbaschi[1] einen Beutel, der die an den tausend Piastern fehlende Summe enthielt. Baruch tanzte vor Freude, und seine Frau nannte mich den gütigsten Effendi der Welt und versprach, mich täglich in ihr Gebet einzuschließen. Das Glück der alten Leute söhnte mich mit meinem Bruch der Gastfreundschaft völlig aus. – Am Abend waren wir alle vereint. Es gab ein Abschieds-

---

[1] Korporal

mahl, zu dem sich auch Senitza einfand. Sie als Christin durfte uns daheim ihr Gesicht sehen lassen, wenn Isla ihr auch nicht erlaubte, die Straße unverschleiert zu betreten. Sie ging mit uns noch einmal ihre Erlebnisse durch: die Trauer, in der sie in ihrer Gefangenschaft befangen gewesen war, und das Glück, als sie sich aus Abraham Mamurs Gewalt gerettet sah. – Am Schluß nahm Lindsay Abschied. Seine Nase war beinahe von der Beule befreit, so daß er sich nach seiner Fahrt nach Jerusalem auch wieder in London zeigen konnte. Als er ging, begleitete ich ihn in seine Wohnung. Dort entkorkte der Engländer noch eine Flasche Wein und gab mir die Versicherung, daß er mich wie einen Bruder liebe.

„Bin mit Euch sehr zufrieden", meinte er. „Nur eins ärgert mich." „Und das wäre, Sir David?" – „Habe mich von Euch herumschleppen lassen, ohne einen einzigen Fowlingbull zu finden. Verdrießliche Geschichte! Yes!" – „Ich glaube, es sind in England auch welche zu finden, die man gar nicht ausgraben braucht. Da laufen vielleicht genug John-Fowling-Bulls herum!" – „Soll das mir gelten?" – „Fällt mir gar nicht ein, Sir David!" – „Well! Abgemacht! Habt Ihr Euch das mit dem Pferd überlegt?" – „Ja, ich verkaufe es nicht." – „So behaltet es! Aber Ihr müßt trotzdem nach England kommen. In zwei Monaten bin ich daheim. Verstanden? Und nun noch eins! Ihr seid mein Führer gewesen; habe Euer Gehalt noch nicht bezahlt. Hier, nehmt!" – Lindsay schob mir eine volle Brieftasche zu. – „Macht keinen dummen Spaß, Sir David!" lachte ich, das Geld zurückschiebend. „Ich bin als Freund mit Euch geritten, nicht aber als Euer Diener, den man bezahlt." – „Aber, Sir, ich denke, daß ..." – „Denkt, was Ihr wollt, aber nicht, daß ich Geld von Euch nehme", unterbrach ich ihn. „Lebt wohl!" – „Werdet Ihr wohl gleich diese Brieftasche nehmen?" – „Farewell, Sir David!" Ich umarmte ihn schnell und eilte zur Tür hinaus, ohne auf sein Rufen zu achten. – Es war mir nicht schwergefallen, die mir von dem gutmütigen Engländer angebotene Brieftasche auszuschlagen. In dem Paket, das Omar im Turm von Galata erbeutet hatte, befand sich auch meine Taschenuhr und mein Geldbeutel mit Inhalt, um die ich in dem unterirdischen Gang von Baalbek gekommen war. Außerdem trug ich noch eine ausreichende Summe in einem Jackenärmel eingenäht, den Rest des Geldes, das ich Marah Durimeh verdankte.

Den Abschied von Maflei und Senitza kann ich übergehen. Als die Sonne sich im Osten erhob, hatten wir schon beinahe Tschataldscha erreicht, durch das die Straße über Indschigis und Wisa nach Adrianopel führt.

16. In Edirne

Adrianopel, das die Türken Edirne nennen, ist nach Konstantinopel die bedeutendste Stadt des Osmanischen Reiches. Hier hielten die Sultane Hof, von Murad dem Ersten bis Mehmed dem Zweiten, der im Jahr 1453 Konstantinopel eroberte und seinen Regierungssitz dorthin verlegte. Auch später war es der Lieblingsaufenthalt vieler Sultane, von denen besonders Mehmed der Vierte gern hier weilte. – Unter den mehr als vierzig Moscheen, die die Stadt besitzt, ist die „Selimije", die Selim der Zweite erbaute, berühmt. Sie ist noch größer als die Aja Sophia in Konstantinopel und verdankt ihre Entstehung dem berühmten Baumeister Ssinan. Wie eine Oase in der Wüste liegt sie inmitten einer Anhäufung von Holzhäusern, deren bunt bemalte Mauern und Wände aus Schmutz und Straßenkot auftauchen. Der großartige Kuppelbau dieser Moschee wird im Inneren von vier riesigen Pfeilern getragen und äußerlich von vier wunderbar schlanken Minarehs belebt, von denen ein jedes drei ringförmige Balkone für die Muesins besitzt. Im Inneren erblickt man zwei Reihen Rundgänge, die aus den kostbarsten Marmorarten zusammengesetzt sind und von 250 Fenstern erleuchtet werden. Zur Zeit des Ramasan[1] brennen hier über 12 000 Lichter.

Wir kamen von Kirk Kilissa und hatten schon von weitem die schlanken Minarehs der Selimije vor uns erspäht. Aus der Ferne bot uns Adrianopel einen prächtigen Anblick, als wir es aber erreicht hatten und durch seine Straßen ritten, war es wie bei allen anderen Städten der Türkei: sie verlieren in der Nähe ihre Schönheit.

Hulam, den wir aufsuchen wollten, wohnte in der Nähe der Ütsch Scherifeli Dschami, der Moschee Murads des Zweiten, an deren terrassenförmigem, mit prächtigem Marmor gepflastertem Vorhof wir vorüberritten. Die vierundzwanzig Kuppeln, getragen von siebzig Säulen, wurden aus dem Schatz der Johanniter erbaut, der bei der Eroberung von Smyrna erbeutet wurde. Wir durchritten eine stark belebte Gasse und hielten an einer zwei Stockwerke hohen Mauer vor einem verschlossenen Tor. Die Mauer bildete die Straßenseite des Hauses, das uns gastlich aufnehmen sollte.

Das Tor hatte in Kopfhöhe ein rundes Loch, hinter dem, als Isla den Klopfring betätigte, ein bärtiges Gesicht erschien.

„Kennst du mich noch, Malhem?" fragte der junge Mann. „Öffne

---

[1] Fastenmonat

uns!" – „Maschallah!" erklang es von innen. „Du bist es wirklich, Herr? Komm eilends herein!" – Das Tor tat sich auf, und wir ritten durch eine Art Durchfahrt in einen ziemlich großen Hof, der rings von Bogengängen des Hauses eingefaßt war. Alles zeigte einen ungewöhnlichen Reichtum, auch die Zahl der herbeieilenden Diener deutete darauf hin. – „Wo ist der Herr?" fragte Isla einen Mann, der ihn mit tiefer Ehrerbietung begrüßte und, wie ich später erfuhr, der Haushofmeister war. – „Im Mektûb[1] bei seinen Büchern."

„Führe diese Männer in das Selamlik und sorge dafür, daß man sie gut bedient! Auch die Pferde müssen gut untergebracht werden!"

Isla begab sich mit Jakub Afarah in die Arbeitsstube des Hausherrn. Sie hatten die traurige Obliegenheit, ihrem Verwandten von dem Tod seines Sohnes, des durch Dawuhd Arafim oder seine Spießgesellen ermordeten Afrak Ben Hulam, Mitteilung zu machen. Wir anderen wurden in einen Raum geführt, der die Größe eines kleinen Saales hatte. Die vordere Seite bildete eine offene, von Säulen getragene Halle, und die Wände der drei übrigen Seiten waren, golden auf blauem Grund, mit Koransprüchen geziert.

Wir ließen uns, staubig wie wir waren, auf grünsamtene Diwane nieder. Ein jeder erhielt eine Wasserpfeife mit Kaffee in Täßchen, die in silbernen Dreifüßen steckten. Das alles hatte den Anschein einer gediegenen Wohlhabenheit. – Nach einiger Zeit erschien Jakub Afarah und Isla Ben Maflei mit dem Hausherrn. Dieser war eine ehrwürdige Erscheinung mit einem Bart, der dem Bart Mohammed Emins glich. Der Eindruck, den Hulam machte, nötigte unwillkürlich zum Aufstehen, auch wenn das nicht von der Sitte gefordert worden wäre und seine Züge nicht das Gepräge des Kummers getragen hätten, den der Bericht seiner Verwandten ihm verursacht hatte. – „Es-selâm 'alejkum!" grüßte er, wobei er die Hände wie zum Segen erhob. „Seid willkommen in meinem Haus und denkt, es sei das eure!" – Hulam ging von einem zum anderen, um uns einzeln zu begrüßen, dann ließ er sich mit seinen beiden Verwandten bei uns nieder. Auch ihnen wurden Pfeifen und Kaffee gebracht. Dann gab Hulam einen Wink, auf den die Diener sich zurückzogen. Darauf wurden wir ihm von Isla vorgestellt. – „Du weißt vielleicht noch nicht, daß du mir wohlbekannt bist, Effendi", erklärte der Hausherr, zu mir gewandt. „Isla hat mir viel von dir erzählt. Er hat dich lieb, und so hast du auch mein Herz besessen, obwohl wir uns noch nicht gesehen haben." – „Deine Worte machen meine Seele leicht", antwortete ich. „Wir befinden uns nicht in der Wüste oder bei den Weideplätzen eines Beduinenvolkes, und es ist daher nicht überall gewiß, daß man willkommen geheißen wird."

„Ja, die schöne Sitte unserer Väter verliert sich von Jahr zu Jahr mehr; sie verschwindet aus den Städten und zieht sich klagend in die Wüste zurück. Die Wüste ist der Geburtsort der Hilfsbedürftigkeit, aber Allah läßt auch gerade in ihr die Palme der Bruderliebe

---

[1] Arbeitsstube

wachsen. In der großen Stadt fühlt sich daher der Fremdling verlassener als in der Sahara, wo kein Dach ihm den Anblick von Allahs Himmel raubt. Du warst in der Sahara, wie ich vernommen habe. Hast du da nicht erfahren, daß ich die Wahrheit sage?"

„Allah ist überall, wo der Mensch den Glauben an ihn im Herzen trägt. Er wohnt in den Städten, und er blickt auf die Hammada. Der Allwissende wacht über den Wassern, und er rauscht durch das Dunkel des Urwalds. Er schafft im Inneren der Erde und in den Lüften. Der Allweise lenkt den Flug des leuchtenden Käfers und den Lauf der blitzenden Sonnen. Du hörst Allah im Jubel der Lust und im Ruf des Schmerzes. Sein Auge glänzt aus der Träne der Freude und schimmert aus dem Tropfen, mit dem das Leid die Wange befeuchtet. Ich war in Städten, wo Millionen wohnen, und ich war in der Wüste, von jeder menschlichen Behausung weit entfernt, aber niemals habe ich gefürchtet, allein zu sein, denn ich wußte, daß Gottes Hand mich hielt. Er ist es auch, der den vom Unglück Betroffenen stützt und ihm die Kraft gibt, das Leben weiter zu tragen und ihm einen neuen Sinn zu verleihen." – „Effendi, du bist ein Christ und doch ein frommer Mann. Du bist wert, ein Muslim zu sein, und ich ehre dich, als sei die Lehre des Propheten die deinige. Allah schenkt Freude und Leid, und uns bleibt nichts, als beides ruhig hinzunehmen, denn wir vermögen ja nichts an dem zu ändern, was seit Erschaffung der Welt über uns beschlossen war. Afrak, mein Sohn, den ich nach Esch Scham sandte, damit er sein Wissen vermehre und meinem Haus und meinem Alter ein um so besserer Berater sei, ist tot – ermordet von einem Schurken, den es nach seiner Habe gelüstete. Aber auch den Mörder hat ein gerechtes Schicksal ereilt. Allah kerihm – Gott ist gnädig, und seine Gnade sei uns Trost!" – Hulam schwieg, und wir achteten, gleichfalls schweigend, den stummen Schmerz des Greises, dem die Festigkeit seines Glaubens zu einer mir fast unverständlich erscheinenden Ruhe verhalf. Nach einer Weile fuhr er fort: „Isla sagte mir, daß ihr kommt, mich vor einem schweren Verlust zu bewahren. Sprich du für die andern!" – „Hat Isla dir nichts Näheres gesagt?"

„Nein, wir sprachen nur von Afrak und seinem Mörder."

„So sag mir, ob seit einiger Zeit ein Fremdling in deinem Haus wohnt." – „Es wohnt ein Fremder hier, ein frommer Mann aus Konia, der aber heute nicht in Edirne ist. Er ist nach Tatar geritten."

„Aus Konia? Wie nennt er sich?" – „Abd el Myrhatta ist sein Name. Er hat das Grabmahl des berühmten Heiligen Myrhatta besucht, um ein Gelübde zu erfüllen. Daher nennt er sich der Diener Myrhattas." – „Warum wohnt er bei dir?" – „Ich habe ihn eingeladen, bei mir zu bleiben. Er will in Brussa ein großes Geschäft kaufen und wird hier bedeutende Einkäufe machen." – „Wohnt noch ein anderer Fremder bei dir?" – „Nein." – „Wann kehrt dein Gast zurück?"

„Heute abend." – „So wird er heute abend unser Gefangener sein."

„Allah kerihm! Wie meinst du das? Dieser fromme Muslim ist ein Mann nach Gottes Wohlgefallen. Warum wollt ihr ihn gefangennehmen?" — „Weil er ein Betrüger und noch etwas viel Schlimmeres ist. Er hat bemerkt, daß du ein frommer Diener Allahs bist, und hat die Maske der Frömmigkeit angelegt. Er ist der Mann, der Senitza, das Weib Islas, aus ihrer Heimat entführte. Laß dir alles von Isla erzählen!" — Hulam erschrak, und Isla berichtete. Als er geendet hatte, wollte der alte Handelsherr noch immer nicht glauben, daß er es mit einem abgefeimten Verbrecher zu tun habe. Er konnte es nicht fassen, daß eine Maske so geschickt getragen werden könne. — „Seht ihn euch erst an und sprecht mit ihm", sagte er, „so werdet ihr sehen, daß ihr euch täuscht!" — „Wir brauchen gar nicht mit ihm zu sprechen", warf Osko ein. „Wir brauchen ihn nur zu sehen, denn ich kenne ihn, und Isla kennt ihn auch."

„Ihr braucht ihn weder zu sehen noch zu sprechen", fügte ich hinzu. „Ich bin gewiß, daß es Barud el Amasat ist. Abd el Myrhatta ließ sich auch der Mörder Afraks in Konstantinopel nennen."

„Aber mein Gast kann doch der richtige Abd el Myrhatta sein!" entgegnete Hulam, ein wenig eigensinnig. — „Das ist allerdings eine Möglichkeit, aber nicht wahrscheinlich. Wir werden also bis heute abend warten müssen."

Weiter war in dieser Angelegenheit nichts zu sagen und zu tun. Wir erhielten nach alter Sitte ein jeder ein Zimmer und reine Kleider, die wir anlegten, nachdem wir ein Bad genommen hatten. Dann versammelten wir uns zum Mahl, das dem Reichtum des Hauses angemessen war. Auf den Tod seines Sohnes kam Hulam nicht mehr zu sprechen; er wollte es jedenfalls in bewundernswerter Rücksichtnahme vermeiden, uns mit seinem Kummer beschwerlich zu fallen. Mit Ungeduld erwarteten wir den Abend, indem wir uns die Zeit bis dahin mit Gespräch und Schachspiel zu verkürzen suchten. Auszugehen war nicht geraten, da ich es für sehr wahrscheinlich hielt, daß Barud el Amasat nur vorgegeben hatte, nach Tatar zu reiten. Jedenfalls hatte er Verbündete in der Stadt, bei denen seine Gegenwart nötiger war, als in dem kleinen Ort, wo er vermutlich gar nichts zu suchen hatte. — Endlich wurde es dunkel, und wir zogen uns, um beisammen zu sein, in das Zimmer zurück, das Isla bewohnte. Hulam hatte uns gesagt, daß er mit seinem Gast im Selamlik zu Abend speisen werde, und so beschlossen wir, daß der angebliche Abd el Myrhatta während des Essens von Isla und Osko überrascht werden sollte, während wir drei anderen dafür sorgen wollten, daß der Verdächtige nicht entfliehen könne.

Wohl noch an die zwei Stunden vergingen, ehe wir den Schritt eines Pferdes vom Hof herauf hörten, und eine Viertelstunde später benachrichtigte uns ein Diener, daß sich der Herr mit seinem Gast zum Abendmahl gesetzt habe. Wir gingen hinab. — Das Tor war verschlossen, und der Wächter hatte die Anweisung erhalten, keinen Menschen hinauszulassen. Wir näherten uns mit leisen Schritten dem Selamlik, das jetzt durch eine türkische Ampel mit vielen bunten Gläsern, in denen je eine Flamme brannte, hell beleuchtet wurde. Wir konnten hinter den Pfeilern jedes Wort hören, das von den beiden Essenden gesprochen wurde. Hulam, der scharf aufmerkte, hatte unsere Annäherung wahrgenommen und gab nun dem Gespräch eine geschickte Wendung. Er brachte die Rede auf Konstantinopel und fragte bei dieser Gelegenheit: „Bist du oft in Stambul gewesen?" – „Einigemal", antwortete der Gast. – „So kennst du die Stadt ein wenig?" – „Ja." – „Ist dir der Stadtteil bekannt, den man Baharije Köj nennt?" – „Ich glaube, davon gehört zu haben. Liegt Baharije Köj nicht oberhalb Ejub an der linken Seite des Goldenen Horns?" – „Ja. Dort hat sich jüngst etwas Merkwürdiges zugetragen. Man hat nämlich eine ganze Gauner- und Mörderbande gefangengenommen." – „Allah!" rief der Mann erschrocken. „Wie ist das zugegangen?" – „Dieses Gesindel hatte ein Haus, in das nur jene Zutritt fanden, die das Wort ‚En Naßr' sagten, und –"

„Ist's möglich!" unterbrach ihn der Gast. Aus dem Ton, in dem diese Worte ausgestoßen wurden, klang nicht der Abscheu des unbefangenen Zuhörers, sondern der Schreck des Beteiligten. Ich war jetzt überzeugt, daß dieser Mann der Gesuchte sei, und zum Überfluß flüsterte mir Osko, der neben mir stand, leise zu: „Es ist Barud el Amasat! Ich kann sein Gesicht deutlich erkennen!"

„Dieses Wort hat man belauscht", fuhr der Hausherr fort, „und ist so in das Haus eingedrungen." – Hulam erzählte nun die Begebenheit und sein Gast hörte ihm mit großer Spannung zu. Als der Bericht beendet war, fragte Barud el Amasat mit zitternder Stimme: „Und war der Usta wirklich tot?" – „Der Usta? Wer ist das? Wer wird so genannt?" – „Ich meine den Anführer, den du Dawuhd Arafim und Abraham Mamur nanntest. – Durch die Anwendung des Wortes ‚Usta' hatte sich der Verbrecher verraten. Auch Hulam mußte nun wissen, woran er war, doch ließ er sich nichts merken, sondern entgegnete ruhig: „Nein, der Bandenführer war nicht tot. Er hatte sich nur gestellt, als sei er von der Kugel getroffen worden. Am anderen Tag fand er dennoch seinen Lohn. Er wurde von der Plattform des Turmes zu Galata herabgestürzt."

„Wirklich? – Schrecklich! – Da war er tot?" – „Ja, er und ein Grieche namens Koletis, der auch mit herabgestürzt wurde."

„Koletis? Waj! Wer hat das getan?" – „Ein Araber aus Tunis, aus der Gegend des Schott el Dscherid, der eine Blutrache gegen einen gewissen Hamd el Amasat hat. Dieser Hamd el Amasat hat in Blida einen fränkischen Kaufmann ermordet, dessen Neffen erschossen und dann auch den Vater jenes Arabers auf dem Schott umgebracht. Der Sohn sucht nun den Mörder." – „Allah kerihm! Was es für böse Menschen gibt! Das kommt daher, daß niemand mehr an die Lehre des Propheten glaubt. Wird der Araber diesen Hamd el Amasat finden?" – „Er ist ihm schon auf der Spur. Der Mörder hat einen Bruder, der ein ebenso großer Schurke ist. Er hat die Tochter eines Freundes entführt und als Sklavin verkauft. Sie ist dem Käufer, der kein anderer als jener Abraham Mamur war, wieder entrissen worden, und Isla Ben Maflei, ein Verwandter von mir, hat sie zum Weib genommen. Er hat sich aufgemacht, diesen

Barud el Amasat aufzusuchen und zu bestrafen." – Während dieser Rede war der Gast immer ängstlicher geworden. Die Eßlust war ihm vergangen, und sein Blick hing mit wachsender Erregung an den Lippen des Erzählers. „Wird Isla Ben Maflei den Mädchenräuber finden?" fragte der Verbrecher. – „Sicher. Isla ist nicht allein. Osko, der Vater der Geraubten, ist bei ihm, sodann der fränkische Arzt, der Senitza befreite, dessen Diener und endlich auch jener Araber, der Abrahim Mamur vom Turm gestürzt hat."

„Sie haben wohl schon seine Spur gefunden?" – „Diese Leute kenken den Namen, den Barud el Amasat jetzt trägt." – „Wirklich? Wie nennt er sich?" – „Abd el Myrhatta. Auch der Usta ließ sich in Stambul so nennen." – „Das ist ja mein Name!" klang es entsetzt.

„Allerdings. Allah mag wissen, wie sie gerade auf den Namen eines so frommen Mannes gekommen sind. Ihre Strafe möge darum doppelt so streng sein!" – „Aber wie hat man diesen Namen erfahren können?" – „Das will ich dir sagen. Barud el Amasat hat einen Sohn im Kloster der Tanzenden Derwische in Pera. Zu ihm ist der fränkische Arzt gegangen und hat getan, als sei er auch ein ‚Naßr'. Der junge Mensch hat sich betören lassen und ihm den Namen genannt und auch gesagt, daß Hamd el Amasat in Skutari bei einem fränkischen Händler weilt, der Galingré heißt."

Jetzt hielt es der Zuhörer nicht länger aus. Er stand auf und entschuldigte sich. „Herr, das klingt so entsetzlich, daß ich nicht mehr essen kann. Ich bin vom Reiten sehr ermüdet. Erlaube, daß ich schlafen gehe!" – Auch Hulam erhob sich. „Ich glaube gern, daß du nicht essen magst. Wer eine solche Rede über sich hören muß, dem schließt die Angst die Gurgel zu." – „Über sich hören muß? Ich verstehe dich nicht. Du glaubst doch nicht etwa, daß ich, weil der Verbrecher meinen Namen angenommen hat, jener Barud bin?"

„Ich glaube es nicht, sondern ich bin überzeugt davon, Schurke!" Da raffte sich der Überrumpelte auf und rief: „Schurke nennst du mich? Tu das nicht noch einmal, sonst..." – „Sonst? Was wird sonst geschehen?" erklang es da neben dem Mädchenräuber.

Isla war hinzugesprungen und an seine Seite getreten.

„Isla Ben Maflei!" schrie der Entlarvte bestürzt.

„Ja, Isla Ben Maflei, der dich kennt, und den du nicht zu täuschen vermagst. Und sieh dich um! Da steht noch ein anderer, der mit dir zu reden hat!" – Barud el Amasat wandte sich zur anderen Seite, da stand Osko vor ihm. Er sah, daß er verloren war, wenn ihm nicht eine schnelle Flucht gelang. „Euch führt der Scheïtan hierher. Geht zur Dschehenna!" Mit diesem Ruf stieß Barud Isla zurück und wollte entspringen. Er hatte bereits die Säulen erreicht. Da trat Halef vor und stellte ihm ein Bein. Barud stolperte darüber und stürzte. Sogleich wurde er von uns gepackt und in das Selamlik zurückgebracht. – Der Mann war ein Feigling. Als er sich von so vielen umstellt sah, machte er nicht den geringsten Versuch der Gegenwehr. Er ließ sich ruhig binden und niederlegen.

„Herr, glaubst du noch an die Frömmigkeit dieses Mannes?"

fragte der kleine Hadschi den Hausherrn. „Er wollte dich bestehlen und dann fliehen." – „Ihr hattet recht", gestand Hulam. „Was geschieht nun mit ihm?" – Da streckte Osko die Hand gegen den Gefangenen aus: „Barud el Amasat hat mir die Tochter geraubt und mich hinausgetrieben, sie unter Gram und Herzeleid zu suchen. Er gehört mir, denn so wollen es die Gesetze der Schwarzen Berge."

Ich trat ihm entgegen. „Diese Gesetze gelten nur in den Schwarzen Bergen, nicht aber hier. Übrigens hat der Fürst deines Landes diese Gesetze aufgehoben. Ihr habt mir versprochen, diesen Mann dem Richter zu übergeben, und ich hoffe, daß ihr Wort haltet!"

„Effendi, die Richter dieses Landes sind verrufen", widersprach der Montenegriner. „Sie werden sich bestechen lassen und Barud Gelegenheit zur Flucht geben. Ich verlange ihn für mich."

„Was wirst du mit ihm tun, wenn wir ihn in deine Hand geben?" erkundigte sich Hulam. – Der Gefragte zog seinen Dolch.

„Barud wird an diesem Stahl sterben." – „Das kann ich nicht zugeben, denn er hat kein Blut vergossen." – „Er hat in Stambul zu den Mördern gehört." – „Grad deshalb darfst du diesen Mann nicht töten. Soll sein Sohn straflos bleiben? Sollen auch alle die anderen entkommen, die man nicht fangen konnte, obwohl sie zu denen gehörten, die das Wort ‚En Naßr' kannten? Er muß leben bleiben, damit man ihre Namen erfährt." – „Wer bürgt mir dafür, daß der Räuber meiner Tochter wirklich seine Strafe findet?"

„Ich! Der Mann, der Hulam heißt, ist nicht der Geringste unter den Bewohnern dieser Stadt. Ich werde sogleich zum Richter gehen, damit er diesen Menschen abholen und festnehmen läßt, und ich schwöre dir bei Allah und dem Propheten, daß der Kadi seine Pflicht erfüllen wird!"

„So tu es!" murrte Osko finster. „Aber ich sage dir, daß ich dich bei deinem Worte halte, bis ich gerächt bin." – Barud el Amasat wurde eingeschlossen, und der grimmige Osko tat es nicht anders, er mußte mit ihm zusammengesteckt werden. Hulam begab sich zu dem Beamten, und wir warteten auf den Bescheid, den er bringen werde. Als der Handelsherr zurückkehrte, folgten ihm mehrere Saptijeler, die den Gefangenen abholen sollten. Barud wurde ihnen übergeben, und als die Polizisten mit ihm verschwunden waren, konnten wir mit dem Bewußtsein zur Ruhe gehen, unseren Gastgeber vor Nachteil bewahrt und einen bösen Menschen unschädlich gemacht zu haben. – Der Richterspruch eines türkischen Kadi läßt nicht lange auf sich warten, und so beschlossen wir, zu bleiben, bis das Urteil gesprochen war. So hatten wir Zeit, uns Adrianopel anzusehen. – Am anderen Morgen besuchten wir die Moscheen Selims und Murads, ebenso eine türkische Medresse[1]. Dann durchwanderten wir den berühmten Basar Ali Pascha und machten endlich eine Kahnfahrt auf der Tundscha, an der die Stadt liegt. Zur Mittagszeit kehrten wir heim und fanden eine Vorladung zum Kadi

---

[1] Theologische Schule

vor. Um neun Uhr türkischer Zeit[1], was nach unserer Zeiteinteilung drei Uhr nachmittags war, erschienen wir vor dem Richter.

Das Verhör war öffentlich, und es hatten sich zahlreiche Zuhörer eingefunden. Jeder einzelne von uns mußte seine Aussage machen, und der Gefangene saß dabei, um die Beschuldigungen zu hören. Als wir alle gesprochen hatten, fragte der Kadi den Angeklagten:

„Du hast gehört, was diese Männer sagen. Ist es wahr oder nicht?"

Der Gefragte antwortete nicht. Der Kadi wartete eine Weile und fuhr dann fort: „Du kannst nichts sagen, um die Anklage dieser Männer zurückzuweisen, und bist somit schuldig. Da du ein Glied der Bande bist, die in Stambul auftrat, muß ich dich dorthin schaffen. Dort wirst du auch die Strafe für den Raub des Mädchens zugeteilt bekommen. Dafür aber, daß du es gewagt hast, hier in Edirne ein Verbrechen begehen zu wollen, werde ich dir hundert Streiche auf die Füße geben lassen. Das wird sogleich geschehen." Er winkte den Polizisten, die in seiner Nähe standen, und gebot ihnen: „Holt das Brett und die Stöcke!" Zwei von ihnen entfernten sich, um die gewünschten Gegenstände herbeizuschaffen. In diesem Augenblick machte sich unter den Zuhörern eine Bewegung geltend, die an sich zwar unbedeutend war, einem aufmerksamen Beobachter doch nicht entgehen konnte. Es drängte sich nämlich ein Mann langsam von hinten nach vorn. Mein Blick fiel auf ihn. Er war lang und hager und hatte sich in die Tracht der gewöhnlichen Bulgaren gekleidet, schien mir aber keiner zu sein. Sein langer Hals, die Habichtsnase, das schmale Gesicht mit dem herabhängenden Schnurrbart, die hochgewölbte Brust, das alles ließ in ihm eher einen Armenier vermuten. Weshalb drängte sich dieser Mann vor? Tat er es nur aus einfacher Neugierde, oder hatte es einen besonderen Zweck? Ich beschloß, ihn genau zu beobachten, es aber nicht merken zu lassen.

Die Saptijeler kamen zurück. Der eine von ihnen trug einige jener gefürchteten Stöcke, die bei der Bastonade unumgänglich notwendig sind, der andere ein Brett, woran sich vorn und in der Mitte hänfene Schlingen befanden, um Arme und Beine des armen Sünders festzuhalten. Am hinteren Teil war eine einfache Vorrichtung angebracht, um die Beine des Verurteilten hochzuhalten, damit die entblößten Fußsohlen in eine waagrechte Lage kamen. „Zieht ihm die Schuhe aus!" befahl der Kadi. – Die Vollstrecker der Gerechtigkeit traten zu Barud heran, um den Befehl zu vollführen. Da endlich zeigte der Verbrecher, daß er sprechen konnte. „Halt!" rief er. „Ich lasse mich nicht schlagen!" – Die Augenbrauen des Kadi zogen sich zusammen. „Nicht?" fragte er. „Wer will es mir verbieten, dir die Bastonade geben zu lassen?" – „Ich!" – „Hundesohn! Wagst du, so zu mir zu sprechen? Soll ich dir zweihundert geben lassen, anstatt nur einhundert?" – „Nicht einen einzigen Schlag darfst du mir geben lassen! Du hast wohl Verschiedenes gesagt und gefragt, aber das

---

[1] Man rechnet in der Türkei die Stunden von Sonnenuntergang zu Sonnenuntergang in zweimal 12 Stunden. Dadurch ergaben sich je nach Jahreszeit Verschiebungen

Notwendigste hast du doch vergessen. Oder hast du dich etwa erkundigt, wer und was ich bin?" – „Das ist nicht nötig!" entgegnete der Richter. „Du bist ein Mörder und ein Dieb. Das ist genug."

„Ich habe bis jetzt noch nicht das geringste zugegeben. Schlagen lassen darfst du mich auf keinen Fall." – „Warum nicht?" grollte der Kadi. – „Weil ich kein Muslim bin, sondern ein Christ." – Während dieses Wortwechsels hatte Barud el Amasat den Fremden bemerkt, der sich herbeidrängte. Der Mann hütete sich wohl, eine verräterische Bewegung zu machen, die ihn in den Verdacht des Einvernehmens mit dem Angeklagten bringen konnte. Aber sein Blick und seine ganze Haltung waren darauf berechnet, sich Barud zu zeigen und ihm Mut einzuflößen. – Man sah es dem Kadi an, daß die letzten Worte einigen Eindruck auf ihn machten. „Ein Giaur bist du?" fragte er. „Wohl gar ein Franke?" – „Nein, ich bin ein Armenier."

„Also doch ein Untertan des Padischah, dem Allah tausend Leben schenken möge! Dann darf ich dich auch schlagen lassen."

„Du irrst", beharrte der Armenier, während er sich bemühte, eine möglichst sichere Haltung anzunehmen und seinem Ton einen Anflug von Stolz zu geben. „Ich stehe nicht unter dem Sultan, auch nicht unter dem Patriarchen. Ich bin der Geburt nach Armenier. Aber ich bin ein evangelischer Christ geworden und als Dolmetscher bei der englischen Gesandtschaft angestellt. Ich bin in diesem Augenblick englischer Untertan und mache dich auf die Verantwortung aufmerksam, die du auf dich nimmst, wenn du mich als Untertan des Großherrn behandeln und gar schlagen lassen willst!" – Der Kadi machte ein enttäuschtes Gesicht. Er hatte sich vorgenommen, dem in Adrianopel so hoch angesehenen Hulam nach allen Kräften zu Diensten zu sein, und nun kam ihm diese Aussage des Armeniers dazwischen.

„Beweise es!" gebot der Richter unmutig. – „Frage bei der englischen Gesandtschaft in Stambul an!" – „Nicht ich bin es, sondern du bist es, der den Beweis erbringen muß!" – „Ich kann ihn nicht erbringen, da ich gefangen bin." – „So werde ich einen Boten nach Stambul senden. Aber die hundert Streiche werden sich in das Doppelte verwandeln, wenn du mich belogen hast!" – „Ich sage die Wahrheit. Ich unterstehe auf keinen Fall eurer Macht. Du bist nur ein Kadi. Ich aber verlange, vor einen richtigen Obergerichtshof gestellt zu werden." – „Ich bin dein Oberrichter!" – „Das ist nicht wahr. Ich verlange, nach dem Gesetz gerichtet zu werden. Und selbst, wenn ich von einem Kadi vernommen werden soll, muß das Gericht ordnungsgemäß zusammengesetzt sein." – Jetzt machte der Richter ein sehr verdrießliches Gesicht. Der Grimm blitzte aus seinen Augen.

„Giaur!" rief er. „Du kennst die Gesetze und die Ordnung der Gesetze so gut und hast die Gesetze doch übertreten. Ich werde dafür sorgen, daß deine Strafe verdreifacht wird!" – „Tu, was du willst, aber sieh zu, ob es dir gelingt. Ich erhebe im Namen des Gesandten von Großbritannien Einspruch gegen die Schläge, die du mir zugedacht hast!" – Der Kadi blickte uns der Reihe nach verlegen an, dann sagte er: „Das Gesetz zwingt mich, auf deine Worte zu hören.

Glaube aber nicht, daß deine Sache dadurch eine bessere Wendung bekommt! Du bist ein Mörder und wirst deinen Kopf lassen müssen. Führt ihn in das Gefängnis zurück und bewacht ihn zehnfach strenger als alle anderen Gefangenen!" – Barud wurde abgeführt und warf vorher einen Blick des Einverständnisses auf den Fremden, der diesen Blick erwiderte, ohne daß es – außer von mir – von jemandem bemerkt worden wäre. Sollte ich den Kadi auf diesen Mann aufmerksam machen? Was konnte es nützen? Selbst wenn der Fremde dem Gefangenen näher bekannt war, lagen keine Gründe vor, sich seiner amtlich zu bemächtigen. Und falls es geschehen konnte, war zu erwarten, daß sich diese beiden sicher nicht verraten würden. Ich traute dem Kadi überdies gar nicht zu, der rechte Mann für so verschlagene Menschen zu sein. Darum beschloß ich, diesen Fremden ganz im stillen auf mich zu nehmen. – Die Sitzung war beendet, und die Zuschauer entfernten sich. Der Kadi trat zu Hulam, um sich zu entschuldigen. Osko, der Montenegriner, wandte sich ärgerlich an mich: „Habe ich nicht gesagt, Effendi, daß es so kommen würde?"

„Diese Wendung hatte ich nicht erwartet", gestand ich. „Ich bin zwar kein Kadi und Mufti[1], aber ich denke, daß der Richter wohl nicht anders handeln konnte." – „Er muß in Stambul anfragen, ob dieser Mensch die Wahrheit gesagt hat oder nicht?" – „Ja." – „Aber wie lange das dauern wird!" – „Man muß sich darein fügen." – „Und wenn der Verbrecher wirklich ein englischer Untertan ist?" – „So wird er dennoch seine Strafe erhalten." – „Und ist er es nicht?" – „So hat er gelogen, und der Kadi wird das Seinige tun, daß der Richterspruch so streng wie möglich ausfällt. Übrigens glaube ich kein Wort von diesem englischen Untertanen." – „Oh, es ist vielleicht doch möglich. Weshalb sollte Barud el Amasat sich eine solche Lüge aussinnen?"

„Zunächst, um der Bastonade zu entgehen, und dann zum Zeitgewinn. Man muß dem Kadi begreiflich machen, daß er den Gefangenen auf das strengste bewachen lassen soll. Ich bin überzeugt, daß der Halunke alles tun wird, um zu entkommen." – „Effendi, willst du nicht mit dem Kadi sprechen?" – „Tut ihr es; mir fehlt die Zeit. Ich habe einen eiligen Weg, von dem ich euch vielleicht nachher berichten werde. Wir sehen uns dann bei Hulam wieder.

Der Fremde, den ich doch auch für einen Armenier hielt, hatte nämlich gleichfalls den Gerichtssaal verlassen. Ich wollte irgend etwas über ihn erfahren, und so ging ich ihm nach. Er schritt langsam und nachdenklich dahin und ich folgte ihm wohl zehn Minuten lang.

Da wandte er sich plötzlich um und erblickte mich. Ich war während der Verhandlung hervorragend beteiligt gewesen. Er hatte mich dort gesehen und erkannte mich sofort wieder. Er ging weiter, bog aber dann in eine enge Nebengasse ein. Ich beschloß, ihn nicht aus den Augen zu lassen, und nahm den Gang und die Haltung eines Mannes an, der nur mit sich selbst beschäftigt ist und nicht auf andere achtet.

Der bulgarisch gekleidete Armenier mochte das Gäßchen halb

---

[1] Mohammedanischer Rechtsgelehrter

durchschritten haben, als er sich zum zweitenmal umdrehte. Ich war noch immer hinter ihm, und das fiel ihm sicher auf. So ging es durch mehrere Gassen und Gäßchen; er blickte sich zuweilen nach mir um, und ich ließ ihn nicht aus dem Auge. Im Eifer der Verfolgung war es mir schließlich gleichgültig geworden, ob er bemerkte, daß ich es auf ihn abgesehen hatte. Der Umstand, daß er sich vor mir scheute, bestärkte mich nur in meiner Überzeugung, er könne sich keines guten Gewissens rühmen. Das mochte der Verfolgte auch einsehen. Denn als er wieder in eine kleine Gasse eingebogen war, und ich dann eine halbe Minute später um die Ecke kam, stand er plötzlich vor mir. Er blickte mich mit flammenden Augen an und grollte: „Folgst du etwa mir?" – Ich blieb vor ihm stehen, betrachtete ihn genau und antwortete: „Was geht dich mein Weg an?" – „Sehr viel! Er scheint der meinige zu sein." – „Wohl dir, wenn es so ist, denn der Weg, den ich gehe, ist ehrlich." – „Willst du damit etwa sagen, der meinige sei es nicht?" – „Ich kenne deine Wege nicht und habe nichts mit dir zu schaffen." – „Das hoffe ich!" höhnte der Mann. „Deshalb sollst jetzt du vorangehen!" – „Mir gleich", entgegnete ich kurz.

Ich schritt weiter, ohne mich umzusehen, aber mein Ohr war geübt genug, sich von ihm nicht täuschen zu lassen. Ich hörte seine Schritte hinter mir, dann entfernten sie sich. Sie sollten leise sein, aber ich vernahm sie doch. Als ich keine Schritte mehr hörte, drehte ich mich rasch um und lief zurück. Richtig! Dort drüben eilte er davon und bog in eine andere Gasse ein. Ich folgte ihm und kam rechtzeitig an die nächste Ecke, um zu beobachten, daß er abermals um eine Ecke bog. Einige Augenblicke später stand auch ich dort und sah, daß er zur Tscharschia Ali Pascha einlenkte. Tscharschia heißt Basar und ist vom slawischen Wort ‚tscharschit' abzuleiten, das bezaubern bedeutet. Es soll damit auf den Eindruck hingedeutet werden, den die Waren auf den Beschauer machen. Der Mann dachte, daß ich im Gedränge des Basars seine Spur sicher verlieren würde, wenn ich ihr noch immer folgen sollte. Mir aber war diese Wendung lieb, denn eben dieses Gedränge machte es mir möglich, nahe an ihn heranzukommen, ohne von ihm bemerkt zu werden. Das geschah auch. Ich blieb hart hinter dem Armenier, obwohl er seine Richtung wohl mehr als zehnmal änderte. Endlich – wir waren soeben durch den Kleiderbasar gekommen – schritt er auf eine in der Nähe befindliche Karawanseraj zu, in deren Tor er trat. Hier konnte er mir nicht entgehen, wenn das Seraj keinen zweiten Ausgang hatte. Nun fragte es sich nur, ob er dort wohnte oder nicht. Ich wurde rasch davon überzeugt, daß er sich nur ein Versteck gesucht hatte, um nach mir auszuspähen. Er blieb nämlich hinter dem Tor stehen und beobachtete sorgfältig den vor ihm liegenden Platz. – Da kam mir ein Gedanke. Ich trat zu dem nächsten Händler, begrüßte ihn und fragte:

„Hast du ein rotes Turbantuch?" – „Ja, Effendi." – „Und einen Mahluta?"[1] – „Soviel du willst!" – „Ich habe Eile. Ich will mir beides

[1] Mantel

nur leihen, nicht kaufen. Gib mir rasch den Mantel und das Tuch! Hier ist meine Uhr, hier sind meine Waffen! Dazu gebe ich dir meinen Kaftan und auch noch fünfhundert Piaster. Das alles wird dir als Sicherheit dafür genügen, daß ich wiederkomme." – Der Kaufmann blickte mich erstaunt an. So etwas war ihm wohl noch nicht begegnet.

„Effendi, warum tust du das?" fragte er. Um nicht aufgehalten zu sein, mußte ich es ihm erklären. „Ich verfolge einen Mann, der mich nicht erkennen soll. Schnell, sonst entgeht er mir!" – „Allah! Du bist ein Hafiye?"[1] fragte er. – „Frage nicht, sondern eile!" gebot ich ihm. „Oder weißt du nicht, daß der Großherr Hilfe von dir fordert, wenn es gilt, einen flüchtigen Verbrecher zu ergreifen?" – Jetzt glaubte der Händler fest, daß ich ein Polizist sei. Ich trat in den Hintergrund des offenen Ladens und legte meinen Kaftan ab. Der Händler warf mir den Mantel über und wand mir das Tuch als Turban um den Kopf. Als ich ihm die erwähnten Gegenstände zum Pfand gegeben hatte und nun fertig war, trat ich wieder vor den Eingang, um zu warten. Ich hatte den Armenier nicht aus den Augen gelassen. Er stand noch hinter dem Tor, um zu spähen. Der Gejindschi[2] folgte der Richtung meines Blicks. Er bemerkte, auf wen meine Aufmerksamkeit gerichtet war, und fragte: „Effendi, meinst du den Mann, der da drüben im Tor steht?" – „Ja." – „Er ist soeben hier vorübergekommen?" – „Allerdings." – „Und hat mich gegrüßt?" – „Das habe ich nicht bemerkt. Du bist also ein Bekannter von ihm?"

„Ja. Ich habe Kleider von ihm gekauft. Du denkst, daß er ein Verbrecher ist?" – „Ich werde es erfahren. Wie heißt er?" – „Du bist ein Diener des Padischah, und darum will ich ehrlich mit dir sein. Sag, was du wissen willst!" – „Waren die Kleider, die du von ihm gekauft hast, neu?" – „Nein." – „Er ist also kein Tersi?"[3] – „O nein! Ich habe sehr großen Schaden gehabt. Die Kleider waren wohl billig, aber der größte Teil wurde mir wieder abgenommen, denn sie gehörten Männern, die man auf der Straße angefallen hatte." – „Bestrafte man diesen Menschen nicht?" – „Er ist hier fremd und war nicht zu finden. Und dann, als er wiederkam, und man ihn ergriff, ließ man ihn um seines Geldes willen unbestraft." – „Wer ist es?" – „Er kleidet sich wie ein Bulgare, aber er ist ein Armenier und heißt Manach el Barscha."

„Weißt du, wo er wohnt?" – „Er ist Einnehmer des Charadsch[4] in Üsküb." – „Und wo hält er sich hier auf?" – „Wenn er in Edirne ist, so kehrt er meistens in der Mehana[5] des Handschi[6] Doxati ein."

„Wo finde ich diesen Mann?" – „Doxati führt sein Gasthaus gleich neben dem Haus des griechischen Metropoliten." – Auch den wußte ich nicht zu finden, aber ich durfte doch nicht zeigen, daß ich hier so unbekannt war. Übrigens verließ jetzt Manach el Barscha das Seraj, und ich folgte ihm, nachdem ich dem Händler mit einem Gruß gedankt hatte. Der Armenier wandte sich zwar noch einigemal um, aber es fiel ihm nicht ein, in mir seinen Verfolger zu vermuten.

---

[1] Geheimpolizist [2] Kleiderhändler [3] Schneider [4] Kopfsteuer der Nichtmuslimin
[5] Einkehrhaus [6] Gastwirt

Ich brauchte mich also nicht mehr so sehr in acht zu nehmen wie vorher und sah endlich, daß er in ein Haus trat. – In der Nähe hatte ein Kastanienhändler seinen Platz. Ich kaufte ihm eine Handvoll seiner Früchte ab und erkundigte mich bei ihm: „Weißt du, wer in dem großen Haus wohnt, hier zur Linken?" – „Der griechische Metropolit, Effendi." – „Und wer hier daneben?" – „Ein Handschi. Er heißt Doxati. Willst du vielleicht bei ihm wohnen? Es ist billig und bequem bei ihm." – „Nein. Ich suche den Gastwirt Mavro." – „Den kenne ich nicht." – Damit meine Erkundigung nicht auffallen sollte, hatte ich den ersten besten Namen, der mir einfiel, genannt. Im übrigen wußte ich einstweilen genug. Ich merkte mir das Gasthaus des Wirtes Doxati und kehrte zu Hulam zurück. Dort hatte man längst auf mich gewartet. Der Ausgang der Gerichtsverhandlung war allen unlieb, und dann hatten sie sich meine schnelle Entfernung nicht erklären können. „Sihdi", gestand mein kleiner Hadschi Halef Omar, „ich habe große Sorge um dich gehabt." – „Sorge um mich? Warum?" – „Weißt du denn noch immer nicht, daß ich dein Freund und Beschützer bin?" – „Das weiß ich allerdings, mein guter Halef."

„Nun, als Freund hättest du mir sagen müssen, wohin du gehst, und als Beschützer hättest du mich sogar mitnehmen müssen."

„Ich konnte dich nicht brauchen." – „Mich nicht brauchen?" fragte Halef und zupfte heftig an seinen dreizehn Schnurrbartspitzen herum. „Du hast mich brauchen können in der Sahara, in Ägypten, am Tigris, bei den Teufelsanbetern, in Kurdistan, in den Ruinen, deren Name mir nicht sogleich einfällt, in Stambul und überall. Hier aber willst du mich nicht brauchen können? Das glaube ich nicht. Weißt du, daß es hier ebenso gefährlich ist wie in der Sahara oder im Tal der Stufen, wo wir die vielen Feinde gefangennahmen?"

„Warum?" – „Weil man hier seine Feinde vor lauter Menschen nicht sehen kann. Oder glaubst du etwa, ich wüßte nicht, daß du dich eines neuen Feindes wegen entfernt hast?" – „Woher kommt dir dieser Gedanke?" – „Ich folge stets deinen Augen und sehe, was sie tun." – „Nun, was haben sie getan?" – „Sie haben beim Kadi einen Bulgaren beobachtet, der aber kein Bulgare war. Als er ging, bist du schleunigst aufgebrochen." – „Wahrhaftig, Halef, du hast recht beobachtet! Der Betreffende scheint mir ein..." – „...ein Bekannter des Gefangenen zu sein!" fiel Halef ein. – „Auch das stimmt." – „Vielleicht hat er die Absicht, ihm von Nutzen zu sein?" – „Daran zweifle ich gar nicht. Der Fremde warf Barud el Amasat beruhigende Blicke zu, und das hat er sicherlich nicht ohne besonderen Grund getan."

„Du bist ihm nachgegangen, um seine Wohnung zu erfahren?"

„Ja. Auch seinen Namen und Stand weiß ich schon." – „Was ist er?" – „Er heißt Manach el Barscha, ist Steuereinnehmer in Üsküb und wohnt bei dem Handschi Doxati." – „Soll ich vielleicht diesen Manach el Barscha bewachen?" – „Du hast es erraten." – „Das kann ich aber nur tun, wenn ich bei Doxati wohne." – „Du wirst hinreiten, sobald es dunkel ist. Ich werde mitgehen, um dir das Haus zu zeigen."

Da trat Osko, der Montenegriner vor. „Auch ich werde wachen,

Effendi!" – „Wo?" – „Vor dem Sindan[1], in dem Barud el Amasat ist." – „Denkst du, daß es nötig ist?" – „Es ist mir gleich, ob es nötig ist oder nicht. Barud hat meine Tochter als Sklavin verkauft und mir großes Herzeleid bereitet. Er ist meiner Rache verfallen. Du sagtest, die Rache sei Gottes, und ich habe dir deinen Willen getan, indem ich Barud el Amasat den Händen des Kadi überließ. Will der Mädchenräuber sich aber der Strafe entziehen, so werde ich darüber wachen, daß er nicht auch mir entgeht. Ich verlasse euch und melde, wenn ich etwas Wichtiges beobachte." Nach diesen Worten entfernte sich der Montenegriner. – Halef packte nun seine Habseligkeiten zusammen und setzte sich auf sein Pferd. Er wollte sich den Anschein geben, als käme er erst jetzt in Adrianopel an. Ich geleitete ihn zu Fuß bis in die Nähe des Han und wartete, bis er in das Tor eingeritten war. Dann ging ich in den Basar zurück, um meine Kleider wieder umzutauschen. – Als ich Hulams Haus wieder erreichte, war es inzwischen dunkel geworden. Isla Ben Maflei machte uns den Vorschlag, ein Bad zu besuchen, wo es guten Kaffee, Karagös[2] und ausgezeichnetes Aïswasperwerdesi[3] gäbe, und wir gingen bereitwilligst darauf ein.

Über die türkischen Bäder wird so viel geschrieben, daß hier eine Bemerkung überflüssig wäre. Die Schattenspiele, die wir nach dem Bad in Augenschein nahmen, konnten keinen Anspruch auf Lob erheben. Die eingemachten Früchte mochten ausgezeichnet sein, sie waren aber nicht nach meinem Geschmack. – Als wir das Hamam[4] verließen, war der Abend so köstlich, daß wir uns entschlossen, noch einen größeren Spaziergang zu machen. Wir verließen die Stadt und schlenderten am Ufer der Arda hin, die sich hier in die Maritza ergießt. Es mochte noch eine Stunde an Mitternacht fehlen, als wir umkehrten, aber es war ziemlich hell. Noch hatten wir die Stadt nicht erreicht, als uns drei Reiter entgegenkamen. Zwei ritten auf Schimmeln, der dritte hatte ein dunkles Pferd. Sie trabten an uns vorüber, ohne uns zu beachten. Dabei machte der eine Reiter eine sehr gleichgültige Bemerkung. Ich hörte das und blieb unwillkürlich stehen. – „Was ist's?" fragte Isla. „Kennst du diese Leute?"

„Nein. Aber diese Stimme kommt mir bekannt vor."

„Du wirst dich täuschen, Effendi, Stimmen sind sich oft ähnlich."

„Das ist wahr, und das beruhigt mich. Ich hätte sonst gedacht, der eine Reiter wäre Barud el Amasat gewesen." – „Dann müßte er ja entflohen sein!" – „Allerdings! Aber das ist ja nicht möglich."

„Und wenn es der Fall wäre, so hätte er die breite Straße nach Felibe[5] eingeschlagen und nicht diesen einsamen, unsicheren Weg."

„Gerade dieser Weg ist für einen Flüchtling sicherer als die belebte Straße nach Felibe." – Es war, als sagte mir eine innere Stimme, daß ich mich nicht geirrt habe. Ich beschleunigte meine Schritte, und die anderen mußten mir mit gleicher Schnelligkeit folgen. Als wir dann nach Hause kamen, wurden wir schon seit längerer Zeit

---

[1] Gefängnis [2] Schattenspiel [3] Adrianopler eingemachte Früchte, ein beliebter Leckerbissen [4] Bad [5] Philippopel

von Osko erwartet, der unter dem Tor stand. „Endlich, endlich!" rief er. „Ich habe ungeduldig nach euch ausgeschaut. Mir scheint, es ist etwas geschehen." – „Was?" fragte ich gespannt.

„Ich lag, als es dunkel war, am Tor des Gefängnisses. Da erschien einer, der sich öffnen ließ. Er trat ein und kam nach einiger Zeit mit noch zwei anderen wieder aus dem Haus." – „Hast du jemanden erkannt?" – „Nein. Aber als sie gingen, hörte ich den einen sagen: ‚Das ist schneller geglückt, als ich dachte!' Ich schöpfte Verdacht und schlich ihnen nach. Doch an der Ecke einer Straße verlor ich sie."

„Und dann?" – „Dann ging ich hierher, um euch den Vorfall zu melden." – „Gut! Wir werden uns sofort Gewißheit verschaffen. Hulam mag mitkommen. Die anderen können bleiben."

Ich eilte mit Hulam in die Straße, wo Doxati sein Fremdenhaus hatte. Das Tor war noch geöffnet, und wir traten ein. Es gab ein gemeinschaftliches Zimmer, das zum Hof geöffnet war, aber auf die Straße kein Fenster hatte. Ohne hineinzugehen, gebot ich einem der dienstbaren Geister, mir den Wirt zu holen. Doxati war ein kleines, altes Männchen mit einem verschlagenen Gesicht. Er machte mir eine tiefe Verbeugung und fragte nach meinem Begehr.

„Ist heute abend hier ein Gast eingekehrt?" fragte ich nach der Erwiderung seines Grußes. – „Mehrere, Effendi", antwortete er.

„Ich meine einen kleinen Mann, der zu Pferd kam."

„Der ist da. Er hatte einen Bart, der so dünn wie der Schwanz einer alten Henne." – „Du sprichst sehr unehrerbietig von deinen Gästen. Doch es wird der sein, den ich suche. Wo ist er?"

„In seinem Oda[1]." – „Führe mich zu ihm." – „Komm, Effendi."

Doxati schritt voran in den Hof und die Stiege empor. Dort oben sah man beim Schein einer Lampe mehrere Türen. Er öffnete eine. Auch hier brannte eine Lampe. Aber das mit einer einzigen Matte ausgestattete Gemach war leer. – „Wohnt der kleine Araber hier?" fragte ich. – „Ja." – „Er ist ja nicht da." – „Allah weiß, wo er ist."

„Wo hat der Araber sein Pferd?" – „Im Stall, der im zweiten Awlu[2] ist." – „War er heut abend unten bei den anderen Gästen?"

„Ja. Dann aber stand er lange Zeit unter dem Tor."

„Ich suche außer ihm noch einen anderen Mann, der Manach el Barscha heißt. Kennst du ihn?"

„Warum soll ich ihn nicht kennen? Er hat ja heut bei mir gewohnt."

„Hat? Er wohnt also nicht mehr hier?" – „Nein, er ist abgereist."

„Allein?" – „Nein, mit zwei Freunden." – „Sie ritten?" – „Ja."

„Was für Pferde?" – „Zwei Schimmel und einen Braunen."

„Wohin sind sie?" – „Sie wollten nach Felibe und dann weiter nach Sofia." – „Kanntest du die beiden Freunde?"

„Nein. Manach el Barscha ging aus und brachte sie mit."

„Hatte er drei Pferde mitgebracht?" – „Nein, sondern nur den Braunen. Die Schimmel hat er heute abend hier gekauft."

Jetzt wußte ich, daß mich mein Gehör drunten am Fluß nicht

---

[1] Zimmer, Stube [2] Hof

getäuscht hatte. Barud el Amasat war mit Hilfe dieses Manach el Barscha entkommen. Wer aber war der dritte? Vielleicht ein Schließer des Gefängnisses, der den Gefangenen losgelassen hatte und infolgedessen gezwungen war, sich den Flüchtigen anzuschließen? Ich forschte weiter. „Der Araber ist ihnen nicht gefolgt?"

„Nein." – „Weißt du das genau?" – „Sehr genau. Ich stand am Tor, als die drei Reiter fortritten." – „Führe uns zum Pferd des Arabers!" – Doxati führte uns über den vorderen Hof und durch einen gewölbten Gang zu einem niedrigen Gebäude. Der Geruchssinn sagte mir schon von weitem, daß es ein Stall sei. Doxati öffnete die Tür. Es war dunkel, aber ein leises Schnauben sagte mir, daß da ein Pferd stand. – „Man hat das Licht gelöscht", meinte der Handschi. – „Brannte hier eins?" fragte ich. – „Ja."

„Standen die Pferde des Steuereinnehmers Manach el Barscha auch hier?" – „Ja. Ich war nicht dabei, als er sie holte."

„So wollen wir Licht machen." Ich zog ein Zündhölzchen heraus, und bald hatten wir Licht in der Laterne, die an der Mauer hing. Jetzt erkannte ich Halefs Pferd und daneben auf dem Boden einen formlosen Klumpen, der in einen Kaftan gewickelt und mit Stricken umwunden war. Ich riß die Stricke auf und entfernte den Kaftan. Es war – mein kleiner Hadschi Halef Omar. Er sprang auf und ballte beide Fäuste. „Sihdi, wo sind die Hundesöhne, die mich überfallen haben, die Söhne und Enkel von Hundesöhnen, die mich dann banden und einwickelten?" – „Das mußt du doch wissen?" – „Wie kann ich es wissen, da ich doch gefesselt war wie der heilige Koran, der in Damaskus an eisernen Ketten hängt?"

„Warum hast du dich fesseln lassen?" – Halef blickte mich erstaunt an. „Das fragst du mich? Du, der mich hergeschickt hat, damit –"

„– damit du eine Probe deiner Klugheit geben sollst", unterbrach ich ihn. „Sie ist nicht sehr rühmlich für dich ausgefallen!"

„Sihdi, kränke mich nicht! Wenn du dabeigewesen wärst, würdest du mich entschuldigen." – „Das ist möglich. Weißt du, daß Manach el Barscha entkommen ist?" – „Ja. Der Scheïtan mag ihn fressen!"

„Und Barud el Amasat mit ihm?" – „Ja. Die Dschehenna mag ihn verschlingen!" – „Und daß du schuld an allem bist?"

„Nein. Das weiß ich nicht. Das ist nicht wahr!"

„So erzähle!" – „Das werde ich tun! Merk auf! Als ich zu diesem Handschi Doxati kam, der hier steht und den Mund aufsperrt, als sei er der Scheïtan, der Manach el Barscha verschlingen soll, da hörte ich, daß der Verdächtige drei Pferde besäße, weil er in der Dämmerung zwei Schimmel gekauft hatte. Das machte mich stutzig. Ich beobachtete ihn und sah, daß er das Haus verließ."

„Ahntest du, was er vorhatte?" – „Ja, Sihdi." – „Warum folgtest du ihm nicht?" – „Ich dachte, daß er zum Gefängnis gehen würde. Dort aber stand Osko auf Lauer." – „Hm, das ist allerdings nicht unrichtig!" – „Siehst du, daß du mir rechtgeben mußt, Sihdi! Ich ahnte, daß Manach el Barscha den Gefangenen befreien wollte, aber ich wußte auch, daß er seine Pferde brauche. Jedenfalls mußte er in den Stall zurückkommen, und darum versteckte ich mich da, um ihn zu überraschen." – „Verstecken? Das war nun nicht gerade nötig. Du hättest um einige Saptijeler schicken oder sie selber herbeiholen sollen. Das wäre das Sicherste gewesen."

„O Sihdi, das Sicherste ist nicht immer das Schönste, und ich dachte es mir so schön, die Schurken allein zu fangen."

„Das müssen wir jetzt büßen." – „Allah wird die Verbrecher uns wieder in die Hand geben. Also ich wartete. Als sie kamen, waren es drei. Sie fragten mich, was ich da wolle. Kaum aber hatte Barud el Amasat mich erblickt, so erkannte er mich. Ich war ja beim Verhör als Zeuge gegen ihn aufgetreten. Es entspann sich eine Prügelei. Ich wehrte mich nach Kräften, doch die Prügel bekam ich." – „Warum gebrauchtest du deine Waffen nicht?"

„Sihdi, sechs Arme hielten mich umschlungen, und ich habe nur zwei. Hätte Allah mir zehn Arme verliehen, so wären mir vier davon für Waffen übriggeblieben. Ich wurde zu Boden gerungen. Man wickelte mich in meinen Kaftan und umwand mich mit Stricken. Da habe ich gelegen, bis du kamst, mich zu befreien. Nun sind die Verbrecher fort! Wären wir in der Wüste, so wäre es leicht, ihre Spuren zu finden, aber hier im großen Edirne wird das unmöglich sein." – „Ich habe ihre Spur. Ich weiß, wohin sie sind."

„Hamdulillah! – Preis sei Allah, der dir den Verstand gegeben hat, den..." – „...den du heute nicht besessen hast!" unterbrach ich Halef. „Die Spur eines Mannes ist leider noch nicht der Mann selbst. Aber leuchte daher! Was liegt hier?" – Halef bückte sich und hob dann einen ziemlich großen Tuchfetzen auf. Er betrachtete ihn und sagte: „Das ist ein Stück, das ich Barud el Amasat aus dem Kaftan gerissen habe. Da hängt noch die Tasche daran."

„Ist etwas drin?" – Der Hadschi griff hinein.

„Ein Stück Papier. Hier ist es." – Ich betrachtete es beim Schein der Laterne. Es war ein winzig kleines, aber mit einem großen Siegel versehenes Briefchen gewesen. Drei kurze Zeilen standen darin. Sie waren in arabischer Schrift geschrieben, und zwar so klein, daß ich sie hier unmöglich lesen konnte. Ich steckte das Briefchen zu mir und suchte nach anderen Überresten des ungleichen Kampfes; es fanden sich keine mehr. – Unbegreiflich war es, daß drei Männer meinem Halef sein Messer und die beiden Pistolen gelassen hatten, die in seinem Gürtel steckten. Sein Gewehr hatte ich in einem Winkel seiner Stube lehnen sehen.

„Hatte auch Manach el Barscha ein Zimmer bei dir?" fragte ich Doxati, der verwundert zugesehen und zugehört hatte.

„Ja", antwortete der Handschi. – „Er ist oft bei dir eingekehrt?"

„Ja." – „So kennst du ihn genau?" – „Ja. Er heißt so, wie du ihn nennst, und ist Steueraufseher in Üsküb. Aber Manach el Barscha ist nicht oft zu Hause. Er hat zahlreiche Orte gepachtet und muß viel reisen, um die Steuern einzutreiben."

„Führe uns in das Zimmer, das er bewohnt hat."

Das geschah. Ich hatte gehofft, hier irgendeinen Fingerzeig zu entdecken; aber es fand sich nichts. Ich schickte nun den kleinen Hadschi mit seinem Pferd nach Hause. Er trabte niedergeschlagen davon und murmelte tausend Verwünschungen in die Haarfäden, die er Bart nannte. Hulam aber wurde von mir veranlaßt, sich sofort zum Kadi zu begeben. Er hatte bisher kein Wort gesprochen, jetzt aber meinte er: „Wer hätte das für möglich gehalten! Was wollen wir nun beim Kadi? Kann er es anders machen?"

„Wir müssen ihm das Geschehene anzeigen, und nur mit seiner Hilfe können wir uns Gewißheit verschaffen, ob sich der Gefangene wirklich nicht mehr in Haft befindet." – Der Beamte hatte sich schon längst zur Ruhe begeben, und es kostete mich einige Kraftworte, bis man es wagte, ihn zu wecken. Dann wurden wir vorgelassen. Er empfing uns mit nicht sehr freundlicher Miene und fragte nach unserem Begehr. – „Wir haben Barud el Amasat in deine Hand gegeben", erklärte ich ihm. „Hast du dafür gesorgt, daß er gut bewacht wird?" – „Bist du nur gekommen, mir diese Frage vorzulegen?" – „Ich werde deine Antwort hören."

„Der Gefangene wird gut bewacht. Ihr könnt gehen."

„Nicht wir können gehen, sondern er ist gegangen!"

„Allah akbar – Gott ist groß! Er kann dich verstehen, ich aber begreife deine Worte nicht." – „So muß ich deutlicher sein: Barud el Amasat ist entflohen!" – Der Kadi sprang von dem Polster auf, auf dem er bei unserem Eintritt gesessen hatte. „Was sagst du? Entflohen ist er? Aus dem Sindan entsprungen?" – „Ja."

„Woher weißt du das?" – „Wir sind ihm begegnet."

„Allah! Warum habt ihr ihn nicht festgehalten?"

„Wir kannten ihn nicht." – „Woher wißt ihr dann, daß er es gewesen ist?" – „Wir haben es erst nachher erfahren. Ein Steuerpächter, der Manach el Barscha heißt, hat ihn befreit."

„Manach el Barscha? Oh, den kenne ich. Er war früher Pächter der Steuern und wohnte in Üsküb. Jetzt ist er es nicht mehr. Er wohnt in den Bergen." – Er wohnt in den Bergen, das heißt, er hat in die Berge fliehen müssen. Daher fragte ich: „Hast du ihn heute während des Verhörs nicht gesehen?" – „Nein. Woher kennst du ihn?" – „Ich erfuhr seinen Namen und seinen Aufenthalt hier von einem Kleiderhändler. Er war bei dem Handschi Doxati abgestiegen, hat Pferde gekauft und ist heute abend mit Barud el Amasat und einem dritten aus der Stadt geritten."

„Wer war dieser dritte?" – „Ich weiß es nicht, vermute aber, daß es ein Schließer des Gefängnisses ist." – Wir erzählten dem Richter in Kürze, was geschehen war. Da ließ er sich seinen Säbel kommen, befahl zehn Saptijeler, uns zu begleiten, und machte sich mit uns auf den Weg. – Der Nesar-Baschi[1] war nicht wenig erstaunt, zu später Stunde solchen Besuch zu erhalten.

„Führe uns zu dem Gefangenen, der Barud el Amasat heißt!" befahl der Kadi. Der Beamte gehorchte, war aber nicht wenig

---

[1] Oberaufseher

erschrocken, als er die Zelle, in der Barud gesteckt hatte, leer fand. Der Schließer aber, dem man den Gefangenen besonders anvertraut hatte, war mit ihm verschwunden.

Der Zorn des Kadi läßt sich nicht beschreiben. Dieser würdige Richter erging sich in Ausrufen, wofür die deutsche Sprache keine Worte hat, und ließ schließlich den Oberaufseher selbst einsperren. Ich suchte den Richter durch die Mitteilung zu beruhigen, daß wir heute früh dem Entkommenen nacheilen würden, und er versprach, uns sechs Polizisten mit einem Haftbefehl mitzugeben. Dann verließen wir ihn und brannten vor der Gefängnistür unsere Laternen wieder an. Ohne eine solche durfte man sich damals, wenigstens im Inneren der Stadt, nicht antreffen lassen, wenn man nicht Gefahr laufen wollte, von der Polizei aufgegriffen zu werden und und eine Nacht in sehr gemischter Gesellschaft zuzubringen.

Wir waren noch nicht weit gegangen, als wir, um die Ecke eines Hauses biegend, mit einem Mann zusammenstießen, der, wie ich damals glaubte, in großer Eile von der anderen Seite gekommen war. Er rannte an mich an, sprang zurück und rief: „Atsch gösünü – nimm dich in acht!" – „Das hättest du früher sagen sollen", lachte ich. – „Aman, aman – Gnade, Gnade! Ich hatte so große Eile, und dabei ist mir meine Laterne verlöscht. Willst du nicht die Güte haben und mir erlauben, sie an der deinigen wieder anzuzünden?"

„Gern! Hier!" – Er nahm das Licht aus seiner Leuchte, die aus geöltem Papier gefertigt war, und steckte es an dem unserigen an. Dabei erklärte er, wie zu seiner Entschuldigung: „Ich muß schnell einen Hekim[1], Berber[2] oder Edschsadschy[3] holen. Es ist uns plötzlich ein Gast krank geworden, der fast nur almandscha[4] redet, weil er aus Almanja stammt." – Das erregte sofort meine Teilnahme. Ein Landsmann, hier plötzlich erkrankt und der Sprache des Landes so gut wie unkundig. War es da nicht meine Pflicht, mich wenigstens zu erkundigen? – „Aus welchem deutschen Land stammt er?" forschte ich. – „Aus Bawiera." – Also ein Bayer! An eine Lüge, eine Täuschung, dachte ich überhaupt nicht. Was wußte man hier von Bayern! Der Name dieses Landes konnte, hundert gegen eins gewettet, nur aus dem Mund eines Mannes gehört worden sein, dessen Vaterland es wirklich war. Ich erkundigte mich weiter: „Welche Krankheit hat ihn befallen?"

„Das Nervenfieber." – In diesem Augenblick fiel mir die Unwahrscheinlichkeit, die in dieser Antwort lag, gar nicht auf. Ich dachte nur daran, daß ein Deutscher hilfsbedürftig darniederliege.

„Was ist er?" fuhr ich fort. – „Ich weiß es nicht. Er kam zu meinem Herrn, der Tütündschi[5] ist, um Tabak zu kaufen."

„Wohnt ihr weit von hier?" – „Nein." – „So führe mich hin!"

„Bist du denn ein Arzt oder Apotheker?" – „Nein. Aber ich bin auch ein Deutscher und will sehen, ob ich meinem Landsmann von Nutzen sein kann." – „Inschallah – so Gott will, komm, folge

---

[1] Arzt [2] Barbier [3] Apotheker [4] Deutsch [5] Tabakfabrik oder -händler

mir!" – Hulam wollte mich begleiten. Ich bat ihn aber, seinen Weg fortzusetzen, da ich ihn ja nicht brauchte. Ich gab Hulam die Laterne und folgte dem Fremden. – Wir hatten wirklich nicht weit zu gehen. Der Bote hielt schon nach wenigen Minuten vor einer Tür, an der er den Klopfer betätigte. Es wurde geöffnet. Ich stand noch auf der Straße hinter meinem Führer und hörte die Frage: „Hekim buldunmy – hast du einen Arzt gefunden?"

„Nein, aber einen Hemschere[1] des Kranken." – „Was kann der uns und ihm nützen!" – „Er kann den Terdschüman[2] machen, da wir den Gast nicht recht verstehen." – „So mag er eintreten!"

Ich trat in einen engen Flur, der in einen kleinen Hof mündete. Das Licht der Papierlaterne erlaubte mir kaum drei Schritte weit zu sehen. Ich hatte nicht die mindeste Ahnung, daß mir eine Gefahr drohe, und horchte daher erstaunt auf, als ich eine Stimme befehlen hörte: „Onu tutun! Gertschek dir! – Ergreift ihn! Es ist der Richtige!" Im gleichen Augenblick erlosch die Laterne, und ich fühlte mich von allen Seiten von Fäusten gepackt. Laut um Hilfe rufen konnte mir keinen Nutzen bringen, denn der kleine Hof war an vier Seiten von Gebäudeteilen umschlossen. Es galt, die Angreifer abzuwehren und durch den Gang zurück auf die Straße zu fliehen. Ich stieß also, mich breitbeinig feststellend, die Arme so weit aus, wie ich es bei dem Widerstand, den ich fand, vermochte, und zog sie dann plötzlich wieder ein. Das gab einen Ruck, durch den wirklich zwei Angreifer abgeschüttelt wurden. Aber vorn und hinten hielten mich die anderen fest, und die beiden hängten sich rasch wieder an mich. – Der Angriff galt wirklich mir; es handelte sich nicht etwa um eine Verwechslung. Davon war ich überzeugt. Man hatte mir beim Kadi aufgelauert und mich in diese Falle gelockt. Worte konnten mir keine Hilfe bringen, und so begann ich jetzt ein lautloses Ringen, wobei ich meine Kräfte so anstrengen mußte, daß mir die Brust zu platzen drohte. Doch vergeblich! Es waren zu viele gegen mich. Ich wurde niedergerissen und fühlte bald, daß ich mich in Stricken verfing, die man um mich schlang. Ich war gefangen und gefesselt! – Einstweilen hatte ich keinen Atem mehr, doch meine Angreifer keuchten ebenso wie ich. Ich hatte ein Messer und eine Pistole im Gürtel gehabt; sie waren mir gleich herausgerissen worden. Zum Zuschlagen war ich nicht gekommen, da ich von zehn oder vierzehn Armen eingeschnürt gewesen war. Jetzt fluchten die Strolche in allen Tonarten um mich herum, und dabei war es hier zwischen den Mauern so finster, daß man die Hand vor den Augen nicht zu sehen vermochte.

„Hasyr-mi – fertig?" fragte eine Stimme. – „Ewwet – ja!"

„Schafft ihn hinein!" – Man faßte mich an und schleppte mich fort. Ich bemerkte, daß man mich durch zwei finstere Räume in einen dritten brachte, wo man mich einfach zu Boden warf. Die Träger entfernten sich. Nach einiger Zeit traten zwei Männer bei

[1] Landsmann [2] Dolmetscher

mir ein. Der eine trug eine Lampe. – „Kennst du mich noch?" fragte der andere. Er stellte sich so, daß der Schein des Lichtes auf sein Gesicht fiel. Man denke sich mein Erstaunen, als ich in ihm Ali Manach Ben Barud el Amasat erkannte, den Sohn des Entflohenen, den Derwisch, mit dem ich in Konstantinopel im Kloster gesprochen hatte. – Das Schweigen konnte mir keinen Nutzen bringen. Wollte ich wissen, was man mit mir vorhatte, so mußte ich reden. „Ja", entgegnete ich. – „Lügner! Du warst kein Naßr!" – „Habe ich mich dafür ausgegeben?" – „Ja!"

„Nein. Ich hatte nur keine Veranlassung, deinen Irrtum zu berichtigen. Was wollt ihr von mir?" – „Wir werden dich töten!" „Meinetwegen!" entgegnete ich möglichst gleichmütig.

„Tu nicht so, als ob du das Leben nicht liebtest! Du bist ein Giaur, ein Christ, und diese Hunde wissen nicht zu sterben, weil sie keinen Koran, keinen Propheten und kein Paradies haben!"

„Ob ich das Leben liebe, ist jetzt gleichgültig. Was kann ich dagegen tun, wenn ihr mich töten wollt? Ich werde ruhig sterben. Bis es soweit ist, laß mich in Ruhe!" – „Nein. Ich muß mit dir sprechen. Willst du vielleicht die Güte haben, einen Tschibuk dabei zu rauchen?" Das war ein prächtiger Hohn von diesem Knaben, über den ich mich hätte ärgern können. „Daß du ein guter Choradschi[1] bist, habe ich gesehen", versetzte ich boshaft. „Daß du aber noch ein viel besserer Schakadschi[2] sein kannst, das habe ich nicht geglaubt, da den ‚Tanzenden' meist das Anlajis[3] für Witze fehlt. Wenn du wirklich mit mir sprechen willst, so bedenke, mit wem du redest. Ich sage dir, daß du nur dann meine Stimme hören wirst, wenn du die Achtung vor meinem Bart zeigst, die dir der Prophet gebietet!" Das war eine gewollte Beleidigung. Unter dem Wort Chora – Tanz, versteht der Türke sinnliche Tanzbewegungen eines Frauenzimmers. Der Tanz der Derwische ist ein anderer, er gilt für heilig. Es gab keine größere Beleidigung für Ali Manach, als daß ich ihn einen Choradschi nannte und noch dazu den Angehörigen seines Ordens eine geistige Fähigkeit absprach. Ich war daher erstaunt, daß er mir zwar einen flammenden Blick zuwarf, sich dann aber ruhig auf den Boden niedersetzte. Der andere blieb stehen.

„Wärst du ein Muslim, so würde ich dich zu züchtigen wissen", sagte der Derwisch. „Ein Giaur aber kann einen wahren Gläubigen niemals beleidigen. Wie sollte eine Kröte die Sonne beschmutzen können! Ich will einiges von dir wissen." – „Ich bin bereit zur Antwort, wenn deine Fragen höflich sind." – „Du bist der fränkische Arzt, der in Damaskus die Absicht des Usta zuschanden machte?" „Ja." – „Du hast den Usta dann später in Stambul getroffen?" „Ja." – „Du hast auf ihn geschossen, als er ins Wasser sprang?" „Nicht ich, sondern mein Diener." – „Hast du den Usta später wiedergesehen?" – „Ja." – „Wo?" – „Vor dem Turm von Galata, wo seine Leiche lag." – „So ist es also doch wahr, was mir dieser

---

[1] Tänzer [2] Spaßvogel [3] Verständnis

Mann hier sagt?" Ali Manach deutete dabei auf den Menschen, der die Lampe hielt. – „Du hast nicht gewußt, daß der Usta tot ist?" fragte ich dagegen. – „Nein. Er war verschwunden. Man fand Koletis tot und neben ihm eine Leiche, die niemand kannte."

„Es war der Usta!" – „Ihr habt ihn vom Turm gestürzt?" „Wer hat dir das gesagt?" – „Dieser Mann hier. Ich kam nach Edirne, ohne irgend etwas zu wissen. Ich war zu meinem Vater gerufen worden. Ich suchte ihn bei Hulam, ohne zu sagen, wer ich sei, und hörte da, daß mein Vater im Gefängnis steckte. Er ist ohne mein Zutun gerettet worden. Dieser Mann hier ist sein Diener und hat mit ihm bei Hulam gewohnt. Dein Freund und Beschützer Hadschi Halef Omar hat ihm alles erzählt, und so erfuhr ich es wieder. Ich suchte meinen Vater dann beim Handschi Doxati. Er war schon fort, aber Ihr befandet euch im Stall. Wir beobachteten euch. Ich hatte erfahren, daß du ein Alman bist, und darum mußte einer von uns an der Ecke auf euch warten und dir dann sagen, ein Alman sei krank geworden. Du gingst in die Falle und bist nun in unserer Gewalt. Was werden wir deiner Meinung nach mit dir tun?"

Diese Erklärung gab eigentlich viel Stoff zum Nachdenken. Ich nahm mir jedoch keine Zeit dazu, sondern antwortete rasch: „Um mein Leben habe ich keine Sorge. Töten werdet ihr mich nicht.

„Warum sollten wir das nicht?" – „Dann würde euch das Lösegeld entgehen, das ich bezahlen kann." – In seinen Augen blitzte es auf. Ich hatte das Richtige getroffen. War das Geld bezahlt, so konnten sie mich ja immer noch beiseite schaffen.

„Wieviel willst du geben?" erkundigte sich der junge Bandit. „Wie hoch schätzt du meinen Wert?" – „Dein Wert ist nicht größer als der Preis eines Akreb[1] oder Jylan[2]. Beide sind giftig, und man tötet sie, sobald man sie erwischt. Dein Leben ist nicht den zehnten Teil eines Para wert. Aber das, was du uns getan hast, erfordert eine Sühne und darum sollst du ein Lösegeld zahlen!" – Ah, da sagte er es ganz deutlich: die Zahlung des Lösegeldes sei nur eine Strafe, und dann sei mein Leben doch noch keinen Pfennig wert! An sich war es töricht, noch weiter zu verhandeln, aber ich wollte Zeit gewinnen und meinte daher ernst: „Du vergleichst mich mit dem giftigsten Gewürm! Ist das die Höflichkeit, die ich zur Bedingung gemacht habe? Tötet mich! Ich habe nichts dagegen. Ich zahle keinen einzigen Piaster, wenn du nicht anders mit mir sprichst."

„Du sollst deinen Willen haben. Aber je mehr Höflichkeit du forderst, desto größer wird die Summe, die wir verlangen."

„Nenne sie!" – „Bist du reich?" – „Ich tausche nicht mit dir." „So warte!" Ali Manach stand auf und entfernte sich. Sein Kumpan beobachtete das tiefste Schweigen. Ich hörte Stimmen im vordersten Raum, konnte aber kein Wort verstehen, merkte aber, daß man verschiedener Meinung war. Es verging wohl über eine halbe Stunde, bis Ali Manach zurückkam. „Zahlst du fünfzig-

---

[1] Skorpion   [2] Schlange

tausend Piaster?" – „Das ist sehr viel!" Ich mußte mich doch zum Schein ein wenig sträuben. Er machte eine Gebärde der Ungeduld und sagte: „Keinen Para weniger! Willst du? Antworte rasch, denn wir haben keine Zeit!" – „Gut, ich zahle." – „Wo hast du das Geld?" – „Natürlich nicht bei mir. Auch nicht hier in Edirne."
„Wie willst du uns da bezahlen?" – „Ich gebe euch eine Anweisung auf Konstantinopel." – „An wen?" – „An den Eltschi von Farsistan." – „An den Botschafter von Persien?" fragte er erstaunt. „Ihm soll der Brief vorgezeigt werden?" – „Ja." – „Wird er bezahlen?" „Glaubst du, der Vertreter des Schah-in-Schah habe kein Geld?" „Er hat sogar sehr viel Geld. Aber wird er bereit sein, es für dich auszugeben?" – „Er weiß genau, wieweit er das, was er für mich bezahlt, wiederbekommt." So machte ich keine Lüge, denn ich war fest überzeugt, daß der Perser den Überbringer meiner Anweisung ebenso wie mich selbst für wahnsinnig halten würde. Der Botschafter hatte ja keine Ahnung von dem irdischen Dasein eines deutschen Federfuchsers meines Namens. – „Wenn du dessen sicher bist, so schreibe die Anweisung!" – „Worauf? Wohin? Etwa auf diese Wand?" – „Wir werden dir bringen, was du brauchst, und dir die Hände freigeben." – Diese Zusicherung begeisterte mich. Die Hände frei! Da gab es vielleicht Gelegenheit, mir meine Freiheit zu erringen. Ich konnte den Derwisch fassen und ihm mit Erwürgen drohen. Ich konnte ihn so lange bei der Gurgel halten, bis er mich freiließ. – Aber dieser überspannte Gedanke gelangte nicht einmal zu einem Versuch der Ausführung. Der Derwisch, der übrigens heute nicht die Kleidung seines Ordens trug, war vorsichtig. Er traute mir nicht und kam mit vier Männern zurück, die sich, mit den Waffen in den Händen, zur Rechten und zur Linken von mir niederließen. Ihre Gesichter glänzten dabei gar nicht etwa in vertraulicher Holdseligkeit. Die geringste verdächtige Bewegung wäre mein Verderben gewesen. Ich erhielt ein Blatt Pergament nebst Papier für den Umschlag und schrieb, das Knie als Unterlage benutzend, nachdem man mir den Strick von den Händen gelöst hatte:

„Meinem Bruder Abbas Jesub Haman Mirsa, dem Strahl der Sonne Farsistans, der jetzt leuchtet in Stambul.
Gib für mich, den unwürdigen Abglanz Deiner Freundlichkeit, dem Überbringer dieses Mektub[1] sogleich fünfzigtausend Piaster. Mein Wesnedâr[2] wird sie Dir zurückzahlen, sobald du es von ihm verlangst! Frage den Boten nicht, wer er ist, woher er kommt und wohin er geht! Ich bin der Schatten Deines Lichts.
Kara Ben Nemsi."

Diesen Namen unterschrieb ich, da ich annehmen konnte, daß er dem Derwisch vom Diener seines Vaters als der meinige genannt worden sei. Nachdem ich den Umschlag beschrieben hatte, reichte

[1] Brief [2] Kassier

ich Ali Manach beides hin. Er las es laut vor, und es war belustigend für mich, die Genugtuung in den Gesichtern der ehrenwerten Banditen zu lesen. Im stillen dachte ich dabei an die Miene, die der Gesandte, der übrigens sicher ganz anders hieß, denn seinen Namen kannte ich nicht, beim Lesen des Briefes machen werde. Wehe dem Überbringer!

Der Derwisch lächelte mich befriedigt an und sagte: „Das ist gut! Und du hast klug getan, dem Botschafter zu schreiben, daß er nicht fragen soll. Er würde doch nichts erfahren. Jetzt bindet ihm die Hände wieder! Der Kiradschi wartet schon." – Ich mußte mir die Erneuerung der Fesseln gefallen lassen. Dann gingen die Banditen und ließen mich in der Finsternis allein. – Zunächst begann ich, die Festigkeit der Stricke zu prüfen. Ich bemerkte bald, daß es mir nicht gelingen würde, mich von ihnen zu befreien. Und so begann ich, statt mit den Händen mit dem Geist zu arbeiten. – Wie kam der Derwisch nach Adrianopel? Jedenfalls nicht, um uns zu verfolgen, denn er hatte von unserer Anwesenheit in dieser Stadt gar nichts gewußt. Er hatte eine Botschaft seines Vaters erhalten. Barud el Amasat hatte seinen Sohn herbeigerufen. Wozu? War Ali Manachs Anwesenheit zu dem Streich, der beabsichtigt war, notwendig gewesen? Oder handelte es sich um ein neues Unternehmen, von dem ich noch nichts wußte? – Wo war ich überhaupt? Wer waren diese Menschen? Sie gehörten wohl zur weitverbreiteten Bande des Usta. Oder standen sie doch in anderer Beziehung zu Barud el Amasat und Manach el Barscha? Ich hatte Lust, das zweite anzunehmen. Vielleicht handelte es sich um eine ähnliche Vereinigung von Verbrechen, die ihre üble Tätigkeit in den Balkanländern ausübte. Die vier schweigsamen Strolche, die neben mir gesessen waren, hatten ausgesprochen skipetarische Gesichtszüge gehabt. Ich hielt sie auch nach einzelnen Kleidungsstücken für Arnauten. – Und sodann hatte der Derwisch gesagt, daß der Kiradschi schon warte. Kiradschis sind Fuhrleute, die mit Fuhrwerken oder Tragtieren Waren über die ganze Balkanhalbinsel befördern, ungefähr in der Weise, wie früher die Harzer Landfuhrleute mit ihren schweren Lastwagen und messingbehängten Pferden die verschiedensten Kaufmannsgüter durch Deutschland und die angrenzenden Gebiete schleppten. Der Kiradschi ist der Fuhrunternehmer des Balkans. Er ist überall und nirgends. Er kennt alles und alle, er weiß auf jede Frage Antwort. Wo er anhält, da ist er willkommen, denn er weiß zu erzählen, und in den wilden, zerrissenen Schluchten des Balkans gibt es Gegenden, in die während des ganzen Jahres keine Kunde von außen dringen würde, wenn nicht einmal der Kiradschi käme, um nachzufragen, ob der einsame Hirt Käse genug für eine Wagenladung angesammelt habe. Den Kiradschis werden oft Güter von hohem Wert anvertraut, ohne daß man von ihnen eine Sicherheit verlangt. Die einzige Gewähr besteht in ihrer Ehrlichkeit. Sie kommen nach Monaten, ja oft nach Jahren zurück, aber sie kommen und bringen das Geld. Ist der Vater unterdes gestorben, so bringt es der Sohn oder der Schwiegersohn, aber gebracht wird es. Diese Ehrlichkeit der Kiradschis ist seit alter Zeit bewährt. Leider scheint es aber jetzt anders werden zu wollen. Unter die altbekannten Kiradschifamilien haben sich Neulinge gedrängt, die sich das gewohnte Vertrauen zunutze machen und da ernten, wo ehrliche Leute säten. Sie bringen den Kiradschi um seinen erworbenen guten Ruf. – Ein solcher Mann wartete also schon. Doch nicht etwa auf mich? Sollte ich fortgeschafft werden? Hier inmitten der Stadt durfte ich Hoffnung auf Befreiung hegen. War ich am Morgen nicht bei Hulam, so versäumten meine Freunde und besonders mein kleiner Hadschi sicher nichts, um mich ausfindig zu machen. Wenn ich an die Gefährten dachte und an die sechs Saptijeler, die vor Tagesanbruch vor dem Tor halten sollten, hätte ich vor Grimm die Fesseln zerreißen mögen. – Ich hatte Halef wegen seiner Unvorsichtigkeit getadelt, jetzt war ich selbst viel dümmer gewesen. Ich war in eine außerordentlich plumpe Falle gerannt. Daß meine Gutherzigkeit daran Schuld trug, konnte mir weder zur Entschuldigung noch zum Trost dienen. Im übrigen galt es, Geduld zu haben, das Kommende kaltblütig abzuwarten und jede Gelegenheit zur Flucht kräftig beim Schopf zu packen. – Endlich kamen die vier Männer wieder. Ohne ein Wort zu sagen, banden sie mir ein dick zusammengelegtes Tuch um den Mund. Man wickelte mich in einen alten Teppich und schleppte mich fort. Wohin, das konnte ich nicht sehen. – Der Atem wollte mir vergehen. Das Tuch stank nach Knoblauch. Ich schnappte mühsam nach Luft. So muß es einem lebendig Begrabenen zumute sein, wenn er die ersten Schaufeln Erde auf den Sarg fallen hört. Diese Menschen schienen gar nicht an die Möglichkeit zu denken, daß ich unter dem Tuch und unter dem faulen Teppich ersticken könne. – Die Bewegung, die ich bisher gespürt hatte, hörte auf. Ich fühlte festen Halt unter mir. Man hatte mich irgendwohin niedergelegt. Dann war es mir, als ob ich das Knarren von Rädern vernähme. Ich wurde auf und ab, herüber und hinüber gerüttelt. Aha, ich lag in einem Wagen, man schaffte mich aus Adrianopel fort. – Die einzelnen Glieder konnte ich nicht bewegen, aber die Beine anzuziehen und auszustrecken, das vermochte ich. Ich tat das und wiederholte es so oft, bis sich der Teppich ein wenig lockerte. Nun spürte ich durch die Nase doch wenigstens eine Ahnung besserer Luft, der fürchterliche Alp wich von meiner Brust.

So angestrengt ich lauschte, ich hörte niemanden sprechen. Ich konnte also nicht erfahren, ob ich der Obhut eines oder mehrerer Menschen übergeben sei. Ich rollte mich nach rechts und dann nach links. Der Spielraum war nicht groß, der Wagen schien also schmal zu sein. Übrigens stieß ich hüben und drüben so weich an, daß ich vermutete, man habe mich mit Stroh oder Heu bedeckt. An der Art der Bewegung erkannte ich, daß ich mit dem Kopf nach hinten lag. Könnte es mir doch gelingen, da hinten vom Wagen zu stürzen! Es war Nacht und dunkel. Ich hätte mich dann weit fortwälzen können, um nicht gefunden zu werden, und dann wäre ich gerettet gewesen. Oder nein! Doch nicht gerettet! Wie hätte ich dann die

Fesseln und den umhüllenden Teppich abstreifen sollen? Ich wäre wohl elend umgekommen. Ich mußte auf diese Hoffnung verzichten. – Nun verging eine Zeit, die mir wie eine Ewigkeit erschien. Endlich merkte ich, daß menschliche Hände sich mit dem Teppich beschäftigten. Ich wurde um und um gerollt, bis das Paket aufgewickelt war. Ich lag in tiefem Heu und sah, daß der Tag angebrochen war. Über mir erschien das Gesicht des Dieners Barud el Amasats. „Wenn du mir versprichst zu schweigen, so nehme ich dir das Tuch vom Mund", sagte er. – Ich nickte natürlich schleunigst und mit großem Eifer. Er band mir den Knebel ab, und nun strömte – Gott sei Dank! – die reine, frische Luft in meine Lungen ein. Es war mir, als sei ich aus der Hölle in den Himmel gekommen. „Hast du Hunger?" fragte mich der Mann. – „Nein." – „Durst?" „Auch nicht." – „Du wirst Speise und Trank bekommen. Wir werden dich nicht quälen, solange du dich schweigend verhältst und keinen Versuch machst, die Stricke zu lösen. Bist du aber ungehorsam, so habe ich den Befehl, dich zu töten." Das Gesicht verschwand wieder. Ich hatte freiere Bewegung, da der Teppich mich nicht mehr umhüllte und konnte mich aufsetzen. Ich war im hinteren Teil eines schmalen, langen Wagens, der mit einer Plane oder Blahe versehen war. Hart vor mir hockte der Diener als mein Wächter, und vorn saßen zwei nebeneinander. Den einen von ihnen mußte ich auch gesehen haben. Er gehörte zu jenen, in deren Hände ich geraten war. Der andere aber war auf alle Fälle der Fuhrmann, der Kiradschi, von dem der Derwisch gesprochen hatte. Ich sah von ihm nichts als den Pelz, den der Kiradschi auch im Sommer trägt. Der Mann, der in diesem schmierigen Pelz steckte, war mir jetzt sehr wichtig. Ich konnte mir nicht vorstellen, daß ein Kiradschi der alten, ehrlichen Schule ein Verbündeter von Verbrechern sein könne, und doch war es auch nicht anzunehmen, daß der vorsintflutliche Pelz einen Kiradschi neuerer Schule beherbergen könne. Man mußte das abwarten. Ich lehnte mich also an die Hinterwand und behielt den Mann im Auge. – Endlich, nach langer Zeit, drehte er sich um. Sein Blick fiel auf mich. Die Augen blieben einige Sekunden starr auf mein Gesicht gerichtet, dann wandte er den Kopf wieder ab. Vorher aber hatte er Zeit gefunden, die Brauen emporzuziehen und das linke Auge zuzukneifen. Ich verstand dieses Zeichen sofort. Die Bewegung der Brauen deutete mir an, daß ich aufmerksam sein solle, und der Wink des Auges wies mich auf die linke Seite des Wagens hin. Gab es dort irgend etwas von Bedeutung für mich? Ich musterte die linke Innenseite des Wagens, konnte aber nur eine Schnur entdecken, die an dem oberen Teil der Wagenleiter befestigt war und nach unten im Heu verlief. Sie war straff gespannt, es schien also etwas daran zu hängen. War es diese Schnur, auf die der Mann mich aufmerksam machen wollte? Ich tat so, als sei mir meine gegenwärtige Lage unbequem und rutschte weiter vor. Nun lehnte ich mich so an die linke Seite an, daß ich mit den Händen, obwohl sie gebunden waren, die betreffende Stelle untersuchen konnte.

Ich mußte mir Mühe geben, einen Laut der Freude zu unterdrücken, denn an der Schnur hing – ein Messer. Der brave Kiradschi hatte also gemerkt, was hier gespielt wurde. Er mochte an einem Schurkenstreich nicht teilhaben und hatte das Messer für mich bestimmt. Glücklicherweise war er so klug gewesen, es nur mittels einer Schlinge, die ich leicht aufziehen konnte, zu befestigen.

Im nächsten Augenblick war das Messer von der Schnur gelöst und steckte im Schaft meines Stiefels, so daß die Klinge, mit der Schneide nach auswärts gerichtet, daraus hervorragte. Ich bog die Knie und zog sie so weit an den Leib, daß ich die Messerschneide mit den Händen erreichen konnte. Die Schneide war sehr scharf. Ein vier- oder fünfmaliges Hin- und Hersägen genügte, die Fessel zu zerschneiden und die Befreiung meiner Füße war nun eine Leichtigkeit. Ich atmete tief auf. Jetzt war ich kein Gefangener mehr und hatte in dem Messer eine Waffe, auf die ich mich verlassen konnte. Alle diese Bewegungen waren unter dem Heu vor sich gegangen. Niemand konnte sehen, daß ich frei war. Nun wagte ich es, den einen Arm zu heben und die untere Kante der Plane ein wenig zu lüften, um hinausblicken zu können. Da draußen ritt Ali Manach Ben Barud el Amasat, der Derwisch. Es war anzunehmen, daß sich auf der anderen Seite noch ein zweiter Wächter befand. – Mein Plan war schnell gefaßt. Die Begleiter des Wagens waren mit Schußwaffen versehen. Ich mußte vorerst jeden Kampf vermeiden und mich mehr auf List als auf Körperkraft verlassen. So rückte ich wieder nach hinten und hielt die Hände immer unter dem Heu. Unter seinem Schutz begann ich den unteren Teil der alten, morschen Korbwand auszuschneiden, und hatte nach Verlauf einer Viertelstunde eine Öffnung fertig, die groß genug war, mich hinten aus dem Wagen schlüpfen zu lassen. – Das alles aber war nicht so leicht gewesen, wie man glauben sollte, denn der alte Teppich hinderte mich ungemein, und der Wächter warf zuweilen einen forschenden Blick auf mich. Zum Glück war das Geräusch, das mein Messer beim Schneiden hervorbrachte, bei dem Stampfen der Hufe, dem Gekreisch der Räder und dem Gerumpel des Wagens nicht zu hören gewesen. – Ich wartete, bis wieder ein Wächterblick auf mich gefallen war, wühlte mich unter das Heu und kroch – mit den Beinen voran – zu der Öffnung hinaus. Ich berührte mit den Füßen den Boden und zog den Kopf ins Freie nach. Jetzt erst war ich in meiner Freiheit völlig sicher, und es galt, zu einem Pferd zu kommen. – Wir befanden uns in einer ebenen Gegend auf einem wenig befahrenen Weg. Auf beiden Seiten war Wald. Links ritt Ali Manach und rechts ein zweiter, ganz so, wie ich vermutet hatte. Das Pferd des Derwischs schien mir besser zu sein als das des anderen Reiters. Es hatte ein wolliges Fell, eine prächtige Mähne und einen Schweif, der fast die Erde erreichte. Sein Gang war kräftig und doch federnd leicht. Ob es wohl zwei Personen tragen konnte? – Ich nahm das Messer zwischen die Zähne. Der Reiter hatte keine Ahnung, was hinter ihm vorging. Er trabte wohlgemut neben dem Wagen her und konnte von den anderen nicht gesehen werden. Er hatte nur die Spitzen seiner Füße in den Bügelschuhen stecken. Zwar saß er fest im Sattel, da das Pferd türkisch aufgeschirrt war, aber ein Hieb ins Genick mußte seinen Oberkörper nach vorn stoßen, so daß er voraussichtlich bügellos wurde. Dann mußte er seitwärts aus dem Sattel gebracht werden. Für mich war dabei die Hauptsache, mich fest auf dem Pferd zu halten, um nicht abgeworfen zu werden. – Einige rasche Schritte brachten mich hinter den Gaul. Ich holte aus und kniete im nächsten Augenblick auf der Kruppe hinter dem Reiter. Das Tier war über diesen plötzlichen Überfall völlig verdutzt und blieb stehen. Das war mein Glück. Ein Fauststoß ins Genick machte den Reiter bügellos. Ich packte ihn an der Kehle, erhob mich aus der knieenden Stellung, riß ihn dadurch hoch und ließ mich in den freigewordenen Sattel fallen, ohne ihn dabei loszulassen. Das geschah gerade noch zur richtigen Sekunde, denn jetzt stieg das Pferd vorn empor. Ich konnte eben noch mit der freien Hand die Zügel fassen, zog das Tier herum und ritt so leise wie möglich davon – den Weg zurück, den wir gekommen waren. Dieser Weg machte bald eine Biegung. Kurz davor blickte ich mich um. Der Wagen war ruhig weitergerollt. Man hatte also noch nichts bemerkt. Das war nur dadurch möglich, daß die hölzernen Räder auf den hölzernen Achsen ein wahrhaft höllisches Gekreisch hervorbrachten, und ferner war der Wagen zwischen mir und dem zweiten Reiter gewesen. – Jetzt nahm ich den Derwisch quer über meine Beine herüber und spornte das Pferd zu einem gestreckten Galopp an. Ali Manach war von meinem Angriff so überrascht worden, daß er sogar zu schreien vergessen hatte. Dann hatte ich ihm die Kehle zusammengedrückt, daß es ihm nicht möglich gewesen war, einen lauten Ruf hervorzubringen. Ein gurgelndes Röcheln war alles gewesen, was er hatte hören lassen. Nun lag er still und bewegungslos vor mir, und ich fürchtete, ihn erdrosselt zu haben. – Das Pferd galoppierte so weich, eben und ausdauernd, daß ich nicht zu befürchten brauchte, eingeholt zu werden. Übrigens hatte ich jetzt keine Veranlassung mehr, einen Kampf zu scheuen, denn ich war nun auch mit Schußwaffen versehen. Ali Manach hatte zwei geladene Pistolen im Gürtel stecken, die ich mir aneignete. Während des Reitens untersuchte ich seine Taschen. Da fand ich meine Uhr und meinen Geldbeutel, dessen Gewicht mich überzeugte, daß sich mehr darin befand, als ich gestern besessen hatte. An den Seiten des Pferdes hingen zwei Leinwandsäcke als Satteltaschen. Ich langte mit der einen Hand hinein und fühlte Munition und Lebensmittel. Man hatte es also auf eine längere Reise abgesehen gehabt. – Der Wald ging zu Ende, und ich sah eine offene Ebene vor mir, wo es große Maisfelder und Rosengärten gab. Als ich mich nach einiger Zeit umblickte, gewahrte ich einen Reiter, der mir im Galopp nachgesprengt kam. Jedenfalls war es der Mann, der zur rechten Seite des Wagens geritten war. Man hatte also meine Flucht bemerkt, und er war zurückgekehrt, um mich zu suchen. Mein Pferd war, obgleich es zwei Reiter trug, ebenso schnell wie das des Verfolgers. Und als ich nach einiger Zeit eine belebte Straße vor mir sah, in die mein Weg mündete, fühlte ich mich völlig sicher. Ich bemerkte auch bald, daß der Mann sein Pferd zügelte, und nach kurzer Zeit war er meinen Blicken entschwunden. — Jetzt hielt ich an und stieg ab, einmal um das Pferd ausruhen zu lassen, und dann auch um des Derwischs willen. Ich legte ihn auf die Erde und untersuchte ihn. Das Herz schlug ganz regelmäßig. „Ali Manach, verstelle dich nicht!" sagte ich. „Ich weiß, daß du bei Besinnung bist. Öffne die Augen!" — Er achtete nicht auf meine Worte. Da wußte ich ein gutes Mittel. — „Gut", sagte ich. „So will ich mich wenigstens davon überzeugen, daß du wirklich tot bist. Ich werde dir also dieses Messer ins Herz stoßen!" Ich zog die Waffe. Kaum aber fühlte der junge Mann deren Spitze auf der Brust, so riß er vor Entsetzen die Augen weit auf und rief: „Waj! Halt! Effendi, willst du mich wirklich erstechen?" — „Einen Lebenden tötet man nicht gern. Einem Toten aber kann ein Messerstich nichts mehr schaden. Willst du diese Klinge von dir fern halten, so laß mich nicht wieder vermuten, du seist gestorben!" — Er war lang ausgestreckt auf dem Boden gelegen. Jetzt richtete er sich zum Sitzen auf. — „Sag einmal, Ali Manach, wohin du mich bringen wolltest!" fuhr ich fort.

„In Sicherheit", entgegnete er kurz. — „Das ist sehr zweideutig gesprochen. Wer sollte sicher sein? Ich oder ihr vor mir?" — „Beides." „Das mußt du mir erklären, wenn ich es begreifen soll." — „Es sollte dir nichts geschehen, Effendi. Wir wollten dich an einen Ort bringen, von wo du nicht hättest entfliehen können. Mein Vater sollte Zeit gewinnen, um zu entkommen. Dann hätten wir dich gegen das Lösegeld wieder freigelassen." — „Das ist sehr liebenswürdig von euch. Welches ist der Ort, wohin ich gebracht werden sollte?"

„Ein Karaul in den Bergen." — „Ah, ein Wachtturm! Ihr habt also geglaubt, daß dein Vater sicherer entkommen werde, wenn ich mich in eurer Gewalt befinde?" — „Ja, Effendi." — „Warum?"

„Weil du vielleicht entdeckt hättest, wohin er sich gewendet hat."

„Wie könnte ich das entdecken? Ich bin nicht allwissend."

„Dein Hadschi Halef Omar hat erzählt, daß du alle Spuren aufzufinden verstehst." — „Hm! Wie soll ich in Edirne die Spur deines Vaters finden?" — „Ich weiß es nicht." — „Nun, Ali Manach, ich will dir sagen, daß ich diese Spur schon habe. Dein Vater ist mit dem Gefängniswärter und mit Manach el Barscha längs der Arda nach Westen geritten. Sie hatten zwei Schimmel und ein dunkles Pferd."

Ich sah, wie heftig der Derwisch erschrak. „Du irrst sehr!" beeilte er sich zu versichern. — „Ich irre nicht. Ich werde hoffentlich bald noch mehr erfahren. Wo ist der Zettel, den ihr mir abgenommen habt?" — „Welcher Zettel?" — „Du selbst hast ihn aus meiner Tasche genommen. Ich hoffe, daß er noch vorhanden ist." — „Ich habe ihn weggeworfen. Es stand ja nichts Wichtiges darauf." — „Mir scheint im Gegenteil, daß er sehr Wichtiges enthielt. Ich werde nachsuchen. Zeige deinen Gürtel her!" — Ali Manach erhob sich, als wollte er mir

Gelegenheit geben, ihn bequemer zu untersuchen. Kaum jedoch streckte ich meine Hand nach ihm aus, so trat er zurück und sprang auf das Pferd zu. Ich hatte ähnliches vorausgesehen. Er hatte den Fuß noch nicht im Bügel, so packte ich ihn und warf ihn zu Boden.

„Bleib liegen, sonst jage ich dir eine Kugel durch den Kopf!" drohte ich. „Deine Geschicklichkeit mag hinreichen für das Kloster der Tanzenden in Stambul; dazu aber, mir zu entwischen, reicht sie nicht aus!" Ich durchsuchte den Mönch, ohne daß er mir Widerstand leistete, aber ich fand nichts. Auch in den Sattelsäcken suchte ich vergeblich. Da fiel mir mein Geldbeutel ein. Ich zog ihn hervor. Er enthielt eine Anzahl Goldstücke, die ich nicht besessen hatte, und richtig, da steckte auch der Zettel mit den drei Zeilen, die im Nestaalik geschrieben waren. Das ist jene nach links halbschiefe Schrift, die zwischen der flüchtigen arabischen Schreibart (Nes'chi) und der sehr schiefen (Ta'lik) mitteninne liegt. Jetzt war ich befriedigt. Ich hatte keine Zeit, den Zettel zu entziffern, deshalb steckte ich ihn vorläufig wieder ein und sagte: „Ich denke, daß diese Zeilen doch etwas Wichtiges enthalten. Du weißt gewiß, wohin sich dein Vater gewendet hat?" – „Ich weiß es nicht, Effendi. Er war bereits fort, als ich gestern in Edirne ankam." – „Aber du hast es doch erfahren, wohin er geht. Jedenfalls reitet er nach Ischokdra, wo Hamd el Amasat, dein Oheim, auf ihn wartet." Bei diesen Worten tat ich, als beobachtete ich ihn nicht. Es glitt etwas wie Befriedigung über sein Gesicht. Nach Skutari war sein Vater also nicht.

„Es ist möglich", meinte er. „Ich weiß es nicht. Nun aber sag mir, Effendi, was du mit mir beabsichtigst!" – „Was denkst du wohl?" – „Du wirst mich fortreiten lassen." – „Ah! Nicht übel! Also nicht gehen, sondern sogar reiten willst du!" – „Das Pferd ist doch mein Eigentum." – „Und du bist mein Eigentum, folglich gehört auch das Pferd mir. Ich werde mich hüten, dich laufen zu lassen!" – „Aber du bist ja frei, und ich habe dir nichts zuleide getan!" – „Das nennst du nichts? Du wirst mich nach Edirne begleiten, und zwar zu dem Haus, in das ihr mich gestern abend gelockt habt. Ich bin doch neugierig, wer da wohnt. Natürlich geht der Kadi mit."

„Effendi, das wirst du nicht tun! Ich habe vernommen, daß du ein Christ bist, und daß Isa Ben Marjam, euer Heiland, euch geboten hat: Liebet eure Feinde!" – „Also gibst du zu, mein Feind zu sein?"

„Ich war nicht der deinige, sondern du warst der meinige geworden. Ich hoffe, daß du ein guter Christ bist und dem Gebot deines Gottes Gehorsam leistest!" – „Das werde ich gern tun!" – „Nun, warum läßt du mich dann nicht frei, Effendi?" – „Eben weil ich dem Gebot gehorsam bin, o Ali Manach. Ich liebe dich so sehr, daß ich mich gar nicht von dir trennen kann!" – „Du spottest, Effendi. Gib mich frei! Ich zahle dir ein Lösegeld." – „Bist du reich?" – „Ich nicht, aber mein Vater wird es bald sein." – „Er wird seinen Reichtum gestohlen und geraubt haben. Solches Geld möchte ich nicht berühren!"

„So gebe ich dir anderes. Du sollst das deinige zurückerhalten!"

„Das meinige? Hast du Geld von mir?" – „Nein. Aber der Bote ist bereits fort, um in Stambul das Geld zu holen, das du uns für deine Freiheit bezahlen solltest. Läßt du mich fort, so erhältst du es zurück, sobald es gebracht wird." – „O Ali Manach Ben Barud el Amasat, du hast dir in Stambul den Verstand vertanzt! Euer Bote wird nicht einen einzigen Piaster bekommen. Den Namen, den ich euch nannte, gibt es gar nicht. Und der Perser, den der Bote vielleicht aufsucht, kennt mich nicht!" – „Effendi, so hast du uns getäuscht? Wir hätten kein Geld empfangen?" – „Nein." – „So wärst du verloren gewesen!" – „Das wußte ich. Ich wäre aber wohl auch verloren gewesen, wenn man das Geld bezahlt hätte. Übrigens habe ich mich nicht vor euch gefürchtet, und daß ich recht daran tat, habe ich dir bewiesen: ich bin frei!" – „So willst du mich wirklich als Gefangenen nach Edirne bringen?" – „Ja." – „So gib mir das Geld zurück, das ich in deinen Beutel getan habe!" – „Warum?"

„Es gehört mir. Ich brauche es. Ich muß essen und trinken, auch wenn ich im Gefängnis bin." – „Man muß dir geben, was du brauchst. Leckereien werden es allerdings nicht sein. Übrigens schadet es einem Tanzenden nichts, wenn er einmal ein wenig fastet."

„So willst du mich bestehlen?" – „Nein. Sieh mich an! Ihr habt mir während meiner Gegenwehr die Kleider zerrissen – ich muß mir andere kaufen. Du bist daran schuld, und so kann ich, ohne einen Diebstahl zu begehen, mich deines Geldes bemächtigen. – Und nun Schluß mit den unnützen Reden! Wir wollen aufbrechen. Gib deine Hände her!" Bei diesen Worten zog ich eine Leine hervor, die ich vorhin in einer der Satteltaschen bemerkt hatte.

„Effendi, was willst du tun?" fragte er erschrocken. – „Ich werde dich mit den Händen an den Steigbügel binden." – „Das darfst du nicht! Du bist ein Christ, und ich bin ein Anhänger des Propheten. Du bist kein Polizist, und du hast kein Recht, einen Gläubigen als Gefangenen zu behandeln." – „Weigere dich nicht! Hier ist der Strick. Gibst du nicht augenblicklich die Hände her, so schlage ich dich an den Kopf, daß du wieder ohnmächtig wirst. Du sollst mir nicht vorschreiben, wie ich dich behandeln soll!" Das wirkte. Ali Manach hielt mir beide Hände hin, und ich band sie ihm zusammen. Dann befestigte ich ihn an den rechten Steigbügel und stieg aufs Pferd. So setzten wir uns in Bewegung. Ich hätte nicht geglaubt, so bald wieder nach Adrianopel zurückkehren zu können, und noch dazu mit diesem Gefangenen. – Wir erreichten bald die Hauptstraße, die zum berühmten Karawanseraj Mustafa Pascha führt. Wir begegneten vielen Reisenden. Man betrachtete uns erstaunt, aber niemand hielt es der Mühe wert, uns anzusprechen. Je mehr wir uns der Stadt näherten, desto lebhafter wurde die Straße. Gleich in einer der ersten Gassen erblickte ich zwei Saptijeler. Nachdem ich ihnen eine kurze Erklärung gegeben hatte, forderte ich sie auf, mich zu begleiten. Es war meine Absicht, zunächst zu Hulam zu reiten, um vor allen Dingen die Freunde zu beruhigen. Mit Hilfe der Polizisten fand ich mich zurecht. – In einer der Straßen, durch die wir kamen, bemerkte ich im Gedränge einen Mann, der, als er Ali Manach sah, mit allen Zeichen des Schreckens stehenblieb, dann aber mit schnellen Schritten weitereilte. Kannte er meinen Gefangenen? Am liebsten hätte ich ihm einen der Polizisten nachgeschickt, um ihn verhaften zu lassen. Wie nun, wenn dieser Mensch die anderen Mitglieder der Bande warnte? Aber auf eine reine Vermutung hin konnte ich es doch nicht wagen, einen vielleicht Unschuldigen seiner Freiheit berauben zu lassen, wenn auch nur auf eine einzige Stunde. Ich befand mich ja als Fremder, als Christ, in einem mohammedanischen Lande.

Am Haus Hulams betätigte ich den Klopfer am Tor. Der Pförtner sah durch das Loch und stieß einen Freudenruf aus, als er mich erblickte. „Hamdulillah! Bist du es wirklich, Effendi?" – „Ja. Öffne, Malhem!" – „Sogleich, sogleich! Wir sind in großer Sorge um dich gewesen, denn wir dachten, dir sei ein Unglück zugestoßen. Nun aber ist alles gut!" – „Wo ist Hadschi Halef Omar?" – „Im Selamlik. Alle sind dort versammelt und trauern über dein Verschwinden." – „Warda – aufgeschaut!" rief da einer der beiden Saptijeler. „Bist du etwa Kara Ben Nemsi Effendi?" – „Ja, so heiße ich." – „Maschallah, ne güsel – wie schön! Also haben wir die dreihundert Piaster verdient!"

„Welche dreihundert Piaster?" – „Wir sind ausgesendet worden, dich zu suchen. Wer eine Spur von dir findet, soll dreihundert Piaster bekommen." – „Hm! Eigentlich habe ich euch gefunden! Aber ihr sollt das Geld dennoch haben. Kommt mit herein!" – Dreihundert Piaster sind ungefähr sechzig Mark. So hoch hatte man mich eingeschätzt. Ich konnte darauf stolz sein. Malhem hatte das Tor weit aufgerissen. Er machte ein erstauntes Gesicht, als er den Derwisch erblickte, den er bisher nicht hatte sehen können. Kaum wurden im Hof die Tritte des Pferdes hörbar, so kam man herbeigeeilt.

Der erste war mein kleiner Hadschi Halef Omar. Er machte einen gewaltigen Satz über sämtliche Stufen herab, schnellte auf mich zu und jauchzte: „Hamdulillah! Bist du es wirklich, Sihdi?" – „Ich bin es, mein lieber Halef. Laß mich nur aus dem Sattel steigen!"

„Du kommst geritten? Du bist außerhalb der Stadt gewesen?"

„Ja. Ich habe viel Unglück gehabt, aber auch viel Glück."

Auch die anderen hießen mich freundlich willkommen. Mitten unter diesen Rufen ertönte ein Laut des Erstaunens. Omar Ben Sadek hatte ihn ausgestoßen. „Effendi, was ist das?" fragte er. „Das ist ja Ali Manach, der Tanzende!" – Man hatte bisher nur auf mich und weniger auf den Derwisch geachtet. Omars Rede lenkte die Aufmerksamkeit auf ihn. Man sah, daß er gebunden war. – „Ali Manach, der Sohn des Entflohenen?" fragte der Hausherr. – „Ja", bestätigte ich. „Er ist mein Gefangener. Kommt herein! Ich will euch erzählen." – Wir gingen in das Selamlik und nahmen auch den Derwisch mit, hatten uns aber noch nicht gesetzt, als das Tor abermals geöffnet wurde. Es war der Kadi, der nun erschien. Er war ebenso erstaunt wie erfreut, mich zu sehen. „Effendi, du lebst? Du bist hier?" fragte er. „Allah sei Dank! Wir gaben dich schon verloren, obgleich ich dich suchen ließ. Wo bist du gewesen?" – „Laß dich bei uns nieder, so sollst du es erfahren!" — „Ich werde hören, was du zu erzählen hast. Wie freue ich mich, daß dir nichts Böses widerfahren ist!" — Der Gefangene hatte sich in eine Ecke niedergekauert, und Halef hatte neben ihm Platz genommen. Der kleine Hadschi wußte, was er tun sollte, bevor ich zu sprechen begann. — Als die Pfeifen brannten und der Kaffee getrunken war, erzählte ich und wurde häufig unterbrochen, ehe ich zu Ende kam. Dann gab es eine Menge von Fragen und Ausrufen der verschiedensten Art. Halef allein bewahrte seine Ruhe. „Still, ihr Männer!" rief er laut. „Man darf jetzt nicht reden, sondern man muß handeln!" — Der Kadi warf dem Kleinen einen Blick zu, der zurechtweisend sein sollte, fragte ihn aber doch: „Was soll deiner Meinung nach getan werden?"

„Man muß sofort Ali Manach verhören, dann aber das Haus aufsuchen, wo man meinen Sihdi überwältigt hat. Und man soll auch den Wagen verfolgen, in dem er zum Karaul geschafft werden sollte."

„Du hast recht! Ich werde diesen Sohn des Entflohenen sofort in das Gefängnis bringen lassen und ihn dann vernehmen." — „Warum nicht hier, nicht jetzt?" fragte ich. „Ich möchte am liebsten noch in dieser Stunde zur Verfolgung seines Vaters aufbrechen, da schon viel kostbare Zeit vergangen ist. Da ist es gut, vorher zu wissen, was der Gefangene gesteht." — „Du wünschest es, und so soll es geschehen!"

Der Kadi nahm eine würdevolle Miene an und fragte den Gefangenen: „Dein Name ist Ali Manach Ben Barud el Amasat?" — „Ewwet — ja", murmelte der Gefragte. — „Also heißt dein Vater Barud el Amasat?"

„Ja." — „Er ist der Mann, der uns entflohen ist?" — „Davon weiß ich nichts." — „Du versuchst zu leugnen? Ich werde dir die Bastonade geben lassen! Kennst du den früheren Steuereinnehmer Manach el Barscha?" — „Nein." — „Du hast gestern diesen Effendi in ein Haus locken lassen, um ihn gefangenzunehmen?" — „Nein." — „Hundesohn, lüge nicht! Der Effendi hat es ja selbst erzählt!" — „Er irrt."

„Aber du hast ihn gefesselt und heut in einem Wagen fortgeschafft?"

„Auch das ist nicht wahr! Ich ritt auf der Straße und holte den Wagen ein. Ich sprach mit dem Kiradschi, dem der Wagen gehörte. Da erhielt ich plötzlich einen Hieb. Ich verlor das Bewußtsein, und als ich wieder zu mir kam, war ich der Gefangene dieses Mannes, dem ich nichts getan habe." — „Deine Zunge trieft vor Unwahrheit. Aber die Lüge wird deine Sache nur verschlimmern! Wir wissen, daß du ein Naßr bist!" — „Ich weiß nicht, was das sein soll!" — „Du hast ja im Kloster der Tanzenden mit dem Effendi darüber gesprochen!"

„Ich bin niemals in einem Kloster der Tanzenden gewesen!"

Der Mann glaubte, sich retten zu können, wenn er alles in Abrede stellte. Der Kadi fuhr zornig auf: „Bei Allah! Du wirst die Bastonade erhalten, wenn du fortfährst, die Wahrheit zu verheimlichen. Oder bist du etwa ein Untertan der Inglis wie dein Vater?"

„Ich habe keinen Vater, der Untertan der Inglis ist. Ich bemerke, daß der Barud el Amasat, von dem ihr redet, ein ganz anderer ist als mein Vater, dessen Namen er unrechtmäßigerweise angenommen hat."

„Was bist du denn, wenn du kein Derwisch bist?" — „Ich bin ein

Balükdschi[1] und mache eine Reise." – „Woher?" – „Aus Inada am Meer." – „Wohin willst du?" – „Ich will nach Sofia, um Verwandte zu besuchen. In Edirne bin ich keine Stunde lang gewesen. Ich kam während der Nacht hier an und bin durch die Stadt und auf der anderen Seite hinaus geritten. Später traf ich auf den Wagen." – „Du bist kein Fischer, sondern ein Lügner. Kannst du beweisen, daß du in Inada wohnst?" – „Sende hin, so wird man dir sagen, daß ich die Wahrheit gesprochen habe." – Diese Frechheit brachte den Kadi beinahe aus der Fassung. Er wandte sich an Omar und fragte:

„Omar Ben Sadek, hast du diesen Menschen wirklich im Kloster der Tanzenden in Stambul gesehen?" – „Ja", erwiderte der Gefragte. „Er ist es. Ich beschwöre es beim Propheten und beim Andenken meiner Väter!" – „Und du, Kara Ben Nemsi Effendi, du hast ihn auch dort im Kloster erblickt?" – „Ja. Ich habe dort sogar mit ihm gesprochen." – „Und du behauptest, daß er dieser Derwisch ist?" – „Gewiß. Er ist es. Er hat es mir gestern abend und auch heute selber eingestanden. Er glaubt, sich nun durch Leugnen retten zu können."

„Der junge Mann wird sich nur um so unglücklicher machen. Wie aber wollen wir ihm beweisen, daß ihr recht habt?" – Das war eine wunderbare Frage. – „Ist er es nicht, der beweisen muß, daß wir unrecht haben?" erklärte ich. – „Das ist richtig! Aber dann muß ich nach Inada senden!" – „Erlaubst du mir, eine Frage auszusprechen!"

„Rede!" erwiderte der Richter. – „Du hast den Zettel gesehen, den wir gestern im Stall des Handschi gefunden haben?" – „Ja, Effendi." „Würdest du ihn wiedererkennen?" – „Ganz gewiß." – „Ist es dieser?" Ich nahm den Zettel aus dem Beutel und reichte ihn dem Kadi hin. Dieser betrachtete ihn genau und sagte dann: „Er ist es. Warum fragst du?" – „Das wirst du gleich erfahren. Hadschi Halef Omar, kennst du meinen Geldbeutel?" – „So gut wie meinen eigenen", lächelte der Kleine. – „Ist es dieser?" – „Ja, er ist es." Jetzt war ich sicher, den Derwisch zu fangen. Ich wandte mich mit der Frage an ihn:

„Ali Manach, sag, wem diese Goldstücke gehören, die hier im Beutel sind?" – „Sie gehören mi–, sie gehören doch jedenfalls dir, wenn der Beutel wirklich dein Eigentum ist", erklärte der Derwisch. Er hätte sich beinahe überrumpeln lassen, aber noch im Sprechen hatte er die Falle erkannt. – „Du machst also keine Ansprüche an das Geld?" – „Was habe ich mit deinem Geld zu schaffen?" – Der Kadi schüttelte den Kopf. „Effendi", sagte er, „wenn ich ihn nicht fange, dir gelingt es erst recht nicht. Ich werde den Kerl einschließen lassen und ihn schon zum Geständnis bringen!" – „So lange können wir aber nicht warten. Schaffen wir ihn in das Haus, in dem ich überfallen wurde. Seine Bewohner werden eingestehen müssen, daß er der Mann ist, für den wir ihn halten." – „Du hast recht. Wir werden sie alle gefangennehmen. Ali Manach, in welcher Gasse liegt dieses Haus?" – „Ich kenne es nicht", log der Gefragte. „Ich bin noch nie in Edirne gewesen." – „Seine Lügen werden immer größer! Effendi,

[1] Fischer

würdest du das Haus finden?" — "Ganz gewiß. Ich habe es mir gemerkt." — "So wollen wir aufbrechen. Ich werde um Polizisten senden, die uns folgen und alle Personen, die in dem Haus sind, verhaften. Aber dein Freund Hulam hat dreihundert Piaster geboten. Diese beiden Männer haben dich gefunden. Werden sie das Geld erhalten, Effendi?" — "Ja, ich werde es ihnen sofort geben." Ich zog den Beutel, Hulam aber hielt mir den Arm fest. „Halt, Effendi! Du bist der Gast meines Hauses. Willst du meine Ehre zuschanden machen, indem du mir nicht erlaubst, zu halten, was ich versprochen habe?" — Ich sah ein, daß ich ihm den Willen lassen mußte. Er zog seine Börse und stand bereits im Begriff, den beiden Saptijeler, die mit freudeglänzenden Blicken am Eingang auf der Lauer standen, das Geld zu geben, als der Kadi seine Hand ausstreckte.

„Halt!" rief er. „Ich bin der Vorgesetzte dieser Beamten. Sag selbst, Effendi, ob sie dich gefunden haben?" — Ich wollte die armen Teufel nicht um ihre Belohnung bringen und erklärte darum: „Ja. Sie haben mich entdeckt." — „Deine Worte sind sehr weise", meinte der Richter lächelnd. „Aber sag nun auch, ob meine Leute dich entdeckt hätten, wenn ich sie daheim gelassen hätte, anstatt sie auszusenden?" — „Hm! Dann hätten mich die Saptijeler allerdings nicht getroffen." — „Wem also hast du es eigentlich zu verdanken, daß du von ihnen gesehen wurdest?" — Ich war gezwungen, mich seiner Schlußfolgerung anzubequemen. Übrigens konnte es nicht zu unserem Vorteil sein, bei dem Richter anzustoßen, darum antwortete ich so, wie er es erwartete: „Im Grund genommen — dir!" — Der Kadi lächelte mich noch freundlicher an und fragte weiter: „Wem gehören also diese dreihundert Piaster, Effendi?"

„Dir allein", lächelte auch ich den auf seinen Vorteil bedachten Wahrer des Gesetzes an. — „So soll Hulam sie an mich bezahlen! Es soll keinem Menschen unrecht geschehen. Auch ein Kadi muß darauf sehen, daß er zu seinem Recht kommt!" — Er erhielt das Geld und steckte es ein. Die beiden Polizisten machten sehr enttäuschte Gesichter. Ich suchte daher unbemerkt an sie heranzukommen, nahm zwei Goldstücke aus meinem Beutel und steckte jedem von ihnen eins zu. Das mußte heimlich geschehen, sonst wäre zu erwarten gewesen, daß der Kadi nochmals Gerechtigkeit hätte walten lassen. Die beiden Männer waren über dieses Geschenk glücklich, und mir machte die Ausgabe keinen Schaden, da ich sie vom Geld Ali Manachs bestritt. — Hierauf wurden weitere Polizisten geholt, die bald eintrafen. Bevor wir aber den Gang antraten, winkte mich der Kadi beiseite. Ich war neugierig auf die vertrauliche Mitteilung, die er mir machen wollte. „Effendi", sagte er freundlich, „bist du wirklich deiner Sache sicher, daß der Mann jener Derwisch aus Stambul ist?" — „Vollständig!" erklärte ich.

„Er war dabei, als du gefangen wurdest?" — „Ja. Er bestimmte sogar die Höhe des Lösegeldes." — „Und er hat dir abgenommen, was du in deinen Taschen hattest, auch deinen Geldbeutel?"

Jetzt begann ich zu ahnen, was der würdige Kadi beabsichtigte.

Ich hatte, als ich mein Erlebnis erzählte, aufrichtig erwähnt, daß ich in der Börse mehr Geld gefunden habe, als vorhin darin gewesen war. Auf diesen Betrag war es abgesehen! Der Richter wollte ihn beschlagnahmen. Er erkundigte sich zutraulich weiter:

„Heute hatte Ali Manach den Geldbeutel in seiner Tasche?" „Ja. Ich habe ihn herausgenommen." – „Und es war mehr Geld darin als vorher?" – „Es waren Goldstücke darin, die ich nicht hineingesteckt habe." – „So wirst du wohl zugeben, daß sie nicht dir gehören!" – „Ah! Wem sonst?" – „Dem Derwisch natürlich, Effendi!" – „Das will mir nicht einleuchten. Warum soll er sein Geld in meine Börse getan haben?" – „Weil dein Beutel ihm besser gefallen hat als der seinige. Kein Mensch aber darf behalten, was ihm nicht gehört!" – „Da hast du recht, o Kadi. Aber meinst du denn, daß ich etwas behalten habe, was nicht mir gehört?" – „Gewiß! Die Goldstücke, die der Mönch hineingetan hat." – „Wallahi! Hast du nicht aus seinem eigenen Mund gehört, daß er leugnet, Geld in meinen Beutel getan zu haben?" – „Das sind Lügen!" behauptete der Richter und sagte damit die Wahrheit. – „Das muß bewiesen werden", wehrte ich ab. „Ich weiß nichts vom Ursprung des Geldes."

„Aber du sagst selbst, es habe sich vorher nicht in dem Beutel befunden." – „Das gestehe ich ein. Niemand kann sagen, wie das Geld hineingekommen ist. Nun aber, da es sich darin befindet, ist es mein Eigentum." – „Das darf ich nicht zugeben. Die Obrigkeit muß es an sich nehmen, um es dem richtigen Eigentümer zurückzugeben."

„Sag mir vorher, wem das Wasser gehört, das über Nacht in deinen Hof regnet?" – „Wozu diese Frage?" entgegnete der Kadi ärgerlich. „Holt die Obrigkeit auch das Wasser, um es dem richtigen Eigentümer zurückzugeben? Es hat über Nacht in meinen Beutel geregnet. Das Wasser gehört mir, denn der einzige, dem es außer mir gehören könnte, hat darauf verzichtet." – „Ich höre, daß du ein Franke bist, der die Gesetze dieses Landes nicht kennt." – „Das mag sein, und darum befolge ich meine eigenen Gesetze. Kadi, das Geld behalte ich. Du bekommst es nicht." Mit diesen Worten wendete ich mich von ihm ab, und der Richter machte keinen Versuch mehr, mich zu einer Sinnesänderung zu bewegen. Es war gar nicht meine Absicht, das Geld für mich zu verwenden, aber ich konnte damit größeren Nutzen schaffen, als wenn ich es in die bodenlose Tasche des Beamten gelangen ließ. – Nun setzten wir uns in Bewegung. Die Saptijeler erhielten den Befehl, uns von weitem zu folgen, damit allzu großes Aufsehen vermieden würde. – Wir erreichten die Ecke, wo wir gestern abend mit dem Mann zusammengetroffen waren, der angeblich den Arzt holen wollte. Auch Hulam erinnerte sich des Treffpunktes genau. Von hier an aber mußte ich allein als Führer dienen. Es wurde mir nicht schwer, das Haus zu finden. Die Tür war verschlossen. Wir klopften, aber es erschien kein Mensch, um uns zu öffnen. – „Die Leute fürchten sich", meinte der Kadi. „Sie haben uns kommen sehen und verstecken sich!" – „Das glaube ich nicht", widersprach ich. „Es wird mir, als ich mit Ali Manach durch die Straßen ritt, einer dieser Verschworenen begegnet sein. Er hat bemerkt, daß der Derwisch gefangen war und der Anschlag auf mich mißglückt ist. Er hat sogleich die anderen benachrichtigt, und nun haben sie die Flucht ergriffen." – "So müssen wir mit Gewalt eindringen!" – Jetzt blieben die Vorübergehenden stehen, um zu beobachten, was sich hier ereignen würde. Der Kadi ließ sie durch seine Leute fortweisen, und dann wurde die Tür, die keinen großen Widerstand bot, einfach eingestoßen. Ich erkannte den langen, schmalen Gang sogleich wieder. Die Polizisten hatten sich im Nu über alle vorhandenen Räume verteilt, vermochten aber kein menschliches Wesen aufzufinden. Verschiedene Anzeichen ließen erkennen, daß die Bewohner eilig die Flucht ergriffen hatten.

Ich suchte auch den Raum auf, wo ich gelegen hatte. Als ich in den engen Hof zurückkehrte, hatte der Kadi dort ein neuerliches Verhör mit Ali Manach begonnen. Der Derwisch trat jetzt mit noch größerer Sicherheit auf als vorher. Er mochte Angst gehabt haben, von den Bewohnern des Hauses verraten zu werden. Diese Angst war jetzt verschwunden. Ich mußte meine Aussagen wiederholen; ich mußte die Stelle zeigen, wo er neben mir gesessen hatte. Ich zeigte auch die Stelle, wo ich mich im Hof gegen die Übermacht der Angreifer gewehrt hatte. – "Und du willst dieses Haus wirklich nicht kennen?" fragte der Kadi den Gefangenen. – "Ich kenne es nicht", beharrte er. – "Du warst noch niemals hier?" – "Nie in meinem Leben!" log Ali Manach. – Da wendete sich der Beamte an mich: "So kann doch kein Mensch die Unwahrheit sagen. Effendi! Ich beginne zu glauben, daß du wirklich irrst!" – "Dann müssen auch Omar Ben Sadek und Isla Ben Maflei sich irren, die ihn in Stambul gesehen haben." – "Ist das nicht möglich? Viele Menschen ähneln einander. Dieser Fischer aus Inada kann unschuldig sein!"

"Willst du mit mir auf die Seite kommen, o Kadi?" – "Warum?" "Ich möchte dir etwas sagen, was die anderen nicht hören sollen."

"Diese Leute können alles hören, was du mir zu sagen hast, Effendi!" – "Willst du, daß sie Worte hören, die in deinen Ohren nicht angenehm klingen können?" – Da besann der Richter sich doch und erklärte streng: "Du wirst nicht wagen, ein Wort auszusprechen, das ich nicht gern höre. Aber ich werde gnädig sein und dir deine Bitte erfüllen. Komm und sprich!" Der Beamte entfernte sich einige Schritte, und ich folgte ihm. "Wie kommt es, daß du plötzlich ganz anders mit mir redest als vorhin, Kadi?" fragte ich. "Wie kommt es, daß du jetzt an die Schuldlosigkeit dieses Menschen glaubst, von dessen Schuld du vorher so überzeugt zu sein schienst?"

"Ich habe eingesehen, daß du dich irrst. – "Nein!" entgegnete ich mit gedämpfter Stimme. "Nicht, daß ich mich irre, hast du eingesehen, sondern, daß du selbst geirrt hast!" – "In wem soll ich mich geirrt haben? In diesem Fischer?" – "Nein, in mir! Du glaubtest, in den Besitz meines Beutels kommen zu können. Das ist dir nicht geglückt, und nun ist der Verbrecher unschuldig." – "Effendi!"

"Kadi!" – Er schnitt ein sehr ergrimmtes Gesicht. "Weißt du, daß ich dich wegen Beleidigung festnehmen lassen kann?" – „Das wirst du bleiben lassen. Ich bin ein Gast dieses Landes und seines Beherrschers. Du hast keine Macht über mich. Ich sage dir, daß Ali Manach alles gestehen wird, wenn du so tust, als sollte er die Bastonade erhalten. Ich kann dir keine Vorschriften machen, aber ich möchte daheim in Almanja erzählen, daß die Richter des Großherrn gerechte Beamte sind." – „Das sind wir auch. Ich werde es dir sofort beweisen!" – Er trat wieder zu den anderen und fragte den Gefangenen: „Kennst du den Handschi Doxati hier?" – Der Gefragte entfärbte sich und antwortete mit unsicherer Stimme:

„Nein. Ich bin ja noch nie in Edirne gewesen!" – „Und Doxati kennt auch dich nicht?" – „Wo sollte er mich gesehen haben?"

„Ali Manach lügt", fiel ich ein. „Du mußt es ihm ansehen, o Kadi, daß er die Unwahrheit redet! Ich verlange, daß Doxati ihm gegenübergestellt wird, um – halt! – um Gottes willen, zurück!"

Ganz absichtslos hatte ich während des Sprechens den Blick emporgerichtet. Wir standen in dem kleinen Hof, der von Gebäuden umgeben war. Dort, wohin mein Blick jetzt fiel, gab es eine Art Söller, ein hölzernes Gitterwerk, durch dessen Lücke ich zwei Gewehrläufe gewahrte: den einen genau auf mich und den anderen auf den Gefangenen gerichtet. Ich schnellte mich sofort zur Seite und zum Eingang hinüber, um dort Schutz zu suchen. Im selben Augenblick krachten zwei Schüsse. Ein lauter Schrei erscholl.

„Allah! Jetischin – zu Hilfe!" Diesen Ruf hatte einer der Polizisten ausgestoßen, während er sich neben einem anderen niederwarf, der sich auf dem Boden in seinem Blut wälzte. – Die eine Kugel hatte mir gegolten; das war sicher. Nur einen Augenblick früher und ich wäre eine Leiche gewesen. Der Schütze war bereits im Abdrücken gewesen, als ich zur Seite sprang, und die Kugel war dem Beamten, der hinter mir gestanden hatte, in den Kopf gedrungen. Die zweite Kugel hatte ihr Ziel erreicht. Ali Manach lag tot auf der Erde. Mehr sah ich nicht. Ich sprang wieder über den Hof hinüber. Eine schmale hölzerne Treppe führte da hinauf, wo sich das Gitterwerk befand. Dabei folgte ich einer augenblicklichen Eingebung.

„Hinauf, Sihdi! Ich komme auch!" Das war die Stimme meines tapferen Hadschi, der mir sofort nacheilte. Ich gelangte in einen schmalen Gang, an den einige Stufen stießen, die allerdings viel eher Löcher genannt werden konnten. Der Gang mündete auf das Gitterwerk. Der Geruch des Pulvers war hier noch spürbar – ein Mensch aber war nicht zu sehen. Ich durchsuchte mit Halef die Stuben. Auch hier fand sich niemand. Es war geradezu unerklärlich, wie die zwei Mörder hatten verschwinden können.

Da hörte ich jenseits des Gebäudes eilige Schritte. Das mußten zwei Menschen sein. Die Wand war nur von Brettern gebildet. Ich bemerkte ein Astloch, trat hinzu und blickte hindurch. Richtig! Über den Nachbarhof eilten zwei Männer, die jeder eine lange, türkische Flinte in der Hand trugen. Ich sprang auf den Gang hinaus und rief in den Hof hinab: „Rasch auf die Gasse, Kadi!

Die Mörder fliehen durch das Nebenhaus!" – „Das ist nicht möglich!" entgegnete er. – „Ich habe sie ja gesehen! Schnell, schnell!" – Der Richter wendete sich zu seinen Leuten und gebot ihnen in aller Gemütlichkeit: „Seht nach, ob der Franke recht hat!" – Zwei von ihnen entfernten sich langsamen Schrittes. Nun, mir konnte es schließlich gleichgültig sein, ob die beiden ergriffen wurden oder nicht. Ich stieg also wieder in den Hof hinab. Als ich da ankam, fragte der Kadi: „Effendi, du bist ein Hekim?" – „Ja", erklärte ich, um die Sache kurz zu machen. – „So sieh nach, ob diese beiden wirklich tot sind!" – Bei Ali Manach konnte kein Zweifel herrschen. Die Kugel war ihm zu der einen Schläfe eingedrungen und zu der anderen wieder heraus. Der Saptije war in die Stirn getroffen, lebte aber noch. – „Mein Vater, mein Vater!" klagte der andere Polizist, der sich neben ihm niedergeworfen hatte. – „Was jammerst du!" tadelte ihn der Kadi. „Es ist Kismet. Es hat im Buch gestanden, daß dein Vater auf diese Weise sterben sollte. Allah weiß, was er tut!" – Da kamen die beiden Hüter der öffentlichen Sicherheit zurück, die gemächlich zur Verfolgung der Mordbuben aufgebrochen waren. – „Nun, hat dieser Effendi recht?" fragte der Kadi. „Ja." – „Ihr habt die Mörder gesehen?" – „Wir sahen sie." „Warum habt ihr sie nicht gefangen?" – „Sie waren schon eine Strecke in die Gasse hineingelaufen." – „Warum seid ihr ihnen nicht nachgeeilt?" – „Wir durften nicht, o Kadi. Du hattest es uns nicht befohlen. Du gebotest uns nur nachzusehen, ob dieser Effendi recht habe." – „Ihr seid faule Hundesöhne! Springt ihnen sofort nach und seht, ob ihr sie ergreifen könnt!" – Jetzt rannten alle in größter Eile davon. Ich glaubte jedoch, daß sie, sobald sie außer Hörweite waren, diese Schnelligkeit mäßigen würden. – „Allah akbar – Gott ist groß!" murmelte Halef grimmig vor sich hin. „Diese beiden Schufte wollten dich erschießen, und nun dürfen sie entkommen!" „Laß sie laufen, Halef! Es ist der Mühe nicht wert, hier auch nur einen Schritt zu tun." – „Aber wenn die Kugel dich getroffen hätte?" „So wären die Mörder verloren gewesen. Du hättest sie nicht entkommen lassen!" – Der Kadi hatte sich mit der Leiche des Gefangenen beschäftigt. Jetzt sagte er: „Kannst du dir denken, Effendi, warum man Ali Manach erschossen hat?" – „Gewiß! Die Verbrecher glaubten, daß er sie verraten werde. Er war kein willensstarker, mutiger Mann. Wir hätten von ihm alles erfahren können."

„Ali Manach hat seinen Lohn von Kismet erhalten! Aber warum hat man auch diesen Beamten erschossen?" – „Nicht er war gemeint, sondern die Kugel galt mir. Nur weil ich noch im letzten Augenblick zur Seite sprang, traf sie ihn, da er hinter mir stand." – „So haben die Verbrecher sich an dir rächen wollen?" – „Jedenfalls. Was wird mit der Leiche Ali Manachs geschehen?" – „Ich verunreinige mich nicht an ihr. Dieser Mensch hat seinen Lohn; ich werde ihn bestatten lassen. Das ist alles, was ich tun kann. Das Pferd Ali Manachs steht noch bei Hulam. Ich werde darum senden." – „Und sein Vater? Soll dieser entkommen?" – „Willst du Barud el Amasat noch nachjagen, Effendi?" – „Gewiß!" – „Wann?" – „Du wirst uns nicht mehr brauchen?" – „Nein. Du kannst abreisen." – „So sind wir in zwei Stunden unterwegs." – „Allah sei mit euch und lasse euch den Fang gelingen!" – „Ja, Allah mag helfen, doch verzichte ich nicht auf deine Unterstützung." – „Ich soll euch helfen? Wie meinst du das?" – „Hast du mir nicht einen Haftbefehl und sechs Saptijeler versprochen?" – „Ja. Sie sollten bei Tagesanbruch vor der Tür Hulams halten. Aber noch vorher erfuhr ich, daß du verschwunden seist. Brauchst du alle sechs?" – „Nein. Drei genügen." – „Sie sollen in zwei Stunden bei dir sein. Nun aber leb wohl! Allah lasse dich gesund das Land deiner Väter erreichen!" Der Richter ging. Seit ich mich geweigert hatte, ihm das Geld zu geben, war er ein ganz anderer geworden. Seine Untergebenen waren auch verschwunden. Nur der Sohn kniete neben seinem Vater und klagte laut um ihn, der in den letzten Zügen lag. Ich zog meinen Beutel heraus, zählte das Geld ab, das Ali Manach gehört hatte, und gab es dem jungen Polizisten. Er warf mir trotz seiner Trauer einen erstaunten Blick zu. „Das soll mir gehören, Effendi?" – „Ja, es sei dein. Laß deinen Vater davon begraben! Sag aber dem Kadi nichts!" – „Effendi, ich danke dir! Deine Güte träufelt Balsam in die Wunde, die Allah mir geschlagen hat. Mein Vater hat seinem Ruf gehorchen müssen. Ich bin arm. Nun aber kann ich ihm an seinem Grab die zwei Steine[1] setzen lassen, damit die Besucher des Mesarlyk[2] sehen, daß da ein frommer Anhänger des Propheten begraben liegt." – So hatte ich, der Christ, ohne es zu beabsichtigen, dem toten Muslim zu seinen Denksteinen verholfen. Ob das Geld des ‚Tanzenden' wohl besser angewendet gewesen wäre, wenn ich es dem Kadi aufgezählt hätte?

Wir hatten Hulams Wohnung noch nicht erreicht, so begegneten uns zwei Saptijeler, die Ali Manachs Pferd abgeholt hatten.

Somit war geschehen, was wir gestern abend für unmöglich gehalten hätten. Ich hatte gefragt: „Soll Ali Manach denn nicht bestraft werden?" Die Gerechtigkeit hatte nicht nötig gehabt, ihn in Stambul aufzusuchen. Er selbst war in ihre Hände gelaufen. Wir hatten freilich durch dieses Ereignis den ganzen Vormittag eingebüßt. Es galt, dieses Versäumnis womöglich auszugleichen.

Es wurde Kriegsrat gehalten. Zunächst warf Hulam die Frage auf, welcher Art wohl die Leute gewesen sein mochten, die in dem Haus verkehrten, wo der Derwisch den Tod gefunden hatte. Er glaubte, daß sie mit den Naßrs in Konstantinopel in Verbindung ständen. Das war allerdings nicht unwahrscheinlich, doch hielt ich sie zugleich für solche Leute, von denen der Bewohner der Halbinsel sagt, sie seien ‚in die Berge gegangen'. – Nun hatte ich auch Zeit, den Zettel vorzunehmen, den ich bis jetzt noch nicht entziffert hatte. – „Kannst du die Zeilen lesen?" fragte Isla. – Ich gab mir alle

---

[1] Auf mohammedanischen Gräbern wird am Kopfende ein größerer und am Fußende ein kleinerer Stein gesetzt. Bei Männern wird der größere Stein mit einem Turban oder Fes versehen. Grabsteine von Frauen laufen spitz zu.   [2] Friedhof

Mühe, mußte jedoch mit „Nein" antworten. Der Zettel ging aus einer Hand in die andere, vergeblich. Niemand vermochte ihn zu lesen. Die Buchstaben waren deutlich geschrieben, aber sie bildeten Wörter, die mir und den anderen völlig unverständlich waren.

Ich buchstabierte die kürzesten dieser Wörter – sie hatten keinen Sinn. Da zeigte sich mein guter Halef als der Klügste von uns allen.

„Sihdi", sagte er, „von wem wird der Zettel sein?" – „Jedenfalls vom Hamd el Amasat." – „Nun, dieser Mann hat alle Ursache, das, was er schreibt, geheim zu halten. Denkst du nicht, daß die Schrift irgendwie geheim ist?" – „Hm! Du kannst recht haben. Hamd el Amasat mußte mit der Möglichkeit rechnen, daß der Zettel in falsche Hände gelangte. Die Schrift ist nicht geheim, aber wie es scheint, ist die Zusammenstellung der Buchstaben ungewöhnlich. ‚as ila ni'. Das verstehe ich nicht. ‚al' ist ein arabischer Artikel. ‚nah' aber ist kein orientalisches Wort – – ah, wenn man es umdreht, wird ‚Han' daraus!" – „Vielleicht ist auch alles andere verkehrt geschrieben!" meinte Hulam. „Du hast ‚ila' gelesen. Umgekehrt würde es ‚ali' lauten." – „Richtig!" antwortete ich. „Das ist der Name ‚Ali' und zugleich ein serbisches Wort, das ‚aber' bedeutet, ‚ni' heißt umgekehrt ‚in'. Das ist rumänisch und bedeutet ‚sehr'."

„Lies alle drei Zeilen wie die Franken von links nach rechts, statt wie wir von rechts nach links!" schlug Isla vor.

Ich tat es. Aber es erforderte dennoch große Mühe, ehe es mir gelang, die Buchstaben anders zu gruppieren, so daß zusammenhängende Worte entstanden. Das Ergebnis bestand in dem Satz: „In pripa veste ta karanorman han ali sa panajir melnikde."

Das war jedenfalls ein mit Absicht gebrauchtes Gemisch von Rumänisch, Serbisch und Türkisch und lautete: „Sehr eilig Nachricht nach Karanorman-Han; aber nach dem Jahrmarkt in Melnik."

„Das ist richtig; das muß richtig sein!" frohlockte Hulam. „In einigen Tagen ist Markt in Melnik." – „Und Karanorman-Han?" fragte ich. „Wer kennt diesen Ort? Wo mag er liegen?" – Niemand kannte ihn. Das Wort stimmte wohl nicht oder war ungenau geschrieben. Es mußte eigentlich ‚Karaorman' lauten. Diesen Namen führte ein Dorf an der Bregalnitza im Westen, wie ein Blick auf meine Landkarte lehrte. Es bedeutete zu deutsch ‚Schwarzwaldhaus' oder ‚Dunkelwaldhaus'. Der Ort war also klein und lag im Wald. Es wurden zehnerlei Vorschläge gemacht, um eine Art und Weise zu entdecken, sich über die Lage dieses geheimnisvollen Karanorman zu unterrichten. Aber keiner schien zum Ziel zu führen. „Strengen wir uns nicht länger an", erklärte ich. „Die Hauptsache ist, daß die Nachricht erst nach dem Jahrmarkt von Melnik nach Karanorman-Han gebracht werden soll. Das serbische Wort ‚sa' bedeutet ‚nach' und ‚hinter'. Ich schließe daraus, daß der Empfänger des Briefs erst den Jahrmarkt besuchen soll, bevor er nach Karanorman-Han geht. Und nach Melnik führt wohl der Weg, den die drei Reiter gestern abend eingeschlagen haben. Nicht?" – „Ja", bestätigte Hulam, „du hast recht, Effendi. Dieser Barud el Amasat ist nach Melnik. Dort wird man ihn sicher treffen." – „So sollen wir keine Zeit verlieren und möglichst schnell aufbrechen." – „Ja. Aber ehe ihr aufbrecht, nehmt ihr ein Mahl bei mir ein, und ferner muß ich die Erlaubnis haben, für euch zu sorgen!" – Es läßt sich in kurzen Worten sagen, daß wir in zwei Stunden reisefertig im Hof hielten. Wir waren vier Personen: Osko, Omar, Halef und ich. Die anderen mußten zurückbleiben. – „Effendi", fragte Isla, „für wie lange Zeit wirst du Abschied nehmen?" – „Ich weiß es nicht. Erreichen wir die Gesuchten bald, so kehre ich zurück, um Barud el Amasat nach Edirne zu bringen. Entgehen sie uns längere Zeit, so ist es möglich, daß wir uns niemals wiedersehen." – „Das kann Allah nicht wollen! Wenn du jetzt wirklich in deine Heimat gehst, so mußt du wieder einmal nach Stambul kommen. Deinen Hadschi Halef Omar sendest du uns jetzt schon zurück!" – „Ich gehe dahin, wohin mein Sihdi geht!" meinte Halef. „Ich scheide nur dann von ihm, wenn er mich fortschickt." – Da wurden die drei Saptijeler eingelassen, die der Kadi sandte. Ich hätte beinahe laut aufgelacht, als ich sie erblickte. Sie saßen auf Kleppern, von denen keiner hundert Piaster wert war, steckten bis über die Ohren in Waffen, hatten dabei aber das friedfertigste Aussehen von der Welt. Der eine mit dem Abzeichen eines Onbaschi[1] kam herbeigeritten, blickte mich forschend an und erkundigte sich: „Effendi, heißt du Kara Ben Nemsi?"

„Ja", antwortete ich.

„Ich habe den Befehl erhalten, uns bei dir zu melden. Ich bin nämlich der Saptije-baschi." Er war also der Oberste von den dreien.

„Hast du den Haftbefehl bei dir?" fragte ich.

„Ja, Effendi."

„Könnt ihr gut reiten?"

„Wir reiten wie die Teufel. Du wirst Mühe haben, mit uns Schritt zu halten."

„Das freut mich. Hat euch der Kadi aufgeschrieben, wieviel ihr täglich bekommen müßt?"

„Ja. Du hast für jeden Mann täglich zehn Piaster zu bezahlen. Hier ist das Schreiben." Das war anders, als es der Kadi mit mir vereinbart hatte! Eigentlich hätte ich ihm die drei Helden, wie die Teufel ritten, zurückschicken sollen. Aber ein Blick auf sie belehrte mich, daß ich sie wohl nicht ewig zu besolden haben würde.

„Wißt ihr denn, um was es sich handelt?" fragte ich sie. – „Natürlich", entgegnete der Anführer unserer Trabanten. „Wir sollen drei Verbrecher ergreifen, die ihr nicht zu fangen vermögt, und euch dann mit ihnen nach Edirne bringen." Das war eine wunderbare Art und Weise, sich auszudrücken. Doch die drei waren trotz allem nach meinem Geschmack. Ich ahnte allerlei spaßhafte Erlebnisse mit ihnen. Halef aber schien sich gewaltig zu ärgern, daß der Kadi es gewagt hatte, uns solche Begleiter zu schicken. – Nun ging es ans

---

[1] Korporal

Abschiednehmen. Es geschah das in der bilderreichen, morgenländischen Weise, aber in aufrichtigster Herzlichkeit. Wir wußten nicht, ob wir uns wiedersehen würden. Daher war es ein Scheiden aufs Ungewisse. – Es ist wahr, ich ließ liebe Freunde zurück. Doch der liebste, mein Hadschi, blieb doch bei mir. Das milderte den Trübsinn jener Stimmung, der sich kein Scheidender erwehren kann.

Ich hatte geglaubt, Edirne in der Richtung nach Felibe verlassen zu können, nun aber ging es westwärts an der Arda hin, größeren Anstrengungen und Gefahren entgegen, als wir ahnten.

KARL MAYS GESAMMELTE WERKE

Jeder Band in grünem Ganzleinen mit Goldprägung und farbigem Deckelbild

Bd. 1	Durch die Wüste	Bd. 38	Halbblut
Bd. 2	Durchs wilde Kurdistan	Bd. 39	Das Vermächtnis des Inka
Bd. 3	Von Bagdad nach Stambul	Bd. 40	Der blaurote Methusalem
Bd. 4	In den Schluchten des Balkan	Bd. 41	Die Sklavenkarawane
Bd. 5	Durch das Land der Skipetaren	Bd. 42	Der alte Dessauer
Bd. 6	Der Schut	Bd. 43	Aus dunklem Tann
Bd. 7	Winnetou I	Bd. 44	Der Waldschwarze
Bd. 8	Winnetou II	Bd. 45	Zepter und Hammer
Bd. 9	Winnetou III	Bd. 46	Die Juweleninsel
Bd. 10	Sand des Verderbens	Bd. 47	Professor Vitzliputzli
Bd. 11	Am Stillen Ozean	Bd. 48	Das Zauberwasser
Bd. 12	Am Rio de la Plata	Bd. 49	Lichte Höhen
Bd. 13	In den Kordilleren	Bd. 50	In Mekka
Bd. 14	Old Surehand I	Bd. 51	Schloß Rodriganda
Bd. 15	Old Surehand II	Bd. 52	Die Pyramide des Sonnengottes
Bd. 16	Menschenjäger	Bd. 53	Benito Juarez
Bd. 17	Der Mahdi	Bd. 54	Trapper Geierschnabel
Bd. 18	Im Sudan	Bd. 55	Der sterbende Kaiser
Bd. 19	Kapitän Kaiman	Bd. 56	Der Weg nach Waterloo
Bd. 20	Die Felsenburg	Bd. 57	Das Geheimnis des Marabut
Bd. 21	Krüger Bei	Bd. 58	Der Spion von Ortry
Bd. 22	Satan und Ischariot	Bd. 59	Die Herren von Greifenklau
Bd. 23	Auf fremden Pfaden	Bd. 60	Allah il Allah!
Bd. 24	Weihnacht	Bd. 61	Der Derwisch
Bd. 25	Am Jenseits	Bd. 62	Im Tal des Todes
Bd. 26	Der Löwe der Blutrache	Bd. 63	Zobeljäger und Kosak
Bd. 27	Bei den Trümmern von Babylon	Bd. 64	Das Buschgespenst
Bd. 28	Im Reiche des silbernen Löwen	Bd. 65	Der Fremde aus Indien
Bd. 29	Das versteinerte Gebet	Bd. 66	Der Peitschenmüller
Bd. 30	Und Friede auf Erden	Bd. 67	Der Silberbauer
Bd. 31	Ardistan	Bd. 68	Der Wurzelsepp
Bd. 32	Der Mir von Dschinnistan	Bd. 69	Ritter und Rebellen
Bd. 33	Winnetous Erben	Bd. 70	Der Waldläufer
Bd. 34	„ICH"	Bd. 71	Old Firehand
Bd. 35	Unter Geiern	Bd. 72	Schacht und Hütte
Bd. 36	Der Schatz im Silbersee	Bd. 73	Der Habicht
Bd. 37	Der Ölprinz		

KARL - MAY - VERLAG · BAMBERG